U0930588

中国共产党无为市历史

第三卷（1978—2012）

中共无为市委党史和地方志研究室（无为市档案馆） 编

中国文史出版社

图书在版编目（CIP）数据

中国共产党无为市历史．第三卷，1978—2012 / 中共无为市委党史和地方志研究室（无为市档案馆）编．北京 : 中国文史出版社，2024．12．-- ISBN 978-7-5205-5083-3

Ⅰ．D235．544

中国国家版本馆 CIP 数据核字第 20253U5Z09 号

责任编辑：赵姣娇

出版发行：**中国文史出版社**
社　　址：北京市海淀区西八里庄69号院　邮编：100142
电　　话：010-81136606　81136602　81136603(发行部)
传　　真：010-81136655
印　　装：成都市兴雅致印务有限责任公司
经　　销：全国新华书店
开　　本：889×1194　1/16
印　　张：30
字　　数：439千字
版　　次：2025年6月北京第1版
印　　次：2025年6月第1次印刷
定　　价：78.00元

《中国共产党无为市历史》第三卷
（1978—2012）
编审委员会

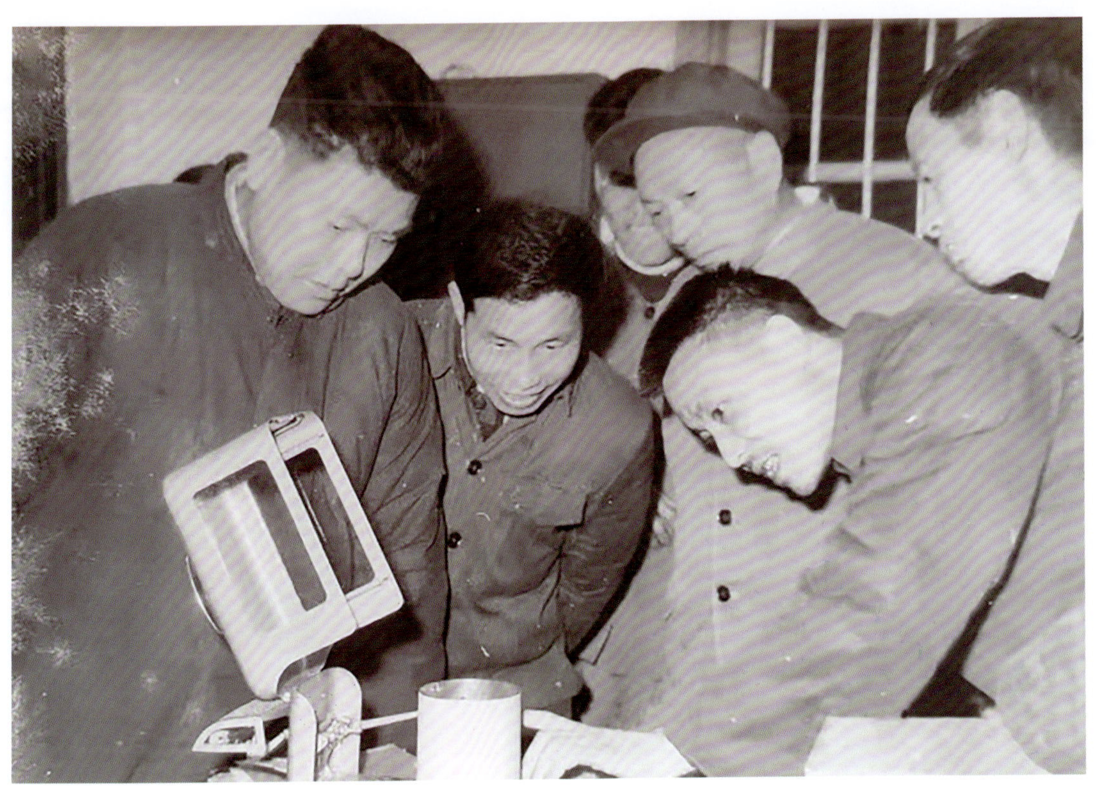

1978 年初，无为县委书记黄静（左一）率县委常委班子在工厂一线调研工作。

1979 年，无为县委第一副书记黄璜（左一）下乡调研农村经营体制改革工作。

1981 年 12 月 28 日至 31 日，无为改革开放后的第一次县党代会——中国共产党无为县第五次代表大会召开。图为会上当选的县委第一书记谢永康。

1981 年 11 月 5 日，出席巢湖地区托幼工作先代会无为县全体同志合影。

20世纪80年代，安徽省委书记黄璜（前排左二）、省长王郁昭（前排左一）在无为县委书记蔡林（左三）陪同下，在无为调研。

1983年春节前夕，在外务工回乡的两位无为籍保姆。

1983 年的无城镇鞍子巷。

“万里长江一明珠”“共和国之最”——1985 年的刘渡木材市场。

1986 年 5 月 28 日，部分老同志来无参加皖江抗日根据地座谈会并合影，前排起为：蔡林（左一，时任无为县委书记）、陆学斌（左三，曾任安徽省副省长）、张恺帆（左四，曾任安徽省政协主席）、马长炎（左五，曾任安徽省副省长）、张铚秀（左六，曾任昆明军区司令员）、李步新（左七，曾任中组部副部长）、周新武（左八，曾任中央广播事业局副局长）、孙以瑾（左九，女，曾任北京市化工局局长）、谭布真（右一，时任巢湖行署专员）。

20 世纪 80 年代，无为兴起的首批个体经营户、“万元户”。

1989年，安徽省长傅锡寿（左二）在无为县委书记喻晓（右二）陪同下，在无为江坝油脂化工厂调研。

20世纪80年代无为县无城地区打击经济领域违法犯罪宣传。

1989 年 10 月，原皖江行署副主任、省政协主席张恺帆与省政协副主席丁继哲为“无为县革命烈士史迹陈列馆”开馆典礼剪彩。

1990 年开展的全县灭螺会战。

1990 年 1 月 10 日至 13 日，无为县委召开七届三次全委（扩大）会议。图为会议现场。

1990 年 7 月 17 日至 20 日，无为县委召开中国共产党无为县第八次代表大会。图为代表委员们合影。

1991年，无为县委书记徐业培传达党的十三届八中全会精神并向大会作会议总结报告。

1991年无为人民抗击特大洪涝灾害。

1991 年 12 月 6 日，《无为县志》评议会合影。

“八百里皖江第一大站”——20 世纪 90 年代建成的凤凰颈排灌站。

1993年无为全县棉花面积、总产跃居全省首位。

20世纪90年代，第八届全国人大代表、省劳动模范、无纺厂细纱挡车工赵玉涛（右二）在车间。

1995 年 11 月 13 日，巢湖地区在无为县工人文化馆举行纪念吕惠生烈士殉难 50 周年大会，图为烈士长子吕其明（红色作曲家、2021 年“七一”勋章获得者）在会上发言。

1995 年 10 月，修缮后的新四军第七师师部旧址。

从 1995 年起，全国政协办公厅先后派李清贤、原典群、张万龄、洪光、侯长庆、孙晓鸥等六位同志来无为挂职任县委副书记或县政府副县长。图为李清贤同志（右）和巢湖地区政协工委负责人在无为。

无为县人民医院一角（1995 年被评为省“二甲”医院）。

1996 年 5 月 27 日，安徽省委副书记方兆祥（右一）在无为县委书记陈士宽（右二）陪同下，视察无为乡镇企业。

20 世纪 90 年代，加固后保护 7 县 2 市 600 多万人口的无为大堤。

1996 年的无为绣溪公园。

1996 年 11 月，无为县首届县级机关国家公务员招录考试在无为师范举行。

1998年9月18日，无为县三水涧希望小学举行开学典礼，老红军吴志坚（女，右一）、原南京市委书记贾世珍（右二）、原南京军区副参谋长金星沐（右三）、原南京工程兵学校校长顾鸿（右四）等在典礼仪式上。

1998年9月18日，巢湖地区、无为县两级在无为县十字街广场举行欢送参与抗洪抢险的人民解放军仪式。

2000 年 11 月，无为中学省级示范高中评估验收留念。

2000 年无为县二坝镇境内 8 号码头。

2001 年 9 月 3 日，人民广场、状元桥、滨湖路三大重点工程竣工典礼。

2001 年的无为县人民广场。

2001 年 10 月竣工通车的通江大道填补了无为县一级快速通道的空白。

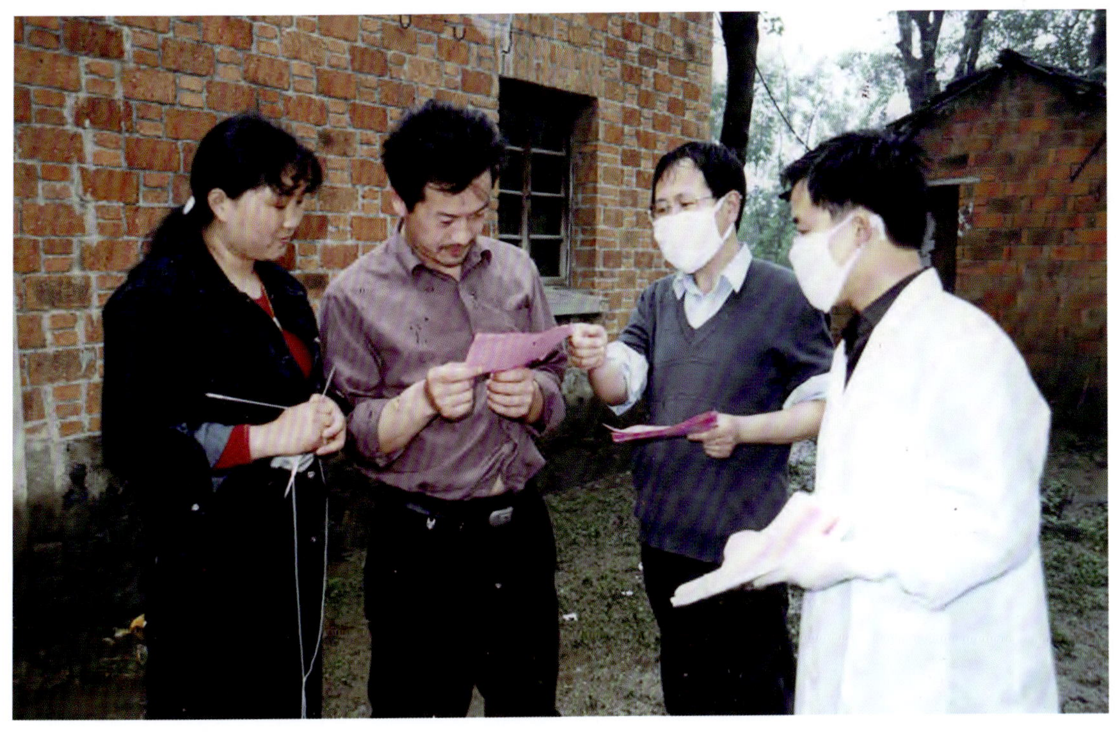

2003 年“非典”疫情期间，无为县广大党员干部深入城乡各地开展防控工作。

21 世纪初无为县无城镇十字街商业区夜景。

2003 年底，国企改制后的安徽丰原股份（集团）公司无为药厂生产车间。

2005 年 4 月 19 日，无为县委书记周勇（一排右九）等参加南方 9 省（自治区）15 县（市、区）人大工作研讨会第十三次会议在无为宾馆前合影。

2006 年 12 月 15 日的无为县税务部门办税大厅。

2005 年无为县三尖山烈士纪念碑揭碑仪式并合影。前排左起为：巢湖军分区政委杨力仁（左一）、原南京军区副参谋长金星沐（左二）、原上海宝钢纪委书记胡钰（左三）、原南京市顾问委员会主任贾世珍（左四）、安徽省政协原副主席丁继哲（左五）、原巢湖市委党校副校长陈运（左六）、原巢湖地委书记吕保成（左七）、巢湖市委书记夏望平（左八）、原江苏汽运公司总经理鲁逸华（左九）、原上海港复兴船务公司党委书记钱光辉（左十）。

2007 年 9 月 29 日，无为县第七届文化艺术节开幕。

2008 年 5 月 17 日，无为县社会福利院一角。

2008 年 5 月 24 日，无为一中月牙池。

2008 年 7 月 3 日，中国人民解放军交响乐团“华汇之夜”独唱音乐晚会在无为铁山影剧院演出。

无为县 2009 年全国普通高等学校招生统一考试无为中学考点场景。

2009年8月4日上午，安徽五洲船舶制造有限责任公司举行了二万吨级浙兴航3号船舶竣工典礼。

2009年9月8日，米芾拜石。

2009年9月8日，无为天井山国家森林公园青檀古树。它是安徽省一级保护树木，也是安徽省最年长的古树。

2009年9月26日，千年古塔——黄金塔。

2010 年 7 月 29 日，安徽省委书记张宝顺（前排右二）在巢湖市委书记陈强（前排右一）陪同下，赴无为县考察调研羽毛羽绒产业。

2010 年 7 月 14 日，无为县召开创先争优活动推进会。

2010 年，全国四大电线电缆基地之一——无为高沟镇的企业家“星光大道”。

2011 年 9 月，上海华谊无为煤基多联产精细化工基地项目一角。

无为县王坤友（上图左）2011 年被授予“全国优秀共产党员”称号并当选党的十八大代表。

2011 年 7 月、2012 年 6 月，开城镇羊山村党总支和高沟镇党委先后荣获中组部授予的“全国先进基层党组织”和“全国创先争优先进基层党组织”称号。

2012 年 4 月 7 日上午，无为县召开“融入新芜湖、推进新发展”思想解放大讨论活动动员暨机关效能建设推进大会。

2012 年 9 月 30 日，为喜迎国庆，装扮一新的无为县人民政府大楼。

序

在中华人民共和国成立75周年、深入学习贯彻党的二十届三中全会精神和《党史学习教育工作条例》之际，《中国共产党无为市历史》第三卷（1978—2012）（以下简称《无为党史三卷》）付梓面世了。这是无为政治生活中的一件大事，也是献给新中国成立75华诞的一份礼物。

习近平总书记指出，红色资源是我们党艰辛而辉煌奋斗历程的见证，是最宝贵的精神财富。无为，地处皖中，临江滨湖，承东启西，是具有光荣革命传统的红色热土、英雄故里。土地革命战争时期，1927年无为县第一个党组织——中国共产党无为县特别支部成立，先后领导无为人民开展了反“烧当”斗争和六洲暴动等。抗日战争时期，党领导无为人民创建了全国十九块抗日根据地之一皖江抗日根据地。解放战争时期，“渡江第一船”率先由无为发出，以其辉煌业绩载入中国革命史册。改革开放和社会主义现代化建设新时期，党继续带领无为人民以改革发展、民生改善、转型升级为主基调，解放思想、锐意进取，全县党的建设和经济社会发展各项事业不断取得新成就。

习近平总书记强调，党的历史是最生动、最有说服力的教科书。《无为党史三卷》用细腻的笔触回眸了无为1978—2012年各条战线改革开放的光辉历程，从“万里三到无为指导大包干”到“无为保姆”现象的诞生，从“共和国之最”的刘渡木材市场的发展到“高沟电缆”的兴起等，其中有改革的阵痛，有探索的艰辛，更有成功的喜悦！这些生动的史实告诉我们：没有中国共产党，就没有新中国，就没有中华民族伟大复兴。

当前，我们要深入学习宣传贯彻习近平新时代中国特色社会主义思想、习近平总书记考察安徽重要讲话精神和党的二十届三中全会精神，更加紧密地团结在以习近平同志为核心的党中央周围，在中共无为市委的坚强领导下，以史为鉴、不忘初心，踔厉奋发、笃行不怠，为奋力打造“一地四区”、加快建设芜湖市域副中心、努力在全省县域高质量发展中走在前列而不懈奋斗，努力创造不负革命先辈期望、无愧于历史和人民的新业绩！

编者

2024 年 12 月

目　录

第一编　实现伟大历史转折和开创社会主义事业新局面（1978—1989）

第二编　改革开放的发展和社会主义市场经济的初步建立（1989—2002）

第三编　科学发展和推进中国特色社会主义事业（2002—2012）

附　录

| 第一编 |

实现伟大历史转折和开创社会主义事业新局面

（1978—1989）

1978年12月召开的中国共产党十一届三中全会，是新中国成立以来党的历史上具有深远历史意义的伟大转折。党的十一届三中全会作出了把全党工作的着重点和全国人民的注意力转移到社会主义现代化建设上来的战略决策，全国人民受到鼓舞。这次全会从根本上冲破了长期“左”的错误严重束缚，开始了系统的拨乱反正，结束了1976年10月以来党的工作在徘徊中前进的局面，端正了全党的指导思想，重新确定了马克思主义的思想路线、政治路线和组织路线，成为新的历史时期的开端。这次全会，“果断结束‘以阶段斗争为纲’，实现了党和国家工作中心战略转移，开启了改革开放和社会主义现代化建设新时期，实现了新中国成立以来党的历史上具有深远历史意义的伟大转折。”①

① 中共中央党史和文献研究院著，《中国共产党的一百年》，中共党史出版社，2022年版，第630页。

第一章　拨乱反正的全面推进

党的十一届三中全会的路线、方针和政策，受到了无为县人民的坚决拥护。无为县委坚持贯彻党的十一届三中全会精神，纠正“以阶级斗争为纲”等“左”的错误指导思想，解决历史上遗留的重大问题和实际生活中出现的新问题，调整各方面社会关系，落实党的知识分子政策，逐步完成拨乱反正，进行了繁重的经济建设和改革开放工作，全县各条战线进入历史发展的新时期，社会面貌发生了迅速而深刻的变化。

第一节　思想解放的推进　工作重心转移的实现

一、真理标准问题大讨论的开展

1977年2月7日《人民日报》、《红旗》杂志、《解放军报》发表社论《学好文件抓住纲》，提出“两个凡是”的方针，即“凡是毛主席作出的决策，我们都坚决维护，凡是毛主席的指示，我们都始终不渝地遵循”。“两个凡是”对毛泽东生前的决策和指示拒绝作任何分析，在理论上违背了马克思主义基本原理和党的实事求是的思想路线，在实践上为新形势下坚持真理、修正错误设置了障碍。[①]

1978年5月11日，《光明日报》发表了《实践是检验真理的唯一标准》一

① 中共中央党史和文献研究院著，《中国共产党历史》第三卷（1978—2012）上册，中共党史出版社，第4页。

文，掀起了一场全国响应的真理标准问题大讨论。1978 年 10 月，安徽省委宣传部召开真理标准问题讨论会。会后，无为县委组织开展“实践是检验真理的唯一标准”的学习讨论，以推进全县党员干部的思想解放和各项事业向前发展。为解决真理标准大讨论一般化问题，把真理标准问题的大讨论推广到基层，1979 年 8 月，无为县委发出通知，要求全县各单位领导班子带头讨论，引发思考，形成共识，并迅速将真理标准问题大讨论引向深入。9 月 16 日，县委召开全县宣传工作会议，县委第一副书记黄璜作真理标准问题的报告，总结县委全委会学习讨论情况和收获，并对全县深入开展真理标准大讨论提出具体意见和要求。

真理标准问题的大讨论，重新确立了党的实事求是的思想路线，打破“左”的错误思想禁锢，为深入开展揭批查运动、平反冤假错案、拨乱反正奠定了思想基础。同时，也促进了党的十一届三中全会精神在全县的贯彻落实。

在真理标准大讨论中，全县各单位认真联系思想、工作中遇到的问题，有针对性地对真理标准进行审视和诠释，同时解决一些思想和实际问题，收到显著效果。

二、党的十一届三中全会精神的学习宣传

1978 年 12 月 18 日至 22 日，党的十一届三中全会在北京召开，这次全会实现了新中国成立以来党的历史上具有深远意义的伟大转折。全会作出实行改革开放的重大决策，党和国家的工作重点开始转移到社会主义现代化建设上来。

同年 12 月 24 日，无为县委召开会议，集体学习了十一届三中全会公报，决定认真贯彻党的十一届三中全会精神，尽快把工作重点转移到社会主义现代化建设上来。随后，全县召开三级干部会议，传达学习十一届三中全会精神。全县通过培训宣讲骨干，针对传达学习和宣讲过程中干部群众共同关心的问题，召开理论研讨会，动用一切宣传工具，广泛宣传全会精神。在宣传贯彻十一届三中全会精神的同时，全县逐步完成拨乱反正的各项任务，为实现工作重点的转移奠定了坚实基础。

三、《关于建国以来党的若干历史问题的决议》的学习宣传

1981年6月27日至29日，中国共产党第十一届六中全会在北京召开，全会审议并一致通过了《关于建国以来党的若干历史问题的决议》（以下简称《决议》）。9月7日，无为县召开县直机关党员干部会议，传达党的十一届六中全会文件精神，围绕对毛泽东及毛泽东思想历史地位的评价，新中国成立32年来历史的基本估计，历史的伟大转折，改选和增选后的新的中央领导核心的态度以及如何团结一切力量干四化（即工业现代化、农业现代化、国防现代化、科学技术现代化）等问题进行了讨论并达成了一致共识。为抓好领导干部的学习，县委在县委党校举办科局级以上干部学习班，对全县科局级以上干部进行轮训，县委宣传部制定了《关于进一步深入学习〈关于建国以来党的若干历史问题的决议〉的意见》，同时印发了学习《决议》的宣讲材料。随后，全县上下形成学习《决议》的高潮。据12月下旬统计，全县共宣讲1220场次，听宣讲人数达339000余人次，标志着全县党组织在对新中国成立以来党的若干历史问题的决议在认识上产生了新的飞跃。

这次《关于建国以来党的若干历史问题的决议》的学习和教育，是继真理标准讨论之后又一次全党性的马列主义教育，对于全县广大党员干部完整准确地理解毛泽东思想具有深远的历史意义。

通过学习《决议》，全县党员干部和群众从思想上统一了对新中国成立32年来各个时期、各个重大历史问题的认识，进一步明确了毛泽东思想和毛泽东同志的历史地位。在联系思想实际、总结经验教训的基础上，纠正了错误观点，更加坚信党指引的正确道路。全县各级党委在统一思想认识的基础上，相继召开了民主生活会，交流思想，增进团结，逐步把工作重点转移到社会主义现代化建设上来。

第二节　中国共产党无为县第五次代表大会

1981年12月28日至31日，中共无为县第五次代表大会在无城召开。出席

会议的正式代表 497 人，县直各单位主要负责人列席了会议。大会期间，代表们认真学习了《中国共产党章程》《关于党内政治生活的若干准则》，听取并讨论了谢永康代表中共无为县第四届委员会所作的工作报告；听取并讨论了中共无为县委纪律检查委员会工作报告；选举产生了中共无为县委第五届委员会、县委纪律检查委员会和出席省第四次党代会正式代表 14 人、候补代表 1 人。大会选举出县委委员 35 名，候补委员 6 名。在第一次全委会上，选举谢永康为县委第一书记，傅昌堂为书记，洪家国、刘国凡为副书记，陈大胜、钱之水、陈效忠、缪克政、黄元馀、李志好等为常务委员。大会通过了《中共无为县委关于加强和改善党的领导，搞好自身建设的决定》。

谢永康在《加强党的建设　适应现代化建设的需要》的工作报告中，全面总结了无为县在党的十一届三中全会以来，各级党组织遵循党的路线，克服“左”的错误思想的影响，从政治、经济、文化等各个方面，进行了大量的拨乱反正工作，实现了工作重点的转移。从县委到各个基层党组织，都把主要精力集中到社会主义现代化建设事业上来，整个社会主义经济文化建设已经走上稳步发展的道路。特别是广大农村，随着党的各项方针政策的实施，各种形式的生产责任制的建立和多种经营的发展，出现了新中国成立以来少有的好形势。1979 年创粮食产量最高历史纪录，解决了多年来未曾解决的温饱问题。农村政治安定，农民安居乐业，农业方兴未艾。全县工业在调整中前进，1981 年全县工业总产值首次突破 1 亿元，取得了显著成绩。全县各条战线欣欣向荣，展现出广阔的发展前景。会议号召全县广大共产党员和人民群众，在党的十一届三中全会、六中全会精神鼓舞下，遵照党中央和省委、地委的部署，把国民经济搞上去，把精神文明搞上去，把无为这块地方建设好。

会议提出了未来三年无为县经济和社会发展的奋斗目标，并提出必须抓好的六项工作。一、坚持以经济建设为中心，努力做好各项经济工作。从一切为了人民的思想出发，统筹安排生产建设和人民生活。从提高经济效益的根本点出发，走出一条真正适合无为县情的经济建设的新路子。二、加强党的思想政治工作，建设社会主义精神文明。社会主义物质文明和精神文明是密切联系不可分割的。

全县各级党委、各个部门的领导干部学会两手抓，一手抓物质文明，一手抓精神文明，围绕这两大奋斗目标，做好做实各项工作。三、强化各级领导班子，建设一支好的干部队伍。全县党员、干部要奋发努力，增强党性锻炼，刻苦学习马列主义、毛泽东思想，学习党和国家以及世界历史，学习本行工作所需要的理论知识、实践知识、管理知识和技术知识。在三五年内，使全县干部队伍，首先是各级领导干部的政治理论水平和文化专业知识水平，有一个显著提高，以适应四个现代化建设的需要。四、搞好党的基层组织建设，发挥党支部的战斗堡垒作用和党员的先锋模范作用。主要是搞好党员教育，首先是集中精力抓好党员干部、特别是领导干部的教育。党支部委员以上的各级组织领导成员，在学习《关于党内政治生活的若干准则》和《关于建国以来党的若干历史问题的决议》的基础上，开展批评和自我批评，对照自己的思想和工作实际，解决一二个主要问题，振奋精神抓工作，下定决心当模范。五、健全党的民主集中制，严格党的组织纪律。全县各级党组织建立和健全民主集中制，善于发挥党组织的集体智慧，努力造成既有民主又有集中，既有自由又有纪律，既有个人心情舒畅又有统一意志的生动活泼的政治局面。六、端正党风，恢复和发扬党的优良传统。看到它的艰巨性、复杂性、迫切性，充满信心，下定决心，恢复和发扬党的三大作风，扎扎实实地恢复党的优良传统，把党在群众中的崇高形象更好地树立起来。

中共无为县第五次代表大会是无为县党的历史上一次重要会议。会议号召广大党员、干部群众为努力实现四个现代化而奋斗。提出了无为县今后一个时期经济和社会发展的奋斗目标，对于加强和改善党的领导，端正党风，加强组织纪律性，提高党的战斗力，调动全县共产党员和广大干部群众的积极性，加速四个现代化建设，都具有十分重要的意义。

同年 12 月，无为县第八届人民代表大会第一次会议召开，这是无为人民实现伟大历史转折的盛会。自“文化大革命”开始后，无为县人民代表大会制度遭到破坏，以县革委会代替了县人民代表大会。党的十一届三中全会以后，社会主义民主和法制进一步加强，从无为县第八届人民代表大会第一次会议开始，根据全国人大五届二次会议通过的《中华人民共和国地方各级人民代表大会和地方各级人民政府组织法》规定，选举产生了无为县人民代表大会常务委员会。会议决定，撤销无为县革命委员会，设立无为县人民政府，选举产生“文化大革命”以来第一届县政府领导班子。无为县人民代表大会和人大工作进入了一个新的历史发展时期。

与此同时，县政协第五届委员会也进行换届选举工作。从 1978 年 2 月恢复县政协开展活动以来，中共无为县委坚持中国共产党领导是人民政协的重要政治原则，是人民政协事业发展的正确政治方向，高度重视发挥人民政协的作用，始终把政协工作作为县委工作的重要组成部分列入工作日程，经常听取政协工作，及时研究解决政协工作中的重大问题，对政协工作给予极大的支持。

在县委、县政府的领导下，通过全县人民的共同努力，无为县在政治上和经济上都出现了前所未有的好形势。

第三节　党的各项政策的落实

一、确立全县政治生活主流方向

1979 年 1 月 25 日、2 月 1 日，无为县委连续两次召开县委常委会（扩大）会议，认真学习党的十一届三中全会公报，讨论了全党工作重点转移的重大意义；认真总结了无为县近 20 年来农业生产的经验教训；研究制定了加快农业发展的意见和措施。会议认为，党的工作重点的转移，不仅反映和代表了全党、全国各族人民的迫切愿望，也非常符合无为县的实际，会议联系无为县农业发展缓慢的实际情况，提出要加快农业发展的速度，必须保持安定团结的政治局面，必须尊重客观实际和按照客观规律办事，必须以经济手段管理经济，必须认真贯彻落实党在农村的各项政策，调动广大农民群众的积极性和创造性。会议还就如何恢复和发扬党的实事求是、群众路线、批评和自我批评的优良传统和作风，如何看待“文化大革命”中发生的重大事件，以及如何看待“文化大革命”遗留下来的某些历史问题展开了热烈讨论，统一了思想认识。会后，全县广大干部和群众逐渐摆脱了过去一个时期盛行个人崇拜和教条主义的精神枷锁，党内外思想倾向趋于活跃，出现了努力研究新情况和解决新问题的生动局面。这是当时全县政治生活的主流。但与此同时，也发生了若干值得引起注意和反思的现象。一方面，一些同志由于仍然受到“左”的错误思想束缚，对于三中全会以来党的路线和政策表现出某种程度的不理解甚至抵触情绪；另一方面，也有极少数人利用党全面拨乱反正的时机，曲解“解放思想”的口号，把党在历史上所犯的错误加以极端的夸大，企图否定党的领导，否定党所指引的社会主义道路。这种情况任其发展，必将破坏全县来之不易的安定团结的局面，造成严重的后果。为此，1979 年 3 月 22 日县委再次召开常委会（扩大）会议，针对出现的局部不安定因素，展开讨论。会议要求，各级党组织要根据新形势做好过细的思想政治工作，宣传学习中央 12 号文件和省委《代电》精神。在各级领导班子中，指定学习《解开疙瘩、增强团结》和《共产党员不要到处讨好》两篇文章。为了妥善解决好一些历史遗留问题，保证实现工作重点的转移和正常工作的开展，县委常委会会议提出，深入贯彻党的十一届三中全会精神，提高广大干部群众的认识；抓紧调整和加强领导班子；把党内党外的民主生活健全起来，正确处理好民主与集中、民主与纪律、民主与法制的关系。县委常委会会议精神传达贯彻以后，政风社风明显改善。

二、拨乱反正任务的完成

无为县拨乱反正工作从 1977 年 6 月 25 日开始，县委召开了常委会（扩大）会议，集中学习中央关于拨乱反正工作的指示，研究全县贯彻落实方案。各区、镇、公社党委书记和县直单位党委负责人共 561 人参加会议，部署全县各级党委传达中共中央关于拨乱反正的指示精神。30 日上午，县委又在无城召开了 13000 多人参加的大会。几天时间里，为逐级传达拨乱反正工作，全县共召开各种会议 900 多场次，参加学习的有 80 多万人次，基本上做到了家喻户晓、深入人心。

（一）坚持实事求是原则，促进思想路线的拨乱反正

无为县委认真贯彻执行党的十一届三中全会确定的路线、方针、政策，认真落实党的干部政策和知识分子政策，调动了广大干部和知识分子的积极性，促进了安定团结局面的形成与发展。通过开展真理标准问题的讨论和《关于党内政治生活的若干准则》（以下简称《准则》）的学习，特别是在学习贯彻《准则》过程中，县委多次召开常委会会议，开展谈心活动，交流思想，提高认识，全县上下通过学习、讨论活动，澄清了是非，促进了广大党员、干部和人民群众的思想解放，加强了党的思想建设和组织建设，党内政治生活转入正常的轨道。

（二）提出以生产为中心，推动政治路线的拨乱反正

党的十一届三中全会一结束，县委常委会就认真组织学习和讨论全会公报，号召全县党组织以支部为单位组织党员干部学习，讨论三中全会精神。1978 年 12 月 27 日，县委书记傅昌堂在县委常委会（扩大）会议上传达了三中全会的主要精神，同时号召全县党员干部要按照中央指示精神，搞好思想和作风的转变，抓紧落实党的各项政策，把无为的工农业生产搞上去。

从 1979 年初开始，根据中央及省委、地委的指示精神，结合无为实际，逐步推行联产承包责任制，县委印发了《关于加强和完善农业生产责任制的意见》[①]，调动了广大人民群众的生产积极性，促进了全县农业生产的健康稳步发展，广大农村面貌发生了深刻的变化，人民生活水平得到较大提高。

（三）坚持学习讨论不放松，确保各项事业沿着正确的轨道前进

1981 年 7 月，中共十一届六中全会召开，县委及时召开了县、区、公社三级干部及县直机关 21 级以上党员干部大会，共 1000 余人参加。经过学习讨论，一致赞同十一届六中全会的《决议》。会议还布置了今后一段时期的各项工作任务，其中最主要的是组织全体党员和广大干部群众认真学习《决议》，切实领会文件

---

① 无为市档案馆，1979 年度，全宗号 101，案卷号〔646〕。

中的主要内容和精神实质，用《决议》统一全党和广大干部群众的思想。

1982 年 9 月党的十二大闭幕后，县委周密地部署了全县认真学习党的十二大精神的工作，向全县发出了贯彻十二大精神的通知，召开了各种形式的学习座谈会，选派部分领导干部去省委党校学习，选购有关十二大文件和理论书籍分发给党员干部学习。全县广大干群经过反复学习讨论，进一步提高了认识。一致认为，党的十二大文件精神是激励无为人民向着宏伟目标进军的动员令，是建设现代化社会主义强国的伟大纲领。随后几个月，通过大力加强思想教育，进一步提高了广大党员干部对思想政治工作的认识，增强了对马列主义、毛泽东思想的信仰，增强了坚持社会主义道路的信心，促进社会风气的根本好转。正确地认识了教育、科学、文化等方面的发展与经济建设的关系，也促进了思想文化建设。同时，进一步激发了人民群众进行社会主义现代化建设的干劲，为促进经济发展打下了坚实基础。

至此，全县的拨乱反正取得了决定性胜利，这为后来全县经济建设的健康快速发展和各项社会事业的全面进步创造了良好的条件。

三、平反冤假错案

根据中央及省委、地委的部署，无为县从 1977 年开始在公安、法院系统，着手开展平反冤假错案工作。1978 年 4 月，无为县成立县委案件审批领导小组，由县委第一副书记黄璜任组长，县委常委、组织部长王文和县委常委、政法领导小组组长郏达民为副组长。领导小组成立后，在组织系统开展平反冤假错案，工作力度明显加大，进程加快，截至 1979 年全县共受理新老案件 10126 件，结案 8205 件，基本完成平反冤假错案的工作任务。

（一）基本原则

坚持实事求是、有错必纠的原则。随着党的十一届三中全会的召开和实事求是思想路线的深入贯彻，思想得到了解放，“左”的错误思想禁锢不断清除，促进了平反冤假错案工作的深入开展；同时，县委坚决以事实为依据，以政策为准绳，经过调查研究，把案件的来龙去脉及产生问题的主客观原因搞清楚，在事实明晰、证据确凿的基础上分析认定问题的性质，注意把好政策关，根据不同情况，通过分析研究，作出恰当处理的结论，一大批冤假错案得到了复查平反，一些历史遗留问题得到解决。

坚持区别情况、慎重处理的原则。复查时，对“文化大革命”的案件，坚决、彻底地予以平反；对于“反右派”“反右倾”“四清”运动中，由于“左”的错误思想影响扩大造成的冤假错案，进行细致的复查改正工作，妥善地解决历史遗留案件。对于其他历史遗留案件，在具体处理时，区别对待，严格区分两类不同性质的矛盾，把干部的政治历史问题与现行问题相区别，把一般思想认识问题同政治问题相区别。

坚持宜粗不宜细、宜宽不宜严的原则。对于“文化大革命”前的历史遗留问题，在复查工作中，查清主要问题和关键情节，不纠缠细枝末节，但也不搞是非不分、宽大无边。

坚持着重从政治上解决问题、经济上适当补助的原则。县委在复查中基本做到：为“文化大革命”中受迫害、受冲击的同志作出正确结论，推倒一切不实之词，可以工作的，分配适当工作；年老体弱不能工作的，在政治上、生活上作出妥善安排。对于“文化大革命”前的冤假错案，也按这一精神，着重从政治上解决问题、经济上适当给予补助。

（二）主要做法

加强组织领导。县委要求各单位主要负责同志过问平反复查工作，要求办案人员提高办案水平，建立责任制，加快办案进度，从组织领导上保证此项工作快速有序地进行。

严格按照政策。坚持严格按照党的政策办事，在办案程序上，坚持按章办事，按组织程序办事，做过细的工作。对案件的复查，始终坚持“三个字”和“三句话”，即“冤假错”案全错全平、部分错部分平、不错不平。坚持先近后远、先急后缓、先易后难的步骤。处理案件时，在着重从政治上解决问题时，按照党的政策规定，解决了一些人的工作和经济问题。

明确责任界限。县委明确规定了“分散负责、归口办理、各负其责”的办案原则，遇到疑难问题提请县委审批领导小组复查研究，县委还根据上级有关指示精神，研究了减少层次、简化手续、下放审批权限的意见，把一些事实清楚、影响较小的案件下放至基层审批，加快了办案进度。

（三）工作成果

“文化大革命”以来，全县积累了大量的冤假错案。复查工作一开始，县委根据实际情况，把这一时期的案件作为重点来复查，截至1979年，全县“文化大革命”以来的5886件，复查结案5601件，占95%以上。

农村基层干部和群众性案件的复查平反工作，县委从1978年冬至1979年春，狠抓中央组织部〔78〕33号文件的贯彻执行，明确规定原是哪一级办理现由哪一级复查处理。对于影响较大的案件，县委会同有关区、镇、社党委，通过各种会议，采取不同形式宣布平反结论，肃清影响。

“右派”摘帽和“右派”改正工作，按照中央〔78〕55号文件精神，县委抓紧实施、广泛发动，做到提高认识自觉抓、解放思想大胆抓、领导重视亲自抓、部门配合协作抓。截至1979年，全县应复查“右派”案件3726件，复查改正3391件，占91%。

“四类分子”摘帽和纠错工作。中央〔79〕5号文件下达后，县委就立即在当年春节期间开展此项工作，对全县原有“四类分子”2662人都进行了复查，摘帽2520人，占94.7%。

“文化大革命”以前的老案的复查纠错工作，主要是指1957年以后到“文化大革命”以前历次政治运动中错误处理的案件，县委本着实事求是的原则，对这些老案一并进行复查处理，结案2630件。

由于各级党组织的重视和办案人员的努力，通过复查平反工作，纠正和平反新中国成立以来历次政治运动中造成的冤假错案2724件，认真落实党的干部和知识分子政策，调动了广大干部和知识分子的积极性，促进了安定团结局面的形成和发展，为无为县全面进行社会主义现代化建设起到了推动作用。

经过拨乱反正和平反冤假错案的全面开展，无为人民解放了思想，积极性被激发和调动起来，全心全意地投身到社会主义现代化建设的滚滚热潮中，全县的经济和社会各项事业进入了健康发展的轨道，社会秩序、社会风气也得到改善，为经济的跨越式发展和社会各项事业的全面进步铺平了道路。

四、万里三到无为指导大包干

无为县 1978 年开始施行农业大包干，是全省最早实行大包干的县份之一。为什么无为县在当时能冲破重重阻力，在全省最早实行大包干呢？这主要归功于省委第一书记万里的大力支持。从 1978 年 9 月到 1979 年 12 月，在无为实行大包干的起步和发展的关键阶段，万里先后三次亲临无为县视察，他说："我要把无为作为推行大包干的联系点"。

他每次来，都是重点调研农业生产情况，发现问题，及时作出指示，对无为县的大包干从起步到成功，起了决定性作用。

（一）省委"六条"，催发改革萌芽

无为县是农业大县，地处长江北岸，八百里皖江，无为占四分之一。这样一块好地方，在"左"的错误路线横行的年代，农业受到了破坏。当时，延续了 20 多年集中统一的生产体制，使安徽农村普遍存在着生产上"大呼隆"，分配上"大锅饭"的现象，加之"文化大革命"，农村生产力遭到破坏，生产长期在低水平上徘徊，广大干部群众强烈要求改变这一状况。1977 年 11 月，以万里为第一书记的安徽省委召开了有地（市）县委和省直各部门负责人参加的、以落实农村经济政策为中心议题的常委会（扩大）会议。会议通过了《关于当前农村经济政策几个问题的规定》(简称《六条规定》)，并决定将其作为试行下发各地贯彻执行。《六条规定》中强调了保护生产队的自主权，落实按劳分配的原则，因地制宜地发展农业生产，减轻农民负担，鼓励社员发展家庭副业，开放集市贸易。省委《六条规定》的下发，对稳定农村形势、调动农民的生产积极性发挥了一定的

作用，对农业大包干产生了一定的推动作用。无为县的大包干萌芽也由此悄然萌动。

1978年上半年，省委调整加强了无为县委班子，由傅昌堂出任县委书记。傅昌堂是农民出身，在抗美援朝战斗中失去了左臂，复员后回红庙乡凉亭行政村任党支部书记。他身残志坚，带领农民战天斗地，事迹突出，被人们誉为“独臂红心”的村支书。凉亭村成为全省闻名的先进村。省委为扶持县委新班子，还特地从省直机关选派了理论政策水平强，且有一定基层工作经验的黄璜任县委第一副书记。黄璜思想解放，心系百姓，大胆改革，勇于创新。新班子就任后，很快统一了思想，认为无为在“左”的错误路线时期，农民积极性受到挫折，如不把占全县80%以上农民的积极性调动起来，农业上不去，粮食不增产，农民不增收，就会影响全局。

县委班子心中装着百万农民。他们深入农村，深入田头地角，开展调查研究。为推动农业的发展，县委认真贯彻省委《六条规定》，受到了全县广大农民的欢迎和拥护。农民有了自主权，也就有了生产积极性，农业生产得到迅速的发展，有的联劳计酬，有的联产计酬，有的联产承包，有的划小核算单位，有的搞了包产到组，有的地方还悄悄地搞了包产到户。

（二）引江济巢，借地度荒

万里第一次来无为，是在1978年9月23日。那一年的夏秋之间，无为发生了百年未遇的大旱，万里一到无为，就声明：我这次来无为有两个任务。一是省委决定，要在无为县凤凰颈长江岸边引江济巢，在全省调集大型灌溉机械400多台套在那里安装，引江水抗大旱。他还查阅了县档案馆保存的《无为州志》，了解无为历史上大旱年份的情况。他冒着高温酷暑，顶着烈日，亲临凤凰颈长江岸边装机抗旱的现场，看望慰问正在挖渠架线装机的工人、农民和技术人员。第二个任务是，为解决大旱之年民生问题，省委决定，借地给农民度荒。万里在县委招待所接见了正在参加县委常委会（扩大）会议的区、镇党委书记，并作了指示。当县委汇报说今年旱情是190多年以来未见的大旱时，万里说：“今年大旱要保证不饿死一个人，我看到你们的州志上记载，历史上乾隆五十年从第一年秋旱到第三年春，如遇到这种情况，你们又怎么办？现在要考虑到冬季的问题和明年春季的问题。为了战胜旱灾，省委决定借地度荒，搞好秋种，灾区每人借地三分，让社员种上午季，谁种谁收，以解决明年午后秋前的口粮。”

省委借地度荒的措施，调动了农民种粮的积极性，更激发了农民对农业大包干的积极性。第二年午收后，农民顺利度过了春荒和夏荒。午季登场时，“农民没有刮饭让锅”，而是“就汤下面”，顺手在借来的地里种了下茬作物。这样，包产到组、包产到户的责任制，在全县迅速推开。

通过生产责任制的实践，促进了生产的发展。1978 年夏秋虽然发生了百年未遇的大旱，全县粮、棉、油总产仍接近正常年景，年终收益分配统计，未实行大包干的地方与已实行大包干的地方，产量对比的结论是：队不如组，组不如户，大包干显示出了强大的生命力。

（三）不要硬纠，让他们去试嘛

1979 年春，正当全县大包干发展势不可挡、生产热火朝天的时候，社会上部分人关于大包干的议论也是沸沸扬扬。有的说，这么做违背了中央政策，偏离了社会主义方向；有的基层干部，一面积极推行大包干，一面却又心有余悸，担心是否会再犯“右倾”错误。周边的县舆论更大，说无为县是资本主义泛滥了。要“防汛”，防无为资本主义泛滥的“汛”。

一时间，无为县委负责同志面临着压力。农业大包干，到底是姓“资”还是姓“社”？到底还要不要继续搞下去？县委曾多次开会讨论。面对群众对农业大包干的热情，结合推行大包干一年来农村的实际变化，大家统一了思想认识。认为，大包干总的是符合省委《六条规定》的，虽有些地方过了头，出现了包产到户，也不可怕，过了头纠正就是了。无为历史上吃尽了“大呼隆”的苦头，发生过饿病逃荒死的严重恶果，不能再反复折腾了。为了粮食增产，农民增收，即使犯错误，也是光荣的。曾在无为县领导岗位上工作二十多年，目睹过“左”的错误路线带来的严重后果的县革委会主任汤永涛动情地说：“做官不为民做主，不如回家种红薯”。为了完善和稳定大包干，面对外界的压力，县委提出，稳定生产队，完善作业组，纠正单干户，并形成了〔79〕35 号文件，提出实施上述方案的具体措施。之后从县直机关抽调 200 多名干部组成纠正单干户工作队，到各区、社帮助纠正单干户。

正当此紧要关头，1979 年 5 月 29 日至 30 日，万里第二次来无为检查工作，当听过县委负责人汇报后，他指出：包产到组后，出现了一些新的矛盾，这不奇怪，矛盾越多越增产，关键是“包产”二字，过去只有一个矛盾，就是肚子吃不饱。现在积极性相当高，生产计划，干什么事，人人负责，个个都知道，这不更好吗！有人说生产队长没权了，如果是瞎指挥权没有了，那倒是好事。不管怎么样，我要的是粮食，增产没问题，征购任务没问题，就是中间环节（指公共积累）要做工作。在大包干问题上，有人怕犯错误，就不怕不增产。有的社员群众怕政策变，要向他们讲清楚，即使将来变，也不能变到原来的“大呼隆”生产。这要看群众的态度，看社员欢迎不欢迎。听说你们组织了纠正单干户工作队，下去硬行纠正，不要这样搞了，群众已经这样试了，就让他们去试嘛！到下半年秋收时再说，看看到底是否增产，出点问题也不要怕。

根据万里的指示，县委立即撤回了纠正单干户工作队。一时间，包产到组、包产到户，在全县范围内不推自广，形成燎原之势，全县 13 个区、镇，72 个公社，645 个大队，9000 多个生产队，90% 以上都实行了各种不同形式的生产责任制。当年秋季获得全面大丰收，粮食总产近 10 亿斤。秋粮入库时，农民们敲锣打鼓，喜气洋洋交征购，卖余粮，全县当年完成征购加超购达 3 亿多斤，破历史最高纪录。有些粮站库容不够，就搭盖简易露天堆收购。粮食大丰收，让农民告别了饥饿。推行责任制前，农民要向当机关干部的亲戚借粮票，买粮充饥；现在是机关干部要向农民亲戚借粮食，补充粮票不足。

（四）要明确宣布不变，不能摇摆不定

1979 年 12 月 14 日，万里第三次来到无为检查工作，听过县委汇报大包干的情况后，万里说，条件相等，搞不搞大包干大不一样，你们 9 个产粮区搞了大包

干，结果个个都大增产，1 个区坚持以队集体生产，结果是平产，就说明这个问题。你们刚才汇报的六峰大队两块田只隔一条小田埂，条件一样，一个搞了大包干，亩产近 1000 斤，一个未搞大包干，亩产 500 斤，多 1 斤与自己有份，少 1 斤也与自己有份，跟他们切身利益相联系，就能调动积极性，这是个很重要的问题，这是个核心问题，搞大包干还可以降低生产成本，肥西是这样，你们也是这样。思想不解放不行啦！过去对一大二公、集体优越性的东西在头脑里灌得太多了。条件具备，生产条件好，领导班子强，集体是能发挥优越性的，条件不具备是不行的。现在你们这个形式是合适的，继续干下去，至少干它 3 年，如果条件不变，再加 2 年，干它 5 年，如条件再不改变，再干它几年，叫大家放心。各种形式的大包干都可以搞，但要保证增产，要国家增，社员增，凡是这样的都是好办法。

当县委负责同志汇报到个别地方推行大包干摇摇摆摆、举棋不定时，万里说，要明确宣布不变，不能摇摆不定，有的县就是吃了这个亏。当谈到有些地方包产到户时，万里说，包产到户，也不要回避，三中全会前，我就给中央挂了号，最后秋季大增产。没有群众自觉自愿，如果硬纠，就要减产。总的要抓住三条：一是增产多，二是贡献大，三是群众生活改善。有这三条，不管什么形式，县委要明确宣布不变。今年不变，两三年也不要变。毛主席讲，群众生产，群众利益，群众经验，群众情绪，这些都是领导上要时刻注意的问题。粮食问题，一是收，你们一定要收购，不要因为粮食多了，不能因仓容不够就不收；二是调出去，我回去就落实，就全国来讲，粮食不是多，而是少。仓容不足，准备明年给你们盖，你们按 5000 万斤仓容写报告报省里。

（五）大包干带来大发展

“要吃米，找万里”，这是丰收后的农民发自肺腑的喜悦心声。通过 1978 年、1979 年推行大包干，调动了群众的积极性，取得了显著的效果，人尽其能，地尽其利，物尽其用。

过去“大呼隆”最严重而后又在全县最早搞起大包干的三溪公社的群众说，

过去收多收少是大家的，现在收多收少是自家的。过去社员出工是一遍哨子不买账，二遍哨子伸头望，三遍四遍哨子才慢慢跟后逛。现在是两个组比着干，三个组赛着干，社员互相催着干，谁也不甘落后。过去是安排生产靠队长，下地干活等队长，遇到困难找队长，牲口下田喊队长，收不到粮食怨队长。现在是50多岁担粪挑，60多岁扶犁梢，70多岁把心操，七八岁小孩也能看青苗。现在农民有事就抓紧干，无事就休闲玩，有的地方休闲时还唱起了“倒七戏”（庐剧），一面娱乐，一面庆丰收。三汊河公社群众说得好，现在真是多做多少事，多看多少戏，多收多少稻，多睡多少觉。整个农村经济活跃，集市贸易繁荣，干部群众情绪高涨，关系融洽，从而促进了生产的发展。全县过去历来后进的地方，如赵坝、三汊河、板桥、雍南、三溪等地方，一年巨变，增产都在300万斤以上。72个公社中，除有3个坚持以队生产的减产外，其余个个增产，产量超历史记录的有32个；645个大队中，增产的有603个，超历史记录的有264个。一向最后进的地方，还涌现了一批冒尖户，参加县里召开的表彰大会，戴上了大红花。大丰收后，农民吃饭问题解决了，纷纷动手盖瓦房。1980年底，全县瓦房户由原来只占20%上升到42%，不少农民为盖瓦房而买不到砖瓦和木材而发愁。

回顾大包干给无为县带来的发展变化，确实令人振奋，成功确实来之不易。之所以能取得这样的成功，一是县委领导同志及基层干部思想解放，敢于讲真话，敢于坚持真理，创造性地贯彻了省委《六条规定》，当时贯彻执行省委《六条规定》是有阻力的，争论也是很激烈的。自农业合作化以来，包产到户一直被当作判别农村阶级斗争、路线斗争是非的主要焦点，谈“包”色变，见“户”就怕，当时县委及其基层干部敢于这样做，确实是冒着风险的。回顾改革的艰辛历程，确实来之不易。二是得益于以万里为首的中共安徽省委领导的支持。从1978年9月到1979年12月，在无为实行大包干的起步和发展的关键阶段，万里先后三次亲临无为县视察，[①]每次都对县委推行大包干给予肯定，鼓励县委要进一步解放思想；当发现县委组织纠正单干户工作队下去纠正单干户时，万里及时指出，

① 中共无为县委党史研究室编，《崛起——无为县改革开放三十年党史专题汇编（上卷）》《万里三到无为指导大包干》，内部资料，皖CH—2009—03号，第16页。

不要这样纠了，让群众自己去试嘛！省委《六条规定》也是可以突破的；当发现有些地方摇摆不定时，万里指出，要明确宣布不变，不能摇摆不定。这对当时农业大包干的巩固发展直至成功，是起着决定性作用的。

正如 1992 年春天，邓小平谈到农村改革时所说，中国改革是从安徽农村开始的，万里是立了功的。

五、落实党的知识分子政策

1978 年 11 月 3 日，中共中央组织部发出《关于落实党的知识分子政策的几点意见》，强调我国知识分子队伍，好的和比较好的是绝大多数，已经成为无产阶级的一部分，坏人只是极少数。无为县委重视落实党的知识分子政策，推动全社会形成重视和尊重知识分子的良好社会风尚。

1979 年，无为对全县科技人员进行摸底普查，摸清了科技队伍的基本状况。对所学非用的大学生对口调整，通过慎重考核，以确定技术职称，一些德才兼备的知识分子被选拔担任总工程师或副总工程师。县人民医院提拔了 2 名业务副院长，100 多名初级医务人员晋升为中级医护人员。对摘掉“右派”分子帽子的知识分子做了妥善安排，在分配住房、生活供给和解决夫妻两地分居等问题给予照顾解决，尽可能改善他们的工作条件和生活条件。

至 1980 年 4 月底，无为县对所有科技人员中需要进行复查的案件 110 件，进行甄别纠正，并作出适当安排。全县 100 余名科技人员大都重回到科技队伍，全县科技人员满怀信心与希望，迎接新的科技事业的春天到来。

1980 年 12 月，无为县委先后召开医务界、科技界、文艺界、体育界、教育界知识分子和民主党派座谈会，座谈落实知识分子政策和发挥知识分子作用的情况。1981 年，全县开展知识分子技术职称的复查整改工作，使得各类各级的知识分子得以在各自的工作岗位上发挥技术优势和业务专长，使知识分子的作用日益彰显。

1982 年，无为县委决定对全县知识分子工作进行全面检查和评估。主要检查知识分子政治上落实政策的情况，以及工作和生活上存在的问题，重点是高级知识分子和相当于讲师、助理研究员、工程师以上的中青年业务骨干落实政策的问题。

由于各级党委认真落实党的知识分子政策，对知识分子基本上做到了“政治上一视同仁、工作上放手使用、生活上关心照顾”，全县广大知识分子的社会地位和精神面貌发生了变化。广大知识分子对党的十一届三中全会以来的路线、方针、政策更加拥护，为社会主义现代化建设作贡献的热情更加高涨，促进了全县经济和社会的发展。

六、人民团体工作的恢复①

“文化大革命”期间，无为县人民团体同全国各地一样均中断了正常生活，处于瘫痪状态，粉碎“四人帮”以后，尤其是党的十一届三中全会以后，人民团体才得到恢复和发展。

无为县总工会在“文化大革命”中被“砸烂”，工人运动遭到严重破坏。1979年3月23日，县总工会召开第六次代表大会，认真贯彻1978年10月中华全国总工会“九大”精神，恢复了全县的工会工作。从此以后，县总工会开展了大量富有特色的工作。一是开展建功立业活动，动员广大职工投身经济建设。集中体现在广泛开展社会主义劳动竞赛上，到1986年全县成立劳动竞赛组织156个，参赛职工19670人。竞赛形式多种多样，有车间班组互赛、同工种对口赛、争高产创最佳绩赛、双增双节赛、安全生产赛、提高产品质量赛、技术改造赛、技术进步赛、节能降耗赛等，使全县劳动竞赛高潮迭起，蔚然成风，涌现出大批先进集体和先进人物。二是加强民主管理，积极参政议政。各企业普遍设立了职代会制度，组织职工参与本单位民主管理，实行民主决策、民主管理、民主监督。同时，开展民主评议领导干部。县总工会负责人还参加县政府召开的经济建设、企业改革等重要会议，县委常委会会议每年至少两至三次听取县总工会工作汇报等。三是以职工为本，开展依法维权活动。全县各级工会在促进经济建设和

① 芜湖市委党史和地方志办公室编，《芜湖通史（江北部分）》，黄山书社，2017年10月版，第542页至546页。

深化改革过程中，不断探索提高维权质量，增强维权实效的方法，建立健全了利益协处、安全防范、帮扶救助、法律援助等一系列维权机制，在失业再就业、困难职工帮扶、推行劳动合同制、法律援助和劳动保护等方面做了大量工作，解决了许多实际问题。四是大力提高职工素质，建设“四有”职工队伍。1979 年开展全县各级工会，努力发挥工会的优势和特色，广泛开展了形势教育、职业道德教育和爱国主义教育，培养广大职工马克思主义世界观、人生观和价值观。1981 年开展“五讲四美三热爱”活动。1983 年开展了读书自学活动，全县职工读书自学小组发展到 908 个，人数达 17863 人。1986 年开展了“有理想、有文化、有道德、有纪律”的“四有”教育。此外，全县各级工会还开展了职工文化技术教育、创建文明行业、文化体育活动等，整个工会工作丰富多彩、成效显著。

共青团无为县委员会在“文化大革命”期间被红卫兵组织即红代会所代替。1979 年 3 月 9 日，共青团无为县第七次代表大会召开后正式恢复。团县委在这次代表大会后开展了一系列适合青年特点的工作。首先是创业建功活动，到 1987 年全县建立青年之家 602 个，举办各类培训班 21 期，培养青年 1.25 万人。其中六洲乡青年科技示范户任俊华获得团中央、全国科协和农业部表彰。1988 年，无为县青年商品经济发展基金会成立，共筹资 7.2 万元，为青年创业提供了资金支持。1991 年团县委实施“411 科技工程”即“东棉西进工程”“黄陈河鱼蟹双养工程”“太平千亩绿化工程”“三汊河良种培育工程”等，培养了一千多个青年科技示范户，推动了农业科技的发展。其次是开展青年志愿者活动，每年 3 月 5 日学雷锋活动日，组织青年职工和学生，深入乡村、社区、街头，走进敬老院，开展“奉献、友爱、互助、进步”的志愿服务，还开展支农、支教、支医活动。1987 年起全县开展“岗位学雷锋，行业树新风”活动，成立 1156 个学雷锋小组，开展了各种义务服务。第三，广泛开展植树造林和农村改水改厕活动。到 1985 年全县累计植树 30 多万株，绿化面积 2520 亩，其中“共青林”21 处。1991 年，团县委组织的“太平千亩绿化工程”的 200 亩经果林、800 亩用材林，成活率分别达到 96% 和 98%。在团县委的努力下，农村改厕达 2.2 万多户，成为安徽省农村改厕先进县。

无为县妇女联合会在“文化大革命”期间也停止了工作，1979 年 3 月 2 日召开第五次妇女代表大会后正式恢复工作。在县妇联的团结带领下，全县妇女在社会主义物质文明和精神文明建设中作出了积极贡献。在发展工农业生产和商品经济方面，广大妇女破除“左”的错误思想束缚，大力发展家庭副业和多种经营，沿江白茆、虹桥一带，发展棉花和养殖业；襄安圩区，发展种草席、打席子业；新沟公社开展河蚌育珠和花边生产，全县办起绣花厂 26 个，女绣工达 1500 余人。1987 年，县妇联还在赫店乡帮助办起塑料加工厂，354 个农户生产聚氯乙烯儿童雨衣、母子雨披、彩花浴帐，销售大江南北。还发展了大棚蔬菜、葡萄种植，使众多妇女脱贫致富。无为县妇联还引导女性劳动力转移和巾帼创业活动。20 世纪 80 年代开始，地少人多的无为县大量农村妇女和下岗女职工奔赴北京、上海、合肥等城市从事家庭服务工作，勤劳善良的无为妇女受到欢迎，使无为县成为闻名全国的“保姆之乡”。

无为县工商业联合会 1966 年 10 月停止活动，1988 年 5 月恢复工作。

无为县科学技术委员会和县科学普及协会在“文化大革命”中也受到冲击，机构撤销，人员解散。1979 年后，这两个机构才得以恢复和发展，全县 609 个大队发展农技人员 788 人，试验基地 1500 多亩，并形成县、区、公社、大队四级农科网。1983 年 6 月 17 日，召开县科协第二次代表大会，成立第二届委员会，1984 年 3 月与县科委分开办公。到 1988 年，共建立县级学会 13 个，会员 898 人；县级协会 6 个，会员 418 人。全县 78 个区、镇、乡成立了科技组织，会员达 6000 多人。

县文学艺术界联合会 1958 年成立，“文化大革命”中撤销，1992 年 12 月恢复，共有文学、音乐、美术、戏剧、书法、摄影、硬笔书法、楹联 8 个协会。

七、经济、教育、文化等工作的初步恢复

粉碎“四人帮”以后，中共无为县委根据党中央、国务院有关文件精神，采取了一系列措施，恢复发展国民经济。首先调整加强了经济领域领导班子，重建了工农业生产指挥系统。其次抓了工农业生产整顿，建立健全了“文化大革命”

中受到破坏的各项规章制度，使工农业生产秩序得到恢复。在农业方面，批评“左”的错误指导思想，调整了农业政策，纠正和放宽了过去对自留地、家庭副业和集市贸易的种种限制，做到尊重生产队自主权，纠正平均主义，允许社员开展多种经营。同时大力减轻农民负担，提高农产品收购价格，增加农民收入。在工业方面，努力加快轻纺工业发展，优先保证轻纺工业所需的燃料动力和原料供应和金融支持。同时，在工业企业中广泛开展技术革新挖潜改造，收到良好的成效。《全县“六五”到“七五”时期计划执行情况》表明，国民经济恢复成就显著，经过五年努力，全县经济效益不断提高，财政收入逐年增长，人民生活逐步改善，市场日益繁荣。1984 年全县工农业总产值提前一年实现“六五”计划目标。1985 年全县工农业总产值比 1980 年增长 91.4%。

教育领域经过拨乱反正，解除了全县教育工作者的精神枷锁，调动了全县教职工的积极性，全县中小学恢复了合理的教育教学制度，建立了正常的教学秩序。同时，全面贯彻中央关于教育体制改革的决定，调整了中等教育结构，恢复了仓头、金鸡、大江、无城等 7 所在“文化大革命”中砍掉的农业职业中学、实现招生，各类学校招生人数也有较大幅度增长。

无为县文化事业大发展也是在粉碎“四人帮”之后，尤其是党的十一届三中全会以后。1984 年县成立文化旅游局，乡镇建立了文化站。1978 年县庐剧团恢复，上演了一批传统戏剧和新剧目。电影发行放映大发展。文化活动更是丰富多彩，文艺演出，美术、摄影、书法展览每年举行数十次，全县文化娱乐服务水平有了提升。

无为县党史工作在“文化大革命”后稳步发展，1985 年 4 月，因在 1984 年党史资料征集研究工作中成绩显著，中共无为县委党史办被中共安徽省委评为先进单位。

第二章　国民经济的调整和改革开放的起步

1979年中共中央工作会议后，中共无为县委按照“调整、改革、整顿、提高”新“八字方针”的要求，对国民经济体制进行调整，开始对全县企业进行整顿。从1979年开始，无为县开始试行农业生产责任制。至1981年，全县普遍实行家庭联产承包责任制。家庭联产承包责任制实行后，全县农业生产连续数年持续稳定增长，农村各产业快速兴起和发展，农民收入逐年增加。在进行农村经济改革的同时，无为县的县域经济改革也拉开序幕，不断发展，走向深入，进入了全面改革开放的起步阶段。

第一节　全面推行农业生产责任制

一、开展以农村为突破口的经济改革

党的十一届三中全会以后，党的工作着重点转移到社会主义现代化建设上来，随着国民经济的调整，党中央领导全国人民勇敢地迈出了以农村为突破口的改革开放的步伐。我国改革首先在农村取得突破性进展，有其客观必然性。一方面，“我国农业近二十年来的发展速度不快，它同人民的需要和四个现代化需要之间存在着极其尖锐的矛盾”，农村的问题尤为突出，“政社合一”的人民公社体制，经营管理过于集中，分配上存在着严重的平均主义倾向。这种体制阻碍了农民积极性的发挥，在一定程度上抵消了国家对农业的巨大投入，致使农业生产的

发展和农民生活的改善都比较缓慢。就无为县来说，1978 年全县有不少生产队没有现金分配，少数生产队仍然靠统销粮过日子。这种困难表明，不改革已经没有出路了。另一方面，经过实践是检验真理唯一标准的大讨论，特别是党的十一届三中全会重新确立的“解放思想、实事求是”的思想路线，强调全党工作要以经济建设为中心，这就为农村改革提供了理论依据，创造了政治环境。

为了克服农民生产和生活上的困难，一些社队根据自身实际，开始在怎样让群众吃饱饭上做文章，实行了一些调动农民生产积极性、改善农民生活的措施。一部分长年靠吃统销粮过日子的社队，于 1978 年初就悄悄搞起了“两拉钩”，即谁也不向谁要，社员们不向社队要统销粮，社队也不向社员要公粮；还有的社队对棉花生产实行了责任制，搞临时定额等。少数生产队还偷偷搞起“包产到户”，在当时“左”的错误思想束缚下，这样干已经冒了风险。

党的十一届三中全会召开后，全党工作重点转移到社会主义现代化建设上来，并制定了有关农业发展的政策在全国范围内开展讨论。1979 年 1 月，中共中央正式出台了《中共中央关于加快农业发展若干问题的决定（草案）》和《农村人民公社工作条例（试行草案）》。文件中规定，人民公社和生产队所有权和自主权必须受到保护，不允许无偿占用和调用。农村自留地、家庭副业和集市贸易是社会主义经济的必要补充，不得当作“资本主义尾巴”加以取缔。强调加强党和国家对农业的领导，关心农民的物质利益，保证农民的民主权利。文件还规定了发展农业生产的 25 项政策措施，并对建立农业生产责任制进行了政策部署。两个文件的出台，为冲破传统的农业生产体制，建立农业生产责任制提供了政策依据。这是全国人民期盼已久的愿望，掀起了农村改革的春潮，农业生产责任制成为春潮中的第一朵浪花，在全国范围内迅速涌动引起强烈反响。为跟随时代步伐，扭转无为农村贫困落后的局面，1980 年 5 月 23 日至 25 日，中共无为县委召开了三级干部会议。参加会议的有县直各部、委、办、局的党组成员，企事业单位的党支部书记，各区、公社正副书记、正副管委会主任，共计 400 余人。会议认真学习了党的十一届三中全会公报，传达了中央及省委有关文件精神，紧紧围绕全党工作重点转移这个中心，认真总结了近 20 年来工作中的经验教训，联系无为农业发展缓慢的实际，研究制定了关于加强和完善农业生产责任制的意见，提出了当前需要突出解决的问题。包括“坚持以生产队核算；合理承包土地；发展多种经营；管好集体财产；逐步推行农业联产计酬责任制；注意促进联合；抓好生产队班子建设；搞好农村干部培训”等问题。为使广大社员尽快澄清对“社”与“资”的模糊认识，会议专门对如何传达贯彻中央及省、地、县委文件作出具体安排和部署，要求逐级传达，做到家喻户晓，深入人心。

二、农业生产责任制的完善

无为人民在这种有利形势推动下，首先在部分地方推行农业生产责任制的大胆尝试中，被“大锅饭”体制弄得长期僵化的观念开始转变，被“发家致富”就是“走资本主义道路”禁锢的手脚也慢慢放开。“要老百姓有饭吃，必须实行责任制”。无为县广大干部群众从实际情况出发，解放思想、大胆探索，在实践中建立了多种形式的生产责任制，绝大多数生产队大张旗鼓地实行了包产到户或包干到户，这对于调动农民的生产积极性，加快农业的恢复与发展，实现增产增收增贡献，改变农村落后面貌，改善人民生活，有着显著效果。虽然无为连续几年旱涝不断，给农业生产带来很多不利因素，但由于发挥了政策的威力，进一步推行和完善各种形式的农业生产责任制，调动了全县农民的生产积极性，主要农作物仍然获得好收成。粮食 1979 年总产 96455 万斤，居安徽全省第一，1980 年 8.2 亿斤，1981 年总产 10 亿斤，是新中国成立以来第二个高产年份。1981 年棉花总产达 91200 担，接近 1980 年收成。1981 年油料总产 659100 担，比 1980 年增产 304000 担，增长 85.5%。林、牧、副、渔等多种经营生产也有所发展，1981 年造林面积 22000 亩；生猪饲养量 37 万头，成鱼产量 630 万斤，社队企业总收入 2700 万元，尤其是多种经营生产形势喜人，渔业、河蚌育珠、水产养殖和家庭养兔，以及栽桑养蚕、抽纱刺绣、编织、种植和建材加工业等正在蓬勃发展。全县生产发展，市场繁荣，流通活跃，购销两旺。1981 年社会商品零售额 5050 万元，比 1980 年增长 3%；农副产品购进总额 1566 万元，比 1980 年同期实绩增长 12%；粮食征购 2.3 亿斤；油脂收购 48.35 万担，比 1980 年多入库 25.88 万担；棉花收购 7.28 万担，比 1980 年多收 6033 担。城乡人民生活水平有所提高，人均收入 180 元，比 1980 年增长 34%。不少社员由于大力发展家庭副业，广开生财之道，实际收入还有所超过。相当一部分社员新盖瓦房，家有余粮，农村面貌有了改变。城镇职工的收入增加，住宅条件有所改善，全县城乡个人储蓄存款达 448 万元。①

三、农田水利基本建设和农技推广②

无为县南濒长江，北倚巢湖，地势西北高，最高峰三公山海拔 675 米。东南低，河流湖泊众多，沟汊纵横，水网密布，塘坝水库星罗棋布。全县面积 2433 平方公里。其中，山区 493 平方公里，占 20%；丘陵区 406 平方公里，占 16.7%；圩区、长江外护圩和洲区 1215 平方公里，占 49.9%；江、河、湖泊 319 平方公里，占 13.1%。临长江水岸长达 114 公里，境内有长江一级支流裕溪河长 50 公里，长江二级支流西河长 72.7 公里穿境而过，西河主要支流 7 条，由于地理位置特殊复杂，新中国成立前无为水旱灾害频繁，人民生活贫苦。

新中国成立后，尤其是党的十一届三中全会以来，无为人民在县委、县政府的领导下，首先大力开展农田水利基本建设，基本建成了抗御洪、涝、旱等自然灾害防御体系，保障人民生命财产安全，提高了土地利用率和生产率，推动了全县经济和社会的快速发展。新中国成立初期，全县圩口堤顶高一般不到 9 米，堤身满目疮痍，十分单薄，防洪能力薄弱。1983 年，县城最高水位 11.89 米，全县破圩面积达 14.67 万亩，直接经济损失 1 亿元。

县委、县政府采取突出重点兼顾一般的抗洪治水策略。一是抓堤防达标工程，使全县 19 个万亩以上圩口实现堤防标准化，即圩口堤顶高程 13.5 米，顶宽 4—7 米，内外坡度合成比 1∶5。险工险段加内坡平台，台顶高程 11 米，台顶宽 7 米，抗洪能力达到 20 年一遇。5000 亩至万亩圩口，堤顶高程 13 米，顶宽 4 米，

---

① 中共无为县委党史研究室、政协无为县文史委员会编，《中国共产党无为地方史（1921—2001）》，皖内部图书 2002—027 号，第 361—362 页。

② 芜湖市委党史和地方志办公室编，《芜湖通史（江北部分）》，黄山书社，2017 年 10 月版，第 557 页至 560 页。

内外坡合成比1∶5，抗洪能力达到15—20年一遇。1000亩至5000亩圩口也制定了抗洪标准计划。1983年至1987年，全县共完成土方7028.97万立方米，拆迁堤身民房3757户计10876间，合计25.56万平方米。全县16个万亩以上圩口达标，堤长368.7公里，受益面积81.67万亩。7个5000亩至万亩圩口均达标，总堤长66.4公里，受益面积5.25万亩。全县还有众多千亩左右圩口也达标。1987年以后，每年都完成超千万立方米土方工程，对圩堤加高培厚，保证了每逢洪灾，溃破的为小圩，大圩安然无损。

二是抓河道疏浚整治工程。这是农田水利建设的重要措施之一。党的十一届三中全会以后，无为县加强了对裕溪河、西河等重要河段的疏浚和整治。裕溪河长76公里，流经无为县50公里，是巢湖通江总河道，是含山、和县和无为三县的界河。无为县与含山、和县一起对河的水下土方进行了疏浚治理，使河道顺直，水流顺畅，排引自如，便利了农业排灌和泄洪排洪，为河流域防洪排涝提供了保障。同时对西河进行了疏浚整治，西河发源于庐江，自西向东流经庐江、无为，进入黄雒河汇入裕溪河，全长104公里，无为境内72.7公里，在无境内流域面积1746平方公里，沿途支流数十条，形成水利网络。1980年，无为县成立疏浚队，在长达1509米河段，挖深1米，拓宽至30米，清淤4.6万立方米。后又疏浚22.7公里，挖淤533万立方米，吹填堤内深塘100余口，填塞塘面积17.6万平方米，吹填深度平均4米，经过疏浚填塘固基后，消除了堤坝隐患，稳定堤身。后来还开展了裁弯取直工作，增强了排引能力，泄洪能力提高3倍。

三是新建和改造机电排灌设施。1978年大旱，无为县增建了一批中小型排灌站。1980年至1983年，新建电力排灌站142座，装机466台，容量36974千瓦，设计总流量257立方米每秒，到1989年全县共有固定电力排灌站186座，装机577台，容量48495千瓦，设计流量365.11立方米每秒，受益面积67.74万亩。1986年，兴建沿江国家级大型泵站凤凰颈排灌站，为引江济淮主体工程，1991年交付使用，无为县农业结束了“望天收”局面。

四是新建改造涵闸斗门和水库山塘工程。改革开放以后，无为县按标准要求，陆续新建改造810座涵闸斗门，全面提升了吐纳效用。全县共有塘坝1.97

万口，总蓄水量为3579万立方米，经过岁修整治，到1989年蓄水量增加到5370万立方米，可灌溉农田105万亩。1958年，全县只有一座水库——牌楼水库。发展到20世纪90年代拥有容量为100万—1000万立方米的小（一）型水库6座，容量为10万—100万立方米的小（二）型水库21座，总容量达2900万立方米，灌溉面积6.44万亩。

县科协从20世纪80年代开始陆续邀请国内外农业专家到无为讲学，传授农业新技术。其中，有上海农科院教授讲授小麦、油菜栽培技术，上海畜牧科研所传授家禽饲养和疾病防治技术，安徽农业大学讲授蔬菜栽培和加工技术及大棚草莓种植技术，省农科院讲授桑茧、小芋种植技术，日本专家讲授大棚蔬菜种植技术。

四、1983年抗洪抢险工作

1983年是无为县自新中国成立以来、继1954年之后的第二个大水年份，汛期之早、水势之猛、持续时间之长，为无为历史上所罕见。在这场人与自然的斗争面前，无为县委领导全县广大干部群众与洪水进行了顽强的拼搏，在洪水面前不低头、不弯腰，表现了大无畏的英雄气概。虽然洪水溃破了194个圩口，成灾面积90多万亩，农业严重减产，工业、财贸等也遭受了不同程度的损失，但经过英勇奋战，保住长江大堤和江堤圈圩口，保住了内河5000亩以上大圩和部分小圩口，保住了合芜铁路、公路的交通，取得了有目共睹的显著成绩。[①]

无为县委在总结1983年防汛抗洪斗争基本特点时指出，一是汛期来得早，但全县各级党组织抓得更早，所谓一早促“三早”：全县防汛指挥机构成立早，该年5月下旬各级防汛指挥部相继成立，使防汛抗灾有了组织保证；而抗灾舆论造得早，各级党组织都做好了大讲防大汛的准备，并付诸实际行动中；也由于防洪措施抓得早，做到有备无患。二是洪涝水情大，各级党组织抗灾的决心更大。全县参加防汛的党政干部1000余名，特别是一些有丰富实战经验的老干部在防

---

① 《无为县委三干会议文件（1983年9月）》，无为市档案馆，目录号741，案卷号〔8〕。

汛抗灾中起到中坚的传帮带作用，这些干部夜以继日、不辞辛劳、顶风冒雨、与洪水拼搏，在防汛抗灾中，密切了党群关系，融洽了干群关系。由于各级党组织决心大、舍得人力、物力、财力，终于战胜了大汛大涝，压低了受灾程度和范围。三是江河水位高，而干部群众防汛的热情更高，出现了大水大干、大雨苦干、险情越大越是冲在前的战斗场面。

洪涝灾害直接威胁广大人民群众的生产生活安全，水毁损失严重，倒塌损坏的房屋17000多间，搬迁的群众36000余户，工厂、学校、医院、仓库、公路、桥梁、输变电和通讯设施均不同程度的破坏。面对严重的灾情，广大党员干部和群众发扬泰山压顶不弯腰的精神，顽强拼搏，战胜了数十次洪峰的侵袭，迎狂风、斗浊浪，使无为长江大堤成为抵御水患灾害坚固的防洪屏障。

在战胜特大洪涝灾害之时，无为县委清醒地认识到，必须立即把全县工作重点转移到以生产救灾为中心的轨道上来。如何领导群众恢复生产生活、重建家园、搞好生产自救，是摆在全县各级党组织面前亟待解决的重大课题。无为县委把握灾情的严重性和复杂性，迅速组织力量，核实灾情，掌握重点，采取措施，抓出成效。无为县委还认真贯彻中共中央提出的“依靠群众，依靠集体，生产自救，互助互济，辅之以国家必要的救济和扶持”的方针。[①] 首先组织灾区群众广开生产门路，因地、因时、因人制宜，开展多种经营和家庭副业，创造财富、增加收入，战胜灾荒，渡过难关。县委还号召广大干部、职工和非灾区群众，发扬一方有难、八方支援的共产主义风格，实行互助互济，支援灾区。干部职工可以捐款捐物捐粮票，非灾区社员群众可按平价支持灾区种子和牛草。县委要求全县上下都要厉行节约、紧缩开支，把可用可不用钱节省下来，用于救灾。县委、县政府下定决心，从各方面筹集资金和组织物资支持灾区堵口复堤，恢复生产。县委十分重视安排好灾区群众的生活，对下拨的救济粮、款和下拨的物资，要求灾区党组织在核实灾情的基础上，区别情况，保证重点，抓紧分配，迅速落实到户。所有共产党员、干部和群众一样，不得特殊对待。

---

① 国务院《国家防灾减灾工作指导方针》，1982年发布。

县委强调，所有下拨的粮、款物，一定要专粮专用、专款专用，不准挪作他用，更不允许层层克扣和截留，如有贪污挪用，一经发现必须从严处理。在分配粮款物时，区别困难大小，保证重点，不得平均分配。对断炊户，保证基本口粮，不能出现因灾出外逃荒的现象。受灾群众的生活燃料，主要依靠县境内小窑煤解决，各区（镇）乡和有关部门及时组织调拨供应。县委、县政府还要求灾区党组织对灾区群众住房作妥善安排，当年冬季不能重建家园的农户，先搭盖简易窝棚，但必须能遮雨、挡风、避雪、御寒。

县委特别指出，对受灾群众加强疾病防治工作，尤其是重灾区群众居住集中环境条件差，卫生难以管理，各种传染病容易发生，县、区、乡（镇）都要立即组织医疗小分队开展巡回治病，尤其做好灾区疫情的防治。

在关心灾区和解决灾区群众生活的同时，无为县委还部署各级党组织抓紧堵口复堤工作。全县溃破的194个圩口，要求一一排队，根据地势高低和水位情况，先难后易，堵口复堤，排水抢种，争取每个圩口排干后抢种午季作场，指明秋种是解决明春群众口粮不足的重要途径，对稳定人心，夺取明年农业生产全面丰收有着重要的现实意义。

县委在防汛抗灾中，反复告诫各级党组织，一定要加强党的领导，以生产救灾为中心，保证灾民不外流，不发生疾病流行，不发生牲畜大量死亡。做好这些工作，就必须加强党的领导。县委要求各级党组织的“一把手”亲自抓，“二把手”沉下心来具体抓，其余同志分片抓；必须调配力量，组织能打硬仗的班子，办理生产救灾事务，明确责任。加强思想政治工作，教育灾区干部群众顾大局、识大体、树立信心，克服悲观消极情绪，同舟共济，战胜灾荒。各行各业都要大力支援灾区，帮助灾区群众解决一些实际困难。

经过奋力抗灾，无为县委领导全县人民开展生产自救，仍然在灾年夺取了农业丰收。全县农业总产值2.17亿元，粮食总产达6.27亿斤，向国家交售公粮1.6亿斤。油料总产50.3万担，收购9.57万担，超额完成任务8.2%。林牧副渔各业生产也有所发展，特别是林业和渔业的大户承包，有力地促进了荒山水面的开发、利用。各种专业户、重点户发展到30700多户，占农户总数的15.4%，比

1982年增长17%，其中“万元户”达39户，不仅为农民致富起到了示范引路作用，而且为整个农村商品经济的发展开辟了广阔前景。[①]1983年水灾后，在省、地、县委的关怀和支持下，全县上下狠抓救灾这个中心，先后共发放救灾款5593万元，救灾粮9000万斤，救灾煤1600万吨，以及其他物资，帮助农民较快地恢复生产，重建了家园。同时，还妥善地安排了一大批崩江灾民的生活。整个灾区社会安定，这同旧社会那种一遇天灾，人民就流离失所的悲惨情景恰成鲜明对照，显示了社会主义制度的优越性。由于救灾工作扎实，增强了人民群众迎战灾荒的信心和力量。全县及时堵口复堤，抢种午季粮食作物34.4万亩，油菜24万亩，绿肥3.9万亩。该年冬天，全县又打响了空前规模的水利兴修硬仗，最多时日上工量达27万人，全县共完成800多万土石方，为来年的生产发展夯实了基础。

伴随农业生产责任制的推行与实践，全县其他方面的工作也取得了显著成效。供电部门在支援工农业生产、防汛救灾用电方面积极调度；邮电部门主动做好邮电通讯工作；水利部门在加强县域内水系勘察、综合治理、机电排灌、旱涝保收等方面，兢兢业业；人行、农行积极配合发放贷款，支援生产与救灾；外贸部门主动支持发展多种经营；气象部门准确提供天气预报；商业、供销、财政、税务和物资计划部门在搞好产销衔接、安排市场供应、组织财政收入、保障人民生活方面发挥了主渠道积极作用。

第二节　县域工业企业改革的初步尝试

一、“调整、改革、整顿、提高”八字方针的贯彻

1979年4月，中共中央召开工作会议，决定用三年时间，对国民经济实行“调整、改革、整顿、提高”的方针，统称为新“八字方针”，中共中央要求，经

① 中共无为县委党史研究室、政协无为县文史委员会编，《中国共产党无为地方史（1921—2001）》，皖内部图书2002—027号，第362页。

济建设必须从国情出发，符合经济规律和自然规律。5月13日至25日，中共安徽省委召开工作会议，通过了省委提出的关于1979年安徽省国民经济调整后的安排意见。无为县委认真学习新“八字方针”，认识到要把经济搞上去，就要按照党中央及省委的部署实行调整改革。

根据安徽省委提出的三年调整国民经济的任务和措施，结合无为县实际，县委提出全县国民经济调整目标。1979年8月30日，县委召开四届十六次全委会（扩大）会议，研究部署落实“调整、改革、整顿、提高”方针的措施，随后，制定下发《关于1979年至1981年农业生产调整的意见》《关于无为县地方工业企业贯彻新“八字方针”的意见》《关于无为县三年调整期间进一步搞好财贸工作的意见》。

农业改革的成功，推动着全县工业企业改革的不断深入。改革开放前，无为县工业企业的生产经营在计划经济体制下运行，规模小、底子薄、产品单一、设备落后。1978年，全县共有国营企业38家，集体经济企业334个，全县工业总产值9709万元。因此，对企业进行改革，扭转工业困难局面迫在眉睫。在贯彻县委四届十六次全委会（扩大）会议精神之后，1981年12月，县委、县政府又制定了对全县国营、集体企业进行全面“调整、改革、整顿、提高”的方针，并认真贯彻国发〔1981〕166号文件《国务院批转关于实行工业生产经济责任制若干问题的暂行规定的通知》精神，在工业系统内部推行各种行之有效的经济责任制，把经济手段和行政手段结合起来，注意运用经济杠杆，经济法规来管理经济。规定对计划内的产品，不论是利多利少，都要保质保量地完成任务。计划外的产品生产，企业本着可以根据市场的变化，搞跨行并购、摸行转产，扩大生产流通门路。对于生产市场短缺的低利产品和小商品企业，采取积极扶持和鼓励政策。

二、工业企业改革的多措并举

在贯彻落实“调整、改革、整顿、提高”方针的基础上，无为县工业企业积极推行和完善经营承包责任制，把企业对国家承担的内部经济责任层层分解，落实到车间、班组和个人，从行政管理人员、服务人员到一线职工层层推行责任制，逐步形成一个责权相结合的“包、保、核”相联系的经济责任制。经济承包程序，先搞企业外部承包，然后再搞内部承包。主要承包产值、产量、费用等各项经济指标，但重点是利税。承包形式多种多样，不搞“一刀切”，可以逐级承包、专项承包、供销承包、扭亏承包，集体和个人承包等。同时，通过扎扎实实地整顿，搞好定额管理、信息和数据管理，各项技术标准、计量测试、基础教育和管理规章制度在内的基本管理工作。根据职权范围、工作态度、贡献大小等制定了相应的考评标准和奖惩制度，使职工利益与企业效益挂起钩来，增强了干部与职工的责任感、使命感，调动了广大职工的生产积极性，劳动组织、劳动纪律、财务管理、经济效益得到同步提高。经过挖潜、革新、改造，无为县纺织、制药、酿酒、化肥、电机、制革、棉织等企业面貌焕然一新。1981 年，无为县工业企业尽管在能源、原材料不足的情况下，仍然出现了生产效率上升、利润增多的好局面，全县工业总产值 11044 万元，比 1980 年增长 680 多万元，增长速度 7.2%。无为县工业总产值在全省各县中率先突破 1 亿元大关。1983 年全县工业总产值 1.22 亿元，比预计完成 1.18 亿元超产 386 万元，比上年增长 0.5%，其中，制药厂、印刷厂、电机厂、齿轮厂、无线电厂、水泥厂、豆制品厂等 13 个系统和企业超额完成全年生产计划。交通运输、供电和邮电等部门都较好地执行生产经营计划，特别是在 1983 年水灾和雪灾的抗灾斗争中，广大职工团结奋战，基本上保证电力供应和电讯畅通。在经济效益上，纺织厂经过技术改造，吨用棉量平均达 1070 公斤，比 1982 年下降 1.3%。化肥厂 1982 年亏损 254 万元，1983 年甩掉亏损帽子，盈利 5000 多元。齿轮、电机厂也都扭亏为盈。全县预算内的国营工业有 9 个企业盈利 218 万元，百元产值实现利税 14.4 元，开始扭转了利润与产值增长不同步的局面。

三、厂长（经理）负责制的推行

对县属企业的整顿工作，是企业在提高效益上走出来的第一步。但要把企业搞活，就必须从提高企业素质、改造企业领导体制入手，进行更加深入的改革。

为此，从1984年初开始，全县开始对企业进行高层次改革——推行厂长（经理）负责制，狠抓企业技术改造和企业管理，增强了企业的活力。工业生产在能源、原材料和资金紧缺的情况下，仍然保持稳定增长的势头。特别是预算内工业企业的经济效益增长超过了速度的增长，工业产值达4525万元，比上年增长28.1%，产品销售达5455.9万元，比上年增长77.4%。实现利税792.4万元，比上年增长1.04倍，上缴利税537.8万元，比上年增长51.4%。定额流动资金周转天数达87天，比上年减少46.3%。在考核的34种主要产品中，完成和超额完成计划的有15种，比上年增长的有22种。其中，棉纱增长17.8%，棉布增长55.2%，小窑煤增长14.1%，电风扇增长90.1%，齿轮增长81.8%，小型交流电机增长1.4倍。主要产品质量有所提高，纺织厂10项物理指标有8项达到国优指标要求；制药厂的大输液连续六年被评为全省第一名；县第一服装厂生产的药物保健服装荣获国家轻工部优秀新产品证书，并在巴黎国际服装博览会上获得设计二等奖和创新二等奖。全县3000种主要产品质量稳定提高率，由1983年的65%上升到67.5%，“航空牌”羽毛球、“红灯牌”羽毛球拍等一批品牌产品获得省优秀产品证书。由乡镇企业生产的日光灯节能继电器、电子预置计数器两项新产品填补了国内空白。其中，有的产品开始进入国际市场。在实行厂长（经理）负责制之后，横向经济技术联合打开了新的局面，3年来从省内外移植引进技术项目43个。各种设备183台（套），吸引外地资金600多万元，同时还引进了一大批生产原料和物资，弥补了国家计划供应的缺口和不足。技术进步得到进一步重视与加强，3年内共完成技改项目86个、总投资3469.8万元，通过技术改造，无为县纺织厂、制药厂、齿轮厂、化肥厂、电扇厂等各工业骨干企业，生产能力和经济效益有大幅度提高。

四、安置待业青年就业　发展集体和个体经济

随着党的十一届三中全会以后拨乱反正工作的深入，无为县积极做好城镇待业青年工作，逐步恢复和发展城镇集体经济和个体私营工商业，发挥两种经济形式在国民经济中的作用。

1979 年 10 月，无为县开始有步骤地统筹安排过去几年下乡插队的知识青年，通过发展集体生产和服务事业，进一步安置城镇待业青年。由此，无为县知青工作开始转移到广开就业门路，安排知识青年择业就业，为社会主义现代化服务的轨道上来。

无为县知识青年上山下乡插队落户工作从 1968 年开始，至 1978 后基本结束，共下放知识青年 12965 人。全县有 4 个以知青为主的农场，4 个以知青为主的青年队及 550 个插队小组。总共下拨安置经费 590 万元，新建农舍 45330 平方米。从 1970 年开始，先后在下放知识青年中通过招工、招干、参军、招生等方式共回城 3145 人，从 1978 年 12 月下旬开始，县知青办分期分批将遗留的下放知青的户（口）粮（本）收回城镇，他们则成为安置就业、发展个体和集体经济的主体。

从 1980 年开始，无为县城镇劳动就业工作贯彻国家“三结合”（即实行劳动部门介绍就业、自愿组织起来就业和自谋职业相结合）的就业方针，[①] 解放思想，放宽政策，采取各种措施，积极稳妥地进行安置。无为县委、县政府多次召开全县劳动就业工作会议，贯彻“三结合”就业方针，建立各级劳动就业组织，成立了城镇劳动就业领导小组和办公室，各主管部门和一些地方国营企业都设立了劳动就业组织，除主要负责同志过问外，均有专人具体抓此项工作，及时解决个体经济在税收、资金筹集、货源、证照等方面的问题，支持个体和集体经济的发展。

发挥优势，创办多种形式的集体企事业。1980 年和 1981 年，全县创办集体企业 308 个，安置就业 3094 人。1981 年 7 月，无为县委、县政府召开个体工商户会议。会议要求全县各单位各部门应积极支持发展城镇非农业个体经济，进一步清除“左”的错误思想影响，转变对个体经济的陈旧偏见，采取措施，鼓励发展个体工商户，帮助他们解决在发展中遇到的各种问题，而不要乱加干涉和限制。8 月，县委、县政府召开全县劳动就业工作会议。会议传达中共中央关于城

① 中共中央召开的全国劳动就业工作会议上提出，1980 年 8 月。

镇劳动就业工作的指示和全省城镇劳动就业工作会议精神，要求做好城镇待业青年安置工作。会议指出，要积极扶持城镇个体经济发展，提高个体劳动者的社会地位，保护他们的合法的经济权益，划清雇工与带徒学艺的界限，允许个体劳动者带徒学艺。符合条件的个体劳动者，可以吸收入党入团、参加工会组织。会议要求县直有关部门，要在商品、原材料、燃料、资金、场地等方面给予通力支持。工商部门要承担对城镇个体经济的管理工作，按行业或街道建立民主管理组织，帮助他们解决问题，把城镇个体经济引向健康发展的方向。

本着为人民群众生活服务的方针，无为县坚持“靠山吃山、靠水吃水”，发挥优势，因地制宜的原则，着重发展城镇集体经济。1982 年，全县兴办小集体企业 137 个，就业 1680 人；1983 年增加兴办集体企业 15 个，安置待业人员 153 人，下放知青自谋职业 51 人；1984 年再兴办集体企业 34 个，安排城镇待业青年 570 人，发展个体经营 250 人，并对 1979 年后兴办的集体企业进行了考核，将 29 个社办集体企业批准为合格企业，其中 600 余名从业人员办理了固定职工登记手续，全县遗留下来的 295 名下放知青，根据就近安置的原则，全部安置落实。供销社系统进行了体制改革，由全民所有制改为集体所有制，壮大了集体经济力量。兴办各种形式的集体经济，既解决了待业青年的就业问题，又促进了集体经济的繁荣发展。随着党的实事求是思想路线的恢复与发展，以及无为县社会经济连续出现的可喜形势，为从根本上统筹解决待业青年就业问题，创造了良好的政治环境和社会条件。

“在社会主义公有制占优势的根本前提下，实行多种经济形式和多种经营方式长期并存，是我们党的一项战略决策，绝不是一种权宜之计。只有这样，才能搞活经济，较快较好地发展各项建设事业，扩大城镇劳动就业”①，无为县从 1981 年发展城镇“三业”（商业、饮食业、服务和修理业）入手，广开就业门路，围绕人民群众衣、食、住、行、用等实际需要，重点发展一些资金少、见效快、产供销易于解决的商业，饮食服务业和修理行业，为个体经济发展大开方便之门，扩

① 《中共中央国务院关于广开门路、搞活经济，解决城镇就业问题的若干决定》，1981 年 10 月 17 日。

大经营项目，拓宽就业门路，增加个体户的收入。

在无为县委和县政府的领导下，全县各级党委和政府不断解放思想，端正对集体经济特别是个体经济的认识，广大城镇待业青年也不断转变就业观念，改变轻集体、歧个体、重国营的思想，全县城镇待业青年安置工作取得较好成绩，多年积累下来的就业压力得到缓解，每个新增加的待业青年，当年就能得到妥善安置。这对于促进安定团结、发展生产、繁荣经济、活跃市场和提高城乡群众的生活水平，都起到了积极作用。

第三节　经济社会体制改革的成效

一、在困难中探索前进的财贸工作

1980年以来，财贸工作经过上下联动、群策群力，在困难中探索前进，城乡市场日趋活跃。1983年，由于严重的自然灾害，城乡市场财源枯竭，给财贸工作带来影响。经过艰苦努力，全县商品零售额仍达到1.77亿元，比1982年增长9.3%。外贸收购总值364万元，比1982年增长2.2%。财贸工作在发展经济、保证供给等方面，起到了撬动经济发展的作用。但全县财政由于受严重自然灾害和其他因素的影响，全县当年实际收入只完成1322万元。其中，工商税收完成826.6万元，企业收入完成201.8万元，财政支出因支农抗灾等多方面增支因素，总支出2122.3万元，全县财政当年发生赤字150多万元。在无为县委、县政府精心谋划下，无为县人行、农行、工行、建行在支持发展地方工农业生产和各项建设事业中发挥了经济杠杆作用，发放基建和技改贷款达1123万元。全县狠刹了乱涨价、乱摊派的歪风，停建和缓建了7个在建项目，压缩了基本建设投资的规模。为缓解县财政压力，全县广开财源、开展增收节支、实行乡级财政包干，健全税务部门联收岗位责任制，认真开展财务、税收、物价大检查，特别是加强财贸经济审计工作，有效地堵塞了漏洞，增加了财政收入。1984年，全县预算内财政收入完成2604.5万元，比1983年增长了97%，剔除粮食下划企业收入

291.3万元，比1983年增长75%。财政支出2475.4万元，比1983年增长63.8%，财政工作取得了卓有成效的成绩。

二、商品流通渠道的疏通

20世纪80年代初期，随着农业生产的发展，商品率不断提高，广大农民群众迫切要求将农副产品出售给国家，购买生产资料和日用工业品。无为县委认识到，必须加强疏通和开辟商品流通渠道，促进农村经济的发展，同时必须切实加强党的领导，下力气抓好流通领域内的工作，促进市场繁荣。

县委、县政府多措并举抓好流通领域的改革。一是改变国营商业独家经营的局面，坚持多渠道、少环节，不论城镇和农村，既允许国营商店搞、供销社搞，也允许群众集体搞、个人搞，允许农村原有的商业流通渠道继续存在并促进其发展，进一步发挥其作用。并适当发展农民个体工商户，允许他们从事商业、饮食、服务、建筑、运输等行业的经营活动。在城镇，同样发展集体和个体工商户，要求国营商业、供销、物资等部门给予积极支持。[①] 二是全面推行经营承包责任制。县委、县政府要求各地各单位先从饮食服务行业做起，从小型零售商店做起。对国营大型零售商业和饮食服务业，在全面推行经济责任制后，企业内部围绕提高经济效益制定各项指标，层层分解，层层包干，落实到人。对20人以下的零售店、饮食服务站实行国家所有、集体经营、国家征税、自负盈亏。原则上以现有营业点为单位，划小核算单位，使其成为具有法人地位的独立经营的企业。企业必须实行民主管理，由职工选举负责人。所得利润按规定缴纳税款，在扣除发展基金、集体福利基金以后，在企业内部进行分配。三是放宽农副产品购销政策，对粮油棉等重要的农副产品，必须坚持统、派购政策，实行指令性计划。为了繁荣社会主义市场经济，三类农副产品在完成国家统派、购任务后允许上市，实行多渠道运销。国营商业积极开展议购议销；基层供销社和贸易货栈等合作经济开始组织出县、出省推销；个体行商，则从事长途贩运；在城镇发展由

① 无为县委四级干部会议文件，1980年11月，无为市档案馆，全宗号101，案卷号〔672〕。

集体、个人经营的农副产品商店；在乡村建立大量的推销点和代销点，组织工业品下乡进行城乡物资交流。四是强化市场管理工作，立足于把经济搞活。工商行政部门主动担责，根据在农村流通领域放宽政策的有关规定，制定具体管理办法。加强价格管理，对偷税漏税、掺杂兑假、短斤少两、欺行霸市等违法行为依法处理，做到管而不死，活而不乱，保证市场经营活动正常开展。五是搞好农村供销社的体制改革。无为各地的农村供销社是进行城乡交流的主渠道，是促进农村经济联合的纽带。必须按照省、地、县委的部署，搞好供销社体制改革工作。

20 世纪 80 年代的城市经济改革，在成效上还仅是初步的。虽然改革对城市经济体制存在的重要弊端不同程度地触及了，但必须继续改革。

1984 年，全县社会商品零售总额 3.39 亿元，比 1983 年增长 91.5%。1984 年粮食入库总量 49.23 万吨，油料 9.32 万吨，棉花 3.29 万吨。流通领域改革步伐加快，多渠道经营有了新发展，全县农村集市贸易十分活跃，农民进入流通领域，进城办店经商，进一步开拓了城乡市场。物价、工商、标准计量、卫生防疫等部门积极发挥其职能作用，加强市场管理，保证了城乡经济健康发展，维护了消费者的利益。

三、科教文卫事业的蓬勃发展

（一）科技事业迎来发展的春天

1978 年全国科学大会尤其是党的十一届三中全会召开后，党中央明确指出“现代化的关键是科学技术现代化”“知识分子是工人阶级的一部分”，重申了“科学技术是第一生产力”这一马克思主义基本观点。无为县委、县政府认真贯彻落实全国科学大会精神，重视科学技术事业的发展，逐步健全科技职能机构，积极支持科学技术事业的发展。

1978 年 4 月，无为县委常委会研究决定，成立无为县科学技术委员会。同时恢复无为县科学技术协会，隶属县科委领导。从 1978 年开始，无为县开始投入科技项目的科研、中间实验和新产品试验等经费，即科技三项经费。在落实知识分子政策、加强党对科技工作的领导、抓紧科技队伍建设、开展科学研究和推广新技术方面做了许多工作，取得了显著成绩。

为进一步贯彻全国科学大会精神，1980 年，无为县委召开了科学技术大会，奖励在科技进步活动中做出突出贡献的个人和组织。全县完成新产品试制和技术推广项目 12 个，有些项目已在实际生产中推广使用，发挥了较好的社会经济效益。县电机厂试制成功并开始生产的系列电机，成为安徽省第一批电机厂家；县水泥厂利用小窑煤烧制高标准号水泥试验获得成功；县陶瓷厂利用硅灰石生产釉面砖取得理想效果；五洲文光育球厂培育象形珍珠喜获佳音；杂交水稻高产低成本模式栽培技术在福路乡推广 5000 余亩，获得大面积丰收，为无为县粮食生产插上腾飞的翅膀。

1981 年，无为县科学技术协会第一次代表大会召开，县委发出《关于贯彻科技发展方针的几点意见》的通知，提出“充分认识科学技术在国民经济中的重要作用，重视和运用科学技术人员的力量，在整个社会造成尊重科学，尊重科技人员的风气，支持科学技术人员的工作，为他们提供必要的工作、生活条件，让他们在四化建设中充分发挥自己的聪明才智。”

科协大会号召全县科技工作者坚持科学技术为经济建设服务的方针，坚持应用技术和实用科学研究为主。大力推广先进经验。集中力量研究解决经济建设和人民衣食住行、用、医方面亟待解决的关键性技术课题。其后，科技工作者进一步贯彻为经济建设服务、为人民生活服务的方针，开展了科学普及、新技术推广应用和群众性的科研活动，科技工作者在四个现代化建设中大有作为。

（二）教育改革焕发生机

无为县教育工作经过“文化大革命”动乱，基础十分薄弱。“文化大革命”结束后，在无为县委、县政府领导下，教育系统进行拨乱反正，贯彻落实党对知识分子政策。1979 年 4 月，县委成立教育系统专案复查领导组，给 1957 年错划为“右派”的 257 名教师平反，纠正“文化大革命”期间冤假错案 128 件；1983 年，纠正冤假错案 315 件，共给 470 名中、小学教师平反、改正、恢复了工作。

在教师定级工作中，1984年无为师范8名教师被评定为讲师职称，批准129名小教三级、中教五级教师享受讲师待遇。接着，开展了优秀教师、模范班主任、优秀辅导员等劳动模范的评选活动。据1984年不完全统计，有8人被评为省级以上劳动模范、优秀班主任和优秀教师。教师地位不断提高，一部分优秀教师从农村中小学选调进城，在学校中发展了一批优秀教师入党，调动了教师工作的积极性和创造性，教育战线日显生机。

1980年8月，无为县委召开教育工作会议，会议提出要求，脚踏实地，扬长避短，培养良好校风，建立岗位责任制，把教育办活办好。1982年1月4日，无为县政府召开教育工作会议，贯彻全省学校政治工作会议精神，进一步强调改善和加强思想政治教育，并就加强教学研究，全面提高教育质量问题作出部署。这一阶段，是无为县以教学为中心，狠抓教学质量的第一个高潮期。[①]

1983年1月23日，无为县委、县政府召开教育普及工作先进集体、先进个人代表会议。5月，县委作出《关于努力开创无为教育工作新局面的决定》。此前，中小学教师进行调资，1978年以前入职的教职工均调1级，1960年以前本科毕业生低于20级的及1966年底以前本科毕业生低于21级的，在普调的基础上再调1级。全县教育形势因此呈现良好态势。

1983年，全县教育事业有了新的发展，普及小学教育在大灾之年仍然成长、日益巩固。全县适龄儿童入学率达97%，比1982年略有增长，普通中学的教育质量有所提高，在高考中全县大学本科录取293人，专科录取50人，高中中专录取58人，在巢湖地区名列前茅。农民、职工、业余教育发展较快，全县参加夜校学习的青少年3万余人。参加电大、函大、夜大学习的职工2700余人。

（三）文化事业蓓蕾初绽

弘扬先进文化，建设文化强县，是无为县委、县政府和全县人民的迫切愿望和决心，文化事业是无为县社会和经济发展战略的重要组成部分。自1978年以

① 中共无为县委党史研究室编，《崛起——无为县改革开放三十年党史专题汇编（下卷）》，内部资料，皖CH—2009—03号，第515页。

来，随着经济建设的快速发展和人民生活水平的提高，无为县的文化事业掀开了崭新的一页。

无为县文化局于1977年在县文化小组基础上成立，下属县直文化企事业单位5个，分别为文化馆、图书馆、文管所、庐剧团和电影公司。

县文化馆于1982年拆舍征地，新建350平方米仿古式多功能活动大厅，用于开展歌舞、戏剧演出、电影放映和大型艺术展览活动，繁荣了无为县文化艺术事业。1979年至1981年，县文化馆采集山歌、秧歌、号子、小调215首，省文化厅遴选36首编入《安徽民歌集》，省群艺馆遴选18首编入《安徽民歌资料集》。1980年，由魏先源整理的民歌《送晚茶》，参加由联合国教科文组织举办的文化活动，应征入选，并由中国唱片公司灌制唱片对外发行。1978年，无为县开始组建业余音乐创作组，举办音乐学习班，参加歌曲创作的有100余人。1984年，县纺织厂工人音乐创作小组创作的《焊火姑娘心中最美的花》获全国“建设者之歌”优秀节目奖和省职工音乐创作汇演二等奖。“文化大革命”结束后，无为县广大文艺工作者坚持唱响主旋律，勤奋工作，勇于实践，创作了一大批贴近生活、歌颂党、歌颂祖国、鼓舞人民的优秀作品，群众性的文化活动异彩纷呈。无为县图书馆是安徽省最早建立的图书馆之一，馆址原坐落在无城小东门外崇德观内，20世纪30年代迁至宋米芾“宝晋斋”遗址。馆藏图书15万册，藏书量居全省县级馆之首，其中古籍线装书近4万册，善本书52部625册。[①] 无为县图书馆以自己的丰富馆藏，担负着科学文化教育的任务，也是受教育者自学和学校教育的重要组成部分。这些有利于加强人民群众的思想道德修养，满足人民群众对文化知识的需要，丰富人民群众的文化生活。

（四）医疗卫生事业初见成效

粉碎“四人帮”以后，医疗卫生事业的发展逐步摆上了社会生活的日程。无为县委、县政府根据国家对卫生工作的总体要求，把发展卫生事业纳入无为县国

---

① 《无为县志》，社会科学文献出版社，1993年9月，第452页。

民经济与社会发展的总体规划，实行以公有制为主体，多种所有制形式共同发展的办医体制，多渠道、多形式筹集卫生事业发展资金，加强房屋、设备和技术三项建设，健全和完善县、乡（镇）、村三级医疗卫生服务体系。①

大力发展卫生事业，合理设置医疗卫生机构。1978年，全县初始有71所区镇（乡）卫生院，职工1313人，其中卫生技术人员970人。同期，全县村级卫生室及个体诊所689所，从业人员1219人。之后，随着对医疗市场整治力度的加大，村卫生室和个体诊所此消彼长。20世纪50年代，毛泽东发出“一定要消灭血吸虫病”的伟大号召。“文化大革命”之后，无为县血吸虫病防治站重新启动工作，它是全县血吸虫病和碘缺乏病防治职能部门，在血吸虫病流行区二坝、汤沟、白茆、黑沙洲、泥汊、姚沟、刘渡、高沟、土桥设立9个血防组，1个血防医院，构筑了全民消灭血吸虫病的三级防治网。

深化卫生体制改革，推动卫生事业健康发展。1978年，根据《全县卫生改革十条方案》和《农村卫生改革若干政策问题六条意见》，全县各级医疗卫生单位不断健全和完善各种形式的责任制，所有区（镇）、乡卫生院实行科室承包、浮动工资、基本工资加劳务提成等责任制，县防疫站、血防站、保健站、皮防站、县医院、卫校均实行不同形式的岗位责任制，县直有关卫生单位分别与71所区（镇）卫生院签订了预防保健承包合同，调动了卫生从业人员的积极性。

自1978年至2007年，无为县实际发生的法定传染病有19种。县委、县政府指示卫生部门，实行传染病疫情报告三级报告网制度，县卫生防疫站、乡（镇）卫生院实行疫情直报。每年5—10月开设肠道门诊，实行腹泻病旬报制度。重点传染病流行期间，实行周报和零报制度。儿童计划免疫，逐步走上法治化管理轨道，先后实现计划免疫三个85%目标。1984年初，无为建立健全了计划免疫的冷链系统，坚持按双月、按月、按周接种，逐步实现常年接种门诊和定种接种、预防接种“二簿一证”（即生物制品领发登记簿、冷链设备接种器材领发登记簿和免疫预防接种证）制度，把预防和控制传染病，地方病和寄生虫病管控在一

① 《无为县志》，社会科学文献出版社，1993年9月，第488页。

定范围之内，切实维护了广大人民群众的健康。

四、“无为保姆”现象的兴起

20 世纪 80 年代，无为县众多青年女子进入北京、上海、南京等大城市从事家政服务，她们以勤劳能干、善解人意的品格受到雇主的欢迎，一时间无为被誉为“保姆之乡”而闻名遐迩。

无为县地处安徽中部长江北岸，20 世纪 80 年代人口达 127.54 万人，属于地少人多的人口大县和农业大县。改革开放以后土地实行家庭联产承包责任制，劳动力多余。因此不少青年女子包括下岗女职工，自发地到周边城市当保姆。县妇联为解决她们就业问题，多次赴南京、合肥等城市的妇联联系，为富余女青年找出路。无为县档案馆中一份 1985 年 11 月 22 日“1984—1985 妇女儿童工作总结”中指出，“加强横向联系，组织劳务输出，为妇女就业找门路”“（土地承包）责任制后，青年女劳动力越来越多，为了找出路，县妇联根据无为县妇女勤劳善理家务的习惯，决定学习外地办家庭服务公司的经验，于去年 11 月分赴当涂、马鞍山和合肥庐阳区妇联家庭服务公司，并与南京市妇联、南京玄武区妇联建立联系。从外地学习回来后，县妇联成立了家庭服务员介绍所，向南京等大城市输送家庭服务员。经各地妇联介绍，县妇联已向外地输送家庭服务员 120 名。与此同时，全县各级妇联还对自发外出做家庭服务人员进行登记。据不完全统计，全县外出当保姆的达 6151 人。”

无为县 20 世纪 80 年代外出当保姆的人数有多种史料记载。《无为县志（1985—2005）》大事记记载“1982 年，全县在北京、上海、合肥等地从事家庭保姆业的妇女达 2 万人”。《无为史话》一书记载“20 世纪 80 年代，曾被称为保姆之乡，共有 5.5 万人在北京等地当保姆”，“电影《黄山来的姑娘》，说的是无为保姆的故事”，“20 世纪 80 年代，无为一陈姓老保姆就介绍了 371 个乡亲到北京当保姆”。20 世纪 80 年代初，《经济日报》刊发一篇采访无为农村保姆的通讯，文中写道“中国保姆出安徽，安徽保姆出无为，无为保姆在赫店。赫店曾是劳务输出较多的乡镇，尤其是从事保姆这一行。当时一些姑娘出去的想法是：添点衣裳，赚点私房，置点嫁妆，积点家当。后来她们怀揣着学本事，找路子，办厂子的大发展思路”“20世纪80年代，无为有20万人外出务工，其中一项是做板鸭生意，而掌管板鸭技术的多半是保姆。从东北，到西南，从高原，到海边，即使鸭绿江和乌苏里江桥头，也能见到无为人卖板鸭”。

关于无为保姆有不少动人的故事。《无为县志（1985—2005）》记载了无为赵渡村女青年李立秀曾在国务院原总理李鹏母亲、革命老人赵君涛家当保姆之事。该书前彩页刊登了赵君涛老人给李立秀的信，信说“小秀：五年相聚，一旦分别，十八那天我总望着你上火车前能来一见，哪知望来望去落空。后来想想你带着大包小包绕道来此是太不便。你回家哥哥、弟弟、嫂子、小侄子相聚，还有老年的奶奶，欢乐可想而知。祝你幸福，也盼你搞副业逐步发展，凡事从小到大，从无到有，起初要有耐心。”落款为“你没有忘记的赵奶奶”。这封信流露出赵君涛老人对李立秀的深切怀念和殷切希望，由此可见李立秀为人做事得到赵君涛老人的赏识和热爱。

另一个故事也十分感人。2015年4月“初生濡须”在无为网站披露，2008年“棋圣”聂卫平到宣城担任中国围棋中级联赛总裁判长，想起了20年前在他家当保姆的无为姑娘小霞，他郑重地委托宣城市委书记高登榜帮助他寻找小霞，聂卫平说：找到小霞后，她如果有困难，我希望帮助她，尽管小霞与我家的交情是20年前的事情，但我一直牵挂着大病初愈返乡小霞。高登榜立即与共青团安徽省委联系，争取尽快找到小霞。小霞叫龚义霞，是无为人，1985年在聂卫平北京家中做保姆。聂卫平说“当时我和姐姐、父亲住在一起，小霞在我家主要是照顾年迈的父亲和姐姐的儿子然然，大家处得很有感情。然而1985年小霞突然生病了，她腰痛查了好几家医院也没有查出所以然。1987年她从北京回家了，我后来听说她在家乡病情加重了，我就将她接来北京治病，我姐姐当时帮助她住进积水潭医院，那时候我的家人，还有很多好心人都帮助她。”1988年龚义霞病愈出院，被中央电视台请到春晚直播间，和聂卫平家人录制节目，女歌唱家韦唯深情地唱出《爱的奉献》，这首歌正是以聂卫平一家与小保姆的故事为原型创作的，这首歌呼唤社会责任，体现了人间温情，“这是心的呼唤，这是爱的奉献，这是人间的春风，幸福之花处处开……”这首《爱的奉献》唱红大江南北，至今传唱不息。后来，聂卫平终于等到了一个好消息，一位叫胡传永的人写了几篇博客，名为《安徽保姆采访手记》，于 2006 年 11 月发表，其中一篇就写到龚义霞，文中透露那时龚义霞已在当地结婚，还有一个五六岁的小孩，和丈夫在家乡经营一家小店。聂卫平听了开心地笑了，说：“如果她现在生活得很好，我们全家就放心了，我一定把好消息告诉全家人，不管她在哪里，人与人的恩情是不变的。”

无为县党史资料记载，1978 至 1988 年，县委、县政府实施“凤还巢”工程，以优惠政策鼓励全县外出务工者回乡创业，为家乡经济发展作贡献。在这个政策感召下，全县有 3 万多人陆续回乡兴办二三产业，带动 18 万劳动力转移。其中不少是保姆，她们中有创业成功者。原在北京当保姆的邓立翠成为科技致富带头人，她回乡后创办了无为三缘养殖有限公司——白鹅养殖基地，1995 年被安徽妇联授予“安徽省巾帼示范基地”。

“无为保姆”成为最早外出的拓荒者。“无为保姆”拉开全国劳务输出的序幕。“输出一人，全家脱贫；输出一批，脱贫一村”。许多外出务工返乡的“无为保姆”，通过原始资金和技术的积累，反哺家乡，成为创业致富的典范。

第三章　党的十二大精神的学习贯彻和改革开放的全面展开

1982年9月，党的十二大制定了全面开创社会主义现代化建设新局面的奋斗纲领，中国的改革开放由此全面展开。十二大提出了建设有中国特色的社会主义，制定了到20世纪末使全国人民的物质文化生活达到小康水平的奋斗目标和发展战略。通过学习贯彻党的十二大精神，中共无为县委带领全县人民进一步解放思想，明确目标，增强信心，改革开放全面展开。

第一节　党的十二大精神的学习贯彻

一、中共无为县委五届二次全委会（扩大）会议

1982年9月1日至11日，中国共产党第十二次全国代表大会在北京召开。大会制定了全面开创社会主义现代化建设新局面的奋斗纲领，明确提出了“建设有中国特色的社会主义”的重大命题。把马克思主义的普遍真理同我国的具体实际结合起来，走自己的道路，建设有中国特色的社会主义，这就是我们总结长期历史经验得出的基本结论。

大会确定党在新的历史时期的总任务是：团结全国各族人民，自力更生、艰苦奋斗，逐步实现工业、农业、国防和科学技术的现代化，把我国建设成为高度文明、高度民主的社会主义国家。我国经济建设方面的奋斗目标是：从1981年到本世纪末的二十年，力争使全国工农业的年总产值翻两番，使全国人民的物质

生活达到小康水平。

同年9月13日，安徽省委下发《关于学习宣传和贯彻执行党的十二大文件的通知》，9月16日至22日，省委召开地、市、县委书记会议，传达学习、讨论党的十二大文件，省委要求，要认真学习、深刻领会党的十二大文件的基本精神，坚持贯彻落实大会提出的各项任务，以大会精神为指导，抓好当前的工农业生产和各项工作。

9月19日，县委召开常委会会议，学习党的十二大文件，研究部署学习宣传贯彻党的十二大文件工作，会议决定，一是发出学习通知，二是召开有关人员参加座谈会，三是派员赴省委党校学习，四是选购有关理论书籍分发给全体党员干部学习领会，五是县直机关按照制度开展学习活动。

9月24日至29日，无为县委召开五届第二次全委会（扩大）会议，传达、学习党的十二大文件，研究部署贯彻党的十二大精神的措施。会议指出，当前的任务，就是坚持贯彻中共十二大精神，为实现大会确定的纲领和目标而努力奋斗，从无为县委工作安排上看，首先是把学习十二大文件这个第一件大事抓紧抓好，以十二大文件为指导，推动全县各项工作，促进“三个根本好转”（即实现国家财政状况的根本好转、实现社会风气的根本好转、实现党风的根本好转）的早日实现。党的十二大文件是马列主义、毛泽东思想与我国新的历史时期的具体实践相结合的结晶，是当前和今后长时期内指导无为工作的纲领性文件，是激励全党全军和全国人民向宏伟目标进军的动员令，是无为学习贯彻十二大精神总的指导思想。

县委全委会（扩大）会议强调，党的十二大提出了全面开创社会主义现代化建设新局面的正确纲领和一系列方针、政策，重申了坚持社会主义制度、实现现代化必须做到的四条根本保证，是我国社会主义革命和建设的历史经验的最新总结，是建设现代化的高度文明、高度民主的社会主义国家的新纲领。十二大通过的新党章，继承和发扬了党的七大和八大党章的优点，它是党的历史经验和集体智慧的宝贵结晶，是我们党建党以来最好的一个党章，是在新的历史时期加强党的思想建设和组织建设的强大武器。

县委全委会（扩大）会议阐明，学习好、宣传好、贯彻好十二大文件，对提高对党的奋斗纲领的认识，提高政治思想觉悟，提高对无为事业的信心，使各项工作在十二大确定的轨道上向前发展，必将产生重大的作用。

如何学习、贯彻党的十二大文件精神，组织和安排宣传活动，县委全委会（扩大）会议作出了明确部署和提出了具体要求，并发出文件，要求全县党组织立即组织实施。

县委要求全县共产党员、干部、群众在学习十二大文件时，要抓住根本，掌握要点，领会精神实质。十二大文件内容非常丰富，思想理论尤其深刻，必须反复学习、全面理解、弄懂弄通，掌握深刻内涵。在学习中要原原本本、逐段阅读，用心思考，反复研究，把思想统一到十二大精神上来，力求做到思想上有新的提高，团结上有新的加强，作风上有新的进步，工作上有好的起色，努力开创新局面，同心作出新贡献。①

10 月，县委宣传部在官镇大队进行党的十二大文件宣讲试点工作，县委肯定其先进经验，并号召向全县推广。

县委按照中宣部通知精神，从 1982 年 9 月到 1983 年 6 月，要求全县党组织党员着重学习党的十二大文件，掌握精神、提高认识、统一思想。而后，把对文件精神的深入理解和各条战线的工作实际结合起来，自觉地在工作中贯彻执行党的十二大确定的各项方针政策。

县委要求，一是各级党委主要负责同志除了带头宣讲外，要迅速组织传达，有步骤地把文件精神传达到全体党员、干部和人民群众中去。二是在认真阅读十二大文件的基础上，认真组织讨论，交流思想，加强理解，融会贯通，要讲究实效，力戒走过场，更不能一读而过，浅尝辄止。三是从 10 月至 12 月，全县分三批举办培训班，轮训科（局）级党员干部。全县各系统分别举办培训班，组织党员干部学习。全县共 2 万余人参加了培训。县委组织部还抽调一批机关干部深入到农村去，帮助区、乡（镇）党委做好宣讲工作。四是倡导理论联系实际的良

① 《无为县委五届二次全委会（扩大）会议文件》，1982 年 9 月，无为市档案馆，案卷号〔5〕。

好学风。联系思想和工作实际，通过学习讨论和正常的组织生活，认真开展批评和自我批评，增强全党的观念，加强党性修养，克服思想上、作风上的缺点，发扬为共产主义奋斗终身的革命精神，务必使各条战线的工作和党风有着显著的进步。

县委号召，全县广大党员和干部群众，一定以十二大精神为指导，抓好当前各项工作。一方面大力加强思想建设，旗帜鲜明地在人民群众中进行共产主义思想和共产主义道德教育，增强人们对马列主义、毛泽东思想的信念，批判“共产主义渺茫论”，增强坚持社会主义道路的信心，树立共产主义理想，培养共产主义道德、理想、情操，促进社会风气的根本好转。统筹兼顾，正确处理教育、科学、文化等方面的发展与经济建设的关系，促进文化发展。另一方面，贯彻、落实十二大精神，进一步鼓起群众的劲头，抓好当前工作，努力完成全年的工农业生产计划、为促进经济建设的全面高潮的到来开个好头，打下基础。在农村工作上，进一步完善、提高农业生产责任制，中心是抓好合同制；工业生产上继续抓好企业整顿，认真检查、总结“质量月”活动，提高经济效益；在财政工作上，厉行节约，增收节支，狠抓财政收入，争取财政状况的根本好转。

二、全县机构和经济体制的改革

（一）党政机关机构改革

改革开放以后，我国的经济体制逐步由计划经济向社会主义市场经济体制转变，必须对行政管理体制进行相应的改革。

根据省委、省政府《关于县级党政机关机构改革问题的通知》（皖发〔1983〕94）文件部署，1984 年 1 月 18 日经巢湖地委、行署《关于无为县党政机关机构改革方案的通知》（巢办〔1984〕3 号）批准，无为开始实施县级党政机构改革。此次机构改革历时近 4 个月。

1. 精简党政机构

改革前，县直各工作部门设置 56 个（不含 7 个直属企事业单位），经撤销、合并，改革后的党政机构设置 47 个，比原来减少了 9 个，精简 19%；各工作部门的内设机构由原来的 114 个减少到 97 个，精简 18%。

2. 精简人员编制和领导职数

1983 年底，县直党政群机关编制总额 817 名（不含公检法司）。其中：行政编制 530 名，事业编制 192 名，企业编制 95 名。改革后，省里确定无为行政编制数为 680 名，精简编制 137 名，精简 20%。新下达的编制，按党、政、群、人大、政协五大块，分配到各个工作部门。其中：县委 144 名、政府 442 名、群团 36 名、人大 29 名、政协 19 名，打经办使用临时编制 10 名。

3. 注重干部队伍“四化”

这次机构改革注重按“四化”（革命化、年轻化、知识化、专业化）原则配备领导班子，初步形成了梯形结构。改革后，部、局领导班子配备 129 人，比改革前原领导班子减少 44 人，精简 25%。部、局级领导班子平均年龄为 42 岁，其中，一把手的年龄平均为 47 岁，比改革前部、局级领导班子年龄平均下降 6 岁；其中，一把手的年龄下降 5 岁。改革后，部、局级领导班子中具有大专以上文化程度的有 46 人，占 36%；其中，一把手中具有大专以上文化程度的 11 人。

4. 机构改革取得的成效

一是精简了党政机构。在这次机构改革中，县级党政机关进行了大刀阔斧的精简改革，撤销了重叠机构，合并了业务相近的机构。实行政事政企分开，使机构设置人员编制趋于合理。二是精干了干部队伍。县级党政群机关部门领导由 173 名减少到 129 名，干部的平均年龄下降幅度较大。各部门领导班子中，高中以上学历的干部，尤其是具有大专以上学历的领导干部比例提升，优化了干部的年龄结构和知识结构，提高了干部“四化”素质，使无为党政群机关干部面貌焕然一新。

无为县第六次党代会工作报告中指出“去冬今春，我们按照中央及省、地委的部署和干部队伍‘四化’的要求，在地委机构改革领导小组的帮助下，顺利完成了县级体制改革。精简了重复机构，精干了领导班子，一大批年富力强、又有较高文化程度和专业知识的优秀干部走上了领导岗位，给领导班子输入了新鲜血液，给四化建设事业带来了新的生机”“我们还完成了政社分设工作，基本上做到了党政分开。注意选送一批干部到省、地党校和有关院校学习，逐步形成干部队伍的梯形结构”。

（二）全县经济体制改革

无为工业企业起步于新中国成立初期，20 世纪 70 年代开始兴起并逐步初具规模。1978 年，党的十一届三中全会给工业经济带来新的生机。1985 年，全县工业企业开始第一轮改革，主要内容是改革经营管理体制。政府通过扩大企业经营自主权，促进和帮助企业上规模、上档次、增效益。随着改革的不断深入，工业经济发展步伐不断加快，特别是“八五”期间，全县工业迅速发展，形成了纺织、机电、建材、医药化工、食品饲料和矿产开采等 6 大支柱产业，给无为工业的发展奠定了坚实的基础。

1. 企业管理体制改革

1977 年，县政府成立工交办公室，下辖工业局、交通局、手工业管理局、邮电局。所属企业有无为纺织厂、无为制药厂、无为化肥厂等 38 家国有企业和无为胶木厂、无为轮窑厂、无为棉织厂等 282 家集体企业。

1983 年 10 月 23 日，撤销工交办公室，成立经济委员会（其中手工业管理局撤销设立手工业合作社联合社），所属企业有纺织厂、无为化肥厂、无为制药厂等 13 家国有企业和无为胶木厂、无为农具厂等 170 家集体企业。

1984 年 9 月，改手工业合作联合社为第二轻工业局。

2. 企业经营体制改革

无为县工业经营体制改革，始于 1985 年，县成立了企业整顿领导小组，按照“调整、改革、整顿、提高”的方针对县属国有企业进行全面整顿。采取的改革形式主要是厂长（经理）负责制、承包经营责任制等，以提高企业竞争力和应变能力。

承包经营责任制的推进。1985 年，全县逐步实行党委领导下的厂长（经理）负责制。企业党组织只负责党务和企业重大事项的研究，生产经营和企业管理全面由厂长（经理）负责。县齿轮厂、纺织厂等一批重点企业被列入首批试点企业。年底，全县国有企业全面实行利改税和厂长承包经营责任制。县纺织厂、制药厂、电机厂、化肥厂、水泥厂、无线电厂（后改为安徽省传感器厂）等企业厂长与经委、财政局签订了三年递增上缴利税承包合同。三年中，所签合同的 6 户企业均完成了承包任务，企业经济效益得到明显提高。

企业转换经营机制改革的实践。随着国家税收政策的改革，国有工业企业不再实行利税承包制，按八级超额累进税率，向国家上缴所得税。企业开始探索以适应市场需求，加强内部管理、开源节流、降低生产经营成本、提高企业生产经营效益为目的的经营机制，在企业内部推行全方位的经营承包责任制，即生产上，厂与车间（分厂）签订承包合同，车间与班组签订合同，班组与职工签订合同，有的实行计件工资，有的实行定额质量标准工资，产品数量、质量、原料和能源消耗全部落实到车间（分厂）、班组和个人。销售上，企业与销售人员实行买卖关系，企业以出厂价将产品卖给销售人员，不负担销售人员的任何费用。该项改革率先实行的是无为齿轮厂，紧随其后的是无为建筑材料陶瓷厂和无为电器总厂。实行买断式承包，调动了企业各层次员工的积极性，一度出现了产销两旺、费用大幅降低的势头，给企业发展带来了生机。

如，无为齿轮厂始建于 1958 年，1977 年只生产简单的农业机械以及进行农业机械和农用电机维修。1980 年后开始生产木工带锯和部分食品加工机械。1983 年开始生产齿轮，为芜湖、全椒两家柴油机厂配套部件。到 1988 年，全厂完成工业总产值 660 万元，实现利税 123.4 万元。

无为纺织厂建于 1970 年，1974 年投产，投产后连年亏损。1978 年乘着改革开放的春风，该厂大胆改革，勇于创新，效益不断提高，当年实现扭亏为盈。到 1981 年利税达到 350 万元。1988 年，共完成工业总产值 3619 万元，创利税 1001 万元，成为无为第一个利税达千万元的企业。

三、开展农村思想政治教育

1983 年 1 月 20 日，中共中央制定下发《关于加强农村思想政治工作的通知》，《通知》提出“当前和今后一个时期，党在农村的思想政治工作的任务是，根据党的十二大提出的战略部署，围绕使广大农民尽快富裕起来这一农村工作的中心思想，力争用三五年左右的时间，使广大农民对十二大文件精神和党在农村的各项方针、政策有一个全面、深刻的认识，敢于勤劳致富，做到国家、集体、个人利益三兼顾；基层干部和党员经过整风学习，面貌一新；党风、社会风气实现根本好转。”

1983 年 1 月 21 日，省委下发《关于贯彻中央〔1983〕1 号文件的通知》指出，中央一号文件（即《当前农村经济政策的若干问题》）是对十一届三中全会以来党的农村工作经验的科学总结，是开创农村社会主义现代化建设新局面的纲领性文件，各级党委、各有关部门要尽快制定出贯彻中央一号文件的规划以及落实这个规划和具体步骤、措施。

1983 年 6 月 14 日至 16 日，无为县委召开了三级干部会议，这次会议也是全县农村思想政治工作会议。会议强调，要深入学习贯彻党的十二大精神，深入学习贯彻省委《关于加强党员教育工作的意见》《关于加强农村思想政治工作的意见》，进一步加强农村思想政治工作；继续解放思想，放宽政策，稳定和完善农业生产责任制，进一步搞活农村经济。随后，全县各地农村党组织根据各自情况，制定了规划和措施，以点带面，组织广大党员、群众学习党的十二大文件、中央一号文件以及省委文件和中宣部印发的《农村思想政治教育材料》。按照先党内后党外、先干部后群众，采取层层轮训，或以会代训的方法，加强对农村干部和党员的培训教育。农村各级党组织建立健全了党课制度，普遍举办短期训练班，吸收共产党员、共青团员、基层干部、退伍军人和回乡知识青年参加，到当年 12 月底，全县多数农村公社开办了党员培训班。通过培训，全县组建起一支开展农村思想政治工作的宣讲队伍，然后分别深入到生产队或自然村向群众宣讲。同时，把农村文化馆、站，有线广播等宣传工具利用起来。区、社机关通过抽调干部，深入到生产队，帮助做好宣讲工作。在宣讲活动中，围绕稳定、完善农业生产责任制，着重学习党的十二大文件关于“三农”问题的政策，向农民进行党的政策教育，围绕包干到户责任制，开展党的现行农村政策的教育。

在开展农村思想政治教育中，同时开展了建设文明村活动。县委指出，建设文明村活动是农村形势发展的需要，是农民群众在党的领导下的一个伟大创造，是在农村落实党的十二大提出的总任务，培养社会主义时期一代新型农民，建设文明、民主、富裕的社会主义新农村的一条新路子，也是对农村实行综合治理、抵制和清除精神污染的有力措施。无为县委宣传部制定了文明村的“八个好”标准，概括起来就是，全村一致、执行政策好，坚持上党课等制度、党的建设好，遵纪守法、村规秩序好，破旧立新、移风易俗好，村容美观、家庭卫生好，晚生晚育、计划生育好，增产增收、劳动致富好，劳动积累、社会福利好。

县委要求，建设文明村的具体活动，一般要结合农村的中心工作进行。结合完善农业联产承包责任制，向广大群众进行党的方针、政策的教育；结合征派购工作，进行“三兼顾”教育；结合打击刑事犯罪的斗争，进行社会主义法制教育；结合评选“五好家庭”活动，进行社会主义新风尚、新道德教育；结合落实农村各项优抚政策和劳保福利工作，进行社会主义优越性教育，等等。为了保证这一活动的顺利开展，县、乡、队普遍建立了领导小组。

根据县委决定，全县农村在 1983 年至 1984 年春，广泛深入地开展了建设文明村活动。全县农村各级党组织负责人纷纷动手，组织实施。首先在那些群众生活比较富裕、文化生活较好、居住集中、群众对文明村建设积极性较高的地方建设了 92 个文明村。这 92 个文明村的分布是：各区（镇）、乡各 1 个，计 86 个；宣传系统的文、教、卫、广播、计划生育共 2 个；农办、农工部、科协共 1 个；武装部、妇联、共青团各 1 个。

县委强调，建设文明村的含义是以社会主义精神文明建设为主要内容，以精神文明建设与物质文明建设相结合为基本原则，以群众自我教育、自我管理为主要方法对农村进行综合治理，使“两个文明”一起发展的先进集体。

四、职工思想政治教育的加强

党的十一届三中全会以后，全县工人阶级队伍有了发展与进步。但是，在一些地方和企业的一些干部、共产党员、共青团员和职工中，仍然不同程度地存在着思想涣散、纪律松弛、工作消极、损公肥私等不健康现象。对于这些消极因素，无为县委、县政府采取一系列措施，加强职工思想政治教育。

1982年，全县厂矿企业广泛组织职工开展“六好企业”“六讲六做”(即讲政治，做立场坚定表率；讲宗旨，做一心为民表率；讲实干，做求真务实表率；讲团结，做维护大局表率；讲学习，做善于思考表率；讲廉洁，做修身立德表率）“一带一、一对红”“学雷锋”“五讲四美”和“文明礼貌月”等活动，进行革命传统教育、共产主义思想教育、爱国主义教育以及经济形势等方面的教育，组织开展“怎样做一个合格的共产党员”的讨论。全县各级党组织恢复建立“三会一课”制度，同时加强共青团组织的思想建设和作风建设。

1983年1月7日至22日，全国职工思想政治工作会议召开，会议研究在新的历史时期，加强和改进企业职工思想政治工作，动员工人阶级站在改革的最前列。11月16日，无为县召开全县职工思想政治工作会议。会议传达学习《国营企业职工思想政治工作纲要（试行）》和全省职工思想政治工作会议精神，在全县部署开展职工思想政治工作，全县各厂矿企业制定了职工轮训规划和加强思想政治工作的措施。

加强职工思想政治教育的主要措施是进一步深入开展爱国主义教育，大力加强精神文明建设，对企业职工尤其是青年职工进行共产主义思想教育，把爱国主义作为精神文明建设的重要内容。在现阶段，爱国主义的基本内容就是邓小平在党的十二大会议上阐述的三大任务，即加紧社会主义现代化建设，争取实现包括台湾在内的祖国统一，反对霸权主义、维护世界和平。

为了把“振兴中华、建设安徽、改变无为”的爱国主义教育活动引向深入，全县各厂矿企业切实开展了“三清三找”的活动（找身边的爱国主义典型、找学雷锋的先进人物、找共产主义的闪光点，清理环境垃圾、清理社会垃圾、清理精神垃圾），并把这一活动与整顿企业纪律、纠正不正之风、学习整党《决定》结合起来，做到层层发动、层层落实、层层抓点、层层负责，把活动搞得有声有色、善始善终。

在加强对职工思想政治教育中，全县各厂矿企业还认真组织好“振兴中华”

的读书活动。这也是开展爱国主义教育活动行之有效的形式。广大企业职工通过读书活动的开展获得科学文化知识，提高政治觉悟、激发爱国热情、付诸爱国行动。在读书活动中，主要是组织职工学好“三史”（即社会发展史、中国近代史、中国革命史），凝聚精神力量。全县各厂矿企业党组织十分重视读书活动，注意因势利导，做到思想落实、组织落实、措施落实。通过广泛开展读书活动，大力普及共产主义思想、信念、道德教育，普及共产主义劳动态度和革命纪律教育，普及职业道德教育，普及法制教育，普及爱国主义和国际主义教育，普及高尚审美观念和社会主义生活方式教育。广大职工通过各个方面的教育，振奋了革命精神，鼓舞了革命斗志，以主人翁的姿态自觉地投身到四化建设的洪流中去。通过职工思想工作的有效开展，广大职工精神面貌焕然一新，坚决拥护和执行党中央的路线、方针和政策，全面开创社会主义现代化建设新局面的信心更加坚定；学文化、学技术为国争光，为社会主义作贡献的积极性更加进一步高涨；组织性、纪律性也有加强，特别可喜的是，一大批一心为公、忘我劳动、立志改革、勇攀高峰、献身四化、建设无为的先进模范人物进一步茁壮成长。

五、推进全面整党　抵制精神污染

党的十二大以后，全县4万多名党员分4批开展了整党活动。为了使整党工作具有针对性，在整党活动之前，全县进行了大规模的党组织和党员队伍情况调查摸底工作。1979年，在工商、财贸、文教、卫生等部门开展了广泛摸底调查，摸清了党组织、党员队伍现状及存在的问题和解决的办法，对后进党组织开展了整顿工作。1982年，对全县668个农村大队党支部进行了调查和全面考核，摸排出88个后进党支部，为全县党支部整合重组奠定了基础。当年，无为县首次普遍采用差额选举办法对党支部进行了一次全面改选。

1983年10月，为了解决“文化大革命”结束后党员队伍中存在的问题，党的十二届二中全会作出《中共中央关于整党的决定》，这次整党的任务是，统一思想、整顿作风、加强纪律、纯洁队伍。而统一思想是排在四项任务的首位。统一思想就是进一步实现全党思想上政治上的高度一致，纠正一切违反坚持四项基本原则，违反党的十一届三中全会以来党的路线、方针、政策的错误倾向。因此，在整党的过程中，必须自始至终地加强党员的思想教育，着眼于提高广大党员的思想觉悟，提高对全面整党伟大意义的认识，增强对搞好整党的信心，以积极的态度投入整党。自1983年11月至1984年4月，无为各地党组织对党员普遍进行了一次以整党文件为主要内容的集中轮训，缺乏阅读能力的党员由各级党组织以党课形式向他们宣传教育。厂矿、企业、机关、学校党员轮训的时间安排，则根据生产和工作的情况灵活掌握。冬训的内容相对集中，突出重点，以整党文件和邓小平关于“加强党的领导，整顿党的作风”的论述为主。[①]通过整党文件的学习，提高了全县党员对党的性质、纲领和任务的认识，提高了对党员标准的认识。在轮训中，采取边学边议、边整边改的方式，健全了组织生活制度，整顿了后进支部，纠正了不正之风。对犯有各种错误的党员，则按照纪检程序进行处理，以使广大党员以较高的起点参加整党。采取先自查后互查的方式，1984年对全县党的基层组织工作进行了全面检查和整顿。

坚持抵制和清除一切精神污染，是无为县在1983年开展整党期间一项紧迫任务，引起了县委及各级党组织的高度重视，遂采取果断措施，坚决制止和清除一切社会公害。在1983年11月召开的县委三干会议上明确指出，精神污染在无为县的表现形式多种多样，问题十分严重。一是“一切向钱看”，追求精神产品商业化，把社会主义的精神产品变为个人或小集团牟取私利的工具；二是有的经济部门巧立名目，滥发奖金，私吞国家财物；三是非法经营图书市场，兜售黄色小说及有错误言论的书籍，传播明令禁止的黄色音像制品和淫秽手抄本；四是披着宗教外衣大搞迷信活动；五是一些别有用心的人散布社会主义存在“异化”(指在社会主义社会中，某些现象或问题被错误地归因为异化现象)，引起指导思想上的混乱。

县委三干会提醒广大党员、干部和群众，要认清精神污染的危害性。精神污染的实质，就是散布资产阶级腐朽没落的思想、散布对社会主义、共产主义事业

① 《邓小平文选第二卷》，人民出版社，1993年版，第12页。

和对共产党领导的不信任情绪，使人民群众混淆是非界限，造成消极涣散、离心离德的情绪，腐蚀人们的灵魂和意志，助长形形色色的个人主义思想泛滥，助长在一部分人中产生怀疑甚至否定党的领导的思潮。对此，要有一个清醒的认识，看到它的危害性。如果听任精神污染继续蔓延、自由泛滥，就势必动摇马克思主义基本原理，改变党的指导思想，从根本上否定社会主义制度。精神污染直接和坚持四项基本原则相对立，各种精神污染传播的结果，只能是毒害人民，把人们引向极端个人主义、无政府主义，引向没有理想信念的虚无主义，尤其是对青少年的人生观和价值观起着恶劣的影响，它是和进行的共产主义教育、"振兴中华"的爱国主义教育完全对立的，是和社会主义精神文明建设背道而驰的。它的危害是祸国殃民、贻误后代，是关系到党和国家前途命运的大问题，绝不可等闲视之、掉以轻心。因此，要认真分析精神污染产生的原因，针对实际，切实加强思想政治工作，贯彻党的十二大以来党的思想战线上的正确的指导方针，从思想上、理论上增强马列主义、毛泽东思想的坚定性和敏锐性，旗帜鲜明地走在清除精神污染的前列。①

在1983年县委召开的三干会上，县委提出了清除精神污染的6条措施。第一，全县各地由党委出面，召集各有关部门，认真研究，制定措施，明确分工，密切配合，统一行动，继续开展查禁工作，对各种反动、黄色、污秽的音像制品、书刊、手抄本以及宣传色情、恐怖和封建迷信的作品彻底查禁，查禁工作由各单位党组织具体负责。第二，凡未经批准登记的图书自由市场、非法印刷品和音像制品的经营活动，坚决取缔。第三，严格执行中宣部〔1982〕12号文件，按照鉴别标准进行查禁。在执行过程中，一时鉴别不清的可暂时封存，报上级主管部门审查确定。查禁收缴的物品集中保管，妥善存放，防止扩散，待有关部门鉴定后再行处理。第四，对于在宗教外衣掩盖下进行非法活动的首要分子，坚决打击。宗教活动应当在固定场所进行，对信教群众也要进行爱国宗教教育，对于一切不属于宗教范围的违法活动，必须予以制止和取缔。第五，在查禁过程中，全

① 《无为县委三级干部会议文件》，1983年11月，无为市档案馆，案卷号〔4〕。

县各级党组织要根据邓小平、陈云同志的重要讲话精神，认真做好对干部和群众的思想政治教育工作。讲清此次查禁的重要性和必要性，增强他们抵制精神污染的能力。第六，全县各地在清理资产阶级思想影响和精神污染的同时，大力加强各条战线的思想政治工作。开展多种形式的教育活动，抵制各种非无产阶级思想，打击各种犯罪活动，大力发扬社会主义正气，促进社会风气的根本好转。

在清除精神污染时，县委认为必须认真分析和研究各种不同的具体情况，注意分清界限，注意执行政策，不能简单化，不能把什么都说成精神污染，不要把经济改革中发生的问题和搞活经济的一些措施也当作精神污染来批判，各级党委都要注意把好这个关。在加强思想战线建设中，县委要求重视理论队伍建设，有计划地培养一批宣传员、辅导员、报告员。县委着重办好党校，使基层干部定期得到轮训，不断提高他们的理论水平和政策水平，使之适应四化建设的需要。从事思想政治工作的同志，坚持教育者必须先受教育的原则，特别注重认真学习，不断提高自己的政策水平和感知能力，树立坚定的革命事业心和高度的政治责任感，为履行思想政治工作者的光荣职责而奋斗不息。

无为县这次清除精神污染的活动，以发动群众参与但又不搞群众运动的方式，没有采取大鸣大放、大搞“群众运动”的方式，成功地避免了以往运动中盛行的“左”的错误做法，而且始终注意正确处理整党工作同改革建设的关系，做到互相结合和互相促进，为改革开放和现代化建设奠定了坚实的组织基础和群众基础。

第二节　违法犯罪的打击

一、打击经济领域违法犯罪

20 世纪 80 年代初，我国经济建设取得了显著成绩。但同时，经济领域的违法犯罪活动逐渐增多，走私贩私、贪污受贿、投机诈骗、盗窃国家和集体财产等严重犯罪活动也有了明显地增加，呈上升趋势。1982 年 3 月 8 日，第五届全国人民代表大会常务委员会第二十二次会议通过《关于严惩严重破坏经济的罪犯的决定》，邓小平为此指出，“在实现四个现代化过程中，我们要有两手，一手就是坚持对外开放和对内搞活经济的政策，一手就是坚决打击经济犯罪活动”。[①]4月13日，中共中央、国务院作出《关于打击经济领域中严重犯罪活动的决定》。《决定》指出，打击经济领域的严重犯罪活动，是我国社会主义社会在新的历史条件下阶级斗争在经济领域的重要表现。在共产党员和国家工作人员中进行这场坚持共产主义纯洁性，反对腐化变质的斗争，关系到我国社会主义现代化建设的成败，关系到党和国家的盛衰兴亡。全党必须对此有清醒的认识和高度的警惕，统一思想、统一步调，决不能等闲视之，或者各行其是。随后，打击经济领域中严重犯罪活动在全国范围展开。

为贯彻中共中央、国务院、全国人大常委会关于打击经济领域中严重犯罪活动的文件精神，安徽省委在安庆召开关于进一步打击经济领域违法犯罪活动的会议。此后，无为县委坚决贯彻落实党中央及省委的决策和部署，1982年5月，县委下发《关于打击经济领域内违法犯罪活动有关问题的紧急通知》，在全县开展经济案件的侦查工作，县委成立了打击经济领域中严重犯罪活动领导小组，设立办公室。全县各级党委都成立领导小组，并建立专门办事机构，抽调大批办事人员，组织公、检、法和纪检、人事、保卫等部门，集中人力专门从事这场斗争。仅3个月时间，全县揭露经济犯罪案件线索270件，立案查处131起，涉案人员203人。追缴、退赔赃款19万余元和手表、电视机、自行车、家具等实物近70件。8月10日，县委召开常委会会议，听取和讨论了打击经济领域中严重犯罪活动斗争的情况，与会人员进一步学习了《万里、王鹤寿同志在中央书记处召开的打击经济领域内严重犯罪活动电话会议上的讲话》和《周子健同志在地市委书记汇报会上的讲话》，分析前一阶段斗争开展的情况，针对存在的问题，认真讨论了下一步深入开展这场斗争的意见。

会议认为，自贯彻省委5月份召开的第二次汇报会精神以来，无为县打击严

① 邓小平《在中央政治局会议上讲话》，1982年4月10日。

重经济犯罪的斗争向纵深发展。与5月份以前相比，各地在思想认识上有了提高，领导力量有所加强，发现的经济案件线索和立案查处的情况有了较大的进展，取得了显著成绩。

会议分析了无为县经济犯罪活动的特点。（一）非法活动金额大、牟利多的情况为新中国成立以来所罕见。（二）内外勾结，城乡勾结，团伙作案较多，在所掌握的31起大案中，团伙作案18起，占比60%，有些案件跨省、跨市，牵涉面广，作案人员多也是新中国成立以来所少有的。（三）党员、干部直接参与作案的多，大量的事实说明经济领域内的犯罪活动已经严重地反映到党内，腐蚀着党的肌体，败坏党在人民群众中的威信。（四）不少国营或集体单位，打着合法的幌子，利用国家和集体的巨额资金，谋取个人私利，给国家和集体造成经济损失。（五）行贿受贿是一种犯罪行为，是进行各种经济犯罪活动的重要手段，不法分子不断窥探方向，利用各种“糖衣炮弹”，打通各个关节，谋取私利。而一些党员干部在金钱物质面前利令智昏，把手中的权力变成商品投入交换，被“糖弹”击中而陷入泥坑。（六）经济犯罪活动，有相当一部分与金融部门有牵连，有的贪赃枉法，套取贷款，提供活动资金，虚开账户，从中获利；有的为犯罪分子转移赃款，分散资金，逃避税收；有的向贷款单位硬性摊派费用，坐收渔翁之利。（七）少数集体单位偏离社会主义经营方向，把惯于贪污行贿、投机诈骗的人誉为办厂能手，使国家与集体蒙受损失。①

县委常委会会议指出，通过几个月来打击严重经济犯罪，打击了犯罪分子的嚣张气焰，狠刹了歪风邪气，教育了广大干部群众，促进了党风、政风、民风和社会治安进一步好转。会议还对如何深入开展这场斗争，研究了具体意见，要求全县各级党组织进一步提高认识，反复学习中央〔1983〕17号、22号文件，紧密联系实际，对照检查，总结前一阶段斗争情况。主要负责人不仅要“挂帅”、还要“出征”，对抓得不力的部门和单位，要采取“请出去”或“走上门”的办法，促他们一把，尽快打开局面。各级党组织必须抓住重点，集中力量查处大案

① 无为县委《三级干部会议文件》，1982年12月，无为市档案馆，长期，案卷号〔8〕。

要案。对立案审查的案件，要抓紧结案处理，不要久拖不结。应当进一步提高办案水平，保证办案质量，加快办案进度。县委要求，凡已确立的重点案件，各级党委的主要负责同志要亲身包干，落实到人，在分工包干时要做到“四定”，即定领导、定案件、定力量、定要求，一抓到底。

自1983年8月开始，县委把打击严重经济犯罪活动与普遍深入地开展反腐蚀教育结合起来，抓住重点而不影响较大的案件审理。在县直机关召开“反腐蚀教育大会”，借以教育干部推动斗争的深入开展。县委选择业已查实的典型案件，在公开处理前，将案情在适当范围内公布于众，发动群众进行评议，采取多种形式对党员、干部和群众进行反腐蚀变质、严肃党纪、党风教育。在打击经济犯罪的斗争中，无为县委严格执行党的政策，注意分清罪与错的界限，要求办案人员在办案的整个过程中，要从实际出发，务必做到“事实清楚、证据确凿、定性准确、量刑恰当、手续完备”。各地查结的案件，均一一写出调查报告和处理意见，报县委“贯彻中央《紧急通知》领导组办公室”，统一平衡后再处理，防止畸轻畸重。涉及党纪、国法、政纪处分的，坚决按程序办事。为适应打击经济犯罪活动斗争的需要，1983年11月，县委成立打击经济犯罪活动斗争领导小组，下设办公室，作为常设机构，临时定编10人，由纪委代管。打击经济犯罪活动斗争领导小组办公室组建后，先后查处多起违反财经纪律的问题，为维护党纪党规，确保全县改革开放顺利发展发挥了重要的作用。

在打击经济犯罪的同时，全县各地开展了财经纪律检查，在自查的基础上，开展互查和抽查。对于职工挪用公款的还款工作，各地制定了切实措施，狠抓还款进度，坚持财经检查的验收标准。对于在检查中发现的问题，结合企业整顿予以解决，整个财经检查工作在年底结束。

1986年中国政法工作会议和检察长会议，提出了“争取用一年左右时间，把经济犯罪分子的嚣张气焰压下去”。为实现这一目标，无为县抓住大案要案实行突破，及时破获了一些危害大、影响大、社会反映强烈的经济案件，其中万元以上大案有3起，震慑了犯罪分子，教育了人民群众。同时，对县供销社开展清经济、清物资、清账务“三清”工作，共查处经济案件30起，立案查处1万元以上的经济案件，开辟了系统打击经济犯罪新途径。接着又深入县粮食系统，召开厂长、站长会议，进行再发动，会后有 11 名违法人员向检察机关或主管部门坦白自首，其中 9 人主动交代了违法行为，退出非法所得 1.5 万余元。全年受理各类经济案件 105 件。办理重大贪污受贿案件 6 件，特别重大案件 2 件。

1986 年 4 月开始，成立县“经济罪案举报中心”，共受理各类举报 494 件，立案查处贪污、挪用公款、偷税、假冒商标等经济犯罪类 146 件，万元以上大案 20 件。此间，受理偷、抗税经济案件 18 件，立案 5 件，共挽回国家税收款 52 万多元，其中仅从江坝轧花厂一家就追缴偷漏税款 27 万多元。这一年共查处经济犯罪案件 215 件，其中万元以上 23 件，共为国家和集体挽回经济损失 515.7 万余元。[①]

二、严厉打击刑事犯罪活动

党的十一届三中全会以后，党中央根据我国政治、经济、社会情况，特别是社会治安发生变化，制定了“综合治理”的基本措施。1983 年 9 月，全国人大常委会制定下发《关于严惩严重危害社会治安的犯罪分子的决定》，明确要求，对刑事犯罪分子予以坚决打击，实现“社会治安两年见效，三年好转”的目标。

8 月 11 日至 15 日，省委召开全省政法工作会议。会议传达学习了中央领导人关于严厉打击刑事犯罪活动的重要指示和中央书记处的决定，讨论了省委政法委关于贯彻中央指示的报告，制定了战役部署和第一次战役的行动方案。

按照党中央的战略决策及省委、地委的统一部署，无为县掀起“严打”斗争的第一次高潮。“严打”前夕，全县社会治安形势严峻，刑事犯罪活动日益猖獗，一些刑事犯罪分子成群结伙、称霸一方，横行乡里，为非作歹。盗窃、抢劫、杀人、强奸、斗殴、捅刀子、流氓行凶、伤害无辜，不除去这些害群之马，人民不得安宁，社会治安不得安定。根据党中央制定的“严打”战役方案和战略决策，无为县公、检、法机关实行联合办公制度，在县委统一部署下，8 月 26 日凌

① 芜湖市委党史和地方志办公室编，《芜湖通史（江北部分）》，黄山书社，2017 年 10 月版，第 550 页。

晨，无为县打响了严厉打击刑事犯罪的第一仗。全县共有 1.5 万人参战，共抓获各种违法犯罪人员 697 人，摧毁犯罪团伙 35 个，破获各种案件 650 起。为认真贯彻党的政策，加强对在押人员的管教，在全体人犯中还开展坦白罪行和检举揭发活动，共收到在押人员检举揭发材料 198 份，为深挖犯罪提供了一定价值的线索。9 月 27 日，县政府在人民体育场召开公判大会，宣布首恶分子的罪行并作出判决。

1984 年 1 月 5 日，全县开展“严打”战役的第二仗，共收捕各类犯罪分子 306 人，参战人员 7196 人。1 月 11 日上午，县委、县政府在无城大江剧场召开“严厉打击刑事犯罪分子斗争大会”。

“严打”战役第三仗是从 4 月 21 日至 7 月 20 日，主要任务是“破大案”“打流窜”“追逃犯”。全县共抓获流窜犯及各类犯罪分子 122 人，破获案件 8 起，缴获大量的赃款赃物。全县共收捕各类犯罪分子 1438 人，摧毁流氓、抢劫、盗窃等犯罪团伙 72 个，瓦解团伙成员 275 人。

“严打”斗争是为了经济发展，保障社会稳定，尽快实现社会治安的根本好转。无为县的“严打”斗争，以迅雷不及掩耳之势，打得犯罪分子措手不及，打出了威风、打出了声势，广大群众拍手称快，扬眉吐气，普遍称赞“抓得好”“抓得及时”“不抓不得了”。通过“严打”斗争，对那些有一般违法犯罪行为和追求资产阶级自由化的人们也是一个震动。“严打”斗争，对一些失足青少年的家庭教育也有一定影响，使家长们深刻认识到对子女教育严才是爱，放任自流只能是贻误年轻一代。

在“严打”斗争第三战役结束之后，县委在三干会上指出，全县上下，对这场斗争要进一步广泛深入开展大宣传、大发动、大造社会舆论，造成一种强大的政治攻势。首先要宣传中央对这次重大战略决策的伟大意义。中央下这么大决心，这是为国家的长治久安，为了构建良好的经济发展的社会环境。反映了广大干部群众的强烈愿望，不仅对解决社会治安，而且对促进党风，推动整个社会风气的根本好转，保证社会主义现代化建设的顺利进行，都具有十分重要的作用。县委还号召广大干部群众积极同犯罪分子作坚决斗争，开展大检举、大揭发。要克服“三怕”思想，即一怕“放虎归山”打击报复；二怕熟人熟事，伤了和气；三怕“只刮一阵风”，将来“秋后算账”。县委就“三怕”思想在全县三干会上作出解释和总结，会议指出，我们所说的平反是指历史上的政治问题，不是指刑事犯罪，两者不能等同混淆，刑事犯罪不存在平反问题。要向广大群众反复宣传，放开手脚，积极投身“严打”斗争中去。中央规定“严打”斗争以三年为期，非彻底解决不可。希望每一个共产党员、革命干部和群众都要在“严打”斗争中立场坚定、旗帜鲜明、无私无畏。同时，还要做好分化瓦解工作。发动群众，布下天罗地网，造成强大声势，使一切犯罪分子都逃脱不掉。县委同时告诫所有干部不得为犯罪分子讲情开脱、袒护或包庇、纵容。为了保证“严打”斗争的顺利进行，县委重申了中共中央的“约法三章”，第一，凡是与犯罪分子勾结、通风报信、徇私枉法、玩忽职守的；凡是包庇罪犯，干扰“严打”斗争的，一经发现，不论其职务高低，都要受到党纪、政纪、军纪、国法的严厉制裁；第二，由于麻木不仁、极端不负责任，互相扯皮、贻误战机，致使犯罪分子借机逃跑或抢夺枪支、行凶报复，给国家财产和人民安全造成新的重大危害的，要追究失职者和领导者的责任；第三，以种种借口抵制和拒不执行中央这一命令的，要坚决调离领导岗位和政法工作岗位。

为了爱护干部，全县各级党委都向本部门、本单位的干部进行了“约法三章”的教育，要求所有干部自觉遵守党纪国法，严格保守机密，不准泄露战役部署和行动计划，如有违者，坚决严惩。

第三节　改革开放的全面推进　各项事业发展的促进

一、工业企业的整顿

1981 年 10 月，国务院批转国家经委、国务院体制改革办公室《关于实行工业生产经济责任制若干问题的意见》，要求在各工业企业中研究执行。这一文件提出实行经济责任制要抓好两个环节：一是国家对企业实行的经济责任制；二是建立企业内部的经济责任制。总的要求是通过经济责任制，把企业和职工的经济利益同他们所承担的责任和实现的经济效果联系起来，使广大职工以主人翁的态度，用最少的人力物力消耗取得最大的经济效益。[①]

整顿好现有企业，是使管理现代化、发挥生产潜力、提高经济效益最现实、最重要的措施。自20世纪80年代初起，无为县抓紧抓实了企业整顿工作。

在抓好整顿企业工作中，无为县采取全面铺开、分级负责的方式。根据国家企业整顿领导小组提出的“抓住重点、分批验收”的方针，各主管部门具体安排好本系统的企业整顿。无论是点上或面上的企业，县里都没有派出工作组，而是依靠企业自身的力量整顿。县企业整顿办公室只负责检查督促，组织检查验收，总结传播经验。

加强企业流动资金管理是节约使用流动资金，提高经济效益，克服浪费，解决建设资金不足的一个重要问题。在对工业企业整顿中，为了解决流动资金占用过多的状况，加速资金周转，无为企业整顿办公室加强了生产计划管理和监督，坚持以销定产，以销定向，搞好产销平衡。严格禁止计划外布点和重复建设，减少对流动资金的占用。大力减少流通环节，疏通流通渠道，扩大产品销售。全县出台了限期处理积压物资的办法。对1980年底以前入库需要报削价报废处理的机电产品和钢材，按国务院有关规定处理；对1981年1月以后发生的积压物资和商品，需要报废、削价、改制而发生的损失，一律不冲减国家资金和银行贷款，分别列入企业成本损益或者有关资金中解决。根据国务院国发〔1982〕146号文件精神，结合企业整顿，加强对企业流动资金的管理，建立了流动资金的考核制度。特别在资金的供应上，则根据不同情况，采取区别对待的措施，实行浮动利率。

重视科学技术工作，积极研究应用和推广投资少、见效快、应用广的科技成果，是加强对工业企业整顿的重要一环。在全县工业企业整顿的进程中，各工业企业结合自身特点，学习和应用行之有效的新技术，搞好企业的内涵改造。各企

① 中共中央党史和文献研究院著，《中国共产党的一百年》，中共党史出版社，2022年版，第678—679页。

业根据自身的技术和设备现状，对照生产发展和技术进步的设想，制订出切实可行、有着明显经济效益的技术改造和设备更新规划，分期实施。县工业企业整顿办公室确定了全县技术改造的重点：一是支持轻纺工业上花色、上品种、上质量，二是帮助一些企业更新效率低、耗能高的陈旧设备，三是发展新的原材料工业和综合利用，促使企业的素质发生新的变化。1981 年以来，全县进行的技术改造项目，均在 1983 年 6 月底前全部竣工并投入生产运行，发挥显著效益。

1982 年 11 月 30 日，全国人大五届五次会议《关于国民经济和社会发展第六个五年计划的报告》中提出，“整顿现有企业的工作，步伐要加快，质量要提高。在今后三年内，必须把现有企业整顿一遍。企业整顿的关键是三条：一是建立好的领导班子。二是建立和健全各种管理规章和责任制度。三是制定出以节约能源、原材料为重点的技术改造规划，确定合理的产品发展方向。”

根据这一精神，无为县委于 1983 年 3 月，召开了全县“狠抓企业整顿，加快改革步伐，努力开创经济工作的新局面”大会，决定进一步开展工业企业的整顿工作，整顿工作的指导意见确定为，继续贯彻执行中央〔1982〕2 号文件，用改革的精神进行整顿，围绕经济效益，抓好“五项工作”(即整顿劳动纪律、整顿劳动组织、整顿财经纪律、建立经济责任制、加强领导班子建设)。要求部分企业达到“六好”(即实现国家、企业、职工三者兼顾好，产品质量好，经济效益好，劳动纪律好，文明生产好，政治工作好）的标准。当年列为重点整顿的企业 11 家，即县化肥厂、县酒厂、县水泥厂、县电机厂、县造纸厂、县电扇厂、县羽毛球厂、县齿轮厂、县釉面砖厂、县服装厂、县印刷厂。通过整顿，提高了经济效益。

1983 年，无为县企业整顿的重点放到了搞好企业内部管理上。主要做法，一是调整好充实好企业领导班子。领导班子尽可能从本单位产生，并注意把那些年富力强、懂技术、会管理、办事公道的“明白人”大胆地选拔到领导岗位上来，逐步实现了领导班子的革命化、年轻化、知识化和专业化。二是在企业整顿中进一步推行和完善经济责任制。在企业内部实行了层层包干、包保结合、以责定权、以责定利，做到权责利三结合。三是整顿各项基础工作和劳动组织、劳动纪律，切实建立健全了企业的财务、原材料、燃料、资产和产成品管理等规章制度，实现了生产组织合理化和经营管理合理化。四是抓好了以技术进步为中心的企业发展规划。这次调整是党的十一届三中全会以来的各项正确方针、政策的延续和发展，是党的十一届三中全会实事求是、纠正“左”的错误的指导思想的进一步贯彻。

无为县的经济调整工作，1983 年进入了一个新阶段。这一年，随着“买方市场”的出现和开放式流动体制的建立，工业品的竞争日益激烈，促使无为县工业企业迅速改变产品落后状况，大多数企业则在直销对路产品上做文章，努力改变产品性能，提高产品质量，发展花色品种，加速产品的更新换代，适应市场的不断变化，增强竞争能力。无为化肥厂通过挖潜改造，使设备正常运转，化肥生产持续增长，一举甩掉了亏损帽子。无为制药厂利用大输液和四环素产品，创出自己的信誉，更上一层楼。其他企业通过整顿，扩大产品销售范围，白酒、电风扇、服装、农机及配件等产品，主动与商业部门联系，迅速占领了县内外市场。

1982 年，无为县工商企业也先后试行了各种形式的经济责任制，初步取得了一些效果。但与农业相比，步子不快，差距大，还没有从根本上解决吃“大锅饭”的问题。1983 年，全县各经济部门和企业，全面推行以承包为中心，国家、集体、个人三者利益结合，职工福利和劳动成果相联系的承包责任制，围绕企业生产经营的总目标，制定了先进合理的定额，按照责、权、利相结合的原则，企业对国家承担的责任层层分解，落实到每个职工身上，实行多劳多得，克服平均主义，从根本上改变了吃“大锅饭”的现象。1983 年，全县所有企业不再观望等待，尤其是生产单一的集体所有制企业，更是快速地实行了承包的办法。特殊行业如交通运输业也实行了承包，全县的公路按区段实行承包，责任到人。在推行经济责任制的过程中，企事业各级各单位加强了政治思想工作，使每个职工都明确推行经济责任制的意义、目的和要求，争做改革的促进派。在开展这一工作的步骤上，各部门和各企业都先行抓试点，以点带面，全面推开。各有关部门也主动帮助企业解决在推行责任制中需要解决的问题，主动改革阻碍生产力发展的陈规旧章，为推行经济责任制清除障碍，大开了绿灯。

在对工业、企业进行整顿中，实行了以税代利。工业企业中，制药厂、无线电厂、酒厂、印刷厂按照八级累进制（一种将纳税对象按数额大小分成八级，每个等级分别规定税率计算应纳税额的税收），实行以税代利；齿轮厂、农机厂、粘土矿实行包干，自求平衡，亏损不补，盈余不交所得税；纺织厂则按老办法，但超额利润留成，由原来20%增加为35%。

整顿企业党的基层组织，以党内整顿推动企业整顿，无为县整顿企业党的基层组织，重点解决4个问题：在搞好思想作风整顿的基础上，整顿领导班子；搞好党员教育，提高党性觉悟；解决党员队伍中的一些突出问题，如经济犯罪和违法乱纪等；改善和加强企业党组织领导。推动工业企业建立职工代表大会制度，发挥职工民主管理企业的作用，对于没有建立职工代表大会的企业，推动企业按照职代会条例建立起来；已经建立职工代表大会的企业，开展整顿和检查总结，使之做到有健全的组织、严格的制度、能经常开展活动。在整顿劳动组织上，重点搞好定员定额，积极安排定员后的富余人员，清退计划外用工和“混岗”人员。通过整顿，企业的非生产人员比例被压缩到15%以下。

积极推动各项改革措施，加强企业经营管理的整顿。实行利改税的改革，积极推行企业内部各种形式经济责任制。整顿财经纪律，对企业财务会计工作整顿，建立健全财务会计制度。加强技术改造，组织科技人员协同有关部门，制定以产品为中心，以节约能源和原材料为重点的技术改造新计划，确定企业合理的发展方向。①

二、农村改革的推进

（一）稳定和完善家庭联产承包责任制

1982年9月，党的十二大召开后。当年12月21日安徽省委下发《关于进一步稳定完善联产承包责任制的意见》，提出在党的十二大精神指引下，进一步解

① 国务院批转财政部，《关于加强国营企业财务会计工作的报告》的通知，中发〔1982〕2号文件。

放思想，大胆创新，做好稳定、完善农业生产责任制工作，促进农业生产的快速发展。要解决好干部群众对联产承包责任制的认识问题，把联产承包责任制推广到农村各个领域；大力推行农业经济合同制，大力普及农业科技知识；建立为农民服务的科技推广体系和教育制度；继续减轻农民负担；认真处理好实行联产承包责任制后的各种具体问题；做好扶贫工作，积极扶持专业户、重点户，发展各种形式的合作经济；积极鼓励，适当发展劳动者个体经济；认真做好干部培训工作。要求到1982年底，实行包干到户和包产到户的生产队达到98.8%。

无为县委按照党的十二大精神及省委、地委要求，积极推动农村改革的重点转移到稳定和完善家庭联产承包责任制、落实农村各项经济政策、维护农村的大好形势上来。无为县以双包到户（即包干到户、包产到户）为主的农业生产责任制实行以后，给农民群众带来了更多的利益。但在实践过程中，也存在不少问题。对此，各级党组织积极采取措施，推动问题解决。

宣传、落实生产责任制的相关政策，稳定和完善以大包干为主的联产承包责任制，全县在实行联产计酬生产责任制的过程中，总的形势是好的，但发展也不平衡，一些起步迟的地方遗留了不少问题，起步早的地方也出现不少新问题；一部分干部对双包到户责任制存在着不正确的认识；在农民中，还存在着怕政策变、怕露富重新划阶级成分等思想；这些都不利于生产责任制进一步完善。针对以上问题，全县围绕包干到户责任制这个重点，广泛开展宣传活动，宣传大包干责任制的优越性，讲清它的社会主义性质，讲清长期不变等政策，进一步明确生产责任制工作的指导思想，让干部解放思想、大胆创新，让农民安下心来、长期坚持下去。对于尚未建立责任制的地方，尽快帮助建立起来。到1983年3月，全县绝大多数地方农业生产责任制稳定下来，包产到户成为无为县农村生产责任制的主要形式。

突出抓好经济合同制的签订。经济合同制是稳定和完善生产责任制的中心环节，也是运用经济办法管理经济的重要措施，到1982年底，全县90%的生产队全部签订了产、供、销合同，适当处理了统与分的关系，调动了广大农民群众的积极性。同时组织社队开展财务整顿工作，全县绝大多数生产队对当年的财务账目和历年的债权问题进行了清理，纠正了混乱现象。

全县也解决一些包干到户的遗留问题，如大型农机具的承包，集体林木和茶园的管理，土地的管理，农村干部、民办教师和赤脚医生的补贴，减轻社员负担，照顾五保户、军烈属和困难户等，有效地促进了生产责任制的健康发展。

"联产承包责任制采取了统一经营与分散经营相结合的原则，使集体优越性和个人积极性同时得到发挥。这一制度的进一步完善和发展，必将使农业合作化的具体道路更好地符合我国的实际"[①]"是马克思主义农业合作化理论在我国实践中的新发展"，并就多种经营、商品生产、农业技术改造、农村建设等提出了新政策。无为县在1983年3月完成了政社分开，建立了乡（镇）政府和村民委员会后，[②]在新的行政体制下，就贯彻中央〔1983〕1号文件中放宽农业政策、搞活农村经济、稳定和完善生产责任制等问题，进行了更加深入的探索，进一步抓好生产责任制的稳定和完善工作。对全县农业生产责任制的完善情况进行了一次认真全面的检查，调整了一些不符合生产实际情况的责任制形式，搞好了白茆、黑沙洲等较富裕地区的联产承包责任制问题。如黑沙洲公社水口大队人多地少，每人仅有三分地，实行包干到户后，耕种遇到不少困难，经群众讨论同意后，改为分组专业承包，从而使生产责任制形式更加巩固。

以双包到户为标志的多种形式的农业生产责任制不断发展，使无为农村面貌发生了深刻的变化。1984年元旦，中央第3个1号文件《关于1984年农村工作的通知》进一步宣布"土地承包期一般延长到十五年以上，以鼓励农民增加投资，培养地力，实行集约经营；生产周期长的和开发性的项目，如果树、林木、荒山、荒地等，承包期应当更长一些。"这标志着双包到户的农业生产责任制最终得到确定并统一下来，成为农业生产长期实行的生产形式。

根据中央〔1984〕1号文件精神，县委、县政府继续把稳定和完善联产承包责任制作为中心工作来抓，决定延长土地承包期，稳定使用土地使用权。宣布土地承包权20年不变，生产周期长和开发性的生产项目30年不变，荒山、荒坡、

① 《当前农村经济政策若干问题的通知》，中发〔1983〕1号文件。
② 中共无为县委文件，《关于无为农村人民公社体制改革情况的报告》，无发〔1983〕36号。

荒滩的开发利用50年不变。对已承包的总结经验、巩固完善；对未承包的或流于形式的，从解决干部的认识着手，迅速改变面貌。全县林、牧、渔和乡镇企业继续推行或完善承包责任制。在发挥农民个人主动性和积极性的同时，加强计划指导，发挥集体的物资技术力量，做好统一的生产经营。继续深化经济合同制的签订，完备手续，分清责任，保证兑现。1984年春，无为县委抽调120多名机关干部组成宣讲队，分赴农村，广泛宣讲农村承包政策。

1983年4月20日，无为县召开第八届人民代表大会第二次会议。会议指出，农业生产全面丰收，根据《全国农村工作会议纪要》精神，突出抓了农业生产合同的签订与兑现，落实了林业、渔业、畜牧业“三定”工作，大力扶持专业户、重点户生产，积极开展扶贫工作，激发了农民群众的生产热情，促进了农业生产开始良性循环。[①]会议确定全县农村工作的指导思想是：进一步改革农村经济管理体制，在国家计划指导下，使农业生产适应市场的需求，促进农业产业结构合理化，进一步把无为县农村经济搞活。

（二）调整农业产业结构

自1982年起，无为县农业生产持续增长，奠定了经济建设全面发展的基础，无为县继续依靠政策和科学，进一步贯彻执行“决不放松粮食生产，积极发展多种经营”的方针，加快农业发展步伐。县委着重抓好稳定和完善农业生产责任制，兑现承包合同，对影响承包合同落实的某些问题，千方百计地妥善加以解决。全县各地农村党组织根据生产发展的需要，按照互利原则，统筹安排好水利、植保、防疫、制种等农事。统一管理，分别承包，建立制度，为农户服务。同时有领导有步骤地将联产承包责任制推广到各业生产中去，善始善终地抓好林业“三定”和渔业“三定”，对荒山、荒水面采用投标办法，实行大户承包制，明确山场所有权仍属集体，林木谁栽谁有，集体适当分成。

全县农村大力发展合作经济，在稳定和完善联产承包责任制的前提下，大力

---

① 《无为县人民政府工作报告》，1983年4月，无为市档案馆，案卷号〔26〕。

支持各种专业户、重点户，切实保障其发展和合法地位。允许专业户、重点户在银行设立账户，与其他单位和个人签订经济合同。在口粮、饲料、种养技术和防疫灭病等方面予以重点支持。允许资金、技术、劳力多种方式的联合以及与国家集体个人之间相互联合。合作经济，接受国家计划指导，遵守政府的有关规定，不断促进农村商品生产的发展和农村经济的繁荣。

在推进农村改革的同时，县委、县政府对扶贫户在实行扶本扶志的前提下，竭尽全力地帮助他们发展农、副业和开展多种经营承包，以利于争取早日脱贫。

自 1982 年起，全县开始调整农村经济结构，在坚持发展粮食生产的前提下，大力发展多种经营。各地在发展多种经营时本着因地制宜的原则，发挥优势，利用无为水域辽阔的自然条件，积极扶持养鱼重点户、专业户，大力开展各种形式的联营，加快渔业生产的发展。植树造林是推进无为农村改革的薄弱环节，县委、县政府采取了措施，办好国营和集体林场，积极发展造林专业户、重点户。对群众反复宣传《中华人民共和国森林法》，对乱砍滥伐森林的事件，从重从快加以处理。全县把造林重点放到了牛埠、严桥两区，以两区荒山开展成片造林。各地也根据自身的自然条件，加快林业发展，促进无为县自然生态绿色屏障的建设。在此期间，各地农村还大力发展家禽家畜，茶叶、蚕桑和农副产品加工业等生产，促进多种经营向专业化、社会化方向发展。

在推进农村改革中，无为县各级政府和农业部门，大力加强农业科学技术的推广和应用，把领导农业生产的重点转移到抓农业科学技术上来，争取取得较大的突破。全县重点开展农作物品种选育、大面积杂交水稻种植、淡水养殖技术的应用和复合饲料加工等研究，广泛推行农业技术承包责任制，建立科技户、示范户、科技普及协会等，开展各种形式的科技咨询服务，普及农业科技知识，推广科技成果。各地还鼓励农技人员深入农业生产第一线，农技人员除工资收入外，允许他们同经济组织签订承包合同，在增产部分中，按一定比例分红。各地还发挥农村中能工巧匠、知识青年和复退军人的特长，鼓励他们自学成才。对工作卓有成效的人，经过考核授予相应的技术职称。

推进农村改革的另一个重要方面是加强农业基础建设，为了切实搞好以治水、改土、提高地力为中心的农业基本建设，全县农村全面建立了水利管理责任制，努力搞好无为大堤、吹填二十四圩和新建一批排灌站项目，改善农业生产条件，做好排灌机械维修和土石方工程的竣工工作，增强抗灾能力，立足抗灾夺丰收。

无为县委、县政府在推进农村改革中，不间断地加强对农村土地的管理，教育农民从长远和大局着想，珍惜每一寸土地，不准占用耕地违法建房。对乱占耕地建房的单位和个人，采取拆房还地的措施，严重的依法制裁，严肃处理。

三、财贸工作改革的加速

党的十二大以后，无为县进入了城乡社会商品大发展时期。为了搞活商品流通，促进商品生产发展，无为县政府调整购销政策，狠抓财贸体制改革，搞好经营承包，开辟流通渠道，开创财贸工作新局面。

在加速财政体制改革中，无为县是1982年安徽省实行财政体制改革的试点县。改革的内容和方法，就是把财政收支，按照隶属关系，分别划归区、镇、公社，实行收支挂钩、分组包干的财政包干管理体制，收支基数由县政府核定，直接发包到区、镇、公社，实行“订收、订支、订上交”，总收超基数部分，在扣除上解中央24.7%以后，实行“五五”分成。总收入低于包干基数的差额，按“五五”分担；总支出低于包干基数的结余部分，全部留用，超支不补。全县实行财政收支两条线，属于包干的财政收入，全额上缴国库，不准坐支；列入包干支出和追加的专项经费，由县财政按计划拨给区财政转拨，不得相互冲抵。

为了搞好这一财政改革工作，全县各级政府加强领导，严肃财经纪律，增收节支，保证了财政收支平衡，并略有结余。

积极推行经营承包责任制。实行经营承包责任制，无为县主要从两个方面入手，一是企业对国家的承包，二是企业内部的承包。就企业外部来说，国家对企业和主管部门，根据不同情况，实行多种形式的利润留成和盈亏包干办法。就企业内部来说，把各项经济指标或技术指标，层层分解，包到班组、柜组或个人，连续计算工龄不变，考核升级和退休待遇不变。总之，在商贸流通企业全面推行责任制，改变了过去那种“吃大锅饭”“端铁饭碗”的平均主义弊端，使企业和职工发挥出活力。

供销社体制改革在财贸工作改革中位置尤为突出。1982年，无为县是全省13个供销社体制改革的试点县之一，无为县所有基层供销社经过清理原有股金、落实股权、补发股金红利、扩大农民入股，召开社员代表大会，制定社章，恢复监事会，民主选举领导人员，基本完成了供销社体制改革的外部工作，初步恢复了供销社的群众性、民主性和灵活性。内部工作则是建立县联社和推行经营承包责任制，逐步通过多种联营，向建立综合服务中心方向发展，把供销社建设成为农民的合作商业组织。

集中财力物力保证国家建设，是关系到国家现代化建设发展前途和人民根本利益的大事，是事关全局的一项重大战略决策。无为县委认识到这一战略决策的重大而深远的意义，从思想上、行动上同党中央坚决保持一致，并从实际出发，狠抓落实，做好此项工作。

县委首先要求全县各级党委要千方百计提高经济效益，为国家集中财力物力保证重点建设创造物质基础。还动员全县一切经济部门，不折不扣地完成国家集中资金的任务，精心组织好财政收入，做好国库缴款和重点建设资金的征集工作，不失时机地开展纳税大检查，开好欠税欠利户的专门会议，严肃纳税纪律，把该收的钱坚决收上来。同时，指示继续清理基建项目，控制基本建设规模，对基本建设实行高度集中统一管理，严格按照基建程序办事，所有基建项目都要逐级上报审批。无为县委重申，坚决刹住乱涨价、乱摊派的歪风，组织力量进行清理。《国务院、中央纪委关于坚决制止乱涨生产资料价格和向建设单位乱摊派费用的紧急通知》中指出[①]“制止乱涨价、乱摊派，是关系到保证国民经济稳定发展、端正党风和社会风气的大事。各级党委、政府和国务院各部门，一定要加强领导，排除阻力，切实把这件事情抓紧抓好。各级党的纪律检查部门，要把贯彻执行集中资金进行重点建设的方针，稳定经济，制止乱涨价、乱摊派的歪风，

① 国发〔1983〕104号，1983年7月3日发布。

作为当前纪律检查工作的重要任务，会同有关部门对这方面的违纪案件抓紧查处。对严重违法乱纪的党员、干部，必须严肃处理，该处分的处分，该撤职的撤职，该法办的法办，决不能纵容姑息。对袒护包庇者，要追究责任。上述通知，要立即传达到有关部门和企业，保证坚决贯彻执行，务必在七月十五日前刹住乱涨价、乱摊派这两股歪风。逾期不改的，要从重惩处。”无为县委采取果断措施，保证了经济体制改革顺利进行。

无为县委还强调，要注意减轻农民负担。农民在党的十一届三中全会以后，刚刚解决了温饱问题，实行集中资金的措施，会在农村中引起躁动，加重农民负担，影响农民积极性。但在党的十二大以后农民收入有较大提高情况下，担负一定的支持国家建设的义务，有利于增强他们的国家理念，但必须把道理讲清楚。全县各地党组织认真清理那些自立章法、名目繁多的追加给农民的不合理的额外负担，不允许政出多门，乱搞摊派，从“四面八方”向农民伸手。从而保护了日益高涨起来的农民生产积极性，使中央集中财力的措施得以贯彻。全县各级党委、政府端正认识，主动作为，把相关费用压下来，把农民的人均负担减轻到10元以下，获得了广大人民群众的理解和支持。

四、城乡改革的全面展开

为了深入学习《中共中央关于经济体制改革的决定》，传达贯彻省委扩大会议和地委工作会议精神，研究如何加快无为经济体制改革步伐，促进无为经济腾飞，县委于1984年12月10日召开全县三级干部会议，对无为经济改革和经济发展工作进行年度总结。

全县农村经济工作会议以来，各地在农村产业结构调整方面做了大量工作。但从总体来看，产业结构不合理的局面并未从根本上改变，在一定程度上影响了农村商品经济的进一步发展。究其原因主要是：少数地方的领导因为改革和开拓精神不足，对整个产业结构调整感到束手无策，产业结构依然如故。也有的地方不能坚持因地制宜，而是挖良田养鱼，以致粮食减产，鱼也难以养成。还有极少数地方不能根据市场需求兴办乡村企业和发展多种经营，经济效益显得较差。对此，各地务必引起高度重视，坚持从实际出发，选准突破口，做到“一调二转”（即调预期、转观念、转作风），搞好产业结构调整。

决不放松粮食生产。在粮食问题上，千万不可掉以轻心。调整产业结构时，安排好粮食生产是基础。如果粮食掉下来，食品和饲料工业就难以发展，退耕还林、还牧、还渔也很难落实。希望各地在调整产业结构时，要坚持实事求是、量力而行、顾全大局的原则，在提高单产和品质上大做文章，坚持粗改细、劣改优，开发名、特、优新品种，绝不容许抛荒和废耕粮田的现象出现，以保持粮食的稳定增产。

大力发展畜牧业和水产业。为了加速无为畜牧业的发展，食品公司、国营焐坊、供销社要继续推广和完善家禽联养办法，在贷款、饲料供应和疫病防治上给予农户积极扶持。大力发展饲料加工业，除进一步抓好配合饲料加工的完善和扩大生产外，应采取积极办法，扶持乡镇和专业户从事饲料加工业。同时，各地区、各部门还必须利用排灌站、食品站、轧花厂等现有厂房、设备，兴办一批小型饲料加工厂，逐步形成大中小配套成龙的饲料加工体系。继续搞好可养水面的综合开发利用，实行小水面精养和大水面联养相结合，大力推广稻田养鱼，实行鱼粮共产、鱼稻轮作。牛埠区做好竹丝湖开发的前期准备工作。总之，通过发展畜牧业和水产业，把多余的粮食就地转化为肉禽蛋奶鱼，改善城乡人民群众的食物构成。

加速乡镇企业的发展步伐。农村产业结构改革的基本目的，是改造农村传统农业，发展农村新兴产业，也就是一个农业不断工业化的过程。因此，必须多形式、多层次地发展乡镇企业，以联户和家庭工业为重点，实行县、区、乡、村、联户、家庭“六个轮子”一起转，逐步形成专业化的生产群落和经济小区。根据无为经济、资源、技术、交通和信息等方面情况，乡镇工业发展的重心要逐步南移，建立三大工业片：西南丘陵山区的建材、采矿片，东乡洲区蔬菜、食品加工片，新沟、高沟电器工业生产片，以形成无为的沿江工业走廊。随着种植业和养殖业的发展，各地积极创造条件，采取国家、集体、个人一起上的办法，大力发展粮油、畜禽、珍珠、瓜果、蔬菜的粗加工和精加工业，使产品增值、国家和个人增收，切实改变那种单纯出售原料的状况。各地要坚持走“白兰道路”（“白兰牌”洗衣机是北京洗衣机厂的名牌产品，98%的零部件是乡镇企业生产的。中央领导同志为此倡导走城乡之间互相促进、协调发展的“白兰道路”），主动争取外地的大、中型工业企业的支持，通过厂乡挂钩、产品扩散、零部件加工等形式，发展当地的乡村工业。

加强小城镇建设。加强小城镇的建设，对于搞活农村流通、发展农村商品经济具有重要意义。因此，各地切实制定好小集镇的发展规划，并根据各自的优势，将本地的小集镇建成生产型、流通型、服务型、交通枢纽型等各具特色的小集镇。鼓励农民进镇务工经商和从事第三产业，并妥善做好他们自理口粮户口（即依靠自己生产口粮的农业人口）的落实工作。多方筹集资金，加快小集镇的各项基础设施建设，近年内每区力争建设好2—3个大型农贸市场，以适应商品经济发展。

全县农村经济会议精神得到全面落实。农村经济向商品化、社会化、现代化方向转变。随着农村商品经济的发展，全县已有近十万农民走出耕地，从事二三产业，打破了过去那种封闭式的自然经济体系，无为大农业经济结构取得变化，农业产值节节高。

（一）农业获得全面丰收

1984年，在战胜1983年特大洪涝灾害之后，又战胜了1984年夏严重的洪涝灾害，夺得了历史上又一个全面大丰收。农业总产值达3.14亿元，比上年增长44.04%，比历史上最好的1982年增长5.12%；粮食总产量达10.21亿斤，比上年增长62.3%，成为无为突破产粮十亿斤大关的第三个年头；棉花总产达12.5万担，比上年增长25.3%；油料总产65万担，接近上年产量；林、牧、副、渔各业也都有了较大的发展。

农村的改革深入发展，开发性生产有了新的突破。从事养殖业、商业、运输业的专业户发展更快。同时，涌现了各种经济联合体200个、专业村39个、“万元户”39个。联产承包责任制向各个领域扩展，商品经济已形成蓬勃发展之势。

（二）工业生产稳步发展

1984年，全县工业生产发展较快，特点是，（1）基本上实现了产值、利润和上缴利税同步增长。1至12月份完成工业产值16870万元，比上年同期增长30.6%；全县87个重点工业企业实现利润275.04万元，比上年同期增长6%。（2）工业发展速度一季比一季快。与上年同期相比，一季度由于雪灾影响，工业总产值下降2.99%，二季度增长6.3%，三季度增长19.1%，特别是11月份达到1660万元，创历年月产值的最高水平。到年底，全县工业总产值达14500万元。（3）主要工业产品质量有了较大的提高。“航空牌”羽毛球曾获国家银质奖，被选为奥运会竞赛用球；制药厂生产的大输液连续五年被评为全省第一名；S195型柴油机齿轮一举夺得省优产品称号；第一服装厂试制成功的保健服装，成为国内首创；位移传感器已被国家选定送往英国博览会展出，受到国际好评。

（三）乡镇企业迅猛发展

到1984年底，全县乡镇企业发展到1143个，固定资产1900余万元，从业人员4.2万余名。全年总产值达6500万元、实现利润370万元、提供税金220万元。

（四）财贸呈现好势头

工农业生产的较快发展，促进财贸工作呈现良好形势。

农副产品收购良好。到1984年11月底，全县粮食入库22654.4万斤，其中，统购13102.3万斤，占全年任务97.8%；棉花收购11.7万担，比上年同期多收购3.8万担；油菜籽入库4022万斤，比上年同期多收610万斤。此外，到11月底，全县收购生猪5.1万头，比上年同期增长1.2倍；收购家禽53.71万只，比上年同期增长2倍多；收购鲜蛋145万斤，占年任务69%；收购水产品26.3万斤，占年任务164.4%。

商品流通更加活跃。1至12月份，全县社会商品零售额23816万元，比上年同期增长23.4%。

财政收入有所增长。在1983年财政收入为1465万元的基础上，1984年财政收入达1941.4万元。

十二届三中全会通过的《中共中央关于经济体制改革的决定》，是指导我国整个经济体制改革、建设有中国特色的社会主义现代化强国的纲领性文件，是马克思主义基本原理同中国社会主义建设实践相结合的政治经济学，它回答了经济建设中过去长期回答不了的一些理论问题。无为各级党组织认真组织广大党员，尤其是各级领导干部学习，通过学习来指导改革。

（一）认真学习贯彻《决定》，增强改革的主动性和创造性

就无为经济体制总的情况来看，尽管已有了一些改革，但没有从根本上去触动，很不彻底。企业缺乏应有的自主权、忽视商品生产和价值规律的作用、分配平均主义等种种弊端依然严重。

因此，必须按照《决定》精神，从根本上改变这种束缚生产力发展的经济体制。总的原则是：关系全局的重大问题，坚决服从中央及省委、地委的统一部署、不自行其是，企业本身的文章主要靠企业自己去做。企业的内部关系如何调整、经营管理如何改进、按劳分配如何落实等等，都由企业本身逐项去妥善解决。切不可眼睛向上，等着上面拿办法，或者把矛盾上交，躺在《决定》上睡大觉。总之，依据中央的方针、政策，从本企业的实际出发，创造性地去贯彻执行。

（二）紧紧抓住改革的中心环节，增强企业的活力

实行经济体制改制的中心环节，就是增强企业活力，确定好国家与全民所有制企业之间正确关系，扩大企业自主权。1984年9月，无为县委、县政府根据国务院1984年5月下发的《关于进一步扩大国营工业企业自主权的暂行规定》（即“扩权十条”）的文件精神，对全县工商企业采取进一步的“松绑”措施，使企业增添了一定的活力。同时相应制定了落实国务院“扩权十条”的《细则》。《细则》规定：所有县属企业有生产安排权，在企业完成指令性计划生产计划后，根

据市场需要，可以自行组织生产社会需要的其他产品；企业有产品销售权，企业在完成下达的收购计划后，超产部分可以自销；企业有自行定价权，企业产品的销售价格，除少数按国家规定实行浮动外，允许企业自行定价，协商议价，平价平出，高价高出等。到 1985 年底，无为县属工商企业签订经营承包合同的有 32 家，占县属企业总数的 92.5%。

（三）深入进行商业体制改革，建立多渠道、少环节、开放式的流通体制

无为商品生产迅速发展，城市商业体制不适应的矛盾越来越突出，必须从根本上加以改革。首先，加快供销社体改步伐。无为供销社的体改工作进入了“一包三放”（即财务包干，体制下放、权限下放、管理下放）的关键性阶段，各级党委切实加强领导，做到既加快步伐，不能在时间、进度上松懈拖拉，又扎扎实实，不急于求成，以防走过场。体改后的供销社，主动承担从生产到加工、流通、消费各方面的经济活动，努力扩大经营范围和服务项目，更好地为工农业生产和人民生活服务，努力提高经济效益。其次，有领导有步骤地改革城市商业流通体制。在城镇商业体制改革中，重点抓好国营零售商业、饮食服务业，在利改税第二步改革的基础上，实行企业内部经营承包责任制。对实行经营承包责任制企业进行考核，把维护消费者权益和销售额挂钩，做到全面考核、合理计奖、奖勤罚懒、奖优罚劣。零售商业和饮食服务业同人民生活关系极为密切，必须严格贯彻执行国家物价政策，绝对不允许违反政策变相涨价、缺斤短两、掺杂使假，以保护消费者权益。

在进行商业体制改革中，注意大力发展第三产业。所谓第三产业，就是包括金融、商业、运输、邮电、信息、会计、饮食服务等行业。第三产业门类多、容量大，是安排城镇就业人员和改变农村产业结构的有效途径。打破“以农为本、重农轻商、重工轻商”的传统偏见，进一步放宽政策，坚持国家、集体、个人一起上，城镇、乡村一起抓的方针，千方百计促进第三产业迅速发展。结合小城镇建设，搞好布局和规划，鼓励待业知青和农民进城，重点发展饮食、修理、旅

馆、运输、服装、劳务、信息咨询等，做到“八仙过海，各显神通”。

（四）抓好企业整顿和技术改造，不断提高企业素质

继续抓紧企业整顿和扭亏增盈工作。1984 年，全县仍有 20 几个工商业企业没有进行整顿，在 1985 年一季度完成。乡镇企业加快整顿步伐，搞好“一包三改”（即实行以厂长为主的经营承包责任制，改干部任免制为选聘制，改工人录用制为合同制，改固定工资制为浮动工资制），立足本地，发展新项目。集中力量抓好财务整顿，以提高企业素质。对已经整顿的企业注意防止“回生”现象。总之，企业整顿工作坚持标准，严格把关不能走过场。各企业制订的各种经济承包合同，原则上都要兑现。对完不成任务者应负经济责任，有功者应予奖励。少数经营性亏损企业，年内坚决扭亏，否则追究企业领导的直接责任。农林牧水企业抓紧搞承包，再也不能吃亏损补贴了。商业系统的食品部门在搞好主营的情况下，搞好副营，加快扭亏增盈步伐。纺织行业进一步组织力量，寻找关系，打开销路，推销产品，并积极开发新产品，提高盈利水平。

（五）广泛开展横向经济协作，加速无为经济发展

发展地区间、部门间、企业间的横向经济联系，有利于对外开拓市场，有利于促进经济发展。特别是对于面临越来越严重的经济挑战，抓好经济协作显得尤为重要。打破过去那种封闭型的传统观念，立足无为，面向华东，辐射全国，大力促进横向经济联系。巩固现有的老关系，逐步发展新关系。加强国内关系，创造条件发展国外关系。由临时的一次协作，发展为建立长期稳定性的协作。进一步加强与上海市、南京市和河北省徐水县等基地联系，把经济协作和引进工作这两步走稳、走活。各地、各部门利用各自的有利条件，放开眼界，打开门户，走出去，请进来，建立起各种经济协作引进关系，以加速本地的经济发展。

（六）尊重知识，尊重人才，尽快造就和大胆起用一代新人

为了实现无为的经济腾飞，必须努力做到广开渠道，引进人才；内部调剂，

人尽其才；眼睛向下，选拔人才；舍得花钱，培训人才。具体来说，必须抓好以下两点。

进一步落实党的知识分子政策。无为有大专毕业生1200余人，助理工程师以上职称的科技人员近500人。这些都是无为经济建设的宝贵财富。要使中央的改革政策、措施落实，关键是人才。因此，在政治上关心他们，解决他们“入党难”的问题，把他们当中的优秀分子提拔到各级领导岗位上来。在生活上关心他们，尽可能地按照政策帮助他们解决住房、子女就业和家属户口等问题，不断改善他们的工作条件和生活待遇，使他们免除后顾之忧。总之，各级领导同志把落实党的知识分子政策当作一件大事来抓，使他们安心在无为工作，扭转“孔雀东南飞”和“一江春水向东流”的人才外流现象。

大力培训和引进人才。每个区组织力量培训技术人才，重点放在培训建筑人才上，以利搞好劳务输出。同时，各区积极创办职业中学，为发展商品生产和第三产业培养人才。利用无为在外地老同志的关系，把确有培养前途的人员，送往外地高等院校或企业培训。企业不仅敢于吃高价材料，而且敢于引进高价人才，不惜重金聘请确有专长的技术人员，解决企业的技术难关。

（七）加强党的领导，不断把改革推向深入

实现经济腾飞，关键在于领导。处在改革时期，各级领导思想不能停滞，不能僵化，把经济体制改革同整党密切结合起来，做到“议大事，懂全局，管本行”，端正业务工作指导思想，保持清醒头脑，把自己的全部工作置于全局之中，把它转移到为发展生产服务，为基层和企业服务的轨道上来。

如何把经济体制改革推向深入，必须坚定不移，慎重出战，务求必胜。也就是说，在改革方向上、目标上坚定不移，积极进取。在改革步骤上、方法上谨慎从事，稳扎稳打。

改革是一项长期任务，贯穿四化的全过程。改革不可能一帆风顺。正确看待出现的问题，加强对改革的领导是搞好改革的关键。在改革中，不可能一下子搞出一个尽善尽美的改革方案来，也不可能完全按一个模式推广，而是看准一条改

一条，看准一块改一块，看准一个改一个，不成熟的、未看准的可以先试点。力求避免盲目性，防止一刀切。提倡解放思想，开动脑筋，不怕挫折，勇于实践。对出现的一点问题或毛病，帮助总结经验，逐步完善。不要大惊小怪，横加指责，更不能因噎废食，浅尝辄止。允许改革失败，但不允许不改革。如果还是安于现状，墨守成规，就很可能成为时代的落伍者。共产党员特别是党的领导干部，支持改革、参与改革、带头改革，使各项改革措施付诸实施。各级党组织特别注意保护那些大胆工作，敢于改革的同志的积极性，做改革者的坚强后盾，为改革者撑腰壮胆，保证改革创新沿着正确的方向前进。

第四节　农村人民公社体制改革

农村人民公社的体制改革，是全国总的改革的组成部分，它直接关系到全局改革和整个国民经济的发展。①1983 年 2 月初，安徽省委召开全省公社体制改革会议，提出公社体制改革的初步设想。从 1983 年 3 月开始，无为县农村人民公社体制改革，遵照省委、地委的部署，在县域内 10 个区先行试点，继而在全县由点到面逐步铺开。经过两个多月的工作，完成党、政、企分设和领导班子组建工作，通过民主选举产生了乡（镇）党委、政府，原人民公社仅为经济组织，无城、襄安两个直属镇实行以镇带乡，全县原 347 个生产大队改成了行政村，建立了村民委员会。

一、不断提高农村人民公社体制改革自觉性

实行政社分设，是农村管理体制 20 多年来的一项重大变革。改革开始时，各种议论纷纷：有的人怕分家分了心，将指挥不灵；有的人怕职务调整，进退亦有得失；有的人怕社会经济组织改变干部性质。针对这些思想状况，无为县委大

① 中共无为县委文件，《关于认真做好农村人民公社体制改革工作的意见》，无发〔1983〕17 号，原件存无为市档案馆，目录号 741，卷宗号 8。

力进行宣传教育，明确宣布在体改中做到“四个不变”，即生产责任制不变、行政区划不变、原有的干部性质不变、待遇不变。这就稳定了人心，稳定了生产，保证了各项工作的正常开展。在此基础上，各级党委从思想教育入手，认真组织社队干部反复学习中央〔1983〕1号文件和中央领导同志的重要讲话，以及省委、地委有关农村体制改革的指示，从理论上认识体制改革工作的意义，引导他们联系实际，开展讨论，进一步认识到“政社合一”的体制已不适应农村经济的发展，存在着许多弊端。诸如，党委要加强党的工作，与党政企不分、一揽子领导的矛盾；维护集体经济组织的自主权，按客观规律指导生产，与政企不分、用行政命令管理经济的矛盾；实行干部岗位责任制、提高办事效率，与责、权、利不分，吃“大锅饭”的矛盾；干部要专业化、知识化，与兼职多、搞中心工作多的矛盾等。这些矛盾必须通过现行管理体制的改革才能加以解决。农村公社体制改革是发展农村生产力的客观需要，是加强党的工作和基层政权工作的需要，也是农村广大人民群众的迫切要求，大势所趋，势在必行。通过学习和宣传，加深了干部群众对公社体制改革重要性和必要性的认识，提高了搞好公社体制改革的自觉性。

二、公社体制改革领导班子和干部队伍建设

无为县从1958年成立农村人民公社以来，公社领导班子长期存在年龄偏大、文化偏低的状况。根据省委全省公社体制改革会议提出的干部要一定符合“四个现代化”的原则，无为县委把选配好党、政、企领导班子作为一个关键问题来抓。一是全面考核，由县委负责同志带领组织部门会同区委对公社干部进行一次全面考察和了解，把好政治关、年龄关、文化关。全县组织了10个考察组，有近百名领导干部参加，考察了1303名干部。二是民主推荐，坚持任人唯贤的方针，发动群众、自下而上，进行民主选举。三是实行招聘，为了开通干部渠道，县委考察组突破了城乡界限、部门界限、脱产与不脱产界限，招聘了一批乡级补贴制干部。被招聘的对象农业户口不转、承包田不退、实行聘请制，能上能下，不捧铁饭碗。这样，就以人事制度改革破除了论资排辈的老框框，不拘一格把那

些德才兼备、群众信赖、年富力强、能够打开局面的同志选拔到领导岗位上来。在公社体制改革中，招聘了131名干部，其中担任领导职务24名，从一般干部选拔进领导班子116人。四是合理安排老干部，在此次公社体改中，全县91名干部因年龄偏大、文化偏低，从领导班子岗位上退下来。对年龄大、身体差的动员离休、退休，对于尚能工作的原公社党政负责人让他们退居二线、继续发挥其作用。有的安排到区直单位，有的调配到区委调研组或老干部组工作，促使他们搞好传、帮、带，给党委当参谋。[①] 对于原基层补贴制干部，在他们退出原工作岗位后，除了政治上给予荣誉外，还根据他们工作的时间长短，酌情给予补助，使他们老有所养、各得其所，稳妥地在公社体制改革中实现新老干部的交替和合作。

改革后的乡镇领导班子，发生了较大变化。主要表现在：平均年龄下降，文化程度提高，在实现干部队伍的“四化”方面迈出了可喜一步。

三、公社体制改革下干部岗位责任制的实行

乡镇领导班子建立后，为了使新体制这部“机器”能够正常运转，无为县把建立健全乡镇各项规章制度作为体制改革的一个重要步骤，各乡镇结合本地实际，制定工作计划、工作条例、学习制度、干部工作岗位责任制和乡规民约等，以便发挥农村基层党组织、政权组织和经济组织的职能作用，便于对干部实行岗位责任制，年终进行考核评比，奖勤罚懒。各项规章制度建立后，干部的责任心增强了，办事效率提高了，“扯皮”现象减少了。但也有少数乡、镇分工不科学，责任不明确，“机器”不能正常运转；有的规章制度脱离实际，流于形式。针对这些现象，无为县委通过典型调查，总结经验，加强指导，按照党委管“决策”，政府管“实施”，公社搞“服务”的原则精神，进一步搞好党政企三级班子的明确分工，发挥自己的职能和各项规章制度的作用。

---

① 中共无为县委文件，《关于做好原公社老干部退出工作岗位后安置工作意见》，无发〔1983〕30号。

四、加强对公社体制改革工作的领导

公社体制改革是一项新的工作，为了切实加强领导，无为县委常委会多次集体讨论体改实施方案和一些政策性问题。常委分工负责各抓一个区，实行个别指导，共同研究解决实践中遇到的一些问题，看准了的事情坚决去办。县委专门从组织部、农工部、党办抽调干部，成立体改办公室，专人办公，还从县直机关抽调负责干部，协助各区搞好体改工作。除了在组织上加强领导外，无为县委在指导思想上还明确四点，一是时间要和进度结合起来，但时间要服从质量、不要走过场。二是机构设置要和实际需要相结合，既要解放思想、大胆改革、敢于创新，又要从实际出发、不强求一律、注意精简人员，防止超编和人浮于事。三是改革要和整顿结合起来，要用整风的精神，加强乡镇领导班子的建设。在体改中，县委负责同志分赴各乡镇，召开民主生活会和党委扩大会。开展批评和自我批评，弄清是非，达到了统一思想、增强团结的目的。四是体改要和生产工作结合起来，各地为了不影响正常的生产和工作，都作了明确分工，一套班子抓体改，一套班子抓生产，有机结合，穿插进行，较好地完成了兴修水利、整修公路、植树造林、完善生产责任制等各项工作任务，农业生产形势日渐向好。

1983 年无为县人民公社体制改革，取得了显著效果。一是加强了党的工作，党委在体改后集中力量抓党的建设，“党不管党”的积弊正逐步消除。二是抓党组织和党员队伍的建设，发挥共产党员先锋模范作用。三是基层政权工作有所加强，乡政府建立后，普遍制定了乡规民约，处理民事纠纷，整顿公共秩序和社会治安，受到农民群众的欢迎。四是搞好经济，政社分开后，经济组织有了应有的自主权和经济活力的内在动力。村委会可以在国家统一计划指导下，根据当地的自然条件，安排发展多种经营项目，落实各项生产责任制，开展技术培训，促进生产发展。

无为县广大干部群众通过 1983 年公社体改的工作实践，开阔了眼界，解放了思想，增强了信心。各条战线、各行各业都酝酿规划，着手改革，推动改革新局面逐步形成。但是，由于公社体制改革工作任务十分艰巨，只能说是体改工作初战告捷，仍然有大量的工作需要继续完成。无为县委决心继续保持清醒头脑，深入调查研究，坚持分类指导，注意和分析改革中出现的新问题，向前多看几步，做到心中有数，完善改革内容，巩固改革成果，有信心、有步骤地不断把改革推向前进。

第四章　改革开放初期党的建设的加强

中共十一届三中全会以后，无为县各级党组织在建设有中国特色的社会主义的指引下，认真贯彻执行党的方针政策，解放思想，实事求是，着力提高广大党员的综合素质，提高党组织的战斗力、凝聚力和创造力，夯实党的执政基础，为实现党的政治路线，推动无为县的改革和发展提供了坚强的组织保障。

第一节　基层党建工作的逐步恢复

一、调整组织设置

随着“文化大革命”结束，无为县党建工作逐步恢复，走上正轨。1979 年，从有利于党的建设和工作需要出发，无为县委开始对一些规模较大、党员数量较多的企事业单位党组织设置进行调整。县冷冻厂等 5 个单位新设立了党委，促进了基层党组织自身建设。1984 年，为加强工商企业党建工作，在农村出现的跨队跨乡的经济联合体中，打破行政界限，建立党小组或党支部。

1986 年，从有利于商品经济的发展出发，改变过去以条块设立基层党组织的传统做法，在全县开展基层党组织的设置调整工作。全县共调整了 384 个党支部的设置，新建了 156 个党支部，其中在乡村企业中新建党支部 108 个。

二、推动党性教育

从 1979 年下半年开始，恢复党员训练制度，当年轮训党员 12824 名，占党员总数 32.5%。为严密党的组织生活，按照省委组织部的统一部署，在全县开展了党的组织生活情况大检查。1980 年，要求全县党组织对照《关于党内政治生活的若干准则》召开一次专题民主生活会，并要求每个党委、党组至少半年召开一次民主生活会。通过检查和整顿，全县基层党组织的组织生活逐步恢复正常，“三会一课”制度逐步形成制度化。1981 年 8 月中旬，县委接连举办了 2 期区、社负责人和宣传委员、县直公司副经理以上的领导干部和政工干部训练班，共培训 700 多名宣讲骨干。之后，教育系统、供销系统、宣传系统、团县委都分别举办了训练班。1982 年，根据中共中央〔1982〕1 号文件精神，县委编印了《共产党员要带头完善农业生产责任制》的党课教材，供全县党员学习。该年“七一”前后，为庆祝中国共产党成立 61 周年，编印了《加强党性教育争取党风根本好转》的党课教材，对全县党员进行了一次深刻的党性教育。1984 年春节前后，集中 10 天时间组织全体党员学习整党决定和《邓小平文选》。1986 年全县举办不同类型业余党校培训班 400 多期，参学党员 45153 人次，增强了共产党员的组织观念。

第二节　党的领导的加强

党的十一届三中全会以后，中共无为县委在 1979 年到 1982 年间，有步骤地解决了新中国成立以来许多历史遗留问题和实际生活中出现的新问题，把在“文化大革命”中受到严重扰乱的各方面社会关系调整过来，进行了繁重的建设和改革工作。在新的历史条件下，1982 年产生的第五届无为县委更感到重任在肩，使命光荣，决心在新形势下，进一步加强和改善党的领导，特别是加强县委的自身建设，以便率领全县广大党员干部和群众，在建设高度的社会主义物质文明和精神文明的征途上做出榜样。[①]

在新的历史时期里，无为县委的根本任务和奋斗目标，就是动员、依靠全体党员、干部和全县人民，把经济建设搞上去，把精神文明建设搞上去，把无为建设好。完成这个光荣而艰巨的任务，关键是加强和改善党的领导。县委下定决心，以高度自觉和艰苦的努力，把全县各级党组织建设成为政治上更加成熟，思想上更加一致，组织上更加巩固，能够团结和带领无为人民进行社会主义现代化建设的坚强的领导核心。

无为县委坚定不移地贯彻执行党中央的路线、方针和政策，在具体工作中，坚持实事求是、群众路线和自力更生。继续清除“左”的错误思想影响，克服和纠正各种背离坚持四项基本原则的思想倾向，用党的十一届六中全会精神统一思想认识，端正经济建设和其他各方面工作的指导方针，严肃党的组织纪律，克服政治上的自由行动和组织上的涣散软弱，无条件地同党中央保持一致。

县委班子严格要求自己，以高度的革命进取精神，下苦功夫，勤奋读书，刻苦学习马列主义、毛泽东思想等著作，学习党和国家以及世界历史，学习党委工作所需要的理论知识、实践知识、管理知识和业务知识，不断提高政治理论水平和文化知识水平。发扬理论联系实际的学风，一切从实际出发，正确执行上级指示，善于把中央及省委、地委的指示同本地的实际结合起来，加以具体化。坚持少说空话、多做工作，提倡扎扎实实，埋头苦干，反对华而不实，文过饰非。

密切联系群众，全心全意为人民服务。县委班子经常以劳动者姿态出现在人民群众之中，接受群众监督，倾听群众呼声，关心群众疾苦，加强党和人民群众的密切联系，深入细致地做好党内外干部和群众的思想工作，尽可能妥善地解决各种实际问题，做人民的忠实公仆。自觉以党章要求和《关于党内政治生活的若干准则》的规定来检查对照自己，努力做到艰苦奋斗、廉洁奉公、吃苦在前、享受在后，坚决反对那种贪图安逸、铺张浪费、化公为私和利用职权谋取私利、搞特殊化的错误行为，以自己的模范行动影响和教育群众。

① 《中共无为县委关于加强和改善党的领导搞好自身建设的决定》，1982年1月，无为市档案馆，案卷号〔1〕。

勇于开展批评和自我批评，增强党的团结。在党内认真实行“知无不言、言无不尽”“言者无罪、闻者足戒”的原则，按照团结—批评—团结的方式，“从团结的愿望出发，经过批评和自我批评，达到新的团结”[①]“要讲真理，不要讲面子”[②]，形成敢于批评、善于批评的良好风气。县委班子内部经常谈心通气，交流思想，开展批评和自我批评，清除自己身上的政治灰尘，和各种不正之风进行有效的斗争。在原则问题上敢于坚持真理，旗帜鲜明，不讲面子。批评应当充分说理，与人为善，讲究方法，富有教育意义，有利于帮助同志，锻炼和提高自己，保持朝气蓬勃的革命精神，使县委班子更加团结，更富有战斗力。

实行民主集中制原则，健全党的民主生活。坚决执行“个人服从组织、少数服从多数、下级服从上级、全党服从中央”的原则，把维护党的民主集中制，严格遵守党的纪律，作为自己言论和行为的准则。发扬党内民主，在高度民主的基础上实行高度的集中。健全党的民主生活，凡属重大问题，都必须经过党委的集体讨论，才能作出决定，不能个人说了算。党委的决定，所有成员都必须遵守，实行集体领导，分工负责，每个成员对自己所承担的工作都要认真负责，讲究质量，讲求效率。严格党的组织生活，领导者要以普通党员自律，和普通党员一样，定期参加组织生活，接受党组织监督。增强党性锻炼，遵守党纪国法，联系党内外群众，不能因为自己担任领导职务而成为特殊党员。

大力改进领导作风和工作方法。集中精力抓大事，不断改进工作方法，讲究领导艺术。克服官僚主义，提高工作效率。经常深入实际，面向基层，进行系统的、周密的调查研究，了解真实情况，掌握第一手资料，帮助下级党委现场解决问题。指导工作时，善于研究新情况，获取新知识，解决新问题，积累新经验。

无为县委带领全县广大党员一道，为加强和改善党的领导作风而勤奋工作，坚持不懈地搞好自身建设，把县委班子建设成为一个朝气蓬勃、作风纯正、组织坚强、纪律严明的富有战斗力的集体，率领无为人民克服前进道路上的困难，夺取社会主义现代化建设的新胜利。

---

① 《邓小平文选第二卷》，人民出版社，1983 年版，第 14 页。
② 陈云在党的七大会议上讲话节录，1945 年 5 月 9 日。

第三节　党的思想建设的加强

一、坚持四项基本原则教育的开展

1979 年 3 月 30 日，邓小平代表中共中央在北京召开的理论工作务虚会上作了题为《坚持四项基本原则》的讲话，指出坚持四项基本原则，即必须坚持社会主义道路，必须坚持无产阶级专政，必须坚持中国共产党的领导，必须坚持马列主义、毛泽东思想。

1979 年 4 月，无为县委召开区、镇宣传委员和县直机关政工干部会议，认真学习邓小平关于坚持四项基本原则的讲话，并对如何开展坚持四项基本原则的宣传教育活动，作了明确的部署。8 月，县委再次召开区、镇宣传委员和县直机关政工干部会议，就基层单位如何搞好真理标准问题的讨论，提出了具体意见和要求。此后，一场轰轰烈烈的学习宣传活动在无为迅速展开。结合贯彻中共中央工作会议精神，全县进行了 4 次坚持四项基本原则的学习辅导，受众约 1800 人（次）。10 月，无为县委召开全县政治工作会议，会议传达学习邓小平在全国理论工作务虚会上的讲话精神，以及省委、地委相关会议精神，部署开展坚持四项基本原则宣传教育工作。县委以坚持四项基本原则为中心内容，对全县党员干部开展了轮训。从 10 月 5 日开始，全县分批脱产办学习班，将全体党员干部普遍轮训一遍。同时，在党内恢复“三会一课”制度，严格组织生活，加强对党员的政治思想教育。

通过开展坚持四项基本原则的学习教育活动，全县广大共产党员深刻认识到，“求木之长者、必固其根本”，要使中国特色社会主义这棵参天大树更加枝繁叶茂，就要一如既往地始终坚持四项基本原则，并在新时代新实践的基础上不断加以丰富、充实和发展。唯有如此，国家才能长治久安，事业才能从胜利走向新的胜利。

开展坚持四项基本原则教育，克服和纠正了错误倾向和问题，对全县思想上的拨乱反正和全面贯彻党的十一届三中全会路线发挥了积极作用。

二、党员思想教育的加强

加强党员思想教育，是加强党的建设、团结全党进行伟大斗争的中心环节。县委按照1982年全国党员教育工作会议的部署，确定在全县党组织加强以新党章为主要内容的党员教育工作，作为全面整党的准备，这是全县党组织摆到重要议事日程上来抓的一件大事。

随着党的基层组织在拨乱反正中恢复健全以后，加强党员思想教育，就是使所有共产党员都能联系党在新时期的纲领和政策，弄清党的十二大通过的新党章的内容，都能认识到新党章是一部好党章，它的各项要求是能够实现和应当实现的，并且决心自觉地实践它的各项规定，自觉地为此作出努力。县委要求每个党员能认清以下10个方面的问题[①]，即明确认识党的性质、地位和作用，党的指导思想、奋斗目标和根本宗旨，社会主义社会的基本特征和优越性，中国现阶段的政治经济形势，党在现阶段的总任务和在国内国际方面的基本政策，今后加强党的建设必须实现的三项基本要求，共产党员是有共产主义觉悟的工人阶级先锋战士，健全党的民主集中制和加强党的纪律的重要性，如何正确坚持和改善党的领导，党风问题是关系到执政党的生死存亡的大问题。教育党员坚定共产主义信念，为维护党的工人阶级先锋队的性质和保持共产主义纯洁性作不懈的斗争；树立全心全意为人民服务的思想，不谋求任何私利和特权；努力纠正不正之风，密切党和群众的联系，争取做合格的共产党员。

县委强调，要认真抓好党的十二大以后整顿农村后进党支部和整顿企业中党的组织工作，把恢复“三会一课”制度看作是重中之重，有什么问题就解决什么问题。各级党委开展定期检查，研究党员的思想状况和党员的教育情况以及问题和经验，讨论、决定加强党员思想教育工作的措施，把党员思想教育搞得更加富有成效。

---

① 《无为县委三级干部会议文件》，1982年10月，无为市档案馆，案卷号〔8〕。

第四节　完善党的组织建设

一、党的基层组织建设的加强

基层党组织是全党工作的基础。党的基层组织建设是党的建设的一个重要方面。依靠党支部的战斗堡垒作用来保证各项任务的完成，是党的光荣传统。[①]过去一个时期，由于“左”的错误影响和“四人帮”的干扰破坏，党内关系和党群关系极不正常，严重损害了党在人民群众中的形象和威信，削弱了党支部战斗力。粉碎“四人帮”以后，通过一系列拨乱反正，党的支部工作有所改进，但仍然有一些党支部未能发挥应有的作用。不仅如此，有的还严重地脱离群众、违法违纪，给党造成了不良影响。同时还要认识到，在新的历史转折时期，党内外出现了许多思想认识问题，没有能够发挥战斗堡垒作用。

怎样才能发挥党支部的战斗堡垒作用？无为县委结合当时存在的问题，对全县党的支部提出了五条具体要求。（一）深入宣传贯彻党的路线、方针、政策，使之成为本单位全体党员和群众的自觉行动。（二）通过宣传组织工作和党员的先锋模范作用，确保生产、工作任务的圆满完成。（三）为人民服务、对人民负责，密切联系群众，了解、关心和维护群众的政治权利和经济利益，带领群众努力生产，改善生活，为群众谋福利。（四）宣传马列主义、毛泽东思想，做耐心细致的思想政治工作，用无产阶级思想来克服各种资产阶级思想，包括封建主义的残余思想。（五）坚持团结，开展批评与自我批评，增强党的团结的原则，发展本单位的安定团结、生动活泼的政治局面。县委要求全县所有党支部都要达到以上5点要求，把党支部建设成为坚强的战斗堡垒。[②]

为了发挥党员的先锋模范作用，在此期间，无为县委着重抓好党员教育，解决好一部分党员不合格或不那么合格的问题。这固然有党员个人方面的原因，但主要由于“文化大革命”所造成的危害，放松了对党员的教育。县委要求各级党组织一定要抓好基层党组织建设这件事，办好党校和轮训班，从上而下进行教

① 党的十一大首次在党章中提出。
② 县委全委会第二次全体会议工作报告，1982年9月29日，无为市档案馆，案卷号〔5〕。

育，首先集中精力抓好党员干部特别是领导干部的教育，党支部委员以上的各级党组织领导成员要在学习党章党规党纪的基础上，对照自己的思想和工作实际，力求解决一两个主要问题，振奋精神抓工作，下定决心当模范。

在加强党的基层组织建设中，对发挥战斗堡垒作用和先锋模范作用的党支部，县委予以大力表扬和宣传；对败坏党风党纪的党员给予批评教育；对确实犯有严重错误，在群众中造成恶劣影响的党员，在查清问题以后及时给予组织处理；对觉悟很低，不赞成党的路线、方针、政策，不遵守党章的党员应当劝他们退党。县委着力把轮训党员和经常性的教育结合起来，努力使绝大多数党员成为合格的共产党员，在四个现代化建设中起到先锋模范作用。

二、按照“四化”要求推进干部队伍建设

党的十一届三中全会以来，无为县委高举建设有中国特色社会主义理论伟大旗帜，解放思想、转换观念、大胆创新，按照干部队伍“四化”（即革命化、年轻化、知识化、专业化）的方针，始终不渝地加强各级领导班子和领导干部队伍建设，着力提高广大干部的执政能力，打造一支靠得住、有本事的高素质的干部队伍，推动了无为经济社会的快速发展，为实现四个现代化奠定了坚实的组织基础。

政治思想教育是领导班子和领导干部队伍建设的核心和灵魂。为此，县委以高举旗帜、坚定信念、践行宗旨为根本，以提高领导水平和执政能力为主要内容，以中国特色社会主义理论体系武装头脑为重点，着力改变以前单一僵化的教育模式，不断创新教育方式，有计划地开展了特色鲜明、脉络清晰的学习教育活动，全县干部队伍思想政治建设不断加强，各级领导班子逐步建设成为坚定贯彻执行党的理论路线、方针和政策，善于领导、不断发展的坚强集体。

无为县一大批老干部，是党和国家的宝贵财富，坚持在各级工作岗位的老同志，是不可多得的领导骨干。县委对于这些深孚众望的老同志十分尊重，学习他们丰富的工作经验，继承他们优良的道德品质。同时也看到，由于自然规律的作用，一部分老同志毕竟是身体弱了、精力差了，不可避免地有一个新陈代谢、交

班接班的过程。为了革命事业后继有人、保持党的方针政策的连续性，必须努力选拔和培养更多的德才兼备、年富力强的干部到各级领导岗位上来，参与各种领导工作，使他们得到更多实际有效的锻炼。

县委指出，无为正面临着一个重新学习的繁重任务。全县同志尤其是年轻的同志更要奋发努力，增强党性锻炼，严格要求自己，刻苦学习马列主义、毛泽东思想，学习党史、国史，学习本行工作所需要的理论知识、实践知识、管理知识和技术知识。“在党内造成一种空气：尊重知识、尊重人才。要反对不尊重知识分子的错误思想”，[①] 县委要求在三五年内，使无为县的干部队伍，首先是各级领导干部的政治理论水平和文化专业知识水平，有一个显著提高，以适应四个现代化建设的需要。

改革开放初期，无为县领导干部老化和懂经济干部不多的问题异常突出，在一定程度上影响了全县经济和社会的快速发展。为此，无为县委十分注重培养热爱经济工作的优秀年轻干部、女干部和党外干部，大力推进干部交流，合理配置领导人才资源，不断调整、充实、优化各级领导班子，从组织上形成以经济建设为中心的领导格局。

在 1983 年底至 1984 年 3 月的机构改革中，县委按照干部队伍“革命化、年轻化、知识化、专业化”的要求，安排一批老同志退居二三线，将 260 多名德才兼备的年轻干部充实到各级领导岗位上来，先后组织了 900 多名领导干部到省地县委党校和各类专业干校学习，分期分批轮训党员，为今后干部离退休工作进入经常化、制度化奠定了基础。

---

① 《邓小平文选第二卷》，人民出版社，1983 年版，第 40 页。

第五节　党的作风建设的加强

一、纪律检查工作机构的恢复

“文化大革命”期间，党的纪律检查工作遭到严重破坏，党的纪律检查机构被取消，党的各级纪律检查工作交由各级革委会政工组承办。1978 年 12 月，党的十一届三中全会作出《关于恢复建立各级纪律检查机构的决定》。1979 年 7 月，中共无为县委四届十六次全会选举产生了中共无为县委纪律检查委员会，县委副书记郏达民兼任县委纪委书记。县委纪委内设纪律检查、案件审理两个组。1984 年 1 月，中共无为县委纪律检查委员会升格为中共无为县纪律检查委员会，内设纪检、审理、信访三个科和办公室，成为独立的党的纪律检查机关。1988 年 3 月，无为县成立监察局，内设监察股、审理股、信访股。

自 1979 年起至 1983 年，县委纪委坚持实事求是的方针，按照“有错必纠”的原则，在全县范围内认真复查“文化大革命”和历史上遗留下来的大量冤假错案，共受理要求复查纠正的 714 件历史老案申诉，复查 708 件。其中：全错 154 件，部分错 285 件，不错 269 件。给予恢复党籍 78 人，减轻处分 285 人，维持原结论 269 人。1983 年后这项工作由县委纪委继续进行，到 1987 年全部完成。全县受理“文化大革命”期间、“文化大革命”以前的历史老案和粉碎“四人帮”以后正常申诉案件 1102 件。其中：全平的 326 件，部分平的 400 件，维持原决定的 376 件。给 131 人恢复了党籍，9 人恢复了公职，588 人减轻处分。通过对冤假错案的复查和平反工作，增强了党内团结，对落实党的政策、维护党规党纪、密切党群关系起到了积极的作用，开创了纪检工作新局面。

1980 年，县委纪委组织全县各级党组织学习贯彻党中央《关于党内政治生活的若干准则》等有关党规，端正党风，恢复党内正常生活，查处违纪案件，维护党的纪律。为坚决执行《准则》、贯彻中纪委座谈会精神，1981 年 1 月，县委纪委会同县委组织部发出通知，就春节期间端正党风、严肃党纪、维护党规、纠正不正之风作出了具体规定，要求全县党员带头移风易俗，做遵纪守法的模范。还根据省委统一布置，开展“两清”（清理动用公款为个人修建住宅、农转非）工作，先后查处二坝镇、县财办、商业局等单位部分领导干部典型案件，并予以通报，有效地遏制了用公款为个人修建住房和落实“农转非”政策中的不正之风。

为适应打击经济犯罪活动斗争的需要，1983 年 11 月，县委成立打击经济犯罪活动斗争领导小组，下设办公室，作为常设机构，临时定编 10 人，由纪委代管。打击经济犯罪活动斗争领导小组办公室组建后，先后查处多起违反财经纪律的问题，为维护党规党纪，确保全县改革开放顺利发展发挥了重要的作用。

二、党风党纪的整顿

县纪委成立后的几年里，在县委的领导下重点开展党风党纪整顿，受理申诉案件，纠正冤假错案，查办违纪案件，深入开展打击经济领域犯罪专项斗争，为经济建设保驾护航。

（一）开展党风党纪整顿

1984 年，县纪委把贯彻中纪委《关于纠正党员干部在建房分房中不正之风公开信》作为端正党风的一项重要工作来抓，收到了明显的效果。在贯彻《公开信》工作中，县纪委成立了领导组，并抽调 14 人组成查房办公室。县纪委还抽调 15 人重点查处了建房分房中的 30 余件案件，对违反《公开信》所指出的 5 类问题计 33 名党员干部进行了检查处理，其中给予党政纪处理 12 人、责令退房 12 户。全县清退住房面积 1559 平方米，追回贪占、挪用公款 2 万余元。农村退回侵占耕地 15 亩，给予经济处罚 164 户。还对全县乡以上干部住房 764 户、县五大班子成员 72 户住公房的面积进行了丈量。

1984 年底，县委成立了整党工作指导委员会及其办公室，县纪委书记任县委整党工作指导委员会委员兼整党办公室主任。县纪委、县委组织部联合印发了《关于开好民主生活会》的通知，要求各级党委（党组）、支部要把按期召开民主生活会作为端正党风、贯彻边整边改、未整先改的实际行动，切实抓好。自 1985 年至 1986 年，县纪委机关先后抽调人员直接参加全县四批整党工作。1986 年，根据中纪委〔86〕2 号文件《关于整顿纪律的通知》的要求，为认真开展纪律整顿工作，县纪委向全县各级党的组织印发了整顿纪律的通知，对整顿的内容、方法、重点，以及整顿工作的领导都提出了具体要求。各级纪检干部全力以赴投入整党工作，对整党中暴露的问题，会同整党办调查研究，依据政策规定，认真做好组织处理工作。与此同时，县纪委积极协助县委制定了抓党风工作责任制。全县区乡（镇）和县直单位党委都相应地建立起抓党风责任制，初步形成全县抓党风建设的局面。

1988 年，对全县党政机关和党员干部经商办企业进行了清理，撤销 33 个不符合规定的公司，清理全县党政机关经商办公司 21 家，脱钩 7 家。

1989 年，县纪委及时转发省纪委《关于认真学习和贯彻执行〈中央纪委关于严明党的纪律维护党的团结统一的通知〉的通知》，要求各级党组织自觉遵守党的纪律，拥护中央决策，与党中央保持高度一致。

（二）纠正不正之风

1985 年，为认真贯彻执行中共中央、国务院《关于严禁党政机关和党政干部经商、办企业的决定》和中纪委《令必行禁必止》传真电报精神，县纪委抽调人员清理、纠正新的不正之风，督促全县 5 个单位停止发放违规提高的工资补贴，收缴 8 个单位违规发放的价值 6.5 万元的服装 793 套，将乱提价多得的 1.8 万元收缴财政。

1988 年，为进一步清理、纠正不正之风，在税收、财务、物价大检查中，共查出违纪金额 164 万元，收缴县财政 24 万元；清理出农村违法建房占地 2058 亩；清理干部职工拖欠公款 182 万元。

（三）查办违纪违法案件

为促进党风、政风好转，县纪委在查办违纪违法案件工作中，针对不同时期暴露出来的问题，围绕中心，突出重点，一抓到底，抓出成效。1985 年冬，无为县一度出现赌风严重问题，县纪委把禁赌作为促进党风根本好转的一件大事来抓，配合公安部门集中力量开展禁赌工作，查处参赌人员 817 人，其中党员 72

人、干部 65 人、职工 188 人。

1987 年，为加强信访工作，县纪委建立分工负责、来访接待等 8 项信访制度。县纪委副书记出席省纪委召开的全省案件审理工作经验交流会，介绍无为县“坚持审理工作要求，重视提高办案质量”的经验，省纪委将无为纪委的案件审理工作经验推荐给中纪委在湖南省桑植县召开的全国案件审理工作会议。

1988 年，县纪委遵照“从具体案件抓起”的原则，围绕治理经济环境、整顿经济秩序这个中心，对群众反映强烈的突出问题进行立案审查，重点查处了领导干部参与赌博、侵占公款、贪污受贿等问题，严肃了财经纪律，维护了经济秩序。1989 年 8 月，为发挥党和国家检察机关的监督整体效能，协调全县较为复杂的案件查处工作，无为县建立由纪委牵头、检察、审计和有关单位参加的联席会议制度，当年召开 5 次协调会，摸排出大要案线索 22 起，既做到了底细清楚，又加强了部门配合。

三、保持和发扬党的优良传统

执政党的党风问题是关系到党的生死存亡的问题，是实行改革开放以后党的建设上一个非常突出的、关系到四化建设全局的大问题。党的十一届三中全会以来，党的优良作风已在一定程度上有了恢复。但是，党风不正的问题，还没有根本解决。它不仅仅是党风问题，而是“文化大革命”期间党的整个建设受到削弱而带来的综合征。在加快建设四个现代化时期，各项任务十分繁重，困难很多，特别需要广大共产党员增强党性锻炼，建设最好地适应时代要求的党风。

坚持党的正确路线是端正党风的首要问题。路线对头，贯彻得力，生产发展，群众就拥护。反之，路线不端正，损害了人民利益，党群关系势必紧张，群众对党就会疏远。坚持党的正确路线，就会密切党和群众的联系，党风也就可以从根本上得到改善。党的十一届三中全会以来确定的党的政治路线、思想路线、组织路线，是党的优良作风的集中表现。坚决贯彻党的正确路线，就是具体地实际地发扬党的优良作风。每一个共产党员一定要成为执行党的路线、方针、政策的模范。

理论是行动的指南。端正党风，一定要抓好理论学习。认真学习马克思主义的基本理论，认真学习毛泽东同志、刘少奇同志关于党的建设的重要著作，认真学习《关于建国以来党的若干历史问题的决议》。发扬理论联系实际的作风，做彻底的唯物主义者。善于把中央及省委、地委指示同本地的实际结合起来，并加以具体化。县委号召大兴调研之风，克服官僚主义，提高工作效率。不断研究新情况，解决新问题，找出新办法，打开新局面。

无为县委在实际工作中，深深体会到，一定要密切联系群众，以全心全意为人民服务作为自己的根本立场和唯一宗旨；艰苦奋斗、廉洁奉公、不谋私利，不搞特殊化，不被资本主义腐朽思想和生活作风所侵蚀，永远做人民的公仆。

县委鼓励各级党组织善于和党外群众交朋友，向他们耐心地宣传解释党的路线方针和政策，帮助他们解决各种思想问题和实际困难，同群众心心相印、息息相关，同心协力建设四化，克服前进道路上的困难。继承和发扬革命战争时期党员冲锋在前、临危不惧的优良传统。吃苦在前，享乐在后，用自己的模范行为影响和教育群众。

县委倡导开展批评和自我批评。认识到这是保持和发扬党的优良传统的有力武器。要端正党风、修正错误、提高党的战斗力，必须拿起这个武器。共产党人在原则问题上应当旗帜鲜明。“要讲真理，不要讲面子”，反对那种放弃原则，不讲真理，只顾面子腐朽庸俗作风。县委认为，我们党的批评与自我批评的好传统正逐渐恢复。正确开展批评和自我批评，就要从实际出发，是什么错误，就纠正什么错误，既不掩盖矛盾，又不夸大矛盾。既要鼓励批评，又要注意批评的质量、方法、分寸。要有团结的愿望，与人为善，治病救人。只要把这一传统发扬起来，形成敢于批评、善于批评的良好风气，就能压制邪气、扶持正气、鼓励先进，有效地纠正各种不正之风，把我们党建设成为一个朝气蓬勃、作风纯正、组织坚强、纪律严明的富有战斗力的无产阶级先锋队。

县委提醒全县各级党组织，端正党风是一件很艰难的工作，没有上下一致的共同努力，没有坚强、统一的领导班子的决心，没有相当的一段时间，是不容易奏效的。县委号召全县共产党员，要振兴中华，首先要振兴自己，用自己的实际行动，写出光彩的历史。端正党风，需要一级抓一级，从领导班子做起，从现在做起，从具体事情做起。

第六节 中国共产党无为县第六次代表大会

1984年8月6日，中国共产党无为县第六次代表大会召开。应到代表497人，实到代表486人，代表全县41850名党员。列席会议的有79名县直单位负责人，一些离退休老干部应邀出席会议。会议期间，代表们认真学习了中共中央十二届三中全会通过的《关于加快农业发展若干问题的决定》《关于经济体制改革的决定》《关于科技体制改革的决定》《关于教育体制改革的决定》，审议和通过了蔡林代表中共无为县第五届委员会所作的工作报告，审议和通过了中共无为县纪律检查委员会工作报告，选举产生由34名委员和5名候补委员组成的中共无为县第六届委员会。选举出25人组成的中共无为县纪律检查委员会。在第一次全委会上，选举蔡林为县委书记，莫儒棠、洪家国等为副书记，顾问为缪克政，李志好、俞纯水、李长春、袁乃平、胡桂芳（女）、陈士宽为常委。蔡林所作的工作报告全面总结了无为县三年来各条战线所取得的成绩，提出了今后三年的奋斗目标和各项工作任务，号召全县共产党员要满怀信心，振奋革命精神，高举改革旗帜，披荆斩棘，奋发前进，沿着党的十二大确定的路线，为全面开创无为社会主义现代化建设的新局面做出新的贡献。①

一、在政治思想方面

努力实践党中央确立的马克思主义路线和一再重申的坚持四项基本原则，各个方面都走上健康发展的道路。党的十一届三中全会以后，县委解放思想，实事求是，在指导思想和实际工作中进行了全面的拨乱反正，认真学习和广泛宣传坚

① 中共无为县委党史研究室、政协无为县文史委员会编，《中国共产党无为地方史（1921—2001）》，皖内部图书2002—027号，第363页。

持四项基本原则，坚决抵制了否定坚持四项基本原则的资产阶级自由化歪风。六中全会以后，通过学习《关于建国以来党的若干历史问题的决议》，总结历史经验，使无为在一系列重大问题上分清了是非，统一了思想。各级党组织和广大党员干部，在政治上同党中央保持一致的观念加强，贯彻党中央及省委、地委的指示更加坚定，实事求是的思想路线深入人心，努力研究新情况、解决新问题、总结新经验、探索新路子的好风气逐步形成。

二、在改革推进方面

在改革洪流的推动下，解放思想，放开手脚，大胆支持改革，做了大量的工作和有益的尝试。在把农村改革继续引向深入的基础上，以搞活企业和流通为重点，进一步把改革引向城镇。省委 1984 年十七号文件下发后，出现了新的突破，“砍绳松绑”“解缚放权”，争当改革促进派。引“包”进厂，引“包”进店，迅速推动了工交、商业企业的生产发展和流通。与此同时，“包”字也进了党政机关、不少单位试行岗位责任制，考核干部的德能勤绩，改变了机关作风，提高了办事效率。

三、在经济建设方面

注意研究无为的实际，确定正确的工作方针，国民经济稳步发展。以中央三个一号文件为武器，坚持用党的政策调动和保护农民的积极性，大力发展多种经营和乡镇企业，组织和领导群众抗击洪涝灾害，夺得丰收，加快了农业发展的步伐。中央一号文件的传达贯彻，使党的富民政策更加深入人心。各级领导的思想、作风和方法发生了转变，从“农业书记”“粮食书记”的圈子里跳出来，总揽全局，生产经营流通一起抓，整个农村正处在由自给半自给生产向大规模的商品生产转化，由传统农业向现代化农业转化的历史性转变之中。无为 2400 多平方公里的土地上，一片生机勃勃，充满着希望和活力。工业生产做到大灾不减产，在困难的情况下仍有发展。交通运输、供电、邮电等任务完成较好。财政状况开始好转，扭转了支大于收。财贸系统在支持工农业生产，改进市场供应，成绩显著。计划生育、教育、科技、广播、文化、卫生、血防、体育等部门，都做出了积极的努力。

四、在精神文明建设方面

从 1982 年春在全县范围开展第一次“文明礼貌月”活动以来，“五讲四美三热爱”活动规模大、效果好、群众影响深是多年来少有的。各地、各部门、各单位从实际出发，制订具体计划和措施，开展“新长征突击手”“三八红旗手”、学雷锋树新风、树五好家庭、制定村规民约、创建文明单位等活动，恢复和发扬了健康淳朴、助人为乐、奋发向上的社会风尚。城市和农村面貌发生了可喜的变化，“脏乱差”的状况初步得到治理。

五、在社会主义民主与法制建设方面

1982 年春，党中央、国务院《关于打击经济领域中严重犯罪活动的决定》下达后，县委迅速传达贯彻，各级党委态度坚定，措施有力，查处了一批经济犯罪案件，追缴、退赔赃款赃物，严重破坏经济的犯罪分子受到打击。根据中央决策及省委、地委的部署，各地精心组织，统一指挥，集中开展打击刑事犯罪活动的斗争取得重大胜利。自 1983 年 8 月开始，到 1984 年底，打了三仗，抓了一批、判了一批、劳教了一批，严厉打击了刑事犯罪分子，鼓舞和教育了人民，城乡社会治安明显好转，人民群众安全感普遍增强。在这场斗争中，政法部门发挥了职能作用，广大公安干警经受了锻炼，基层治安力量得到加强，开展了对违法青少年的帮教工作，为开展综合治理、实现社会治安和社会风气的根本好转奠定了基础。

六、在党的基层组织建设方面

从 1983 年起，全县普遍召开了基层党组织代表大会，民主选举各级党的委员会，逐步恢复了党支部“三会一课”制度，增强党员的党性观念和组织纪律性。党的十二大以后，组织广大党员学习《关于党内政治生活的若干准则》和新党章，进行党风、党性、党纪教育，加强了纪律检查和纪检队伍建设。狠抓了党风中存在的违反财经纪律，“农转非”户口弄虚作假、干部建房分房中的不正之风这三个突出问题，处理了一批违反财经纪律案件，先后通报批评和处理了某些领导干部利用职权，动用国家资金为私人盖小庭院，搞特殊化，贪污占用救灾款物的错误行为，及时处理了党员其他违纪案件，党风有了好转。

第五章　党的十三大精神的学习贯彻和经济的全面整顿

第一节　党的十三大精神的学习宣传

1987年10月25日至11月1日，中国共产党第十三次全国代表大会胜利召开。大会系统地阐述了我国社会主义初级阶段的理论，明确概括了党在社会主义初级阶段的基本路线。这条基本路线，被概括为“一个中心、两个基本点”，即以经济建设为中心，坚持四项基本原则，坚持改革开放。根据我国国情，大会制定了“三步走”的发展战略，确定当前的中心任务是加快和深化改革，总结经验，坚持和发展十一届三中全会以来的路线，进一步确定今后经济建设、经济体制改革和政治体制改革的基本方针，确定在改革开放中加强党的建设的基本方针。

党的十三大闭幕后，无为县委决定从11月至1988年6月下旬，在全县组织开展学习宣传大会精神活动。1987年12月20日，县委召开县委全委会（扩大）会议。会议深入贯彻党的十三大精神，进一步解放思想，深化改革，以改革统揽全局，研究部署1988年的工作。全县学习党的十三大精神活动分两步进行，第一步，到12月中旬，普遍组织广大党员干部开展十三大文件的通读，抓住重点，全面领会十三大报告精神；第二步，按照自上而下的原则，抓好领导干部的学习，搞好县级党委中心组的学习，做好理论课的培训。

为加强对党的十三大精神的理解，全县还结合《邓小平同志重要谈话（1987年2月—7月）》《坚持改革、开放、搞活——十一届三中全会以来有关重要文献摘编》，认真学习邓小平同志关于建设有中国特色社会主义的一系列论述和党的十一届三中全会以来党的重要文献，回顾改革开放的发展历程，结合工作实际，制定落实改革发展的各项措施，推动改革的深入发展。

1987 年 10 月，党的十三大召开，提出了社会主义初级阶段的理论，并明确指出“社会主义社会的根本任务是发展生产力”。1988 年 9 月，无为县和全国一样，开展了轰轰烈烈的生产力标准大讨论活动。在县委统一领导下，全县各级党组织紧密结合本地区、本部门、本单位的思想和工作实际，组织广大党员、干部和群众，深入学习党的十三大文件，做好三个结合。一是学习文件，把开展大讨论与改革开放取得的伟大成就结合起来，弄清改革姓“社”还是姓“资”的根本问题，抛弃困惑，认清形势，明确改革方向，坚定改革信心，提高参与改革和支持改革的自觉性。二是学习讨论同宣传教育广大党员、干部群众结合起来。发挥各级党组织的战斗堡垒作用，用鲜活的改革成果，身边发生的变化，教育广大党员、干部、群众支持改革，参与改革，与党中央保持一致，争做改革开放事业的先锋。三是学习讨论同进一步深化改革结合起来，促进相互配套的全面改革，掀起无为工农业生产的新高潮。①

第二节　全县“六五”计划的顺利完成

一、全县经济体制综合改革的推行

1986 年 5 月，中共无为县委、县政府出台《关于全县经济体制综合改革的试行方案》，旨在巩固发展农村改革成果，推动以城市为重点的经济体制改革。理顺各行业经济关系，扭转无为经济基础脆弱、财力单薄、速度不快的局面，振兴无为经济，顺利实现“七五”计划，促进城乡经济的协调发展和共同繁荣。

---

① 中共无为县委党史研究室、政协无为县文史委员会编，《中国共产党无为地方史（1921—2001）》，皖内部图书 2002—027 号，第 378 页。

（一）搞好农村产业结构的调整

随着农村改革的深入和农村经济的全面发展，必须把现有的各项政策扎扎实实地落到实处。发挥政策的整体效益，为继续改革创造条件。

坚定不移地贯彻执行“决不放松粮食生产，积极开展多种经营”的方针。在稳定粮食的前提下，调整种植业内部结构，提高农林牧副渔业在农业总产值中的比重，提高工、商、运、建、服和多种经营收入的比重，树立科学的立体的大农业观念。

重视乡镇企业在农村经济中的地位和作用。在资金、技术、原料、信息、销售上优先照顾，使乡镇企业保持一定的增长速度，逐步实行以工补农、以副养农。

十分珍惜和保护耕地，农林耕地属于集体所有，坚决制止滥占耕地的现象发生。

（二）进一步增强企业的活力

工商企业是工业生产、建设和商品流通的直接承担者，是社会生产力发展和经济技术进步的主导力量。必须进一步从内部和外部两方面把企业搞活，使企业效益不断提高，速度稳步前进，技术日益进步，职工生活得到改善。

继续推行和完善厂长（经理）负责制，发挥党、团、工会的作用，加强党的领导，完善民主管理制度，发挥职代会作用。厂长（经理）敢于和善于使用所赋予的企业自主权，敢于抵制各种损害国家和企业利益的不正之风。

扩大企业自主权，企业在服从国家计划和管理的前提下，有权确定选用招聘人才、分配收入、经营生产。

允许企业在政策许可范围内确定企业产品的价格，超指令性计划生产的产品，企业可以在一定范围内，实行浮动价格销售。

加速企业的技术改造，增强企业的自我发展能力，鼓励企业对外开展技术引进，对内进行经济辐射，发展横向经济联系。

放开搞活小型企业，国营小型工商企业和基层供销社，可以实行转让、租赁、承包等多种形式独立核算。自负盈亏，照章纳税，成为具有法人地位的独立经济实体。承包、租赁给个人的企业需交纳资金占用费，这些企业的固定资产不变，隶属关系不变，职工身份不变，统计口径不变。

实行厂长（经理）责任制的企业，必须加强目标管理，继续推行各种形式的经济责任制。把各项经济指标落实到车间、班组、直到个人。做到职责分明，奖惩兑现，克服平均主义。对有特殊贡献人员予以重奖，调动职工群众的积极性。

切实梳理流通渠道，坚持国营、集体和个人一起上的方针，发挥国营商业和供销社的主渠道作用，开拓市场，逐步建立起适合无为实际的社会主义商品流通体制。

提倡多渠道交流，打破部门、行业、地区和所有制界限，实行开放式经营。积极与县外、省外或国外企业进行联营，疏通多种购销渠道。

加强城乡联系。以小集镇为依托，增加和延伸商业网点，组织工业品下乡。鼓励农民进城务工经商。

坚持“就地、合理、有利”的原则逐步划小商业和供销的核算单位。减少管理上的中间环节，发挥企业自主经营的积极性。

制定产品、商品销售奖惩条例。

（三）继续完善财政包干体制

完善乡级财政，建立新的财政体制，有利于调动各级当家理财的积极性，促进财政收入的稳定增长。

县对各乡（镇）的办法是：分级包干，定收定支，收入上缴，支出下拨，超收分成，短收分担，节余留用，超支不补。

根据各乡（镇）经济基础和收入包干数额。划分以下四种类型的递增额及分成比例。

工商税年收入在万元以下的，不定递增额，超过包干额部分除上缴中央和省30%部分，其余全留，一定五年不变；

工商税年收入在万元以上的，根据包干额年递增率为4%—8%，超收部分除上缴中央和省30%部分外，乡（镇）留49%，县分成21%，一定五年不变。二坝、襄安镇包干额一年一定，超收部分除上解中央和省30%外，县、镇各按35%分成。无城镇包干额一年一定，超收部分除上解中央和省30%外，镇留28%，县分成42%。

（四）适当放宽税收政策

新办的乡镇企业和农民集资联办的企业，免征产品税1年和所得税1至2年。企业列入地区以上科委及有关主管部门计划试制的新产品，按规定可以免税照顾。工业企业利用“三废”生产的产品，在两年内酌情减免税。对于与外地合资联营的企业，属于挖、革、改并符合国家财政部规定的项目，可在增长利润的基础上，经过批准可税前还贷。国营企业用自有资金与其他企业或外地联营所得的新增利润1至3年内减半征所得税，并免征调节税。企业借用中短期贷款进行技术改造，允许产后1至2年税前还贷。国营、集体工业中个别纳税有困难的，经批准一年内可减免产品税或增值税3万元以下，商业、饮食、服务业中个别缴纳营业税有困难的，一年可减免3000元至1万元。因遭受自然灾害而进行的恢复性建设，其总额在50万元以内的，可减半征收建设税。

（五）加强资金和信贷管理

加强资金的宏观调控。控制基建资金和消费资金的投放，控制企业留利资金的非生产使用。对于财政包干超收分成部分，用于生产发展的资金不少于60%。加强预算外资金的统管，管好用活各种周转金，已到期的周转金要按合同规定适时收回并重新投入，其管理权下放给乡财政。严格信贷资金的管理，坚持择优扶持的原则。

（六）大力改进计划体制

计划工作的重点要立足于中、长期计划的安排，确定发展方向，通过综合平衡和经济手段的调节，保证重大比例关系适合国民经济按比例协调发展。

缩小计划范围，加强市场调节。企业在完成指令性计划的前提下，可适当自行调整产品结构，组织生产适销对路的产品。自筹、集资、合资兴办的企业，原则上不下达指令性生产计划。

下列几方面的基本建设在国家下达的控制范围内统一平衡安排，由县计委报上级计划部门，不需省投资的基建项目，总投资在1000万元以下的燃料、动力、冶金、原材料工业项目；500万元以下的交通、水利、轻纺、建材、化学工业项目；300万元以下的其他工业及非工业项目。

用县级机动财力和企业预算外资金安排的中小学校，中等师范（含幼师）、技工学校的建设；医院、保健站、文化馆、体育馆、图书馆、博物馆的建设；用城市维护建设资金安排的新建、扩建城市道路和车辆船舶的购置；用企业自有资金安排的职工住宅等，不纳入基建计划，县计委同财政、建行审批。

（七）改革交通管理体制

试行乡村道路养护承包制。对联户、个体户从事营运的汽车实行养路费、管理费优惠办法。打破交通运输独家经营，提倡国家、集体、个体一起上。

（八）扩大外贸出口

凡无为县可供出口的商品，坚持“先外贸，后内贸”的原则优先供应出口。

在中共无为县委、县政府领导下，全县人民励精图治，改革创新，稳步前进，县级经济进入稳定发展轨道。到1985年底，县级经济已初具规模。农村经过第二步改革，商品经济活跃，产业结构调整，发展路子拓宽，农业内部比例失调初步扭转。各具特色的小区经济发展已成雏形。工业行业已拥有机电、化工、医药、陶瓷、建材、纺织、酿酒、塑料、电器、食品、服装等企业，并有棉纱、棉布、齿轮、电子、电器、大输液、水泥、釉面砖、羽毛球、药物、服装等多种拳头产品。工业技术改造步伐加快，农业基础设施建设得到加强。

二、提前完成“六五”计划

1981—1985年，无为县按照《巢湖地区经济和社会发展规划（1981—2000）》提出的“六五”期间的基本任务，全面贯彻改革、开放、搞活的方针，简政放权，集中力量进行经济结构的调整和企业的改组与联合，实行经济责任制。计划工作中逐步缩小指令性计划，扩大指导性计划和市场调节，理顺经济关系。这个时期，县级政府没有编制中长期规划任务，无为县经济社会发展年度目标主要是依据巢湖地区编制的《巢湖地区经济和社会发展规划（1981—2000）》和地区每年的计划会议下达的年度计划，结合无为县实际而制定。

经过五年的努力，全县企业经济效益不断提高，财政收入逐年增长，人民生活稳步改善，市场日益繁荣。1984年，全县工农业总产值完成4.65亿元，提前一年实现“六五”计划4.62亿元的目标。

1985年，全县工农业总产值达到6.09亿元，比1980年增长91.4%，平均每年递增13.9%，超过了“五五”期间平均每年递增1.3%的速度，其中工业总产值17750万元，比1980年增长32.9%，平均每年递增2.8%，超额完成“六五”计划14000万元的26.8%；农业总产值4.31亿元，五年增长了95.1%，平均每年递增14.3%。财政收入达到2219.7万元，五年增长了32.3%，平均每年递增5.8%，超过了“五五”期间平均递增2.1%的水平。主要农产品产量大幅度上升，在调整农村产业结构中，粮食产量稳中有增，1985年总产10.7亿斤，创无为县历史最好水平；油料总产9610万斤，比1980年增长1.7倍；棉花产籽16.3万担，增长了78.7%；家禽和水产养殖有较大发展，特别是河蚌育珠发展很快，为无为县利用大面积水域发展农村经济开创了一条新路。

无为县“六五”时期经济发展的形势大好。

（一）工业生产持续、协调发展，县级、乡村工业总值突破2亿元

1985年，县级、乡村工业总产值完成23562万元，突破2亿元大关，超过年计划的11.6%，比1984年实绩增长40.6%。

（二）农村经济稳步增长，产业结构调整健康发展

1985 年，在完善农村联产承包责任制的基础上，无为县开展了农村第二步改革，大力发展商品生产，农村经济格局有了新的突破，农业生产商品化、专业化、现代化的进程加快。

（三）财政收入稳步增长，首次突破两千万

随着生产的迅速发展，县政府采取了切实有效的增收措施，全县的财政收入稳步增长。1985 年，财政收入 2219.7 万元，比上年增长 20.3%，第一次突破了 2000 万元，结束了无为县财政收入多年来徘徊在 1800 万元左右的局面。

（四）教育、科学技术和其他社会事业全面发展

教育方面，1985 年全县对普通中学进行必要的调整，新建陡沟初中，实行分级办学，分级管理。至此，全县有完中 13 所（其中无为中学改为地区重点中学）、乡初中 75 所、小学附设初中班 8 个，实现了区有完中、乡有初中的办学目标。科学技术方面，1985 年全县推广应用新技术 31 项。其中：农业 16 项，工业 15 项。卫生健康事业也有较大发展，县防疫站实验大楼、计划生育指导站等设施竣工投入使用。计划生育工作成绩显著，1985 年新出生人口 12220 人，比上年下降了 3.8%；人口自然增长率 5.3‰，比上年下降 0.1‰，低于地区下达计划指标。

三、“七五”计划发展目标的全面布局

1986 年是“七五”计划的第一年，在省委、地委领导下，横下一条心，咬紧牙关，三年苦战。

（一）工业生产力求达到新水平

把立足点放在发挥自然资源优势和现有工业基础上，抓好企业的技术改造和产品的技术开发，争取上水平、上档次、上级别。有计划地新建、扩建一批支柱型骨干企业，增添后劲，形成竞争能力，使工业总产值在 1986 年 2.8 亿元的基

础上，到 1989 年底净增 1.9 亿元，增长速度 67.9%，年平均递增 18.8%。

1. 完善轻纺工业。新建和扩建一批项目，继纺织厂 5000 锭扩建之后，再扩建 2 万锭，形成 5 万锭规模。动工新上 4800 锭苎麻纺车间，1987 年底竣工投产。新上一座年产 500 万件的针织内外衣针织厂，就地消化棉纱。仅此几项，新增产值 6300 万元，利税 1200 多万元。随着棉花总产量的提高，轧花工业可新增产值 1000 万元，利税 150 万元以上。

2. 积极发展建材工业。在现有县水泥厂、建材陶瓷厂、水泥构件厂和一批轮窑厂的基础上，发展砖瓦、水泥构件、釉面砖以及其他建筑材料生产。水泥厂扩建 7 万吨规模竣工投产，新增生产能力 5.2 万吨。此外，六个乡办水泥厂和一批轮窑厂相继投产，增产值 1700 万元、利税 450 万元。

3. 大力发展食品工业。对县大米加工厂进行技术改造，形成日产 240 吨精米生产能力。改造襄安粮油厂大米加工和新上一个年产 5000 吨配合饲料车间、江坝油厂棉籽浸出车间，增产值 1000 万元，利税 80 万元。与美国加州、马鞍山华安公司合资联营的三达公司，机电设备从美国陆续到货，安装投产后，新增产值 1500 万元。全县粮油食品工业到 1989 年底，增产值 2500 万元，利税 270 万元。

4. 扩大机械、电子工业。县电机厂由现有生产能力 7.5 万千瓦到 1989 年达到 20 万千瓦。电扇厂由 3 万台到 1989 年 10 万台生产能力。传感器厂与上海、浙江有关单位合作生产程控式、供电式电话交换机。机电行业到 1989 年新增产值 2000 万元，利税 350 万元。

5. 努力发展化学工业。县制药厂云芝多糖车间改造后逐步开发新产品。县化肥厂扩大到年产万吨规模。油脂化工厂引进棉籽油深度加工技术项目后实施，从比利时工程机械公司引进大蒜油全套生产设备，采取补偿贸易形式，年加工蒜头 350 吨，产大蒜油 10 吨。整个化工行业到 1989 年新增产值 1500 万元，利税 200 多万元。

（二）开创农村经济发展的新路

继续贯彻中央〔1985〕1 号文件精神，促进农村经济持续稳步协调发展。

在1986年农业总产值4亿元的基础上，到1989年底净增1.3亿元，增长速度32.5%，年平均递增9.8%。

1. 走粮经结合的路子。稳定粮食生产，发展软茬的多元经济田。粮食播种面积和总产稳定在170万亩、10.5亿斤左右。放手大兴经济田，发挥水乡种植油菜的优势，主攻良种与移栽，面积达60万亩、产量达80万亩。连片集中的三大片经济作物，即4万亩席草后茬种一季双晚、2万亩田荸荠前茬种一季早稻、4万亩大蒜连作棉花，每亩收益都在400—600元。因地制宜发展城市需要、市场紧俏的经济作物，田园经济迈一大步。

2. 走生态农业路子。全县圩田110万亩，海拔7米左右的低洼田17万亩，丘陵山区三级站以上的高岗田10余万亩。过去种水稻不保收，产量低、成本高、效益差。通过大胆改革，低洼田退田还水，发展水生植物和水产业。高岗田水路不通走旱路，改种经济作物，效果良好。抓好“四养”(养鱼、水禽、河蚌、蟹)，搞“四栽”(栽席草、荸荠、芦苇、莲藕)。到1989年底，三禽饲养发展到2000万只，鱼产量2000万斤，河蚌育珠收珠2万斤以上。

3. 走高效农业的路子。亩收入千元左右经济作物有甘蔗、生姜、双季茭白、湘莲、连作蔬菜、大棚蔬菜、苎麻、河蚌育珠、人工养蟹等。这些技术要求高，受市场制约因素大，做好引路、扎根、拓宽产前产后服务。中共无为县委对农村第二步改革，即着眼抓住三个重点，一是河蚌育珠，为解决蚌源和蚌病问题，开始自繁自育，繁殖产幼蚌上亿只，陆续挂蚌。二是苎麻生产，1985年只有3000亩，分散在北边山区，1986年县委提出“南移北扩”的战略，发展到万亩，利用荒坡地，不占粮田。三是种植席草4万亩，产量超亿斤。

4. 走加工增值的路子。除把粮食转化为肉、禽、蛋外，在农副产品就地消化加工上做文章。继续抓好席草、草包、大麻、芦苇的初加工，其中，席草1989年总产超1亿斤，其加工利用产值达2.3亿元。搞好蔬菜、田藕、家禽、荸荠的精加工，发展珍珠、禽肉、罐头、棉麻杆加工。不仅粮、油、棉基本实现就地加工，而且通过各种农副产品的加工，实现多层次的增值。

5. 走稳产增收的路子。无为138万亩耕地，其中120万亩圩田，水害是制约农业发展的大问题。从1983年一场大水灾导致50万亩绝收的痛苦教训中得到启发，三年大干水利，挑圩3200多万土方，增加和改建24个排灌站，增加73个流量，新建5个，改建两个3.5万伏的变电所。继续加固堤防抗洪能力，使17个万亩以上大圩的80万亩耕地，达到七年一遇的排涝标准。提高中小圩口的排涝能力和山塘、坝、库的抗洪能力和蓄水能力，力求稳产高产。

6. 发展乡镇企业是振兴无为农村经济，致富农民的必由之路。必须提高认识，正确引导，加强管理，走适合本地发展的路子，实现新的突破。切实发挥好四个作用。

一是发挥现有企业的骨干作用。突出抓管理、抓质量、抓效益，增强自我提高和发展能力。同时，有选择地安排一批企业进行技术改造，成为骨干企业。1986年，各区、镇均有一批过100万元产值、各乡均有一批过50万元产值的企业。消灭无企业的空白行政村。

二是发挥建材、开采业的龙头作用。抓紧小窑煤开发利用，做到“有水快流”、加快销售。有计划地发展小水泥、预制构件的生产，加快砖、瓦生产的步伐。再上一批轮、立窑厂，使之成为乡镇企业的支柱。

三是发挥群体经济的辐射作用。全县已形成30多类、100多个专业经济群体，分布在30多个乡，他们市场广阔，各具特色，各有门路，进一步加强引导，搞好服务，促其辐射和裂变，扩散加工，带徒传艺，推进社会化分工和专业化生产。

四是发挥户办联办的主体作用。把立足点放在开发性生产上，放在农副产品、土特产品的加工转化上，把商、运、建、服都带动起来，形成千家万户的事业，全面繁荣农村经济，让农民富起来。

第三节　经济环境的治理

十一届三中全会以来，无为县委、县政府结合实际，集中精力抓经济建设，科学制定经济发展规划，全县上下齐努力，使经济发展和社会面貌发生重大变化，人民生活水平显著提高。与此同时，一些影响和制约经济发展的不利因素和消极现象也相继出现，严重拖累县域经济的持续发展。为了促进经济又好又快地发展，维护和巩固经济建设所取得的成果，无为县委认真开展了经济环境治理工作。

县委纪委、县打击经济犯罪办公室和各级党组织积极组织力量，对影响经济环境的各种案件进行认真查处。截至1982年，全县共立案121件，查结119件，对111人进行了相应的党纪处分，其中开除党籍11人，留党察看23人，撤职5人，党内严重警告37人。经济犯罪共立案查处16件，其中10万元以上的1件，1万元以上的5件，5000元到1万元的3件，5000元以下的7件。对于万元以上的大案要案，县委、县政府、县委纪委负责人亲自包案，从有关单位抽调30多人，分别组成专案组，进行调查处理。

1982年查结经济案件14件，其中刑事处罚8件，判刑6人，受党纪、政纪处分12人，追缴赃款12.2万多元。同时纪检部门还对县直有关单位以及一些企业进行了重点调研，对于广大群众、个体工商户以及私营业主反映强烈的经济环境问题，组织力量进行检查处理。督促邮电、工商、税务、交通、供电、银行等相关经济管理部门对所属单位进行自查，发现问题，立即进行自纠并限期整改到位。通过严肃查处经济领域违纪违法案件，有力地打击了经济犯罪活动，有效地净化了经济环境。

围绕经济发展大局，积极治理经济发展环境。1985年1月，中共无为县纪律检查委员会召开全县纪检工作会议，会上，作了题为《充分发挥纪委工作作用促进经济体制改革顺利进行》的工作报告。2月9日，县纪委根据省纪委紧急通知精神，就认真贯彻执行中共中央、国务院《关于严禁党政机关和党政干部经商办企业的决定》，向县各级党组织发出了《紧急通知》，通知要求各级各单位迅速将本地区、本单位违背中央〔1984〕27号文件精神的党政机关和党政干部，以及国家工作人员（包括离退休干部）经商、办企业的情况，进行清理登记，如实上报。通过整治，全县在经济体制改革过程中存在的政企不分、以权谋私等问题得到了有效纠正，进一步改善了全县经济发展环境。

为深入推进工业强县战略，进一步优化经济发展环境，无为县政府印发了《关于进一步减轻工业企业负担的暂行规定》，一是简化审批手续，减少审批环节，缩短办理时限，提高服务效率，实现从“以审批为主”向“以服务为主”的行政管理方式转变。二是减免部分行政事业性收费项目，减轻工业企业负担。三是加强监督，保障工业企业的合法权益，建立健全领导干部联系制度，严禁向工业企业乱收费、乱罚款、乱摊派、吃拿卡要等以权谋私的发生，严禁职能部门（窗口）以任何借口不为工业企业申办合法证件现象的发生。四是发挥人大代表、政协委员、社会各界的监督作用，努力营造有利于全县工业企业健康发展的良好舆论氛围。

无为县还广泛实行服务承诺制。县委、县政府组织全县76家县直单位主要负责人，通过电视屏幕公开承诺本单位服务时效、办事程序、办事要求，公布监督电话，全面接受社会监督。所有行政机关均建立了“AB岗”“首问负责制”等制度，公开在岗备岗人员姓名、职务，设立意见箱。

第四节　“七五”计划的稳步实施

一、以经济建设为中心

（一）“七五”期间无为县经济工作的主要任务

按照省地级计划会议精神，“七五”期间经济工作的主要任务是：坚持把改革放在首位，深入进行经济体制改革，继续抓好经济结构调整，理顺经济关系，以内涵改造为主，推进技术进步，发挥地方资源优势，积极开展外引内联，调动一切积极因素，争取工农业生产有新的发展，经济效益有显著地提高，人民的生活有新的改善。

（二）"七五"计划完成情况

"七五"期间，无为县坚持以经济建设为中心，坚定不移地贯彻执行"治理整顿，深化改革"的方针，通过全县人民的共同努力，基本实现了"七五"计划的主要经济指标和社会发展目标。1990 年，全县工农业总产值达 9.21 亿元，比"六五"末增长 51.3%，年平均递增 8.6%。其中，农业产值 4.34 亿元，比 1985 年增长 16.5%。工业产值 4.87 亿元（包括村及村以下），是 1985 年 1.06 倍，年平均递增 15.6%。财政收入达 4523 万元，增长了 1 倍，年平均递增 15.3%。国民生产总值达 10.98 亿元，增长了 52.4%，年平均递增 8.8%。社会商品零售额达 3.4 亿元，增长了 16.4%，年平均增长 3.1%。农民人均收入达 508 元，净增 186 元，城乡居民生活明显改善。

"七五"期间，无为县通过引进外资、自筹资金等多种渠道，增加对农业、水利建设方面的投入，基本完成了凤凰颈水利枢纽工程、西河整治、无为大堤加固等国家重点水利工程建设。

同时，始终把发展乡镇企业作为振兴无为经济的战略措施来抓。到 1990 年底，乡镇企业总数达到 5.4 万个、从业人员近 13 万人，分别比 1985 年增长 1.6 倍和 40.3%。固定资产净值达 5000 万元，增长了 72.4%。乡镇企业总产值达到 4.45 亿元，增长了 2.28 倍。其中，乡镇工业产值近 3 亿元、增长了 2.72 倍，实现利税 5202 万元、增长 31.03 倍，乡镇工业中，产值超过 100 万元的企业有 21 个，乡镇企业成为无为县经济发展的半壁河山。

"七五"期间，无为县共安排技术改造项目 142 个，完成投资 7011 万元，比"六五"增加投入 5060 万元，增长 3.5 倍；新增产值 12656 万元，投入产出比为 1∶1.8；新增利税 2616 万元，投入利税比为 1∶0.37。省重点技术改造项目 7 个，投资额 3345 万元，占全县"七五"技改总投入的 47.7%。到 1990 年，无为县纺织厂、齿轮厂、建材陶瓷厂、制药厂跨入国家中型企业行列。①

"七五"期间，无为县坚持"两个文明"一起抓，文教卫体等各项社会事业

① 中共无为县委党史研究室编，《崛起——无为县改革开放三十年党史专题汇编（上卷）》，内部资料，皖 CH—2009—03 号，第 34—35 页。

得到全面发展。人口增长初步得到控制。科技工作逐步加强，取得了一批成果。广播事业发展较快，建立了电视转播台。教育结构调整和教育改革逐步展开，广播、函授、自学、进修、其他等五类成人学历教育和各项职业教育有了长足的发展，卫生防疫工作得到加强，县医院门诊大楼建成开业，全县人民的健康状况和保健水平有了较大的提高。

二、“两个文明”一起抓

通过精神文明建设促进经济和社会各项事业的和谐发展。党的十一届三中全会以来，党中央在一手抓经济建设的同时，一手抓精神文明建设，以促进经济建设和各项社会事业的协调发展。

（一）弘扬先进文化，建设文化强县，是县委、县政府和全县人民的迫切愿望，是无为县社会事业和经济发展战略的重要组成部分。

文化基础设施建设力度加大。无为县历史悠久，历代名人荟萃，名胜古迹甚多。从20世纪80年代开始，县委、县政府把文物保护和文化基础设施建设纳入全县城乡建设总体规划，确定建设工作的目标和职责，统筹安排，分批解决，逐年实施。

1986年，县图书馆由政府拨款建成一座465平方米三层徽式仿古楼，名曰“劝学楼”。用于少儿成人、书报阅读、文化研讨交流、书画展览等综合文化活动。1988年始，省、县拨款32万元对省级重点文物保护单位黄金塔进行了全面维修，使千年古塔再展雄姿。

经常组织送戏下乡活动，深受农民群众欢迎。县委宣传部和县文化旅游局，每月举办一场文艺演出，给无城人民群众送来一个个难忘的欢乐之夜。此外，社区文化、校园文化、企业文化、少儿文化等社会文化活动也发展迅速，全县形成了健康向上的社会文化大网络。

文物与考古事业。文物保护工作成效显著。1985年，全县组成一支22人的文物普查队，进行全县文物普查，经过5个多月的实地勘察，共查定古遗址25处，古墓葬9处，古建筑16处，古战场7处，革命旧址及纪念建筑22处，其他古迹400多处。特别是发现了襄安白鹤观商周文化遗址、关河汉墓、天井山唐代古桥、新四军第七师兵工厂等有一定考古和历史价值的古近代遗存。经省政府批准，无为县米公祠（北宋）、黄金塔（北宋）、新四军第七师师部旧址（现代）被评定为省级文物保护单位。

1986年10月，无为县政府公布第一批县级重点文物保护单位9处，分别是：六洲暴动旧址（现代）、白鹤观商周遗址（商周）、双泉寺（唐代）、丁汝昌墓（清代）、田间墓（现代）、吴廷翰墓（明代）、渡江革命烈士纪念碑（现代）、皖江革命根据地烈士纪念塔（现代）、无为县革命烈士纪念碑（现代）。

1989年4月，百胜乡农民李金秋在乌龙山采石时，发现一块基本完整的鱼龙化石，体长718毫米，经中国科学院古脊椎与古人类研究所专家鉴定，为中生代三叠纪时期鱼龙化石，距今约二亿五六千万年，乃国内罕见。无为县文物所成立以来，对县内10余座古墓葬进行了抢救性清理发掘，出土文物163件，积极参与米公祠、黄金塔、新四军第七师师部旧址、丁汝昌墓等文物保护单位的修复保护工作。同时联合公安、工商等部门开展严厉打击文物犯罪和整顿文物市场秩序活动，共收缴出土文物86件。

民间艺术团体演出繁荣。1979年以后，无为县先后成立了襄安、石涧等8个区（镇）职业剧团和部分乡、村半职业性剧团，这些剧团不仅在无为县各区（镇）乡影剧院演出，还经常应邀去泾县、南陵、繁昌及巢湖地区各县演出，演出剧目100多个，演出场次最多的一年达680多场。自1982年，连续三年在省市举办的戏曲调演中涌现不少好剧本和好演员。

文化娱乐市场繁荣稳定。随着经济的不断发展，无为县文化市场从无到有，从小到大，日趋繁荣。文化经营户发展迅速，从事音像、娱乐、网吧、演出、书刊、印刷、文物等经营活动。面对纷繁复杂的文化市场，无为文化主管部门以整顿和规范文化市场秩序为中心，开展专项治理与日常管理相结合的方法，压缩总量，优化结构，规范发展，有序管理，积极培养和发展文化市场。县委宣传部牢牢抓住文化市场的建设与发展，以党的文艺方针领导文化阵地为改革开放服务，用健康向上的文化氛围去陶冶人民群众情操。

（二）县委、县政府狠抓素质教育改革，建立和落实以县为主的义务教育管理体制，推进新一轮课程改革，教育战线面貌一新。基础教育得到发展，教育水平有较大的提高。

1985 年 5 月，全国教育工作会议召开，其后，中央作出《关于教育体制改革的决定》。10 月，无为县委、县政府召开教育工作会议，出台了《中共无为县委无为县人民政府关于教育体制改革若干问题的规定》，提出从无为县的教育实际出发，从教育体制入手，有系统地进行改革，调动各方面的积极性，发展经济的同时使教育有一个大的发展。县委、县政府要求，有步骤地实行九年制义务教育，大力发展职业技术教育，积极发展业余成人高等教育，多渠道地筹集教育经费。各级党委和政府把教育工作摆到战略重点的地位，把发展教育事业作为主要任务之一。各级党政负责同志像抓经济工作那样抓好教育工作。建立党政干部抓教育的责任制，把教育工作抓得好坏作为对领导班子和干部考绩的主要内容之一。改革教育管理体制，实行简政放权，各级各类学校实行分级管理。印发了《无为县普及九年制义务教育实施方案》《无为县职业技术教育实施方案》《无为县征集农村教育事业费附加实施方案》《无为县筹集城镇教育资金实施方案》《无为县普及九年制义务教育师资规划》等文件。

1985 年 9 月 10 日，中共无为县委、县政府召开了庆祝第一个教师节大会，表彰了 58 名优秀教师，向他们颁发了奖状和奖品。

集资办学。1986 年 1 月 1 日起，在城镇和农村开始征收教育附加费，有效地缓解了教育发展与教育经费高度紧张的矛盾。无为县掀起了社会集资办学的热潮，至 1989 年，全县共征收教育集资款 1447.4 万元，筹措资金全部用于改善全县教育设施。至 1989 年，新改建维修校舍 6283 间，添置课桌 13015 张，板凳 10625 条。

为加强教学研究，提高教学水平，1978 年无为县教研室恢复建制，开展对新大纲、新教材的研学。至 1983 年，编印《教学资料》21 期，3 万余册。紧抓教学思想的更新、教学方法的改革，特别是重视素质教育，推进课程改革以来，采用各种形式促进了“三个转变”(即从增长型向发展型转变、从小学习向大学习转变、从信息化向智能化转变）。开展“比学赛教”、课题研究和教学检测、培训、调研、视导等一系列常规工作，尤其是在构建基础教育质量评价体系、大面积地提高无为县教学水平和教学质量方面，发挥了重要作用。

基础教育水平稳步提高。无为县幼儿教育在新中国成立前几乎是空白。1952年，全县建有5所幼儿园，在园幼儿153人。1978年，全县有幼儿园10所，在园幼儿640人。改革开放以后，幼教事业得到发展。1984年，全县有幼儿园20所（含幼儿班），在园幼儿1824人，教职员工总数86人。[①]1984年，全县有小学1179所，在校学生152371名，全县入学率为88.6%，巩固率为98.3%，毕业率为91.4%，普及率为81.8%。至1986年，无为县最后一批普及初等教育的乡镇，经县级验收获得通过，适龄儿童入学率为97%，在校学生年巩固率为98.3%，毕业率为92%，普及率为96.6%。1987年，无为县各地各校开展《中华人民共和国义务教育法》的学习和宣传，重视普及初等教育的巩固提高工作。同时，针对全县教学与管理上的问题，印发了《无为县中小学教学及教学管理制度》，包括备课制度、课堂教学制度、作业布置和批改制度、教学管理制度，要求各校作为全面提高中小学教学质量的一项基本建设来抓。

1980年，经县政府批准，全县11所区属中学划属县直单位。1981年6月，省教育厅批准无为中学为第一批改制中学。1982年和1983年，又分别批准无为一中、襄安中学等4所学校为第二、三批改制中学。1984年，全县高中13所，在校学生4495人。同年，无为中学被批准为地区重点中学。

为逐步改变中等教育结构不合理的状况，从1983年起，无为县开始了中等教育结构的调整，主要任务和要求是：在普及初中教育、办好高中教育的同时，大力发展中等职业教育，形成合理的中等教育结构，以适应“四化”建设的需要。

1983年8月，无城文化补习学校改为无城职业中学，后又更名为无为县高级职业中学。1984年，原完中建制的仓头中学改制为仓头职业中学，后更名为无为

---

① 中共无为县委党史研究室编，《崛起——无为县改革开放三十年党史专题汇编（下卷）》，内部资料，皖CH—2009—03号，第522—523页。

县仓头高级职业中学。二坝初中改为二坝高级职业中学。这几所高级职业中学成为综合性中学，融职高、普高、初中为一体，集教学、科研和文秘计算机、会计电算化等多个专业为一身，并为许多行业和部门培训急用人员，为下岗职工举办职业技能培训，对社会稳定和提高社会人员职业素质起到了龙头和示范作用。

县委、县政府对职业教育十分重视。1987 年，县政府出台了关于职业中学毕业择优分配安排就业的政策。1989 年，对无为职业中学八九届毕业生按 30% 的比例择优分配，安排 40 多名毕业生到大集体单位工作。

对在职工人进行文化与技术补习，首期招收学员 70 名。至 1984 年底，夜校设有高中 6 个班，初中 8 个班，机械制图 1 个班，学员达 800 多名。远郊和乡村交通不便的地方，开办各类小型职工夜校和短期培训班。至 1986 年底，有 684 人获初中毕业证书，213 人获高中毕业证书。

参加“双补”(亦称“青工双补”。专指 20 世纪 80 年代对青壮年职工进行初中文化、初级技术补课教育）职工学习期满后，考试合格者，发给合格证书。到 1984 年底，全县职工经学习考试合格的有 4400 多人，占“双补”对象的 71%。

1984 年 5 月 3 日，无为县成立了“无为县人民政府职工教育委员会”，由副县长兼任主任委员。委员会下设办公室，安排专人负责职教工作。

农民教育和农村扫盲工作初见成效。改革开放之初，无为县农村文盲比例较大。12—40 周岁人口中，文盲半文盲有近 17 万人。党的富民政策使广大农民生活得到较大改善，要求学习文化的心情迫切。无为县各级党委因势利导，高度重视，业务部门相应成立了专门机构。

1980 年，无为县开展文化普查，初步制定了农村普及小学五年制教育和扫除文盲的规划。全县办民校 540 所，有 17000 人参加扫盲班学习。1981 年，采取日校办夜校的办法，把普通教育与业余教育结合起来抓。这种“日校办夜校，普扫一担挑”的做法，得到教育部的肯定。1982 年，全县各地从实际出发，主要吸收 25 岁以下的青少年文盲、半文盲入校学习，当年办民校扫盲班 120 所，参加学习的有 25000 多人，17000 多人脱盲。经五年努力，至 1984 年，无为县 12—40 岁人口中有 105792 人脱盲，全县文盲率下降到 29.6%。无为县扫盲工作成效显著。

学历教育成绩斐然。无为县成人学历教育主要有成人高等教育、成人中专教育、成人高中教育和高等教育自学考试四种形式。

成人高等教育学校有安徽省广播电视大学无为分校，该校至1984年共招收学员123人。普九期间，电大教育得到重视和加强。而后成立了“无为县电大工作站”，由无为县高级职业中学承担教学与管理工作，有本科专业5个，专科专业4个，累计招收学员1800余人，其中1300余人获中央电大颁发的毕业证书。

无为县高等函授教育正式恢复。安徽师范大学在无为招收79级中文、80级化学两个专业173人。1984年在无为师范学校设立中师函授部，制定了中函工作发展规划。全县小学公、民办教师中，有2400人通过函授，完成学历达标。1985年，第一批招收学员630人。

成人中专教育学校主要有无为师范学校。无为师范从1981年开始，举办了在职小学教师进修班，每年招收1至2个班级，使业余函授和在职脱产进修双管齐下。另外，县总工会与合肥职工大学联合举办了5个成人中专班，毕业学员210人。

成人高中教育开始于1984年，主要由县总工会所属职工业余学校举办。开始开设6个班，后增加至38个成人高中班，毕业学员1561人。

无为县高等教育自学考试于1984年下半年首次组织开办。1986年，有1960人参加了4883科次的高等教育自学考试，共领取了1185科次的合格证书。[①]

（三）提高医疗卫生水平，保障人民群众健康。改革开放以来，无为县医疗卫生事业取得长足的进步，但它与人民群众的健康需求及经济社会协调发展不适应的矛盾依然存在。党的十二大以后，深化医药卫生体制改革成为全县人民的迫切愿望。

县直卫生医疗机构逐步健全。县人民医院，是无为县医疗和医学教学研究中心。至20世纪90年代初，医院占地面积85368平方米，建筑面积42425平方米。固定资产6342万元（其中医疗设备2807万元）。职能科室18个，临床、医

---

① 中共无为县委党史研究室编，《崛起——无为县改革开放三十年党史专题汇编（下卷）》，内部资料，皖CH—2009—03号，第529页。

疗、医技等科室26个。编制病床360张，实际开放床位400张。有职工605人（高级职称20多人，中级职称130人），卫技人员57人。平均年门诊16万人次，住院病人1.2万人次，年手术量5000余例，业务收入9000万元左右。

县中医医院1989年成立，在原无城狮子口医院基础上兴建中医院门诊楼，建筑面积350平方米，正式挂牌开业，并创建“合格县中医院”。而后不断发展，已成为以中医特色为主集医疗、教学、科研、康复、保健为一体的综合性中医院。

县疾病预防控制中心。前身为县卫生防疫站，系全县卫生防病业务培训指导中心。

县血吸虫防治站。是无为县血吸虫病和碘缺乏病防治职能部门。20世纪80年代初，防治站下设血防组14个、血医院1所。在无为县委、县政府的领导与重视下，到90年代，全县基本消灭了血吸虫病，送走了瘟神，无为县血防部门为全县血吸虫病防治做出了贡献。

县妇幼保健所。原为无为县妇幼保健站。1987年更名为妇幼保健所。

县皮肤病防治站。原为无为县麻风救治站，后更名为皮肤病防治站。1987年由太平乡迁至无城镇。

县卫生进修学校。该校始建于1984年，主要任务是培训、提高无为县在职医务人员的业务水平。

卫生体制改革。根据无为县政府《全县卫生改革十条方案》和《农村卫生改革若干政策问题的六条意见》精神，全县各级医疗卫生单位不断健全和完善各种形式的责任制。71所区、乡卫生院实行科室承包、浮动工资、基本工资加劳务提成等责任制。县防疫站、血防站，保健站、皮防站、县医院、卫生学校均实行了不同形式的岗位负责制，县直有关卫生单位分别与13所区镇卫生院签订了防保承包合同。无为县卫生局进一步改革了卫生经费补助办法，将人头费改为医务费，即年初将医疗、防保、保健各项任务指标下达到区乡卫生院，年终考评，考评结果与任务经费挂钩。

1988年，经县委、县政府批准，对医疗机构挂号、手术、住院三项收费标准进行了适当调整，缓解了医用材料价格上涨和原材料成本提高而转嫁给医院的压力。

环境卫生与饮水卫生。随着改革开放力度的加大，无为县娱乐业、服务业得到飞速发展，环境卫生的工作难度也随之加大。县卫生部门每年投入大量的人力物力进行监测和检查，对从业人员进行健康体检，对物品进行采样。使公共场所卫生合格率达到80%，化妆品合格率为95%。无为县从仅有县级自来水厂1家增加到100多家。县卫生防疫站每年对各水厂进行水质监督监测，监测指标为色度、浑浊度、余氯、细菌总数、大肠杆菌群等24项，合格者发放供水卫生许可证，从业人员健康体检合格证。

食品卫生与职业卫生。为加强食品卫生管理，无为县卫生部门不断增加食品卫生检查监督人员队伍，建立健全岗位责任制，强化综合目标管理。制定《无为县食品卫生分级管理实施方案》，加大食品卫生执法力度。依据国务院颁布的《中华人民共和国尘肺病防治条例》对全县26家有毒有害企业进行采样监测，采样600多份，并对5000多名接触有毒有害工人进行健康监护。无为县放射防护工作起步较晚，1989年，县卫生防疫站首次对全县X光机进行防护监测。而后，每年都对全县拥有X光机和辐射源的单位进行防护监测，对作业人员进行预防性健康体检和个人防护剂量测定，保障在射线环境下作业人员身体健康。

（四）人口和计划生育工作。党的十一届三中全会以后，无为县计划生育工作（以下简称计生工作）稳步健康发展，计生宣传教育更加广泛深入，管理水平不断提高，计生方针、政策、法律、法规逐渐深入人心，群众实行计划生育的自觉性普遍提高。

无为县计生工作从1979年逐步得到加强。该年，县计生委成立，计生工作在全县推开。1984年设置县计划生育技术指导站。1986年全县13个区镇设置计生办。1987年，全县73个乡镇计生办成立。各级计划生育行政管理机构的建立，计划生育工作力度逐步加大。

广泛宣传计生方针政策。1980年9月25日，中共中央发表《关于控制我国人口增长问题致共产党员、共青团员的公开信》，围绕公开信的发表，无为县计划生育教育全面推开，广大共产党员、共青团员在计生工作中起模范带头作用，帮助群众提高对实行计划生育的认识。1988 年 12 月 1 日，《安徽省计划生育条例》颁布，全县上下组织大规模的宣传活动，坚持“三个教育”不放松，即婚前教育、婚后教育和优生优育不放松。

1989 年，根据县委、县政府要求，组织各级计生干部，对全县育龄妇女开展调查摸底，在此基础上分红、蓝、白三色逐人建卡，进一步调整、健全了全县已婚育龄妇女档案。随着无为县经济社会发展，计生工作经历了一个以行政手段管理到以人为本、优质服务依法管理为主的过程，计生工作的思路和方法开始转变，全县计生管理措施进一步完善，人们的婚育观念也有所转变，人口过快增长的势头得到控制。

（五）体育事业积极发展。无为县体育事业在县委、县政府的重视下，蓬勃发展。1987 年，县粮食局举办粮食系统“粮食杯”篮球邀请赛，来自全县粮食系统 14 个队，200 多名运动员参加了比赛。同年 10 月，由县保险公司赞助的“保险杯”篮球赛，共有 11 个单位的 140 名运动员参赛。1988 年，举办了无为县业余围棋定段赛。此外，每年元旦都举办全县长跑比赛，群众踊跃参加，增添了节日的欢乐气氛。

农村群众性体育活动十分活跃。无为县的农民群众在农闲时，开展篮球、龙舟等各项体育活动。1984 年，陡沟凤凰桥龙舟队代表巢湖地区参加在铜陵举办的全省龙舟赛，获第三名。1985 年，十里墩乡塔桥业余武术队代表巢湖地区参加全省业余武术比赛。白茆镇举办了首届农民“丰收杯”篮球赛，共有 6 个队 100 多人参赛。1986 年，刘渡镇被省体委授予“省体育先进乡”称号，在安徽省第六届运动会上被授予锦旗。

学校体育活动生动活泼。无为县委、县政府十分重视学校学生的体育活动，投入大量资金，从硬件和软件两方面提高学校的体育教学质量。从 1980 年起，无城各中学每年都举办学校田径运动会。乡镇除村小学之外，各校每年举办运动会。县教育局与县体育局相继举办了十届全县中学生田径运动会。杏花泉小学女子篮球队曾五次参加安徽省“萌芽杯”篮球赛，最高曾获第二名的好成绩，该校男子足球队在1980年参加全国市县基层足球对抗赛中获县级第一名，被团中央、教育部、体育总局联合嘉奖。1983年，无为师范男子篮球队获6所师范邀请赛冠军，女子篮球队获第二名。1986年，无为一中被省体委、省教委授予“安徽省传统项目学校”称号，场地设施日趋完善。无为县委、县政府认真实施“全民健身工程”和“雪炭工程”，加大投入，进一步完善体育设施建设，以满足广大群众日益增长的健身需求。1988年，全县拥有200米以上小田径场15个，篮球场398个，排球场8个，足球场3个，旱冰场1个。而后，国家颁布了《公共文化体育设施条例》，在全县体育场地普查中，各类场地近400个，新增篮球场14个，标准田径场2个，青少年活动中心1座。

（六）发展中的旅游业。改革开放以来，无为县委、县政府高度重视旅游业的发展。把做大做强旅游产业，作为促进全县经济社会发展的重要增长点来抓。初步形成了以泊山洞、天井山国家森林公园、竹丝湖、万年台、黄龙桥等为代表的风景旅游区，以米公祠、黄金塔、西九华、新四军第七师师部旧址、丁汝昌墓等为代表的人文景观，以及旅行社、旅游宾馆、旅游产品生产企业等为重点的旅游服务体系。

为带动无为县旅游经济的发展，提高旅游产品市场的竞争力，县委、县政府加大旅游产品的宣传和开发力度，大力支持旅游产品生产企业上档次、上水平、快速发展，一批既有地方特色，又有较高知名度的优质旅游产品走向市场，深受广大顾客的欢迎。如剔墨纱灯又称宫灯，是具有300多年悠久历史的民间传统工艺产品，是曾进入清朝皇宫的贡品，也是无为县重要的旅游工艺品，获得中国手工艺精品博览会铜奖。此外，无为板鸭、黄姑茶干、李老奶奶花生米、襄安草席等地方名优特产，在省内外市场具有较高的知名度和占有率。

（七）广播电视事业快速发展。改革开放以来，广播电视作为县委、县政府的重要宣传阵地，有效地推动了无为县精神文明、物质文明和政治文明建设。广播电视事业从小到大，日益发展，形成了有线与无线、广播与电视交叉覆盖的传媒新格局。1984年5月，无为县广播事业管理局更名为无为县广播电视管理局。1987年，广播站进行设备更新，开通调频广播。1986年县委、县政府批准兴建电视转播台。1987 年 1 月 3 日，正式开通 7 频道。1989 年 2 月 1 日，又开通了 1 频道。

第五节　中国共产党无为县第七次代表大会

1987 年 6 月 6 日，中共无为县第七次代表大会在无城召开。出席代表 497 名，代表全县 45153 名党员，83 名县直机关负责人列席会议。驻城部分离休老干部应邀参加开幕式。会议期间，代表们学习了《关于党内政治生活的若干准则》和党的十三大有关文件。审议和通过了蔡林代表中共无为县第六届委员会所作的工作报告；审议和通过了中共无为县纪律检查委员会工作报告；畅谈了党的十一届三中全会以来全县各条战线出现的大好形势，围绕加快政治体制改革和经济体制改革的步伐，对全面振兴无为经济提出了许多宝贵意见。大会按照党章规定和地委文件要求，选举县委委员 33 名，候补委员 6 名，组成中共无为县第七届委员会。选举出 15 人组成的中共无为县纪律检查委员会。在七届一次全委会上，选举蔡林为县委书记，徐业培、喻晓、耿仁水、罗诗贵为副书记，李志好、张志钧、李长春、何启俭、胡桂芳（女）、朱先央为常委。

蔡林在第七次党代会报告中指出，自第六次党的代表大会召开三年来，无为县各级党组织在党的十一届三中全会以来的路线、方针和政策的指引下，在省委、地委的正确领导下，组织和领导全县人民艰苦奋斗，努力工作，在不断战胜困难中迈开了前进步伐，使无为的各项工作进入了新的发展阶段。

一、经济建设较快发展

1986 年，全县工农业总产值达 6. 96 亿元，比 1983 年增长一倍多，年平均递增 27. 1%。1986 年全县农业总产值达 4. 04 亿元，比 1983 年增长 90. 4%。粮油棉年年增产。乡镇企业迅速发展，已成为农村经济的重要支柱，1986 年总产值达 2. 07 亿元，比 1983 年增长 6. 7 倍。1986 年，全县工业总产值 2. 96 亿元，比

1983 年增长 1.3 倍。随着工农业生产的发展，城乡市场繁荣，对外贸易成倍增长，财政收入逐年增加。城乡人民生活有了显著改善，农民人均纯收入 365 元，比 1983 年增长 1.2 倍，年平均递增 29.9%，城镇职工年人均工资 949 元，比 1983 年平均递增 36.9%，年平均递增 10.9%。以上数据说明，无为县的经济建设走上了健康发展的轨道，也为胜利完成“七五”计划开了一个好头。

二、加强社会主义精神文明建设

全县通过深入持久地开展“五讲四美三热爱”、建设文明城镇、移风易俗等活动，大力加强新形势下的思想政治工作，狠抓职业道德教育，纠正行业不正之风，涌现了一批精神文明建设的先进集体和模范人物，提高了人们的思想觉悟。

三、重视社会主义民主与法制建设，社会治安状况有明显好转

广大党员、干部、群众增强了法制观念和公民意识，并把宪法作为根本的活动准则，学会运用法律武器同违反宪法和法律的行为作斗争。加强了对人大工作的领导，实现了县本级和县级以下人民代表的直接选举。健全了人民政协的组织机构。政法部门依法办事，开展了严厉打击严重刑事犯罪、经济犯罪活动的斗争。

四、加强党的建设和干部队伍建设，党风有了明显好转，党的战斗力进一步提高

几年来，全县有 400 多名干部进入大专院校和各级党校深造。一批干部利用业余时间参加电大、函大、夜大学习和大专自学考试。开展“为党增添光彩、争做优秀党员”活动，涌现了一批优秀党员和先进党支部。端正党风，严肃党纪，从我做起，从领导干部做起，从县委机关做起，把党员、干部的形象搞端正。同时，吸收了一批年轻优秀的同志加入党组织，为党增添了新鲜血液，推进了党的思想建设、组织建设和作风建设。

五、中共无为县第七次党代会提出今后三年的主要任务

一是在经济领域，坚持正确的建设方针，增产节约，增收节支，深化改革，把无为县国民经济建立在长期稳定发展的基础上。二是在政治思想领域，深入进行坚持四项基本原则的宣传教育，坚决反对资产阶级自由化，加强社会主义精神文明建设，进一步巩固和发展安定团结的政治局面，各级党组织和广大党员，都必须从这个全局观念出发，团结和带领全县人民，以坚定的意志、开拓的精神、求实的作风、必胜的信心、推进无为县“两个文明”建设，把无为建设好，为党的事业增添新的光彩。

六、中共无为县第七次党代会上提出的目标

到1989年，无为县工农业总产值突破10亿元大关，1990年财政收入达4000万元，人均收入500元，顺利完成“七五”计划各项指标，为20世纪90年代经济振兴奠定雄厚的基础。

（一）促进农村经济的全面发展。贯彻执行“决不放松粮食生产，积极发展多种经营”的方针，把稳定粮食生产放在首位，促进商品经济稳定发展，提高综合经济效益。努力减轻农民负担，继续做好脱贫致富工作。

（二）保持工业生产稳步增长势头。加强企业管理，提高职工队伍素质。有计划、有选择地建设一批骨干项目，开发和推广应用新技术成果。

（三）加强乡镇企业的发展步伐。作为振兴无为农村经济的必由之路。形成一批骨干企业，发挥“龙头”和排头兵作用，带动或形成各具特色、各有优势的专业化生产群体和经济区域。各部门、各单位热情扶持，通过扩散产品转让技术、提供信息、融通资金等形式，扩大生产能力和门路，壮大乡镇企业的竞争力。

（四）搞活商品流通渠道。实行内外开放，促进经济联合，发展横向联系。采取国营、集体、个体一起上，逐步形成多层次、多形式、多渠道的商品流通渠道和全方位开放，辐射型的新格局，发挥在促进生产、保障供给、繁荣经济中的作用。

（五）把“双增双节”（增产节约和增收节支的简称）运动引向深入。继续发扬自力更生、艰苦奋斗，勤俭办一切事业的光荣传统，千方百计增产节约，增收节支，强化财税工作，努力开辟生财之道，尽快扭转无为县财政状况的被动局面。

县委号召，各级领导同志，要经常深入实际，调查研究，联系群众，密切党群关系，善于总结广大党员、干部和人民群众在实践中创造的新鲜经验，把决策的基点建立在调查研究和科学论证的基础上，全心全意为人民服务，认认真真地为人民做好事、办实事。各级党组织要善于做好各方面的工作，调动一切积极因素，同心同德地朝着一个共同的目标前进。

1987 年，县人大常委会也进行第十届换届选举、县政协进行第七届换届选举工作。

第六节　社会主义初级阶段基本路线教育的开展

一、党代会学习的重要内容

1987 年 6 月 6 日，中共无为县第七次代表大会召开。这次会议在完成规定的程序外，重点学习党的十三大有关文件，代表们重点领会了大会提出的关于社会主义初级阶段的理论和党在社会主义初级阶段的基本路线，明确大会提出的任务及“三步走”的经济发展战略，联系无为实际，围绕加快政治体制改革和经济体制改革的步伐，全面振兴无为经济展开热烈讨论，并提出许多建设性的意见和建议。会后，县委部署在全县开展社会主义初级阶段基本路线教育。

二、“一个中心、两个基本点”深入人心

“一个中心、两个基本点”是社会主义初级阶段基本路线教育最主要的内容，县委要求各级党委，紧紧抓住以经济建设为中心这个牛鼻子，坚持四项基本原则，坚持改革开放，把党员干部、群众的思想认识集中到“一个中心、两个基本

点”上来，认清无为经济发展的薄弱基础和初级阶段形势，励精图治，脚踏实地投入到改革开放中，投入到经济建设中，把无为的各项事业推向前进。基本路线教育，统一了全县党员、干部和群众的思想认识，使大家看清了形势，找准了方向，各行各业都有了自己的奋斗目标。

三、经济发展是根本

无为农民群众认准了“要老百姓有饭吃，必须实行责任制”的硬道理，在劳动致富的路上迈出了艰难可喜的一步。县委鼓励广大农民群众解放思想，大胆探索，在实践中建立了多种形式的生产责任制，调动了农民的生产积极性。

第六章　社会主义精神文明和法制建设

第一节　社会主义精神文明建设的持续开展

一、“五讲四美三热爱”活动的广泛开展

（一）精神文明建设不放松

十一届三中全会以来，党中央在一手抓经济建设的同时，一手抓精神文明建设，并通过精神文明建设促进经济和社会的协调发展。无为县委、县政府围绕精神文明建设开展一系列形式多样的文明创建活动，实现了规范管理和系统创建。

1981年，县委、县政府把开展“五讲四美三热爱”活动作为精神文明建设的重要工作来抓，在全县开展了第一个“全民文明礼貌月”活动。同时加强城市管理，突击治理脏、乱、差现象，规范文明用语，培养共产主义理想。各行各业积极开展行业竞赛、岗位比武、单位竞岗和爱国卫生运动，城乡卫生状况、群众精神面貌以及企业职工的工作状态都有了较大的改观。

1982年，无为县委、县政府成立“五讲四美三热爱”活动专项领导小组，决定由共青团、妇联和总工会牵头，具体负责推动。各部门建立健全相关规章制度，如无为中学制定《思想道德规范十条》，无为二中制定《师生四美要求》，杏花泉小学制定《文明礼貌细则》等。商业部门在行业内开展“如果我是一名顾客”的大讨论，倡导文明经商礼貌待客。当年底，县委宣传部进行“两个文明一起抓”的试点经验总结。推选出无城北门粮店、无为师范、人武部等5个先进单

位，予以表彰。

1983 年，无为县积极开展第二个“全民文明礼貌月”活动，举办形式多样的座谈会、报告会、汇报会和经验交流会，大力宣扬好人好事。认真抓好“学雷锋小组”和“青年服务队”建设。在商业服务中，加强以“优质服务”为主要内容的职业道德、责任和纪律教育。在每个乡镇中，选出 1—2 个文明试点单位进行重点帮建。在厂矿企业中，评选文明车间、班组、柜点，树为标杆。在学校中提出“五个一”和“五个能”的要求，即一颗红心、一专多能、一手好字、一口普通话、一个好身体，能文能武、能上能下、能讲会说、能歌善舞、能写会画。县委、县政府在禁止宣传色情、加强民间艺人管理、做好儿童合法权益保护、制止非法宗教活动、反对宗派斗争等方面，作出了明确规定。遏制和清除资产阶级思想意识和其他腐朽思想对广大人民群众特别是青少年的毒害和影响，调动了各方积极因素，精神文明创建活动轰轰烈烈、有声有色。

（二）文明创建常态化

1984 年，按照上级的统一部署，精神文明创建活动由突击转向常态、由单一向综合、由城镇向农村发展。无为县深入开展了以“五讲四美三热爱”为主题，以创建“民兵之家”“青年之家”“五好家庭”“三优文明岗”为内容形式多样的活动，广泛开展爱国主义、集体主义、社会主义、共产主义教育。全县各级机关、学校、厂矿、街道争当“文明机关”“文明大院”“文明学校”“文明街道”“文明医院”“文明工厂”“文明车间”“文明班组”。广大农村狠抓 73 个文明村试点，按照“五抓五治五变”（抓思想教育治旧变新、抓文明科学治愚变智、抓环境卫生治脏变净、抓社会秩序治乱变安、抓生产发展治穷变富）的要求，努力提升试点村的创建水平。

（三）净化文化市场，巩固文明创建成果

1986 年，无为县遵循“精神文明的建设，首先要着眼于党风、社会风气的根本好转”这一指导思想，紧紧抓住思想建设和文化建设，以共产主义思想为核

心，以“四有”教育（即有思想道德素养、有科学文化素养、有身心健康素养、有劳动和社会实践素养）为重点，深入进行坚持党的四项基本原则教育、法制教育、爱国主义教育和革命传统教育，把“五讲四美三热爱”活动向前推进，把创建文明村、文明单位活动提高到一个新的水平。继续深入开展文明村、文明镇竞赛活动，抓党风建设，促民风形成，社会风气实现了根本好转。

为加强文化市场管理，净化文化市场环境，1989 年 9 月，无为县对全县文化市场进行清理整顿，共清查收缴封存反动、淫秽凶杀、色情、封建迷信等非法出版物 20466 件、音像制品 7288 件，清除了污泥浊水，文化市场得到洗礼与净化，文明创建成果得到巩固。

县委、县政府积极组织开展群众性文化体育活动，国庆 40 周年期间，由 1300 多人组成 44 个文艺演出队，分赴各乡镇村演出歌舞和戏剧 350 场次。当年 11 月，县委宣传部、县教委、县总工会联合举办以爱党、爱社会主义为主题的新中国成立 40 周年征文竞赛活动，40 多个单位的 60 多名学校师生、机关干部和厂矿职工参加了这一活动，他们热情歌颂党的恩情和祖国的繁荣昌盛，激发了人民群众奋发向上的精神风貌。

二、创建文明单位和文明城镇活动的开展

1985 年初，无为县在 12 个乡镇中开展创建文明镇活动。总体要求是：紧紧围绕经济建设这个中心，坚持“两个文明”一起抓，努力把集镇建设成为经济繁荣，文化科学发达，环境整洁优美，社会风气良好，居民有理想、有道德、有文化、有纪律，具有奋发向上的精神风貌的新型集镇。突出从生活方式和精神状态两个方面，严格按照“文明、健康、科学、积极、向上、进取”12 字要求，把普及美育知识，增强审美、鉴赏能力，提到“五讲四美三热爱”活动日程上来。同时深入进行爱国主义、集体主义、职业道德、社会公德和社会主义法制教育，正确处理国家、集体和个人三者的关系，把“人人为我，我为人人”的道德原则，灌输到大家思想中去，建立人与人之间的新型关系。在文明镇的创建过程中，组织地区、单位、窗口和行业之间开展各种竞赛，推动创建活动向更高水平、更高

层次发展。建立健全业余党校，通过开展“三会一课”“党员联户”“党员活动月”和“青年民兵之家”等活动，发挥党员、民兵、青年等骨干分子在创建活动中的模范带头作用。

3月，无为县确立了12个工厂、商店、街道和行政村为文明创建联系点，定期联系协作指导，有针对性地树典型、帮典型，以点带面、全面发展。6月，结合实际制定了《无为县文明镇建设标准》。8月中旬，召开了文明厂矿、文明班组、文明医院、文明商店、文明学校等20多个县直机关单位座谈会。9月底，在凤河城北村召开全县文明村建设现场会，参观了城北文明村建设现场13个村，介绍了文明村建设的先进经验。年底，召开全县第二次文明村、文明单位命名、表彰大会，12个行政村、27个单位分别被命名为文明村、文明单位，29个单位和行政村受到表彰。此后，在全县掀起学先进的热潮，为进一步推进精神文明创建工作开创了新的局面。

1986年初，无为县制定了全县“五讲四美三热爱”活动规划，召开创建精神文明经验交流会。组织商业、粮食、供销、交通、邮电等窗口行业开展优质服务竞赛，评选最佳服务员。大力开展“英雄在我们心中”“学习身边雷锋”和多种形式的“做好事送温暖”活动。全面开展“门前三包，门内达标”活动，有效推进了城镇环境建设。相关单位，从治理“脏乱差”入手，开展爱国卫生、食品卫生和市场大检查。继续深入开展文明单位、文明村镇竞赛活动，抓党风建设，促民风向好，使社会风气实现根本好转。1986年度，全县评选和命名文明单位48个、文明村23个，表彰文明单位和文明村30个。撤销未能通过评比验收的文明单位称号3个。

1988年，为巩固和扩大文明创建成果，进一步促进“两个文明”建设健康稳步发展，无为县“五讲四美三热爱”活动委员会组织11个检查组，邀请六大班子负责人带队，对申报文明单位、文明村的85个单位和52个行政村逐一进行检查验收，对不符合条件的评选对象予以撤除。对拟命名表彰的对象，在群众中广泛征求意见列出名次。无城、江坝、二坝分列文明镇前三名。

第二节　社会主义民主法制建设的持续开展

一、“一五”普法的开展

1984年6月，中共中央宣传部、司法部召开了第一次全国法制宣传教育工作会议，提出用五年左右时间在全体公民中基本普及法律常识，制定了《关于向全体公民基本普及法律常识的五年规划》，第六届全国人大常委会第十三次会议也作出了《关于在公民中基本普及法律常识的决定》，法制教育宣传在全国轰轰烈烈展开。

1984年下半年，无为县普法工作陆续展开。一是抓组织机构建设，成立县普及法律常识办公室，各区镇、县直各部门相继成立普法领导组织。二是抓文件制定，县委转发了县委宣传部、县人大法制委员会、县司法局《关于加强和改善法制宣传的意见》，县九届人大常委会第四次会议审议并通过《关于在全县公民中普及法律常识的决议》，县委宣传部、县司法局结合无为县实际制定了《全县五年普及法律常识的规划》。三是抓法制宣传队伍建设，成立法制讲师团，县直各部门和区镇成立分团。县城镇居委会、农村村委会和厂矿、企业、学校相继配备一定数量的兼职法制宣传员。四是抓普法教材的征订、发行，全县共征订普法读本、法律法规选编6.8万册，编印各种学习资料15.7万份，基本保证了普法对象的学习需求。五是抓好试点，县集中抓两个试点，县直各部门和各区镇也分别确定一个单位进行试点，为全面普法探索经验。

1986年初，在全县公民中普遍开展了“十法一例”（即宪法、刑法、刑事诉讼法、民法通则、民事诉讼法、婚姻法、继承法、经济合同法、兵役法、民族区域自治法以及治安管理处罚条例）的普及工作，从实际出发，因地制宜，并且注重多样化。

一是分阶段实施。在制定五年规划的基础上，每年都有年度实施计划。第一年做好准备，第二年重点普及宪法、刑法、刑事诉讼法、治安管理处罚条例，第三年重点普及民事诉讼法、婚姻法、继承法、经济合同法，第四年重点普及民法通则、兵役法、民族区域自治法，第五年总结验收和补缺补差。

二是上好法制课。对干部采取分期分批轮训的方法，集中学习，每人每年一个月左右时间。工人用班前、班后和部分政治学习时间上法制课。营业员举办业余轮训班。城镇居民和乡村农民通过举办法律夜校、农闲时间集中学习等。小学三年级以上在思想道德课中，增加法律知识内容。党校进行正规教育和轮训中安排法制课。

三是深入开展宣传。在县广播电台开辟法律常识专题节目、在文化馆（站）、图书馆（室）开辟法制宣传栏，增加有关法律常识的书籍，在工会、工人文化宫、“民兵之家”开展法律常识宣传活动。

四是进行法律常识考核，每学完一部法律考核一次。

五是抓住两个重点，做好四个结合。“两个重点”是各级领导干部和青少年，“四个结合”是普及法律常识与突击性的法律宣传相结合、与政治思想工作相结合、与“五讲四美三热爱”相结合、与企业管理相结合。

通过五年的普法宣传，全县工人、农民、干部、学生、居民初步学习了“十法一例”基本常识，填补了法律知识方面的空白，增强了法律意识，初步建立了依法办事的观念。广大干部特别是领导干部依法办事的观念明显增强，开始注意纠正工作中以言代法、有法不依的现象，促进了全县社会稳定和社会主义精神文明建设。①

二、营造良好的法制环境

（一）司法队伍建设

1949 年 7 月，无为县人民政府法制科建立。1980 年 9 月，无为县革委会司法局成立，下设法律顾问处、公证处，编制 7 人。行使四项职能：普法、人民调解、律师、公证。1981 年 7 月，为了加强公证工作，县革委会印发了《关于开展公证处工作的通知》，县司法局从机关抽调 2 名人员从事公证工作。至此，无为

① 中共无为县委党史研究室编，《崛起——无为县改革开放三十年党史专题汇编（下卷）》，内部资料，皖 CH—2009—03 号，第 588 页。

县公证业务开始办理。

1988 年 6 月，根据司法部要求和经济社会发展需要，成立“无为县法律服务所”，无为县乡镇法律服务工作开始启动，良好的法制环境逐步形成。

1989 年，随着经济建设和改革开放形势的发展，涉外经济、民事关系日益增多，经省司法厅批准，从 1989 年 10 月 1 日起，开始办理无为县范围内的涉外公证业务。

（二）法律服务

1981 年 4 月，成立无为县法律顾问处，接受群众法律咨询，代写法律文书，担任机关企事业单位常年法律顾问，代理民事经济案件，以及刑事案件辩护等。

无为县律师队伍从无到有，在改革中不断发展壮大。到 1989 年，成立律师事务所 3 家，注册执业律师 30 多名。代理民事、经济、行政案件 3560 件，刑事辩护案件 937 件。担任 100 多家企业和单位的常年法律顾问，为当事人挽回经济损失达 2100 余万元。

（三）公证工作

随着改革开放的不断推进，无为县公证部门以服从、服务于经济建设为工作出发点和落脚点，积极投身经济建设主战场，在办理日常的国内和国外各项公证的同时，努力为企业租赁、联营、兼并、产权出售、拍卖，建立现代企业制度，为金融、房地产、城镇建设、计划生育、国有土地使用权转让、政府采购招投标以及道路建设的通达工程等经济活动，提供了一系列的公证服务，较好地发挥了公证机构的服务沟通、公证、监督的职能作用。到 1989 年，已办理国内公证 5000 多件，涉外及港澳台公证 1800 多件。无为县公证处被省司法厅授予“先进集体”荣誉称号。

（四）乡镇法律服务

无为县基层法律服务工作雏形为 20 世纪 80 年代设立的乡镇司法办公室。

1988 年，组建了第一家基层法律服务所——严桥区法律服务所，标志着无为乡镇法律服务事业正式启动。随后几年中，相继成立了 9 区 2 镇共 11 个法律服务所，法律工作者达 30 多名，各项法律业务陆续开展。这些基层法律服务人员认真落实“大服务”思想，围绕农村市场经济，坚持立足基层，方便农民群众，以发展“三农”为重点，全面开展各项法律业务，服务范围渗透到农业、农村、农民，生产、生活以及社会事务各方面，为促进农村经济建设和社会稳定，发挥了作用。

（五）人民调解工作

1982 年修订后的《中华人民共和国宪法》明确了人民调解委员会作为调解民间纠纷的群众性组织的法律地位后，无为县人民调解工作实现了历史性的发展。全县建立了三级调解网络，村（居）民委员会、百人以上的工厂、大型集贸市场全部建立了调解委员会，村（居）民小组、工厂车间设立了调解小组，有的地方在每 10 户和楼院中设立了调解员和纠纷信息员。当时，全县已成立调解委员会 440 多个，调解员发展到 2100 多人。

在改革开放的历史进程中，无为县各级人民调解组织紧紧围绕县委、县政府的工作重点开展调解工作。改革开放初期，为促进农村联产承包责任制政策贯彻落实，把工作重点放在农村联产承包责任制中产生的各种生产经济纠纷调解。20 世纪 80 年代中期，调解组织积极参与社会治安综合治理，开展对多发性、易激化纠纷大排查和专项治理工作，并逐步形成制度。人民调解工作把化解新时期人民内部矛盾作为首要任务，促进了社会稳定。

| 第二编 |

改革开放的发展和社会主义市场经济的初步建立

（1989—2002）

1987 年 10 月召开的党的十三大确定的党在社会主义初级阶段的基本路线和方针政策，推动改革开放事业继续前进。1992 年 10 月，党的十四大确立了邓小平建设有中国特色社会主义理论在全党的指导地位，明确我国经济体制改革的目标是建立社会主义市场经济体制，使我国改革得以有序和配套进行，在加快经济发展的同时成功实施了宏观调控，保持了经济健康增长的势头。进入新的历史阶段，中共无为县委团结带领全县人民，坚持党在社会主义初级阶段的基本路线和基本理论不动摇，围绕建立社会主义市场经济体制，解放思想，大胆改革，求实创新，全县社会生产力、综合经济实力和人民群众生活水平又上了一个新的台阶。1997 年 11 月党的十五大把邓小平理论确立为党的指导思想，无为县各级党组织高举邓小平理论伟大旗帜，深入推进改革开放，经济社会各领域都取得了新的成就。同时，中共无为县委高度重视并不断加强自身建设，积极推进党的建设新的伟大工程，继续推进社会主义民主政治建设和精神文明建设，实现了世纪跨越。

第一章　改革开放的深化与国民经济的整顿

第一节　中国共产党无为县第八次代表大会

1990 年 7 月 17 日至 20 日，中共无为县第八次代表大会在无城召开。出席会议应到代表 398 人，实到代表 382 人，列席人员 133 人。大会审议通过了中共无为县第七届委员会报告，选举出由 31 名委员和 4 名候补委员组成的中共无为县第八届委员会。选举出 15 人组成的中共无为县纪律检查委员会。在县委第一次全委会上，选举徐业培为县委书记，喻晓、张国泰、张丕盛为副书记，罗诗贵、张志钧、何启俭、胡桂芳（女）、朱先央、董光枝、凌晨阳等 11 人为县委常委。

在这次党代会上，县委明确提出三年的奋斗目标：努力提高林、牧、副、渔、经济作物在农业总产值中的比重，在提高经济效益的前提下，保持国民生产总值年递增 6%，工农业总产值年递增 8.7%，工业总产值年递增 11% 和农业总产值年递增 6.1% 的速度，为实现到 20 世纪末国民生产总值再翻一番，人民生活达到小康水平的宏伟目标奠定坚实的基础。

经过一年的艰苦努力，全县经济形势大有好转，县委提出的“三年奋斗目标”初结硕果，“七五”计划基本完成。1990 年，全县农村社会总产值达到 12.5 亿元，比 1985 年增长 98.7%。农业总产值 4.3 亿元，比 1985 年增长 16.5%。工业产值达 4.88 亿元、实现利税 5202 万元，与 1985 年相比分别增长 1.28 倍和 1.03 倍。1990 年，无为制定了《无为县农科教发展规划》，成立了无为县农科教协调委员会，由县政府县长担任主任。

1990 年，粮油棉获得全面丰收，均跨入全国 100 个受表彰的先进县之列。全县粮食总产量达 56.18 万吨，比 1985 年增长 5%。棉花总产量达 1.43 万吨，平均单产 90 公斤，与 1985 年相比，分别增长 75.8%、28.6%。油菜总产 5 万吨，比 1985 年增长 11.1%。生猪家禽产量 1.67 万吨，比 1985 年增长 9.2%。水产品 9030 吨，比 1985 年增长 7.5%。此外，席草、荸荠、蔬菜、水果和其他经济作物都有较大幅度增长。财政收入"七五"末实现 4522 万元，比"六五"末增长 1 倍。"七五"期间，全县累计投放救济金 128 万元，部分贫困村和贫瘠山区农民逐步走上致富之路。[①]

第二节　"二五"普法工作的开展

第一个五年普法工作结束后，1990 年，无为县第一个普法工作进行了总结验收，被省委、省政府评为"先进集体"。1990 年 12 月，中共中央、国务院批转了《中央宣传部、司法部关于在公民中开展法制宣传教育的第二个五年规划》的通知。1991 年 3 月，七届全国人大常委会第十八次会议作出了《关于深入开展法制宣传教育的决议》。

遵照中央指示精神，无为县从 1991 年起开始实施第二个五年普法规划，突出了以宪法为核心，以专业法为重点的总体要求：

一是召开"二五"普法启动会议，县委、县政府批转了县委宣传部、司法局《关于在全县公民中开展法制教育的第二个五年规划》，县人大常委会审议通过了《关于深入开展法制宣传教育的决议》，召开了"二五"普法启动会议，对"二五"普法工作进行了全面部署。

二是掀起了以宪法为核心，以专业法为重点的学习高潮，狠抓了《中华人民共和国宪法》《中华人民共和国国旗法》《中华人民共和国民事诉讼法》《中华人民

① 中共无为县委党史研究室、政协无为县文史委员会编，《中国共产党无为地方史（1921—2001）》，皖内部图书 2002—027 号，第 387—388 页。

共和国义务教育法》《中华人民共和国婚姻法》《中华人民共和国企业法》《中华人民共和国劳动法》《中华人民共和国统计法》《中华人民共和国档案法》等法律法规的学习。

三是开展了声势浩大的市场经济法律知识宣传活动，编印了《社会主义市场经济法律法规选编》2万余册，组织全县干部、职工参加社会主义市场经济法律知识考试，举办了“二五”普法暨社会主义市场经济法律宣传成果展。

四是突出了各级领导干部、执法干部和青少年为普法重点对象的宣传教育，通过举办法制讲座、普法考试等，推动了各级领导干部、执法干部学法用法。以学校为重点载体，以课堂教育为主要平台，结合丰富多彩的形象化教育，推动了青少年的法制宣传教育。

五是法制教育与法制实践相结合，推动依法治理工作。县委宣传部集中一段时间抓了高沟镇龙庵村依法治村试点，并将经验在全县推广，促进了村级依法治理进程。①

第三节　1991年抗洪抢险工作

一、冲锋在前的党员干部

（一）四级干部会议召开

1991年2月22日，中共无为县委召开全县县、区、乡、村四级干部会议。会议提出全县今后经济发展的构想与思路，发动大家献计献策，集思广益，以臻完善。无为县今后经济发展总的框架是：强化基础，发挥优势，调整结构，综合开发，抓农促工，抓流通促生产，大力发展第三产业。依靠科技进步提高经济效益。

① 中共无为县党史研究室编，《崛起——无为县改革开放三十年党史专题汇编（下卷）》，内部资料，皖CH—2009—03号，第589页。

四级干部会议之后，正当无为人民甩开膀子大干之际，一场灾难性的天气骤然而降，迫使全县人民奋起抗灾，谱写了一曲“百万干群战洪水，惊心动魄保家园”的壮丽凯歌。

（二）团结奋战抗洪水

1991年4月中旬以后，无为县连续遭受4次特大暴雨的袭击，雨势之烈，雨量之大，汛情之猛，灾害之重，实属历史罕见。截至当年8月8日，全县累计降雨1831毫米，比正常年份全年降雨量还超出600毫米。梅雨量达1070毫米，比1954年同期多降46.8毫米，比1969年多降319毫米，比1983年多降468毫米。据历史记载，此系150年一遇，尤其是第3次特大暴雨发生后，不仅全县境内各条河流水位陡涨，而且西河上游洪水以180立方米每秒、巢湖洪水以100立方米每秒同时下泄，形成内外夹攻、东西夹击的态势，致使全县各河流水位均超过了1954年破坝前的最高水位：梁家坝达12.3米，无城达12.11米，凤凰颈闸内达12.02米，黄雒河达12.19米，开城达12.16米，花渡河达11.86米。此时，不但全县所有中小圩口危在旦夕，就连万亩以上的大圩也是险象环生，全面告急。

在这危急时刻，中共无为县委、县政府带领全县百万人民，英勇地投入到惊心动魄的抗洪抢险战斗中。在与洪水搏斗的日日夜夜里，无为的党员、干部和人民群众表现出大无畏的英雄气概，每一个党组织都是一个坚不可摧的战斗堡垒，每一个党员和干部都是一面冲锋在前的旗帜。每当险情发生时，干部群众不顾激流凶险，以人为墙，凭血肉之躯抵挡滔滔洪水，抛石打桩，挑子埂，打土牛，水涨堤高，抗住滚滚巨浪，使堤防化险为夷。西部的临河圩保卫战、中部的官镇圩保卫战、北部的三闸圩保卫战、东部的东西七圩保卫战以及其他大大小小的保卫战，每一场恶战都有震撼人心的英雄事迹，都是一曲高昂的抗洪歌。

在县委、县政府的领导下，全县广大干部群众日夜奋战，顽强拼搏，终于保住了26个五千亩以上的大圩和部分中小圩口，保住了无为大堤，保住了境内华东电网等国家重点设施，保住了粮、油、棉、盐等国家重点专储物资。凤凰颈排灌站获国家水利部颁授的“一九九一年水利系统抗洪抢险先进集体”称号。

在整个抗洪抢险中，全县最多投入民工26万人，加子埂604公里，下外障2828处、长59.5公里，打土牛2200个，挡浪723处、长476.4公里，共做土方110.6万立方米。

无为县赢得这场防汛抗洪的重大胜利，一是党中央、国务院领导的关怀和支持。江泽民总书记、李鹏总理、田纪云副总理莅临安徽，视察灾情，并作出一系列重要指示。省、地领导多次亲临一线现场指导，县委、县政府等六大班子负责人直接参战，分头指挥。二是水利部门大批技术干部深入险工要段现场指导。三是各区乡（镇）村领导独当一面，守土一方。四是广大干部群众发扬了顽强拼搏精神，义无反顾地投入与洪魔搏斗的殊死战斗。

在与特大洪涝的抗争中，县委、县政府始终把握战机，正确决策，果断指挥，掌握了防汛抗洪斗争的主动权。防灾工作准备早，安排落实到位，县成立防汛抗旱指挥部和无为大堤防汛指挥部，分圩口、按水系下设8个指挥所。各区乡（镇）村都分别成立相应的指挥机构。5月底，防汛器材基本备足，运至各防汛点。县委组织六大班子负责人深入各大圩口、水系的涵闸陡门和险工要段检查落实防范措施，研究应急方案，定人定点负责把守。6月初，县委、县政府召开第一次防汛工作会议对全县防汛工作作全面部署。7月12日在县各河水位超1954年的危急时刻，县委、县政府召开第二次紧急电话会议，传达江泽民总书记来安徽视察时的重要讲话，重点部署保堤除险的具体对策，具体研究了全县确保死守的重点圩口及实施方案。7月25日，县委、县政府抓住水位缓降的有利时机，召开第三次紧急电话会议，要求各地在继续狠抓防汛抗洪的同时，统筹部署救灾、抗旱、病虫害防治和工商企业恢复生产等工作。由于县委不断根据汛情发展，及时调整作战部署，争取防汛抗洪战斗的主动，领导全县人民取得了一个又一个胜利。同时，它向世人昭示：革命老区的无为人民有着压不弯、摧不垮的钢筋铁骨，在中国共产党领导下，仍然传承着战争年代的强大凝聚力和向心力，能战胜任何困难而取得胜利。①

① 中共无为县委党史研究室、政协无为县文史委员会编，《中国共产党无为地方史（1921—2001）》，皖内部图书2002—027号，第388—392页。

（三）万众一心，把洪灾损失降到最低

在整个防洪抢险中，尽管无为人民作出了巨大的努力，但暴雨频繁，反复扫荡，致使全县工农业生产、人民财产和各类基础设施遭受严重损失，成为省 38 个重灾县之一。据核灾统计，全县重灾和特重灾民达 53.84 万人，倒塌民房 5.17 万间，午秋两季农作物绝收面积达 61.5 万亩，洪涝灾害造成的直接经济损失 4.3 亿元。为确保灾民安全度汛，特大洪涝灾害一发生，县委、县政府紧急动员社会各方面力量，积极开展救灾工作。一是奋力抢救和安全转移被洪水围困的特重灾民 1.27 万户、5.34 万人，及时将省、地下拨的应急救灾粮、款、煤和其他物资发放到户，派出大批医务人员深入灾区防病治病，使灾民安全渡过了灾后最困难的应急时期。二是广泛深入地开展向灾区捐赠和互济活动，接收了国内外捐赠的大批粮食、衣被等物资，并及时下发到户，为灾区送去爱心。三是在全面核实灾情的基础上，全县先后共下拨救灾款 1450 万元，销售救灾粮 2359 万公斤。派出医疗队 120 多支，诊治病人 1 万多人次。搭建过冬住房（含庵棚）1698 间，扶持灾民新建永久性住房 2239 间。四是卓有成效地开展了生产自救，全县先后复种双晚 43.4 万亩。总之，经过全县人民艰苦卓绝的奋斗，救灾工作初步实现了“四不”目标（即锚定人员不伤亡、水库不垮坝、重要堤防不决口、重要设施不受冲击），广大灾民顺利渡过了雨雪关、春节关，促进了全县政治稳定、经济稳定、人心安定，到处呈现一派生机。

二、灾后重建

1991 年，无为县委在奋力进行抗洪救灾的同时，始终狠抓经济工作不放松，基本保证了国民经济的正常运行，各项社会事业也有所发展。按 1990 年不变价计算，1991 年全县工农业总产值达 14.77 亿元，比上年下降 6.4%。国民生产总值达 9.03 亿元，下降 14.4%。这样的成绩好于大灾的 1954 年、1969 年和 1983 年。[1]

---

① 中共无为县委党史研究室、政协无为县文史委员会编，《中国共产党无为地方史（1921—2001）》，皖内部图书 2002—027 号，第 393 页。

（一）农业生产比预料的好

全县农业总产值达7.2亿元，比上年下降18.3%；粮食总产达32.37万吨，下降42.4%；油料总产达4.58万吨，下降11.7%；棉花总产达1.40万吨，下降2.6%；蔬菜、荸荠、席草等经济作物产量都有了较大幅度的增长。水产品产量首次突破万吨大关，其中产成鱼9043吨、产成蟹520吨、产珍珠4.8吨，跨入全国百强县行列。饲养生猪37.13万头，下降3.5%；饲养家禽878万只，下降5.7%。全县成片造林2.01万亩，增长68.7%。农业基础设施建设成绩显著，大灾之后，县委认真反思，动员全县大灾大治、大治大干，下达水利兴修任务2071万立方米，重点整治西河、永安河和加固三闸圩、官镇圩等6个万亩以上大圩的圩堤。新建、扩建、改建电力排灌站19座。整改恢复供电线路508公里，供电总量达2.1亿千瓦时，增强了抵御灾害能力，促进了经济发展。

（二）工业生产保持了适度增长

全县完成工业总产值7.57亿元，比上年增长8.7%。无为县委重点抓了四个方面的工作，一是广泛深入开展“质量、品种、效益年”活动，县委制定了十项考核指标，年终考核产品优质率27.2%，比上年增加了13.2个百分点。二是全力以赴狠抓抗灾复产工作。全县工业战线及时开展了“以工补农、以丰补歉”的劳动竞争活动，12月产值达6775万元，创历史最高水平。三是狠抓清理“三角债”工作。重点清理了粮食、煤炭等企业流动资金拖欠款1900万元。四是开发了一批新产品。部级新产品1个、省级新产品4个。此外，灾后水毁公路得到及时修复，陡沟、白茆自动电话相继开通，使全县交通、通讯设施逐步改善。

（三）乡镇企业稳步发展

全县乡镇企业总产值达到4.75亿元，比上年增长11.2%；实现利税5500万元，增长9.6%。投资757万元，新上技改项目105个。无为初步形成了粮油加工、机电、建材、建筑、开采、化工等支柱产业。新沟医用互感器厂生产的医用互感器、江坝油脂化工厂生产的二级菜籽油、羊山花炮厂生产的礼花，被评为省乡镇企业优质产品，有的产品还打入了国际市场。户办、联办企业发展较快，初步形成了严桥花炮、赫店塑料制品、金鸡织席、“三沟”电器、牛埠小窑煤、檀树板鸭、尚礼渔网、石涧草包、沿江芦苇编织、蜀山荸荠初加工等十个经济小区。

（四）财政、金融形势稳定

全年完成预算内财政收入3315.9万元，比上年下降26.7%。其中，企业收入达610万元，下降9.7%；工商税收达2073.8万元，下降18.9%。但由于省地的大力支持，基本保证了必要支出。

（五）人民生活安居乐业

灾后，县委、县政府狠抓生产救灾工作，加之改革十二年来所积累的家底，下半年城乡居民的社会购买力仍然比较旺盛，农村还出现了建房热。城镇职工年人均工资比上年有所增长，农民收入比预料要高。城乡居民储蓄存款年末为2.24亿元，增长43.4%。结合救灾，狠抓了社会保障工作，对烈属、军属、五保户和特困户的生活进行了妥善安排，新建了27所敬老院，对223名白内障患者进行了手术治疗。[①]

第四节　历史机遇的抢抓

1992年1月，邓小平同志视察南方发表谈话，精辟地分析了当时国际国内形势，科学地总结了十一届三中全会以来的基本实践和基本经验。邓小平同志强调“不坚持社会主义，不改革开放，不发展经济，不改善人民生活，只能是死路一

① 中共无为县委党史研究室、政协无为县文史委员会编，《中国共产党无为地方史（1921—2001）》，皖内部图书2002—027号，第393—396页。

条。基本路线要管一百年，动摇不得”[①]，要求思想更加解放一点，改革开放的胆子更大一点，建设的步子更快一点，千万不可丧失时机。以邓小平南方谈话为标准，无为县改革开放和现代化建设事业进入了一个新的阶段，社会生产力、综合实力和人民生活水平又上了一个新的台阶。

在邓小平南方谈话精神指导下，无为县委、县政府相继出台了《关于加速乡镇企业发展的暂行规定》《关于二坝经济开发区优惠政策》以及《建立沿江经济带的决定》等一系列重要文件。全县上下解放思想，更新观念，自找差距，自我加压，迅速掀起了加快改革开放和经济建设的新高潮。

一、农业生产持续发展

（一）奠定高效农业基础

1992 年，无为县粮食、棉花、油料和水产品产量均跨入全国“百强县”行列，水利建设被评为全国先进县。全县农业总产值达 10 亿元，比 1989 年增长 19%，粮食总产达 48.63 万吨，油料总产达 5.37 万吨、增长 59.9%。棉花总产达 1.75 万吨，增长 79.5%。林业生产取得突破性进展，1992 年人工造林 7 万亩，其重点开发经济效益较高的国外松 3 万亩，经果林 1 万亩。水产业持续发展，全县水产品产量过万吨。河蟹、珍珠、甲鱼、黄鳝等名贵稀特水产品的产值达 5503 万元。畜牧业生产走出低谷，1992 年生猪存栏 35 万头，比 1991 年增长 13.9%。家禽饲养 1272 万只，增长 44.9%。初步形成了以棉花、蔬菜、席草、荸荠、螃蟹等为主的高效农业框架，为发展全县优质高产高效农业奠定了基础。

（二）乡镇企业快速发展

通过学习邓小平南方谈话精神，无为县委深感乡镇企业的严重滞后是制约无为经济发展的一个重要因素。在考察宁国、无锡等地的乡镇企业发展现状之后，

① 《邓小平文选第三卷》，人民出版社，2006 年 7 月，第 370 页。

找出了差距。此后，全县上下更新观念，痛下决心，各展其能，奋起直追。迅速上了一批新项目，促进全县乡镇企业跨上了超常发展的快车道。主要特点，一是发展速度明显加快。1992 年，全县乡镇企业总产值达 8.63 亿元，比上年增长 66.4%，增长幅度大。二是新上技改项目多。全县竣工新建、技改、扩建项目 111 项，完成投资 4919 万元，投产后新增产值 1.4 亿元、利税 2533 万元。三是企业的整体素质和经济效益有较大的提升。通过强化企业管理和现场管理，建立健全企业内部规章制度，全县乡镇企业的管理水平和整体素质普遍提高，经济效益明显增长。

1992 年，全县乡镇企业实现销售收入 7.72 亿元，比上年增长 48.9%；实现利税 1.01 亿元，增长 69.2%。此外，具有地方特色的严桥和羊山花炮、赫店塑料制品、襄安织席、牛埠煤铜开采、“三沟”电器、蜀山荸荠初加工等小区经济也获得进一步发展。

二、工业结构逐步优化

（一）管理体制改革

自从全面推行了厂长负责制和各种形式的经营承包责任制，在部分国有企业中试行干部聘任、劳动用工、收入分配制度改革，使企业自主权进一步得到落实。同时，还先后组建了机电、建材、纺织三大集团公司，整合企业动力，同行拧成一股绳，增强了企业竞争力。

（二）工业发展速度加快

随着全国经济建设高潮的到来，无为县工业发展速度加快。1992 年，全县工业总产值达 10.87 亿元，比 1989 年增长 57.2%。全县通过技术改造，技术引进，项目总投资 5500 万元。1992 年新增产值 1.8 亿元，利税 2000 万元。全县技改开始向规模经济发展，300 万元以上投资项目，总投资 1.02 亿元，占全部总投资的 80%。其中，属于省批重点项目 6 项。与过去相比，这些重点项目的技术含量比较高。纺织厂引进的96台喷气织机具有国际先进水平，建陶厂50万平方米墙地砖项目具有国内同行业先进水平，制药厂开发的苯氧布洛芬钙原料药逐步取代进口。毫无疑问，这些项目的建成投产，不仅使全县工业结构更趋合理，发展速度加快，而且增强无为县级经济的整体实力。①

三、经贸交流日趋扩大

（一）对外贸易做贡献

无为作为传统的农业大县，主要按照国家下达的外贸出口计划为专业外贸公司提供包括粮食部门提供的粮食油料；县肉联加工厂提供的冷冻食品，如蔬菜、鸭、猪牛肉、松花蛋等；供销部门供货的有皮货、茶叶、羽毛（绒）等；二轻系统的羽毛球、羽毛球拍；官镇羽绒厂的羽毛（绒）及其制品；纺织厂的棉纱、棉布。全县被外贸出口企业指定为外贸生产厂家的有粮食局大米厂、县肉联厂、上海羽毛球厂无为分厂、球拍厂、官镇羽绒厂等。羽毛球厂生产的“航空牌”羽毛球被指定为“汤姆斯”杯比赛专用球。大宗出口农产品为粮食、油菜籽，年出口量都在数千吨以上，出口口岸均在指定的上海。

（二）国合商业主渠道作用得到增强

大灾之年的1991年，国合商业纯销售收入达56973万元，比上年增长22.1%。商品销售毛利达6530万元，增长36.3%。费用率14.2%，下降1.3个百分点。出口商品收购总额达978万元，比上年增长0.6%。同时，完成粮食定购3579万公斤、油菜籽3357万公斤，棉花1.39万吨。粮食、供销、商业、物资等企业还采取各种便民措施，增设网点，送货上门，保证了市场的稳定。②

① 中共无为县委党史研究室、政协无为县文史委员会编，《中国共产党无为地方史（1921—2001）》，皖内部图书2002—027号，第399—400页。

② 中共无为县委党史研究室、政协无为县文史委员会编，《中国共产党无为地方史（1921—2001）》，皖内部图书2002—027号，第395页、第402页。

（三）商贸流通日益向好

在邓小平南方谈话精神鼓舞下，县委、县政府指导全县国合商业，以市场为导向，深入调研，改革经营模式，发挥国合优势，重振雄风，以“四放开”（即放开“经营、价格、分配、用工”）改革为突破口，积极转换经营机制，为绝大多数企业增添了生机和活力。县成立了商业、供销、粮油食品、外贸四大集团总公司，在绥芬河、上海、合肥、海南等地设立了办事处，提高了流通的组织化程度。同时，各大系统积极发挥自身优势，开拓市场，加大商品流通量，使商品购销逐步得到回升。县委、县政府根据无为土特产区域分布状况，农民群众历史传统交易习惯，在有关乡镇兴建了一批大型交易市场。如二坝蔬菜批发市场、无城城东仔猪交易市场、襄安沈马生猪交易市场、无城东门粮油批发市场等，以大带小，使得全县建立了各类市场79处，总面积达125万平方米，对促进全县市场经济的发展起到了重要作用。

第五节　党风和廉政建设的加强

1990年，为加强党纪监督检查工作，在人员不足的情况下，县纪委仍坚持对群众关心的热点和难点问题进行监督检查。当年针对无为纺织厂招工考试中的代考现象，对有疑点的122人，进行逐一调查，通过单科复试等方法取消81人，占初选人数的19%。对春季征兵中个别乡镇发生的弄虚作假行为进行了严肃处理，10余名严重违纪党员受到了党纪处分，为冬季征兵工作的顺利进行起到了积极作用。1991年6月，无为县遭受历史罕见的特大洪涝灾害，县纪委全力以赴地投入抗洪抢险的同时，转发了省纪委《关于严明党的纪律的通知》，牵头成立救灾监督检查组，深入基层检查、落实救灾工作，查处救灾工作中的违纪案件，严明救灾纪律，从而保证救灾工作的顺利进行。同时，狠抓用公款大吃大喝、挥霍浪费案件的处理，先后查处福路乡花庄行政村大吃大喝挥霍浪费的案件和羊山乡在核灾中违反规定摆酒席招待核灾人员的案件，遏制了吃喝浪费风气的蔓延。

1992 年 4 月，无为县各乡镇党的纪律检查委员会相继组建。县委陆续在县直党委等 5 个县直单位组建纪委。又在财政局、交通局等 21 个单位组建派驻纪检组，国税局、工商局等 9 个垂直单位设立纪检组。根据上级纪检监察机关要求，乡镇纪委书记由同级党委副书记担任。县直单位二级机构和行政村（社区）党组织相继设立专兼职纪检员。至此，无为县党风廉政和反腐败工作网络在各级党组织全面覆盖。

1990—1992 年，全县开展清理整顿党政机关干部违纪违法建私房工作，共清查了 3731 户，纠正处理 341 户，清退公房 552 平方米；没收私房 3 幢 9 间，计 245.3 平方米；收回非法占地 1.53 亩，收缴违纪资金 6.9 万元；立案查处党员干部违纪违法建房案件 30 件，处分党员干部 13 人，其中县处级干部 2 人，科级干部 4 人，对全县机关干部有一定的震动。

第二章　党的十四大精神的学习贯彻和经济的腾飞

1992年，无为县在全国一片改革的浪潮激励下，在邓小平南方谈话的指导下，县委、县政府针对自身存在的问题，诸如改革开放和经济建设步伐不够快，贫困落后的面貌还没有从根本上得到改变等，相继制定了《关于发展县级工业经济若干问题的暂行规定》等一系列重要文件。县委认真开展了后进党支部的整顿工作，提高了基层党组织的整体素质；培养、选拔和任用一批优秀的年轻干部，顺利地实现了新老干部交替和合作。无为县经过大刀阔斧的改革后，各级党组织的战斗堡垒作用得到加强。自此，全县上下解放思想，更新观念，自找差距，自我加压，迅速掀起了加快改革开放和经济建设的新高潮。

第一节　党的十四大精神的学习贯彻

1992年10月12日，中国共产党第十四次全国代表大会在北京举行。江泽民作了题为《加快改革开放和现代化建设步伐夺取有中国特色社会主义事业的更大胜利》的报告。大会做出了三项具有深远意义的决策：一是抓住机遇，加快发展，集中精力把经济建设搞上去；二是确定我国经济体制改革的目标是建立社会主义市场经济体制；三是提出用邓小平同志建设有中国特色社会主义的理论武装全党的任务。

一、中共无为县委八届四次全委会（扩大）会议

为了深入学习贯彻党的十四大精神，中共无为县委于 1992 年 11 月 2 日在无城召开第八届四次全委会（扩大）会议。会议的中心议题就是认真研究部署、学习贯彻和落实党的十四大精神。会议传达了江泽民在党的十四届一中全会上的重要讲话精神。县委书记喻晓在总结讲话中要求：第一，必须迅速把党的十四大精神传达到全体党员干部和群众，深刻领会十四大精神的实质。第二，认真组织党员干部学习十四大文件，迅速形成学习宣传十四大文件的热潮。第三，围绕十四大提出的“十大任务”，深入开展调查研究，围绕社会主义市场经济的建立，制定一系列政策措施，从整体目标和具体措施的结合上，解决“十大任务”在无为的具体落实。第四，以十四大精神为动力，努力抓好各项工作。要不断总结经验，推广乡镇企业的股份制，要学习和贯彻《全民所有制工业企业转换经营机制条例》，把企业推向市场，增强企业活力。国合商业要积极转换经营机制，走出困境。第五，围绕经济建设，始终坚持“两手抓”，把社会主义精神文明建设提高到一个新的水平。①

在邓小平南方谈话和十四大精神指引下，无为县委制定了一系列促进社会主义市场经济发展的政策措施，《关于发展县级工业经济若干问题的暂行规定》《关于二坝经济开发区优惠政策以及建立沿江经济带的决定》等文件相继出台，激发了全县广大干部和群众进行社会主义现代化建设的积极性和创造性。在这一年里，全县不仅加快了交通、邮电、供电、自来水等基础设施和无城地区市政建设，优化了改革开放的硬环境，而且还千方百计地争项目、引资金、寻人才，促使县级工业和乡镇企业出现了超常规发展的好势头，整个无为大地呈现出一派勃勃生机。②

---

① 县委办文件汇编，无为市档案馆，1992 年度，永久，案卷号〔808〕，第 22 页。

② 中共无为县委党史研究室、政协无为县文史委员会编，《中国共产党无为地方史（1921—2001）》，准印证号皖内部图书 2002—027 号，第 399 页。

二、民营经济快速发展

邓小平南方谈话精神传达后，县委、县政府及时召开了全县经济工作会议，研究制定在治理整顿中保持民营企业发展的具体办法。与此同时，县委、县政府印发了《关于认真贯彻落实中央〔92〕2号文件的意见》，要求解放思想，更新观念，开展“改革在深入，我们怎么办？”的大讨论，在广大干群的脑海里形成了“早改革主动，迟改革被动，不改革就没有出路”的共识，并做到敢闯、防“左”、求快，敢于破除不利于生产力发展的旧本本、旧观念，从姓“社”还是姓“资”的束缚中解放出来，开拓进取。此后无为民营经济发展得到迅速回升，到1992年底，全县个体工商户达26250户，从业人员42784人，注册资本4444万元；私营企业5户，从业人员50人，注册资本60万元。

为了建立社会主义市场经济体制，县委、县政府从加快市场建设着手，于1993年6月18日印发了《关于加快市场建设的决定》，以建设市场为导向，就放宽个体、私营经济的经营对象、范围、场所、信贷、税收等作出了明确规定，“坚持国家、集体、个体、私营、外资一起上，谁投资、谁所有、谁受益”，实行“欲取先予”的低税费培育政策，“各专业银行和城乡信用社对个体工商户和私营企业贷款，应同国有、集体企业一视同仁”。

与此同时，县委、县政府印发了《关于加快发展无为个体、私营经济的意见》，把发展个体、私营经济作为振兴全县经济的一项重要任务来抓，并就政策放宽、经营对象和范围、优惠政策、信贷、税收，以及政府如何对私营企业管理和服务等作了进一步明确的规定。推荐选举有能力、有贡献、守法经营的个体工商户、私营企业经营者当选人大代表、政协委员、劳动模范，做到“政治上给地位、政策上给鼓励、服务上给方便、发展上给支持、经营上给指导、法律上给保护”。同时，县成立发展个体、私营经济领导组，确定一名副县长分管此项工作。1993年12月28日，县委、县政府印发了《关于表彰全县先进个体工商户和私营企业者的决定》，授予骆先宾等46户“先进工商户”或“先进私营企业者”称号，对1992、1993年度纳税额2万元以上的9名先进个体户、私营企业者，各奖励“农转非”户口指标一个。

在县委、县政府一系列鼓励民营经济的发展政策性举措引导扶持下，无为个私经济快速发展。到1993年底，全县个体工商户达31765户，从业人员50445人，注册资金5193万元；私营企业44户，从业人员460人，注册资金266万元。

1994至1995年，县委、县政府千方百计为民营经济大发展营造良好的社会环境，掀起了新一轮发展热潮，全县民营经济进入到放手发展的历史阶段。该阶段主要呈现三个特点，一是由个体工商户经营向企业实体化经营发展。一些从事商品零售、交通运输的个体工商户，特别是20多万外出劳务大军，他们在经营中更新观念，获取信息，适应市场，将积累的资金集中起来，从三产向二产转移，投资建厂，兴办实业，两年中全县增加民营企业50家。二是由劳动密集型向高新技术型转变。民营企业在创办初期，以农副产品加工为主导，设备陈旧，技术落后，加工增值率低，劳动生产率不高。随着企业再生产能力的增强和经济利益的驱动，促使企业主或进行技改或重新选项，一大批科技含量较高、加工程度较深、附加值较高的民营企业应运而生。三是个体私营经济向股份制经济转化。一些个体小业主为了迅速集聚生产资本，扩大生产规模，提高产品质量，增强市场竞争能力，逐步合并为联合体，迈出了个体私营股份合作三大步。①

三、工业生产加速推进

1993年，工业生产仍保持着良好的增长势头。全年完成社会工业总产值15.9亿元，比上年增长47.8%。其中，乡及乡以上工业产值8.12亿元。全县国有预算内工业企业实现项目23个，完成投资4400万元，促使纺织、机电、建材、制药、油脂等支柱产业的规模进一步扩大，产品档次进一步提高，从而为全县工业的更快发展奠定了良好的基础。②

① 中共无为县委党史研究室编，《崛起——无为县改革开放三十年党史专题汇编（上卷）》《水击中流逐浪高》，内部资料，皖CH—2009—03号，第176、178页。

② 中共无为县委党史研究室、政协无为县文史委员会编，《中国共产党无为地方史（1921—2001）》，皖内部图书2002—027号，第406页。

四、乡镇企业稳步突进

1993 年，乡镇企业继续保持了超常规、跳跃式发展的强劲势头。全年总产值突破 18 亿元，其中工业产值 10.8 亿元。在工业产值中，乡办工业产值达 3 亿元。全县乡村集体工业企业入库税金 443.9 万元，增长 55.7%。无城、姚沟、白茆、牛埠已跨入产值超亿元乡镇行列；定兴、石门、龙庵、复兴、坝湾、城北、王福、凌井、老屋、赫店、前河、车门、金代等成为产值超千万元行政村；江坝油化厂、华海特种线缆厂、官镇羽绒厂、电线厂、铜材厂等已成为产值超千万元企业。全县乡村两级当年完成投资 4326.3 万元，一批重点骨干项目相继竣工投产。股份合作制企业已发展到 78 家，股金总额达 1622.9 万元，为全面推行股份合作制改革积累了经验。

五、商业流通形势向好

1993 年，流通企业进一步转换经营机制，大力开拓市场，加大商品流通量。全县社会消费品零售总额达 4.55 亿元，比上年增长 10%。市场建设步伐进一步加快，新建市场 5 处，扩建改建市场 17 处，总投资 290 万元。

第二节　中国共产党无为县第九次代表大会

全县人民在县委的正确领导下，认真贯彻党的十四大和十四届三中全会精神，以建设有中国特色社会主义理论为指导，抢抓机遇，自增压力，知难而进，加快发展，各项工作都取得了一定的成绩，顺利地完成了县第八届党代会确定的各项任务，无为步入了经济腾飞的新阶段。

1993 年 3 月 20 日至 22 日，中共无为县委第九次代表大会在无城召开，出席会议正式代表 397 名、代表全县 48400 名党员，县直机关负责人 109 人列席会议，驻城部分离退休老干部应邀参加开幕式。喻晓作《解放思想把握机遇肩负起历史重任为夺取改革开放和现代化建设的新胜利而奋斗》的工作报告，陈士宽致开幕词。大会认真讨论和审议了县委、县纪委工作报告并予以批准。大会选举产生由35名委员、4名候补委员组成的中共无为县第九届委员会。选出15人组成的中共无为县纪律检查委员会。在县委第九届第一次全委会上，选举产生县委常委10人，书记1人，副书记3人，喻晓为县委书记，陈士宽、张国泰、张丕盛为县委副书记，张志钧、董光枝、凌晨阳、许锦渊、赵成霞（女）、鲍华为常委。县人大常委会也同时进行第十二届、县政协进行第九届换届选举工作。

大会对过去的三年进行了全面认真地回顾，修改制定了此后五年的奋斗目标：到“八五”末，实现“332211”目标。即工业总产值达30亿元，其中乡及乡以上工业产值达20亿元；乡镇企业总产值达30亿元，其中工业产值达20亿元；财政收入达1亿元，农民人均纯收入达1000元。

到1997年，全县国民生产总值达到38.8亿元，五年平均递增24.4%；工业总产值达到47亿元，五年平均递增34.2%；农业总产值达到13亿元，五年平均递增6.8%；乡镇企业总产值达到50亿元，五年平均递增42%；第三产业占国民生产总值的比重进一步提高，财政收入达到1.5亿元，五年平均递增25.7%，全县人口自然增长率控制在14‰以内；农民人均纯收入达到1500元。人民群众的精神生活更加丰富，社会化服务体系基本完善，各项社会事业进一步发展，为21世纪全面实现小康宏伟目标奠定坚实的基础。

会议之后，全县各单位、各乡镇严格按照县委要求，各司其职，兢兢业业地努力工作，各项任务都达到预定的目标。1993年，全年国内生产总值18.19亿元，比上年增长15.21%。全县呈现出经济发展、市场繁荣、社会稳定的新局面。[①]

一、社会主义市场经济体制的推进

建立社会主义市场经济体制，是我国社会基本经济制度确立后的又一场革命。县第九次代表大会后，无为县委进一步加大改革力度，从无为实际出发，紧紧抓住以下关键环节，务求取得突破性发展。

---

① 中共无为县委党史研究室、政协无为县文史委员会编，《中国共产党无为地方史（1921—2001）》，皖内部图书2002—027号，第405页。

（一）深化农村改革。进一步深化农村经济体制和经营体制改革，完善以家庭联产承包责任制为主的责任制，建立健全和完善统分结合的双层经营体制，积极发展多种形式的社会化服务体系。发展产供销一条龙、贸工农一体化的经济实体，在农民自愿的基础上，因地制宜，逐步提高农业集约化水平，促进无为农村经济持续稳定地发展。

（二）深化企业改革。县委全面贯彻《全民所有制工业企业转换经营机制条例》和《全民所有制商业企业转换经营机制实施办法》，进一步落实企业自主权；在加快政府职能转变的同时，进一步推进企业内部管理制度改革，全面推行三项制度和“四放开”改革，实行全员劳动合同制、干部聘任制和工资奖金浮动制，建立起职工能进能出、干部能上能下、收入能高能低的激励机制和约束机制；坚持和完善厂长负责制，调动广大职工的积极性和创造性；深化产权制度改革，在推行股份制上进行突破，并不断总结经验，使其向规范化发展。支持和鼓励企业按照生产要素优化组合和组织结构合理调整的要求，组织企业和集团，提高规模经济效益。

（三）推进机构改革。党政机构改革以适应社会主义市场经济发展的要求为目标，转变职能，理顺关系，精兵简政，提高效率。转变政府职能，推进机构改革是建立新经济运行机制的关键。转变政府职能的根本途径是实行政企分开。各级政府及其职能部门按照建立社会主义市场经济体制的要求，更好地把宏观调控以及协调、服务、监督工作担当起来。按照“精简、统一、效能”的原则，在界定部门职能的基础上，采取“撤、并、转、分、改”等措施，加快职能转换。尤其进一步拓宽机关富余人员分流的路子，引导他们走出机关，创办经济实体，投入经济建设的主战场。

（四）推进财政体制改革。建立健全乡级财政，实行“分灶吃饭”，乡镇实行“划分收支、收支挂钩，收入递增、超基数分成”的包干办法。县直机关实行行政事业费“确定基数、包干使用，专项经费、切块包干，增人不增资、减人不减资”的办法。

（五）推进一系列配套改革。改革是一项系统工程，在突出重点、抓住关键环节的同时，加快教育体制、计划体制、外贸体制、金融体制、物资体制以及待业养老、医疗卫生、保险、住房等一系列社会保障制度改革和配套变革，形成全方位、大力度的改革新局面。

在加快经济建设步伐的同时，加强社会主义精神文明建设和社会主义民主与法制建设，坚持“两手抓、两手都要硬”，为经济建设和改革开放创造良好的社会政治环境。

二、农业种植结构的调整

随着农村改革的不断深入，市场经济体系的逐步建立，如何适应市场需求，进一步提高种植效益成为农业产业结构调整的主旋律。为了适应新形势的要求，寻求农业结构调整方向和切入点，无为在认真总结第一次战略性调整经验的基础上，确立了以优质、高效为主攻方向的指导思想，提出了“稳油、扩棉、兴菜”的结构调整战略。在棉花生产上，制定了“由堤外（长江大堤）向堤内，由沿江向内圩，由东乡向西乡辐射”的扩展规划，大面积实施“水改旱，稻改棉”，全面推广“棉油连作，两育两栽”及其配套栽培技术。1990 年，县优质棉产业协会、农学会和农机协会首次推广中科院盛承发教授的棉花“前期少施肥、早摘蕾”新技术，在全县推广 2.4 万亩，占全县棉花种植面积 30%，共计增产 2839.6 公斤，获安徽省农技推广三等奖。县优质棉花产业协会积极开展良种引进、技术示范、技术承包和技术培训，共推广良种面积达 35 万亩，为棉农增收达 3 亿元。他们还发明了“棉花移钵器”获得国家专利，引进的棉花“两无”栽培技术（无土育苗、无载体移栽），填补了安徽空白。从 1991 年起，全县棉花种植以每年 5 万亩左右的速度递增。到 1993 年，全县棉花面积、总产跃居全省首位。1995 年，棉花总产列全国百强县第七位，全县棉花种植业产值达 5.3 亿元，占整个种植业产值的 26.8%，棉花已成为全县农业的一张王牌，在全省占有重要位置，在全国享有盛誉。在蔬菜生产发展上，坚持以科技为先导，发展间作、套种、立体高效种植，变种植业的“三低”（土地利用率低、耕地产出率低、劳动生产率低）为“三高”，逐步实现种植业从粗放经营向高效农业转变。被安徽省委书记卢荣景誉为“农业状元”的白茆镇，全镇6.5万亩耕地，蔬菜面积达4.8万亩，复种指数达270%，全镇亩均产值超过2500元，并创造出了以棉花、蔬菜为主茬的10余种间作套种立体高效种植模式，形成了大蒜、马铃薯、辣椒、番茄、乳瓜、生姜等各具特色的蔬菜经济小区。与此同时，全县组织“东菜西进”，将沿江高效种植向内圩及丘陵山区辐射，在丘陵乡镇推广“三早”（早花生、早毛豆、早玉米）农业，开展蔬菜“百棚竞赛”（每乡镇新增蔬菜大棚100个）和“双百双比”（100亩蔬菜、100个大棚，比产量、比效益）活动，使保护地栽培由东乡向西乡推进速度加快，实现了大棚蔬菜、地膜马铃薯过大堤、跨西河的目标，实现了全县蔬菜生产由小而散、常规种植，向区域化种植、规模化经营和名优品种、反季节菜的转变，逐步建成了马铃薯、大蒜、葡萄、乳瓜、佛手瓜、西洋芹等为主的名优特蔬菜小区。1995年，全县经济作物面积达141.3万亩，经济作物比重首次超过粮食作物，提前实现了“人均一亩经济田”的目标。[①]

三、劳务输出促进无为人民生活的改善

改革开放以后，随着农村富余劳动力的增加和家政服务业的迅速发展，无为除乡镇企业吸纳部分剩余劳动力外，全县约有10多万劳动力自发外出务工，从事行业由家政保姆发展至建筑、食品加工（板鸭）等。1991年以后，无为劳务输出数量越来越多，规模越来越大，所从事的行业也不断拓展，其中主要从事纺织、驾驶、修理、食品加工、建筑安装、营销、承包土地以及其他服务业等。到1993年9月，据统计，劳动力转移总数18.35万人，占全县农村劳动力总数的28.5%，占富余劳动力总数37.1万人的49.5%。其中：县内转移3.54万人，县外转移14.81万人。

县政府根据劳务需求的对象和特点，利用劳动部门的教学、培训设施，对劳务人员开展有针对性的培训，提高劳务人员务工技能。县劳动部门每年利用民工春节返乡的有利时机，到车站、码头、集镇、乡村广泛宣传劳动输出有关政策和

---

① 中共无为县委党史研究室编，《崛起——无为县改革开放三十年党史专题汇编（上卷）》《向优质高产高效农业进军》，内部资料，皖CH—2009—03号，第70页。

信息。劳动服务部门为了对群众负责，严把输出关，“按需发卡、先卡后证、证卡合一”（即服务卡与劳工证）。要求外出人员务工一律到县、乡劳务市场登记办证。同时，对用工广告进行严格审核，未经劳动部门审批的广告不许张贴和播发，确保用工广告的真实有效。

县政府还千方百计为外出务工人员着想，每年都到务工人员比较集中的北京、上海等地召开座谈会，了解务工情况，帮助解决问题，逢年过节还向外出人员发出慰问信。县计生、劳动部门每年分 3 次到育龄妇女比较集中的地方，“上门”开展妇检，减轻育龄妇女回乡妇检的经济负担。①

在无为外出务工经商的人员中，仅北京就占六成以上，占安徽省在北京劳务大军的一半以上，占全国各地在北京的劳务大军的 10% 以上。无为进京民工已融入了北京人的生活之中，首都人民的衣食住行离不开以无为人为代表的劳务大军。在北京打工的汤沟镇姚桥村农民刘朝虹，有了资金、技术后，独自兴办家具厂，许多外国驻华使馆和高档豪华饭店纷纷向他订货，供不应求。1992 年，刘朝虹还在人民大会堂召开一次家具销售新闻发布会，外商对该厂家具赞不绝口。北京电视台的装潢由无为建筑队独家承担。上海市第四建设公司和上海市第七建设公司都将无为作为他们的建筑基地县，可谓“全国东南西北中，都有无为人打工”。

无为外出劳务者带去的是辛苦，而带回来的却是财富。据县邮电局 1992 年统计，仅到北京的务工人员通过邮电局汇回无为汇款就达 2.4 亿元。1993 年，在全国各地制作无为板鸭者通过邮局寄回无为羽绒厂的鸭鹅绒（即鹅鸭翅膀下的细绒，是制作高级羽绒服装的上等原料）邮包就有 13 万件，每件 15 公斤，总计 195 万公斤，按每公斤均价 140 元计算，折合人民币达 2.7 亿元。

无为县劳务大军经历了“挣钱填肚子、攒钱盖房子、集资建厂子”三部曲。汤沟镇姚桥行政村有一个 14 户的湛村，这时家家建楼房，人称“楼房村”；还有一个 13 户的直埂村，家家买彩电，人称“彩电村”。截至 1993 年底，全县外出劳务人

---

① 中共无为县委党史研究室编，《崛起——无为县改革开放三十年党史专题汇编（下卷）》《把劳力资源变成财源》，内部资料，皖 CH—2009—03 号，第 678 页。

员回乡办企业34家，为家乡致富和剩余劳力转移起到了不可估量的作用。[①]

第三节　无为经济的起跳

1994年，县委根据邓小平同志建设有中国特色社会主义理论和党的十四大、十四届三中、四中全会的精神，领导全县人民认真贯彻“抓住机遇、深化改革、扩大开放、促进发展、保持稳定”的方针，全县经济持续高速增长，改革开放取得了新的进展，社会各项事业有了长足进步，社会主义精神文明建设进一步加强，顺利完成了1994年的各项任务，各项经济指标都不同程度地突破。但是，县委深刻剖析工作中的成绩与不足，找到工作中还存在的许多不尽如人意的地方，诸如：县级经济总体实力仍然不强，经济运行的质量有待提高，外向型经济严重滞后，一些特困企业职工生活和贫困地区的农民生活还相当困难，肉、菜等副食品价格高于周边地区。全县有15个乡、镇，52个贫困村，计36万群众还没有脱贫，1994年无为县被确定为国家级贫困县，当年9月，无为县被确定为全国政协办公厅定点帮扶县。社会治安状况也有待加强，基础设施薄弱，尤其是城镇建设和管理亟待改善等等。为了切实有效地解决这些问题，县委根据巢湖地委、行署的总体思路和战略部署，着力实施五大战略、进行五项改革、抓住五项工程、强化五条措施，促进了各项工作的全面腾飞。

一、高位启动经济发展五项战略

（一）开发战略。一是资源开发。无为县自然资源十分丰富，必须通过系列开发利用，发展最终产品，提高附加值，形成产业链。在矿产开采上，现有的煤矿、铜矿和水泥生产进一步扩大规模，形成西南乡独特的经济优势。石油、天然气的开发，主要是积极争取国家尽快投资勘探开采，形成资源优势。农副产品加

① 中共无为县委党史研究室、政协无为县文史委员会编，《中国共产党无为地方史（1921—2001）》，皖内部图书2002—027号，第409页。

工业，除继续抓好棉油粮菜的深度加工外，主要是大力发展襄安织席和泉塘荸荠系列产品开发。二是地缘开发。重点是沿江、沿山、沿公路的“三沿”开发。沿江地区开发结合长江经济带的建立，着重在高效农业、运输业、仓储业和港口建设上下功夫，同时完善和新建刘渡木材市场、白茆蔬菜批发市场、二坝物资市场等，使沿江经济全方位的快速发展。沿丘陵山区开发，在加快公路、电力、水利等基础设施建设的同时，进一步探明和开发地下矿藏，大力发展经果林和畜牧业，使这些地区尽快脱贫致富。巢无、军二、后河公路等沿线集镇，按照集镇建设、市场建设、经济开发区和工业小区建设“三位一体”的要求，重点发展高新技术产业、外向型经济和区域经济，带动整体经济的起飞。三是人才开发。认真贯彻“尊重知识，尊重人才”的方针，进一步创造人尽其才、人才辈出的社会环境和规范制度，大力改善他们的工作和生活条件，鼓励和支持他们在改革开放和现代化建设第一线建功立业。加强与国内外无为籍各界人士的联络，争取他们对家乡建设的关心和支持。四是加快工业小区和经济开发区的建设。凡产值达到5000万元、利税达到500万元的工业小区，由县政府统一验收统一挂牌。二坝经济开发区抓住芜湖长江大桥兴建的机遇，加快开发进度。无城经济开发区启动建设。

（二）科教战略。科技进步是最重要的经济增长点。牢固树立起“科教兴县”的思想。农业方面切实围绕发展“一优两高”农业，健全和完善科技服务网络，继续开展科技集团承包，通过培育示范点、开辟示范片、建立农业经济小区等多种形式，开展“双千亩”“万元亩”活动，加快科技引进和推广步伐，提高土地的产出效益。工业上围绕提高产品档次和经济效益，瞄准国内外先进水平，集中资金加快技术改造，提高装备水平和工艺水平，积极开发高科技含量、高附加值、高效益的产品，不断提高企业的科技素质。教育适应培养跨世纪人才的需要，在进一步强化“两基教育”的同时，大力发展职业教育和成人教育。认真贯彻落实县委、县政府《关于加快教育改革和发展的决定》《关于努力增加教育投入建立人民教育基金的决定》，加大对教育的投入，努力改善办学条件，逐步建设一批合格、规范和示范学校。努力提高教师的政治待遇和生活待遇，在全社会进一步形成尊师重教的良好风尚。

（三）外向战略。实行外资、外贸、外经、外事“四外”并举，加快对外开放步伐。一是正确处理眼前利益与长远利益的关系，学会算大账、算活账、算长远账，借鉴外地成功经验，实施“低门槛”政策，改善投资环境。抽调部分素质高、能力强、形象好的同志合署办公，一个“窗口”对外，宽审批，重管理，吸引外商来无为县投资兴业。二是通过组团访问、民间往来、召开经济技术洽谈会和项目发布会，以及扩大对外宣传等多种形式，大力开展招商引资活动。1994 年，全县“三资”企业达到 20 家，引进利用外资 500 万美元以上。三是着力抓好一批外贸出口企业，全年出口创汇总额超 150 万美元。

（四）集团战略。以现有骨干企业为龙头，通过扩大规模形成系列、配套延伸等措施，打破所有制和行政区域限制，加快组建企业集团。尤其利用无为县棉花资源优势和现有纺织工业基础，形成以骨干企业为龙头、以产权关系为纽带，从轧花到纺织、印染、服装一条龙的集团化纺织城。机电行业、建材行业争创条件，通过集团化联合，进一步调整企业的组织结构和产品结构，扩大优势，形成拳头，增强实力。同时，通过创立名牌产品，培育名牌企业，力求产生名牌效应。

（五）一体化战略。一是城乡一体化。小城镇建设坚持科学规划、合理布局、政策引导、逐步实施的原则，对原有的规划进行适度调整，突出市场建设和工业小区建设，引导农民建镇兴市。无城总体规划，扩大规模，提高档次，增强综合功能，构筑起初具规模的城市框架，为撤县建市打下基础。二是贸工农一体化。根据区域经济特点和独特优势，围绕主导产业建立龙头企业，以龙头带动基地建设，以基地连接千家万户，加速贸工农一体化进程。三是科工贸一体化。所有企业着力攀高亲，利用自己的生产经营龙头作用与科研单位的技术、人才优势有机结合起来，形成三位一体的新型格局。

二、深入推进经济五项改革

（一）产权制度改革。以企业产权制度改革为突破口，积极探索建立现代企业制度的有效途径，把企业的改制、改组、改造和强化内部管理，同解决重点难点问题结合起来，大力推行股份合作制和组建有限责任公司，通过存量出售、嫁接改造、抽资租赁、融资赎买等各种有效方式，提高国有资产运营效益。国合商业进一步巩固完善“社有民营”“公有民营”以及各种形式的承包责任制，加强监督管理，避免国有资产流失。同时，积极创造条件发展连锁商业，推动国合商业经营模式和管理方式的现代化。

（二）土地制度改革。首先，实行农村土地承包制度改革，以提高土地集约化经营程度和综合利用率。其次，深化土地使用制度改革，强化政府对土地一级市场的垄断，培育和发展土地市场，扩大土地使用权出让范围。凡商业、金融、娱乐、旅游、商品房和涉外工程用地，全部采用有偿出让方式，并逐步招标拍卖。同时，继续推行建设用地“统一规划、统一征地、统一开发、统一出让、统一管理”的管理制度，使之逐步走上法治化、规范化、科学化的轨道。

（三）乡镇企业管理机制改革。坚定不移地推进乡镇企业的发展，确保乡镇企业长盛不衰。乡镇企业按照市场经济规律，建立和完善运行机制。新上项目以股份制形式运作，严防旧体制回归。积极为乡镇企业保驾护航，保证企业法人行使经营和决策自主权。凡年产值达千万元的重点企业，实行县乡两级双重管理，企业主要负责人由县政府任免，并签订经营目标管理责任书，以强化对企业的宏观管理。

（四）社会保障制度改革。首先，重点加大实行企业养老保险和失业保险工作力度，在巩固国有企业职工保险成果的同时，增强社会统筹的调剂功能。其次，大力发展集体企业职工保险和个体经济保险，尽快把养老保险的覆盖面扩大到所有职工。再次，进一步扩大农村养老保险范围，鼓励行政村干部、乡镇企业职工、民办教师和广大农民群众参加投保，切实解决农村老有所养的社会问题。

（五）其他配套改革。按照社会主义市场经济体制的要求，进一步落实和完善各项配套改革措施。政府机构改革目标是转变政府职能，落实“三定”方案，建立健全各项规章制度和运行机制，提高政府机关的办事效能。其次是积极探索医疗保险制度改革，走社会统筹和个人账户相结合的路子。同时，继续深化住房制度、户籍制度等各项改革，适应社会主义市场经济体制的建立和发展。

三、全力实施经济发展五项工程

（一）富民奔小康工程。按照县委、县政府既定的小康标准，1995 年全县农村户均增加纯收入不低于 600 元，力争三分之一的农户增加 1000 元以上，村级集体收入增加 2 万元以上。为实现上述目标，县委抽调大批得力干部深入农村，逐户逐村算细账、列计划、定措施，并层层建立责任制，紧抓不放，调动千军万马来实施这项利国利民的工程。县委、县政府还选择部分行政村开展“双十活动”，即同心、革古、双泉等 10 个贫困村的脱贫致富，龙庵、定兴、董桥等 10 个村的“两个文明”建设。同时，还大力推进“少生快富”活动，把计划生育工作融入奔小康系列工程中。通过结对帮扶、创办计生户经济联合体等手段，引导和扶持计生户发展生产，发家致富，促进人口、经济、社区协调发展的少生快富良性循环体系。

（二）农业“一优两高”工程。加快发展开发性农业。大力发展棉、油、菜等高效经济作物，并逐步实现由传统的经济作物为主的二元结构，向新型的农牧结合的粮食、经济作物和饲料作物协调发展的三元结构转变，使无为县农业在更高水平上获得新的发展。继续抓好棉花和油菜发展。继续深入开展水产科技示范活动，重点扶持渔业致富带头人，扩大养殖规模，着力发展甲鱼、河蟹、珍珠、鳜鱼等名特优产品。重点实施林业综合开发，实现“122”计划，即建成经果林 1 万亩、改造茶园 2000 亩以上、开辟桑园 2000 亩。大力发展商品猪和草食型优良畜禽生产，实现“4515”计划，即生猪饲养量达 40 万头、草食型牲畜 50 万头、家禽 1500 万只。

（三）工业“龙虎榜”工程。县委规定，凡县内工业企业，包括国有企业、集体企业、乡镇企业、三资企业、私营企业产值超亿元、利税超 1000 万元，产值超 5000 万元、利税超 500 万元；凡乡镇综合企业产值超 5 亿元、入库税金超 2000 万元和综合企业产值超 2 亿元、入库税金超 800 万元；凡行政村村办企业产值超亿元、入库税金超 400 万元，和村办企业产值超 5000 万元、入库税金超 200

万元的分别荣登“龙虎榜”。对进入“龙虎榜”的单位和企业，县委、县政府召开表彰大会，并予以物质和精神奖励。1995年县级工业和乡镇企业的新上、技改投入约5亿元，重点抓好纺织厂两万锭、纺织分厂扩建、建陶厂技改、响山水泥厂扩建、官镇羽绒厂漂白生产线、太平水泥厂扩建、无城铜材厂紧固件、石涧化工厂PVC人造革、汽车冰箱、铜版纸等项目。对困难企业实行一厂一策，综合治理，面向市场，选准项目，抓好战略性调整，帮助企业从根本上走出困境。

（四）基础设施综合工程。公路建设加快实施“4235”规划，即围绕无城打开四门改造进出口道路；拓宽巢无路、军二路两条省道；逐步实现35个乡镇通油路。1994年内，重点完成城区进出口道路建设、牛土路9公里的省道改造；续建土襄油路27公里；铺筑西部老区油路42公里，其中无开路14公里、开六路10公里、严赫路18公里。无城老城改造继续坚持多形式、多渠道，加速西大街开发，拓宽北环路和北门工业干道，完善市政基础设施；新区建设结合无城经济开发区，加大力度，加快步伐，当年内完成“三通一平”。通信建设积极实施“两化、两线、一突破”的发展规划，实现农村端局数字化、全县乡镇程控化，建成无城通往东、西部两条光缆线，市话、农话放号突破4000部。供电建设主要完成西郊、二坝、牛埠三个变电所增容扩建和无城地区电网改造，新建高沟35千伏变电所，抓紧220千伏输变电工程开工。水利建设继续抓好防洪除涝、内圩治理，以及丘陵山区塘坝、抗旱站和人畜饮用水工程建设，进一步增强抗灾能力，改善农业生产条件。

（五）财政上台阶工程。全力组织财政上台阶，确保财政收入超亿元，并努力培植千万元和500万元的乡镇。为了实现这一目标，一是进一步树立“以财养税”的大财政观念，把财政工作的重点放到发展经济、培植财源上，依靠财政增收促进经济发展。二是努力探索财政管理新体制。1995年，在继续坚持“收支包干、分灶吃饭、量入为出、自求平衡”的基础上，选择部分乡镇进行建立乡级财政的试点工作，在确定上缴或补贴额度后，与县财政分级负责，激发乡镇培育新的财政增长点。对县直行政事业单位，继续严格实行“核定基数、超支不补”的办法，鼓励机关兴办实体，增加收入，弥补经费不足。三是严格税收征管，大力组织收入，努力做到应收尽收，严厉打击偷漏税行为，把该收的税及时足额地征缴入库，进一步强化预算外资金管理，确保财政上台阶工程顺利完成。

四、促进经济起跳五项措施

（一）进一步解放思想换脑筋。着力强化三种意识，一是强化大发展的意识。进一步清除小进即满、小富即安、小手小脚的“三小”思想，选择自己的赶超对象，奋力超越，力争上游，争取无为县经济以更快的速度前进。二是强化市场经济意识。坚决破除计划经济体制下所形成的怕担担子、怕冒风险、一“左”一“旧”、亦步亦趋的旧观念，按照“三个有利于”(即是否有利于发展社会主义社会的生产力，是否有利于增强社会主义国家综合国力，是否有利于提高人民的生活水平）的标准，树立敢当市场主角的主体意识，大胆地试，大胆地闯，大胆地干，闯出一个新天地，干出一番大事业。三是强化中心意识。坚决制止和杜绝“小中心”干扰“大中心”,“多中心”形成“无中心”的现象，进一步强化中心意识，围绕中心，服从中心，一心一意干中心，全力推进经济快速发展。

（二）进一步加大对经济建设的投入。一是对上多争取。尤其加大跑部跑省的力度，千方百计向上争取，按照国家产业政策，积极开发高起点、高效益、外向型的大项目、好项目，以项目争取国家扶持。二是对下多集资。1993 年底，全县城乡居民储蓄存款余额达到 3.7 亿元，外出劳务人员手中持有大量资金以及社会闲散资金，积极开展宣传，采取多种形式，吸纳这些社会资金用于无为建设。三是对外多引进。外资和港澳台资金的投向向中西部地区转移，由于无为地理位置较为优越和投资环境的逐步改善，引资的条件基本具备，关键是在发展“三资”企业方面下一番真功夫。同时，寻觅新渠道，在利用国外政府和银行贷款上取得进展。随着沿海产业结构的调整，通过大搞内联协作，吸纳资金。四是对内多管理。纵观全县不少企业资金利用率很低、沉淀资金较多的状况，县委、县政府规定，各企业要强化资金管理，大力压缩不合理资金占用和不合理开支，努力提高产品销售率和资金利用率，用好用活每一分钱，使有限的资金发挥最大的效益。

（三）进一步造就宏大的企业家队伍。培养、选拔和招揽优秀的企业家是经济发展的一个重要课题，迅速建立起三种机制，招揽可造之才，为经济建设服务。一是建立健全竞争机制。主要是破除传统观念，按照企业规模、经营效益、资产增值等指标，来确定厂长（经理）的社会地位和经济待遇。对厂长（经理）的选用，逐步面向社会公开招聘，实行公平竞争。二是建立激励机制。对做出突出贡献的给予重奖，特别优秀的授予“优秀企业家”的称号，享受政府津贴；实行职务上挂，做到既给“票子”又给“位子”，以形成积极进取、你追我赶的新局面。三是建立管理机制。主要是通过学习、考察、深造等多种形式，注重建设具有创业精神、奉献精神、驾驭市场经济能力和特别能奋斗的领导班子。

（四）进一步建立健全项目工程责任制。县委、县政府规定，凡属重点工程项目，首先落实到县六套班子领导成员，做到人人肩上有担子，年终严格考核，奖惩兑现。乡镇的工程项目责任到人，一包到底，抓出成效。县直各部门的负责同志既参与县里重点工程项目建设，还制定和实施各自的工作目标。业务工作考评时看省、地位次及基层的评价，给予褒贬。

（五）进一步优化经济建设的社会环境。强化社会治安综合治理，继续集中整治农村社会治安，打击农村地痞村霸和赌博、诈骗等各类犯罪活动；集中清理整顿音像及各种文化市场，开展“扫黄打黑”斗争，保持全县治安形势的基本稳定，进一步营造有利于改革开放，有利于经济建设的舆论环境。

第四节 “八五”建设的硕果

1995年，无为县再次遭受了历史上罕见的洪涝灾害，在上级领导和县委的正确领导下，全县人民认真贯彻邓小平南方谈话和党的十四大精神，解放思想，坚定信念，百折不挠，迎难奋进，不仅迅速医治了自然灾害所造成的创伤，而且一鼓作气把无为推上了发展的快车道，顺利地实现了经济第一次跨越的奋斗目标，圆满地完成了“八五”计划提出的各项任务。可以说，“八五”期间是无为历史上经济和社会发展最快、最好的时期之一，为实现跨世纪宏伟蓝图奠定了良好的基础。

一、全县经济活动显著增强

1995 年，无为县主要经济指标增幅高于全省平均水平，财政收入、城乡居民收入基本同步增长。全县国内生产总值由 1990 年的 10.41 亿元增加到 1995 年的 34.15 亿元，按可比口径，年均递增 15.4%，其中 1995 年比上年增长 18.4%，全县国内生产总值已于 1994 年提前 6 年实现翻两番，人均国内生产总值于 1995 年实现了翻两番的目标。农业总产值由 8.81 亿元增加到 13.67 亿元，年均递增 9.2%，其中 1995 年比上年增长 15.6%；工业总产值由 6.97 亿元增加到 42.29 亿元。乡镇企业总产值由 4.27 亿元增加到 56.82 亿元，年均递增 67.8%，其中 1995 年比上年增长 72.4%。财政收入由 4523 万元增加到 1.25 亿元，年均递增 22.6%，其中 1995 年比上年增长 37.3%。农民人均纯收入由 591 元增加到 1196 元，年均递增 15.1%，其中 1995 年比上年增长 35.9%；城乡居民储蓄存款余额由 1.58 亿元增加到 9.03 亿元，年均递增 41.8%，其中 1995 年比上年增长 44.8%。社会消费品零售总额由 3.4 亿元增加到 7.4 亿元，年均递增 16.8%，其中 1995 年比上年增长 28.8%。通过有效实施乡镇企业发展工程，全县涌现了综合产值超亿元的乡镇 18 个，其中无城镇突破 10 亿元，高沟乡达 6 亿元；超千万元的行政村 45 个，其中定兴、董桥行政村分别突破 1 亿元，超千万元的乡镇企业 30 个，其中江坝油化厂突破 1 亿元，在全地区乡镇企业中率先实现产值超亿元。1995 年全县 40 个特困村有 9 个村实现了脱贫。全县农民人均纯收入 1196 元，比 1990 年翻了一番，1995 年农民人均生活消费支出为 902 元，农民户均住房面积 77 平方米，其中户均拥有钢筋砖木结构住房面积 65.5 平方米。自 1992 年以来，共有 26 万人摆脱了贫困，部分群众已过上富裕生活，为实现小康目标奠定了坚实基础。

1995 年，县委始终坚持以改革促发展，不断实现经济的新跨越。以建立现代企业制度为主要内容的企业改革，在制度创新、转换机制上进展明显，全县股份合作制企业 292 家，占国有集体企业的 26%，新办企业 70% 以上以股份合作制形式组建，各种形式的经济技术联合越来越普遍。土地制度改革全面推行二轮承包，通过对土地的适度调整，有效地提高了土地的集约化经营程度和综合利用率，并逐步培育和发展了土地流转市场。1996年，无为县土地局获全省土地管理系统先进集体荣誉称号。乡镇企业着力完善企业运行机制，使机制灵活的优势进一步得到发挥。社会养老保险制度改革力度进一步加大，有效地增强了社会统筹的调剂能力。乡镇财政管理体制改革，增强了对农民负担的监控能力，提高了资金的运行效率，调动了各地多收超收的积极性。住房制度改革迈出新步伐，“合作建房”达300余户，归集建房款1200多万元，缓解了干部、职工住房紧张状况。同时，用人制度改革、公费医疗制度改革、公费电话制度改革、外贸体制改革等，都取得了积极明显的成效。全县对外开放迅速推进，“八五”期间，全县累计外贸出口供货总额达1.2亿元，兴办“三资”企业15家，投资总额1.81亿元人民币，其中引进外资608万美元。无为与沿海及发达地区的经济技术合作有所加强，先后与北京市昌平县，江苏省江都市、句容市，福建省福清市，河北省赞皇县，新疆维吾尔自治区鄯善县等结为友好市县，扩大了无为的知名度，促进了无为外向型经济的发展。

二、经济结构不断改善

“八五”期间，由于大力调整经济结构，在国内生产总值中，一二三产业比重由1990年的62∶27∶11逐步优化，二三产业份额逐年上升，经济结构逐步趋于合理，1995年达到51.6∶29.7∶18.7。在农业内部，种植业方面，由于实施“稳定粮食、主攻棉花、发展油菜、扩种蔬菜”的战略，在绝不放松粮食生产的前提下，棉、油、茶、荸荠、席草等高效经济作物得到大力发展。1995年，全县粮食播种面积123.2万亩，粮食总产达44.9万吨，与1994年基本持平，列全省第27位；油料总产6.96万吨，比1994年增加2.16万吨，总产量列全省第一、全国第二；棉花播种面积47.2万亩，比上年扩大7.4万亩，总产3.58万吨，较1994年增加0.61万吨，总产量居全省第一、全国第六；蔬菜、席草、荸荠等其他经济作物面积达20万亩以上，比上年产量、效益都有明显提高。全县经济作物发展到125万亩，亩产值在2000元以上的高效种植面积达45万亩。水产养殖方面。除长江水域外，全县共有内陆水面26.7万亩，其中可养水面21.4万亩，水面约占全县耕地总面积的15%。另有海拔7米以上的低洼易涝农田15万亩，部分可用来开挖精养鱼塘，发展特种水产养殖。到1995年底，全县共开挖精养鱼塘1.7万亩，泥汊镇开挖精养鱼塘面积和质量居全地区之首。珍珠、甲鱼、河蟹、青虾等特种水产养殖面积不断扩大。1995年全县渔业总产值2.17亿元，占农业总产值的16.2%，1994、1995两年分别获省渔业致富工程二等奖和一等奖。林业方面，消荒成果进一步得到巩固，平原绿化成绩显著，顺利通过省平原绿化达标验收。1995年底，被林业部评为“平原绿化先进县”。全县有林地面积29.7万亩，其中用材林20万亩，防护林2.1万亩，经济林3.4万亩，竹林1.4万亩，其他林2.8万亩。活立木蓄积量95万立方米，森林覆盖率16.6%。1995年，开始实施第二次林业创业计划，当年完成春季造林2.2万亩。畜牧业方面，商品猪生产得到稳步发展，以草食为主的鸵鸟、菜牛和七彩山鸡等畜禽养殖逐步展开，1995年全县生猪饲养量达30.8万头，家禽饲养量1025万只。在工业内部，县委紧紧抓住现有骨干企业，发展强项，形成拳头，上规模、上档次、上水平，培育优势产业，取得了初步成效。1995年，县纺织工业集团经地区批准运行。同时，县委、县政府还成功地进行纺织厂、二纺厂、建陶厂、响山水泥厂的技改扩建，新上了具有一定科技含量的官镇羽绒厂漂染生产线、十里墩汽车冰箱等项目。特别是纺织、漂染、服装行业一大批项目的投资兴建，使无为县棉花资源得到有效地开发利用，促进了全县纺织集团的形成。“八五”期间，全县社会固定资产投资累计完成19.42亿元，比“七五”时期增加了3.5倍，年均增长速度达35.1%，投资规模不断加大，投资结构趋向合理。“八五”期间，仅工业技改投入就达9.8亿元，新增产值21.6亿元。全县基本形成了纺织、机电、建材、医药化工、食品饲料和矿业开采等六大支柱产业。1995年，全县新上和技改投入总量达6.97亿元，比上年增加2.30亿元。其中，基础设施建设完成投入1.31亿元；县级工业新上和技改18项，完成投资1.36亿元；乡镇企业新上和技改638项，完成投资

3.66亿元。[①]

三、基础设施不断完善

“八五”期间全县交通建设取得快速发展，先后投资1.1亿元，铺筑油路210.5公里，是“八五”之前全县油路总长的三倍多。仅1995年就铺筑油路92公里，巢无路、军二路拓宽改建拉开序幕。1995年，全县共收取公路集资款1500.26万元，其中用于西部老区油路、巢无路改线一期工程7公里，按一级线型、二级公路设计建造；巢无路改线二期工程全长17公里。军二路东段无城至二坝的“通江大道”按一级线型要求设计，1995年完成初步设计工作，上报立项。1995年，全县通车里程1150公里，其中油路266公里，砂石路884公里。城镇建设取得进展，县城内先后拆除房屋11万平方米，仅1995年就拆除房屋5万平方米。老城四门打开，四门道路拓宽改建工程基本完成；新城开发初见成效，实施二环路、新宾馆、二水厂、西苑山庄安置小区等一批大工程。沿江经济带的泥汊、高沟、姚沟等工业小区与集镇规划建设相结合的一批新型集镇茁壮崛起。

通讯建设突飞猛进。1995年末全县邮电固定资产总值达5000万元。无城程控电话由1993年5000门发展到15000门容量，市话用户达7000户。35个乡镇全部实现交换程控化，233个行政村也开通了程控电话。截至1995年底已铺设无城至乡镇光缆近190皮长公里、巢无长途光缆75皮长公里。拥有移动电话“大哥大”用户350个、无线寻呼2500户，并实现了部分“大哥大”全国漫游和BP机自动寻呼，还为金融等部门微机联网办理通存通取业务提供了方便。全县建邮电局、所52处，其中自办局、所18处，邮电局、所布局更趋合理。综合通信能力显著增强，邮路总长1651公里，农村投递线路总长3284公里，邮电主要营业窗口基本实现电子化，拥有各种款型微机30余部。邮电部门还拓宽新的业务市场，扩大服务范围，1995年底实现储蓄余额趋5000万元，邮政特快、商包等业

① 中共无为县委党史研究室、政协无为县文史委员会编，《中国共产党无为地方史（1921—2001）》，皖内部图书2002—027号，第423页。

务蓬勃发展。

供电建设效果明显。1995年底全县拥有直管110千伏线路3条、117.2公里，35千伏线路21条、276.3公里，10千伏线路2104.8公里，低压线路8850公里。全县电源由两路110千伏线路和两路35千伏线路供电，可供容量为109900千伏安。已运行的110千伏变电所2座，35千伏变电所28座，10千伏配电变压器2145台，农村低压电网质量不断提高。

“八五”期间，全县共投入资金347万元，全力以赴解决远离电网、地理环境差、交通不便的农村用电问题，整改低压线路1787.1公里。1995年底，位于长江中心天然洲两个行政村通电，宣告无为提前两年完成省政府提出的消灭“无电村”任务，村通电率100%，户通电率99.7%。全县农田有效排灌面积121.5万亩，占耕地面积的90.9%。全县人均用电量181千瓦时，农村人均用电量133千瓦时。

为实现电力调度通讯现代化，1995年开通了无为至襄安110千伏载波通道，组成了400MHZ、150MHZ两套无线通讯网，完善了对所辖变电所的通讯手段，形成了具有无线、载波、内线及市话的独立通讯网。

随着经济的迅速发展，无城电网改造工程于1995年开始实施，220千伏无为输变电工程已在实施，1997年底投入运行，新电力调度大楼建成。这些工程的建成从根本上改善了全县用电状况，提高供电的可靠性。

水利基础产业不断得到强化。“八五”期间累计投资6985万元，完成凤凰颈站建设、西河整治、无为大堤加固等一大批重点工程；顺利实施了排灌站建设两个3年规划，兴建排灌站94座，装机274台、22681千瓦，有力地增强了农业生产的抗灾能力。1995年，全县三秋穿插战和冬修共完成土方1603万立方米，特别是冬修，实行人机结合，实施万亩圩口达标，大兴山塘水库修建，狠抓15项重点工程，并基本完成。“八五”期间，全县连续五年被评为省水利建设先进县，并连续三年获省水利建设一等奖，被国家确定为水利示范县。全县现有固定排灌站260处，其中电站230处，基本实现机改电，排灌装机总容量62332千瓦，总流量513立方米每秒。有效灌溉面积121.79万亩，旱涝保收面积105.33万亩，分别占全县耕地总面积的90%、78%。1995年，改革水利工程管理体制，将乡镇水利站、国有排灌站、水库的“三权”收归县水利局管理。此外，全县先后建立了农技推广中心、农科所、种子站、棉花原种场等农技推广、示范、试验基地，新建、扩建了白茆蔬菜批发市场、刘渡木材市场、高沟珍珠市场、二坝蟹苗市场等24处各类专业市场，加速了全县市场农业的发展进程。所有这些基础设施建设不仅增强了无为综合经济实力，而且为未来的发展树立了良好的外部形象，投资环境进一步优化。

四、“九五”新蓝图的绘制

1996年1月22日，中共无为县委召开第九届五次全委会（扩大）会议，根据安徽省委、巢湖地委的总体思路和战略部署，确定无为县今后一个时期经济工作的指导思想：以建设有中国特色社会主义理论为指导，坚定不移地贯彻执行党的基本路线，坚定不移地解放思想、更新观念，坚定不移地深化改革、扩大开放，实施“稳农、强工、活商、富民、富县”战略，在保持经济总量继续快速扩张的同时，努力提高经济运行质量。①

根据这一指导思想，无为县“九五”期间经济和社会发展的主要奋斗目标是：（1）经济总量目标。计划到2000年，全县国内生产总值（当年价）达到120亿元。（2）人民生活目标。2000年，农民人均纯收入达到3000元；城镇居民人均收入的增幅接近农民人均纯收入的增幅。（3）产业结构目标。“九五”末，第三产业增加值达到36亿元；社会消费品零售总额达到30亿元。（4）农业综合指标。“九五”末，全县粮食总产稳定在50万吨以上，油料总产力争达到10万吨，棉花总产达到5万吨，生猪饲养量达到50万头，家禽饲养量达到1500万只，水产品总产量达到10万吨，努力实现农业产值22亿元、年均递增9.9%的目标。（5）工业综合指标。到20世纪末，工业总产值达168亿元，年均递增31.8%，其中县级工业总产值达到25亿元；乡及乡以上工业总产值达60亿元。（6）乡镇企业综

① 中共无为县委党史研究室、政协无为县文史委员会编，《中国共产党无为地方史（1921—2001）》，皖内部图书2002—027号，第431页。

合指标。“九五”末乡镇企业总产值达到260亿元，其中工业总产值达143亿元；乡办工业总产值达35亿元。“九五”期间实施新的“123”工程，即培植超10亿元产值的乡镇10个，超亿元的企业或企业集团20个，超亿元的行政村30个。（7）外向型经济目标。到2000年，全县兴办“三资”企业达到100家，实际利用外资3亿美元以上；期末外贸出口创汇达到1亿美元，年均递增109.1%。（8）财政收入目标。“九五”末财政收入达到5亿元，年均递增32%。（9）科技教育目标。“九五”末，科技对农业、工业发展的贡献率力争分别达到45%和55%。（10）社会发展目标。到2000年，全县人口出生率控制在15‰，计划生育率达98%以上；实现人人享有初级卫生保健；城镇布局趋于合理，农村集镇化、城乡一体化和城市现代化水平明显提高，全县城镇化水平达到35%以上；搞好环境保护，开展各项文明创建活动。

为确保上述目标实现，县委研究制定了10条措施，一是坚持深化改革，积极推进“两个根本性转变”(即经济体制从传统的计划经济体制向社会主义市场经济体制转变、经济增长方式由粗放型向集约型转变)。二是努力夯实农业基础，全面发展农村经济。三是着力搞活工业企业，提高经济运行质量和效益。四是全力发展乡镇企业，加速农村工业化进程。五是积极拓宽第三产业，进一步搞活商品流通。六是进一步扩大对外开放，提高经济外向度。七是加强财税金融工作，促进财政经济良性循环。八是加快基础设施建设，改善经济建设的硬环境。九是全面发展社会事业，促进社会不断进步。十是强化社会综合治理，努力维护社会稳定。

五、“八五”的收官和县委九届五次全委会精神的落实

1997年是我国历史上非常重要而又极不平凡的一年，也是无为县经济发展不寻常的一年，同时也是落实县委九届会议上提出“五年奋斗目标”的最后一年。随着国家宏观调控“软着陆”的成功实现，无为县经济运行与全国一样，在较为困难的情况下保持了“稳中求进”的发展态势，经济保持快速增长，改革力度明显加大，结构调整步伐加快，社会事业稳步发展，人民生活继续改善。全县

经济总量在连续多年大发展的基础上又迈上一个新台阶，顺利地完成了五年奋斗目标。1997 年全县完成国内生产总值 57.48 亿元，较上年增长 27.6%，高于全区 9.2 个百分点。1997 年全县经济发展主要有六个特点。

一是农业在战胜自然灾害中稳定发展。1997 年，无为县尽管遭受了严重的虫害、风灾，主要农产品产量仍稳定增长。全年粮食总产达 45.03 万吨，较上年略有下降；油料总产 7.5 万吨，创历史最高水平；棉花总产 3.64 万吨，与上年基本持平，连续三年列全省第一。蔬菜、席草、荸荠等经济作物得到大力发展，仅蔬菜一项产值达 2.68 亿元（不变价）。水产、畜禽养殖发展较快，全县水产养殖面积 27.6 万亩，水产品总产量达 5 万吨，产值 3.5 亿元（不变价）。其中养蟹面积 7.8 万亩，年产成蟹 2000 吨。粮食、棉花、油料、水产品总产均跨入全国百强县行列。全年生猪饲养量达 52 万头，较上年增长 48.6%，家禽饲养量 2100 万只，增长 73.1%。林业的“二次创业”给林业生产带来了新的生机，全年完成人工造林 1.79 万亩，林业总产值达 6000 万元（不变价），较上年增长 50%。在全区率先实现全面绿化达标。农村经济结构调整力度加大，农业产业化步伐加快，全县形成了以棉花、蔬菜、席草、家禽、水产等为特色的主导产业基地。农村的二三产业在农村经济发展中的贡献份额越来越大，已成为农民增收的重要来源。据统计，1997 年全县农业总产值 17.09 亿元、较上年增长 11%，农民人均纯收入 1850 元、增长 13.5%。

二是工商企业在克服困难中稳中有进。1997 年初，县委、县政府召开了全县工业会议，制定了《关于实施“强工富县”战略的若干意见》，以机制创新、结构调整、科技进步和强化管理为重点，加大扭亏增盈的力度，使工商企业经济滑坡的势头得到有效的遏制。特别是全面推进以股份制为重点的企业产权制度的改革，摸清了家底，明晰了产权，募集了资金，盘活了资产，减轻了包袱，活化了机制，职工对企业的关心度提高，给企业的发展带来了新的生机和活力。1997 年全县累计完成工业总产值 64.24 亿元，较上一年增长 36.7%。其中乡及乡以上工业完成产值 25.2 亿元，增长 27.3%。名特优产品的积极效应得到初步发挥。经济效益开始好转，在 9 月份首次出现扭转净亏损的基础上，利润额逐步上升，至当年 11 月底，全县 70 家独立核算工业企业实现产品销售收入 14.19 亿元，实现利润总额 686 万元。全年实现社会消费品零售总额 13.2 亿元，较上年增长 18.2%。市场建设步伐加快，全年新建、改建、扩建了县畜禽批发市场、东方大市场、陡沟腾飞大市场等 19 处各类专业市场，使全县各类市场达 93 处。1997 年各类市场成交额达 17.8 亿元，比上年增长 24.4%。

三是乡镇企业在“二次创业”中继续保持高速发展的势头。1997 年，全县乡镇企业实现总产值 84.9 亿元（现价），较上年增长 29.6%，其中工业总产值 59 亿元，增长 22.7%。实现营业收入 82.1 亿元，增长 32.6%，实现利税 12 亿元。其中上缴税金 8500 万元，增长 27.6%。全县乡村两级新上和技改项目 253 项，完成投资 3.5 亿元，较上年略有增长。其中固定资产投资 100 万元以上的项目 103 个。华海特种线缆厂扩建特种线缆生产线、江源线缆总厂计算机线缆生产线、亚神电工电缆有限公司扩建线缆生产线、电仪电缆厂 PVC 电缆料、航天特种电缆厂硅橡胶、科越汽车零部件有限公司散热器生产线等一批重点工程相继竣工投产。新项目的投资兴建，进一步提高了全县乡镇企业的整体水平和质量效益。1996 年，全县乡镇企业进入全省乡镇企业 20 强之列，位居第 18 位。个体私营经济发展迅猛，至 1997 年底，全县城乡个体工商户发展到 25121 户，从业人员 58988 人，注册资金 5826 万元，实现年销售收入 1.9 亿元。私营企业已发展到 210 户，注册资金 8494 万元，分别比年初增长 31% 和 32%。1997 年个体私营企业产值达 10 亿元，上缴税金 1521 万元。个体私营经济无论是规模总量，还是对财政贡献，都在无为县经济发展中占有重要位置，而且蕴藏着发展潜力。

四是财政税收在刚性支出增多的情况下保持了收支平衡。1997 年，围绕提高财政运行质量，严格预算，堵塞漏洞，强化征管，严格奖惩，推动了财政工作的良性循环。全年实现财政收入 2.4 亿元，比上年实绩增收 5300 万元，增长 28.3%。实现支出 2.36 亿元，其中县本级支出 2.15 亿元，增长 26.6%。在保证支出正常需要、工资正常发放、农科教卫等重点支出有一定增长的前提下，连续五年实现收支平衡。1997 年 12 月，无为县审计局获得国家人事部、国家审计署授予的“全国审计机关先进集体”。预算外资金管理进一步加强，全县预算外资金缴存专户3996.9万元，比上年增长1.5倍，有力地支持了经济建设。金融形势基本稳定，1997年末，各项贷款余额25.34亿元，较年初增加2.96亿元；各项存款余额17.68亿元，较年初增加2.13亿元，其中城乡居民储蓄存款余额13.15亿元，比上年增长16.6%。全县经济综合实力在全省的位次由1992年的第22位上升到第15位。

五是基础设施建设在资金十分紧张的情况下进展明显。交通建设上，完成了无为县巢无路22.5公里改建和军二路西段5.4公里改线任务；建成江坝千吨级深水码头；铺筑县乡油路57.8公里，实现了“乡乡通油路”的目标；新建乡村砂石路87公里，通公路行政村已达575个，约占全县行政村总数80%。城镇建设上，无城新区开发和老城改造进度加快，无城面貌开始发生变化，二环路、环城北路、二水厂、无城防洪工程和铁山影剧院等一批重点工程相继竣工；西苑山庄、金河小区和北圃山庄住宅开工面积19.89万平方米，已完成15.5万平方米。农村小集镇建设步伐加快，白茆、泥汊、姚沟、刘渡、百胜、二坝、陡沟、牛埠、汤沟等乡镇集镇面貌变化显著。全县有29个乡镇用上了自来水，所有村镇的规划编制工作基本完成，新农村村庄规划开始实施。供电建设上，22万伏输变电工程设备安装完毕，西郊、二坝、芜湖长江大桥工地35千伏输变电工程全部竣工，无城电网改造基本结束。邮电建设上，新建5个农话端局，使全县农话端局达17个，实现了“乡乡通程控”的目标，并已延伸到647个行政村，占全县行政村总数90%。水利建设上，完成各类水利兴修土石方1250万立方米，新、改、扩建排灌站15座，总装机45台（套）3792千瓦；完成了国家级农业综合开发项目泥汊神塘项目区5.1万亩建设任务，三溪项目区3.5万亩正在建设之中，这些项目的顺利实施，标志着全县农业基础建设迈上了一个新的起点。

六是社会各项事业在经济发展的同时全面进步。在狠抓物质文明建设的同时，大力推进社会主义精神文明建设，努力促进经济和社会事业的协调发展。

创建全国科技先进县活动进一步深入，“科教兴县”战略深入人心，科技对经济增长的贡献率进一步提高。全县组织实施科技支农项目460项，科技兴企项目726项，“高精度直流位移传感器”等8个项目获省级科技成果奖，37个项目获地区科技成果奖。创建全国科技先进县活动收效明显。

教育事业不断发展，为各条战线培养和输送了大批人才。学校布局调整和硬件建设有了历史性跨越，全县多渠道投入建校资金1.7亿元，新建改建学校400余所，建筑面积20多万平方米，其中新建教学楼273幢。到1995年，全县共有幼儿专任教师299人，单设幼儿园16所，534个班，在园幼儿2128人。无为县已基本形成以社会力量办园为主体的幼教格局。1997年，“两基”工作顺利通过省政府验收，并通过了国家教委的复查。职业教育、成人教育、特殊教育都有了较快发展。1993年6月成立无为县关心下一代工作委员会后，关心下一代工作也得到发展。

计划生育工作成效显著，全县人口出生率下降至16.5‰以下，计划生育率由76.67%上升到90%以上。全县乡镇均建有“五位一体”的乡镇计生服务中心，95%以上的村建有标准服务室。全县计生工作在全省综合排名第11位。

卫生事业不断发展，先后投资1168万元，对32所农村卫生院医疗用房进行了新建扩建，更新了19所农村卫生院的设备；县医院先后被卫生部命名为“二甲”医院、爱婴医院；县防疫站被卫生部评为“一等防疫站”，列全省县级一等防疫站之首；初保工作基本合格，并通过省政府的检查验收。

文化、广播电视、体育等事业取得新成就，县图书馆被国家文化部授予“二级图书馆”“文明图书馆”称号，县文化馆荣获“全国文化先进集体”称号；16个乡镇广播电视站达部颁甲级站标准。610个行政村建立了广播室，28个乡镇相继开通了有线电视，在全区率先实现有线电视“一城一网”的部颁要求。全县新建、扩建运动场24个、篮球场31个、排球场12个、体操房2个，在全国体育场地普查中被评为全省先进县。

精神文明建设成绩斐然。1990年，无为县成立创建文明城指挥部，县政府县长任指挥长，县委宣传部副部长任常务副指挥长，狠抓无城“脏、乱、差”治理。此外，大力开展“三户一创”（守法户、文明户、五好家庭户和创建文明村镇、文明单位）和“扫黄除害”活动，加强“五提倡，五反对”（提倡勤俭节约，反对铺张浪费。提倡婚事新办，反对丧事重办。提倡科学进步，反对封建迷信。

提倡健康文化，反对聚众赌博。提倡计划生育，反对早婚早育）为主要内容的新风尚建设，狠刹赌博迷信歪风，倡导健康文明新风。该年底，县委、县政府召开全县第四次文明村镇、文明单位暨第二次创建文明城镇命名表彰大会，共命名、表彰了148个文明村和文明单位，3个优胜镇。周闸乡丁凤英家被评为省级“五好家庭户”。无为县以建设农村文化、企业文化、校园文化和节日文化为主线的文化工作呈现蒸蒸日上的良好势头。年初，由无为县委宣传部牵头组织，无城“芝城灯会”成功举办。2月22日，县委发出“加强农村精神文明建设，做精神文明建设带头人”的号召，把农村文明创建工作作为精神文明建设不可或缺的主要任务来抓。深入开展城乡群众性活动，向广大农民群众宣传科学文明的生活方式，用健康文明的新风尚占领农村思想文化阵地。推动“三联一创”(即联户帮扶、联心和谐、联村帮建，创建党旗引领科学发展示范村)，第三次文明城镇创建竞赛陆续开展，无城镇首次参加全省创建文明县城竞赛活动。同时，以创建文明县城为龙头，以创建文明集镇为依托，狠抓城乡创建活动，城镇的整体形象有了明显改善，广大人民群众的文明程度得到进一步提高。1993年至1997年，全县共创省级文明单位3个，地级文明单位16个，县级文明单位227个。

县政府及其各职能部门认真执行人大决议，积极办理人大代表建议案和政协委员提案。1997年共办结人大代表议案79件，政协委员提案120多件，圆满完成了承办任务，也增强了政府的民主与法制意识。

争创社会治安综合治理模范县活动初见成效，“严打”斗争战果显赫。共破获各类刑事案件510起，其中重大特大案件236起，抓获各类违法犯罪分子5685名，摧毁各类犯罪团伙138个，有力地维护了社会的稳定。

1997年，是全县人民克服困难、奋力攻坚的一年，是稳中求进、加快赶超的一年，是两手齐抓、协调共进的一年，是心血和汗水、智慧和力量换取胜利的一年。县委在肯定成绩的同时，也指出工作中存在一些不可忽视的问题。主要表现在，一是农业基础脆弱的状况还没有得到根本改变。农业抗灾能力和对市场应变能力不强，“卖粮难”问题在一些地方还不同程度地存在，农副产品价格低下，农业增产而农民未能相应增收。二是工商企业经济效益不太理想。部分企业亏损加重，困难企业下岗职工增加，再就业问题十分突出，少数特困企业难以为继，职工生活困难。三是经济结构性矛盾未得到有效解决。农业种植结构不太合理、农产品结构性过剩，工业产业结构单一，科技含量低，市场竞争力弱。四是财政收支矛盾日趋尖锐。一方面由于体制激励的潜力已经发挥，企业经济效益尚未好转，财政收入缺乏新的增长点；另一方面，机构人员增加，开支标准提高，建设性支出需求增加，财政收支平衡有压力。面对上述问题和困难，县委、县政府决定，从1998年开始，加大实施"九五"计划的力度，认真实施科教兴县、呼应皖江开发开放、可持续发展三大战略，努力抓好"引凤还巢""光彩工程"等工程，切实加强农田水利、城乡一体化、交通邮电供电等基础设施、科教文卫体等各项事业、人民群众素质等五个方面建设，全面推动各项工作的顺利开展。

第三章　党的十五大精神的学习贯彻和改革开放的深入推进

1997年9月，党的十五大在北京举行，大会以“高举邓小平理论伟大旗帜，把建设有中国特色社会主义事业全面推向二十一世纪”为主题，总结了改革开放近20年特别是党的十四大以来的实践经验，指出邓小平理论是马克思主义在中国发展的新阶段，是探索中国人民在改革开放中胜利实现社会主义现代化的正确理论。大会指出并论述了党在社会主义初级阶段的基本纲领，对我国跨世纪的现代化建设事业作出了战略部署。

第一节　党的十五大精神的学习贯彻

党的十五大召开以后，无为县委立即召开工作会议，提出全县党员和干部群众高举邓小平理论伟大旗帜，进一步解放思想，把无为县改革开放和现代化建设事业全面推向21世纪。

县委要求，今后全县以邓小平理论和党的基本路线为指导，进一步解放思想，真抓实干，咬定青山不放松，凝心聚力求发展，大力推进“两个根本性转变”，加快经济发展步伐，全面开创全县各项工作的新局面。

随后，通过分期分批举办党员干部轮训班，将全县科局级以上干部轮训一遍。同时，发挥宣传、组织、新闻等职能部门的作用，利用广播、电视等宣传载体加强对学习宣传的引导工作，使党的十五大精神深入人心、家喻户晓。

为了持续深入学习贯彻党的十五大精神，县委于1998年1月召开了全县三级干部会议，针对无为实际，确定1998年经济工作的指导思想是：高举邓小平理论伟大旗帜，全面贯彻落实党的十五大精神，坚持“稳中求进、好中求好、好中求快”的工作方针，以组织“第三次跨越”为主线，以市场需求为导向，以结构调整为突破口，以改革开放为动力，以科技进步为依托，调整一产、强化二产、推动三产，“两个文明”一起上，促进全县经济持续、快速、健康发展和社会的全面进步。①

正当全县人民按照既定的经济目标奋进时，无为县再次遭到严重的自然灾害袭击和严峻宏观经济环境的双重考验。在县委的统一领导下，全县上下审时度势，抢抓机遇，同心同德，真抓实干，不仅夺取了抗洪斗争的全面胜利，而且经济发展出现了许多积极的变化，经济质量逐渐提高，发展后劲有所增强，金融环境进一步改善，经济秩序进一步好转，国民经济继续保持了适度增长，各项社会事业取得了长足进步。据统计，1998年，全县实现国内生产总值47.5亿元，比上年增长5.2%。

一、县域经济和社会各项事业保持稳定态势

（一）农业战胜了雪灾、虫灾、水灾等自然灾害，获得稳定发展

1998年，县委根据先进地区的成功经验，结合无为县实际，确立棉花、水产、蔬菜和畜牧业作为农业的四大主导产业，并把它作为四大工程来实施，实行一个主导产业、一套工作班子、一个发展规划、一套实施方案，取得了初步成效。主要农产品产量呈现“两增、两减”，即粮食总产50.11万吨，比上年增长11.0%；水产品总产量5.5万吨，增长9.7%；棉花总产2.62万吨，减产25.8%；油料总产5.22万吨，减产28.6%。1998年，尽管遭受了特大自然灾害，但全县农业总产值仍完成16.85亿元，比1997年仅下降3.1%；全县农民人均纯收入

① 中共无为县委党史研究室、政协无为县文史委员会编，《中国共产党无为地方史（1921—2001）》，皖内部图书2002—027号，第450—461页。

1821 元，与 1997 年基本持平，粮产区的农民收入仍有一定增长。

（二）城乡工业在困境中止跌回升，态势逐步向好

1998 年，县委、县政府先后出台了《关于对国有、集体企业经营者实行奖励的若干规定》《1998 年度发展乡镇企业奖励办法》等政策，加大了制止向企业乱收费、乱罚款和各种摊派行为的力度，进一步调动了企业经营者的积极性，促进了企业的发展。从当年下半年开始，全县工业生产形势逐步好转，全年累计完成工业总产值 54.72 亿元，较上年增长 4.2%；实现工业增加值 12.17 亿元，增长 3.1%；年销售收入 500 万元以上工业企业实现产值 13.7 亿元，增长 6.1%，产销率 93.8%，同比高出 3.9 个百分点。县制药厂、纺织总厂、齿轮厂等骨干企业实现利税总额都较往年有所上升，制药厂实现利润总额比上年增长 4 倍。特别是乡镇企业，仍保持较好的发展势头。1998 年，全县乡镇企业实现营业收入 54 亿元，增长 33.7%。结构调整迈出较快步伐。在组织结构上，完成了以新科电缆厂为核心的“新科”集团及以江坝油化厂为核心的“江星”集团的组建工作；天泉饮料厂与山东裕鲁集团合作，利用其技术和品牌，开发外销产品。在产品结构上，全年开发新产品 35 个，“绣溪”牌大输液、“申濡”牌羽绒制品被省政府授予“名牌产品”称号；“蓝神”珍珠制品荣获“安徽名牌农产品”称号；制药厂的脂肪乳、洛美沙星注射液，新科集团的智能数据传输电缆等项目填补了省内空白。

（三）市场销售平稳增长，三产份额逐步提升

1998 年 8 月份以后，消费需求逐步回升，消费品市场逐渐走出低谷。全年社会消费品零售总额 14.08 亿元，增长 6.1%。全县城乡集市贸易额达 22.18 亿元，增长 24.6%。流通领域不断扩大，县燃料、金属公司在巩固县内市场的基础上，走外购外销之路，使经济效益继续位于全省同行业前茅。燃料公司全年销售煤炭 36 万吨，其中外购外销就达 34.7 万吨，较上年增长 84.2%。全县外贸形势喜人，生产企业全年自营出口 26 万美元，比上年增长 11.8 倍；出口供货总值 2.46 亿元，增长 2.34 倍。粮食流通体制改革全面推进，敞开收购政策基本落实，收购

资金做到了封闭运行，粮食企业自身改革取得进展。

（四）固定资产投资增长较快，重点工程进展顺利

1997 年完成全社会固定资产投资 11.37 亿元，增长 5.5%。其中，国有固定资产投资 4.3 亿元，增长 26.5%。乡镇企业建设项目 958 个，其中新建 537 个，技改 421 个，1998 年计划投资 4.5 亿元，完成投资 3.28 亿元，竣工投产项目 896 个。全县新上了一批如“通江大道”、移民建镇、农村电网改造、上下九连圩农业综合开发、无为大堤除险加固等投资数千万元的基础设施和生产性项目，干了许多年梦寐以求而未能干成的大事。1998 年初，县委、县政府向全县人民郑重承诺的“十件实事”，到年底已基本完成。（1）“通江大道”全线开工，东门外水泥路铺设完毕，4 个标段完成路基土方 40 多万立方米，二坝两个标段的软基处理基本结束，30.6 公里新建路段的边沟开挖结束，总投资 3500 万元。（2）军二路西段蜀山街道已建成通车，襄安改线护坡和土方工程基本完成；石涧至尚礼、江坝到黑沙洲汽渡两段油路 37.2 公里，已完成浇油 35 公里。（3）乡村公路建设步伐加快，超额完成了既定的 100 公里目标。（4）城建“1233”工程取得显著成绩，完成投资 3000 多万元。（5）绣溪公园一期改造工程完成，南门垃圾中转站正在建设，4 座水冲式公厕建成使用。（6）县防疫大楼完成了 3 层土建，严桥、昆山、汤沟、太平等 4 所卫生院基本建成，土桥、高沟卫生院正在建设。县中医院于 5 月 1 日正式挂牌运行。（7）22 万伏输变电工程正式建成，高沟 35 千伏变电所土建已结束，襄安至蜀山 35 千伏供电线路改造全部完工。（8）泥汊、姚沟等 5 乡镇农话端局全部建成开通，无城城西 5000 门模块局建成并投入使用，到 1998 年 11 月 10 日，全县实现了“村村通程控”的目标，有的乡镇还实现了自然村通程控的目标。（9）“县特教学校”在无为师范附小特教班挂牌。（10）建成排灌站 20 座，涵闸 5 座，总装机 4127 千瓦，完成投资 4900 万元。

（五）财政收支基本平衡，金融形势保持稳定

1998 年，全县实现财政收入 27364.1 万元，比上年实绩增收 3364.1 万元，

增长 13.4%。其中，一般预算收入 24018.2 万元，基金收入 3354.9 万元。实现支出 25462.2 万元，增长 6.7%。其中，一般预算支出 22379.9 万元，基金专出 3082.3 万元。在征收难度加大、刚性支出增加的情况下，财政收支基本平衡。银行存贷款继续增加，1997 年末各类银行存款余额 20.76 亿元，增长 15.0%；各项贷款余额 29.38 亿元，增长 15.1%。

（六）精神文明建设大力推进，社会各项事业全面进步

在狠抓物质文明建设的同时，大力推进社会主义精神文明建设，努力促进经济和社会事业的协调发展。“科教兴县”战略深入人心，创建“全国科技先进县”工作顺利通过地区验收。教育“两基”工作在通过省级验收后，基础得到进一步夯实，九年义务教育普及程度稳中有升，扫盲工作通过了教育部“国检”预检。办学条件进一步改善，全县新建校舍 58143 平方米，改建、维修校舍 18926 平方米。学校管理得到加强，素质教育全面实施。计划生育争创“全省百万人口一类县”工作取得明显成效，全县人口出生率控制在 16‰以下，计划生育率达 95% 以上。文明城镇创建工作完善了规章制度，明确了创建单位的职责范围，理顺了城管工作体制。房改工作取得显著成绩。老年人、残疾人工作得到加强，妇女儿童权益保障日益强化。

上述成绩的取得，除了全县人民上下齐心协力、顽强拼搏因素外，县委因势利导、果断决策是赢得这场战争的关键。

二、坚定信心、正确认识，始终坚持县委的统一领导是成功的法宝

（一）知难而进，负重前行，经受了一个个严峻的考验

1998 年，无为县与全国许多地区一样，经济和社会发展遇到了前所未有的困难。一是亚洲金融危机，引发了世界金融市场动荡，给中国经济，特别是外贸出口形成压力，无为县经济特别是国有工商企业也毫不例外地受到影响和冲击。二是国内买方市场的形成，使竞争更加激烈“白热化”，改革的深化，使各种矛盾

进一步显现，给经济发展和社会稳定带来诸多的压力和困难。三是遭受了百年不遇的特大洪灾，除造成直接经济损失外，还影响了整个经济运行速度；多年不遇的棉铃虫灾害，使无为县这个全省第一产棉大县损失惨重，棉农收入骤减，影响了群众购买力和财贸任务的完成。

在困难面前，县委一是保持了清醒头脑，敢于正视困难和问题。不是悲观失望、消极畏难，而是团结一致，艰苦奋斗；没有心浮气躁，怨天尤人，而是积极应对，主动出击。二是千方百计谋求解决困难和问题的办法。首先是继续深化改革，对改革中出现的问题用改革的办法加以解决；其次是凝心聚力求发展，把发展经济摆在中心位置，越是在困难的情况下，越是加快发展不动摇；同时在保持稳定上，县委注重解决热点、难点问题，为改革开放和经济发展创造良好的环境。三是积极采取有效措施来确保经济社会的稳定发展。如通过增加固定资产投资，扩大内需，拉动经济增长；通过开拓市场来化解不利因素，并使之转化为发展经济的有利条件等等。可以说，全县人民用信心和力量战胜了前所未有的困难，夺取了抗洪抢险的伟大胜利，抵御了金融危机对全县经济的冲击，经受了市场竞争的严峻考验，保持了经济稳定增长的态势。

（二）抢抓机遇，争取主动，获得了较为广阔的发展空间

1998 年是各种困难和矛盾比较集中的一年，也是充满机遇和挑战的一年。全县人民在县委、县政府的领导下，敢于面对挑战，敢于从困境中奋起，紧紧抓住稍纵即逝的历史机遇，牢牢把握了工作的主动权。在抢抓机遇中，县委潜心研究国家政策，见事早，行动快，组织精干力量抓规划、跑项目、盯落实，推出了不少重大举措，为今后的全面发展打下了坚实的基础。一是紧紧抓住扩大内需、启动市场的机遇。中央作出的扩大内需、启动市场的决策，是对亚洲金融危机的应对之举，也是顺应国内经济发展新趋势，确保全年经济增长速度的战略之举，是 20 世纪内加快发展的最后一次机遇。为把握好这次机遇，县委加大了基础设施建设力度，迅速推出一批如通江大道等重点工程；加大了牵动性生产项目建设力度，加大了房地产开发和安居工程建设力度，有力地拉动了经济增长。二是紧紧

抓住灾后重建的机遇。水灾之后，国家痛定思痛，对灾后重建加大了投入，对无为县来说，又是一个建设和发展的机遇。为抓住这个机遇，县委首先通过整治江河、堤防，大力加强水利建设，抗御自然灾害的能力增强；其次通过移民建镇，灾后连片建房，大力加强农村小集镇建设，在恢复中求发展，在发展中求提高。三是紧紧抓住国家推出的一系列改革政策的机遇。为加入全省新一轮县级综合改革试点，县委、县政府制定了《无为县综合改革方案》，并积极开展申报工作，经过努力，被省政府批准为省级第三轮综合改革试点县，在推进全县综合改革上迈出了重要一步。同时，积极推行粮棉流通体制改革、国有企业改革、社会保障体制改革、财政管理体制改革等，取得了明显进展。

（三）扎实苦干，奋力拼搏，形成了持续发展的良好态势

1998 年，县委按照“稳中求进、进中求好、好中求快”的总体要求，以结构调整为重点，以深化改革为突破口，着力提高经济运行质量，国民经济保持了平稳增长的良好势头，纵观 1998 年的经济工作，主要表现在，结构调整步伐继续加快。农业方面，既重视了大农业内部结构调整，也重视了种植业内部结构调整和粮经作物比例调整，使农业生产布局趋于合理，农业产业化进程不断加快；工业方面，既狠抓了企业组织结构调整，也狠抓了企业产品结构的调整，同时，高新技术产品显示了旺盛的生命力。市场开拓有了新起色。加强了对市场需求的研究，根据需求结构的变化，调整供给结构，抓紧组织适销对路商品的生产，一批名牌产品在省内外市场上占有了相当的份额；着力拓宽流通领域，组织国有、集体商业企业形成外购外销、大购大销，实行多层次、多形式的经营；大中型批发市场注重开拓经营，理顺管理关系，强化管理手段，为活跃城乡经济发挥了排头兵作用。科技进一步助力经济发展。在农业生产上，大力推广优良品种，扩大了优质水稻、抗虫棉等面积；积极推广地膜覆盖技术，初步形成了以沿江 10 个乡镇为主要阵地、以保护地栽培为依托的百里高效种植走廊。在工业生产上，加快了技术引进步伐和技术装备的更新换代，加强了与高等院校和科研机构的合作开发，企业技术创新能力和高科技产品开发能力进一步增强。

（四）着眼大局，保持稳定，社会环境得到进一步改善

加快发展，深化改革，必须有一个稳定的社会政治环境。因此，1998 年，县委、县政府坚持以解放思想、更新观念为先导，转变工作作风，优化发展环境，保持社会稳定，在大力发展经济的同时，有力推进了各项社会事业的全面进步，社会政治保持稳定。一是切实减轻农民负担。坚决执行中央《决定》和《安徽省农民负担管理条例》，实行农民负担监督卡制度和农民负担预算审批制度，加强检查监督，杜绝政出多门，发现问题及时解决。二是妥善安置城镇下岗职工，大力推进再就业工作。加强了下岗职工的培训，加快了社会保障体制建设，积极为下岗职工开拓新的就业门路。三是大力加强社会治安综合治理工作。严厉打击各种刑事犯罪和经济犯罪活动，精心组织了“春季严打”“夏季攻势”，收到了明显效果；加强了信访工作，及时化解矛盾，改善了党群、干群关系；大力加强法制宣传，广大干部群众的法律意识得到了进一步增强。四是深入开展了“解放思想，治理环境”活动，促进了观念的转变与更新，规范了执法行为，提高了服务水平，打击了歪风邪气，为全县经济社会发展创造了良好的环境。五是党的建设不断加强。坚持干部“四化”方针，以德才兼备的方针选拔任用干部，对那些思想素质低、群众反映强烈的干部该调的调、该降的降、该处理的决不姑息迁就；大力加强党风廉政建设，在全县范围内开展了通讯工具清理等工作；认真查处了违纪案件，纯洁了党员干部队伍。六是各项社会事业全面进步。文明创建工作进一步理顺了管理关系，完善了运行机制，继续在“一个坚持，两个拓展，三个覆盖”上精心部署，并狠抓落实，推进了文明创建工作向纵深发展；计划生育工作加大了“两检”管理力度，狠抓人口计划落实，人口增长得到了有效控制；文化工作以组织“三下乡”活动为重点，广泛开展各种文化娱乐活动，活跃了城乡人民的文化生活。此外，还狠抓教育、卫生、科研、体育、广播影视、环保等各项工作，社会事业取得了长足发展。

第二节　中国共产党无为县第十次代表大会

中共无为县委第十次代表大会于1998年12月16日至17日在无城召开。出席大会的代表400名，实到代表395人。其中，各级领导干部代表244名，占61%；专业技术人员代表72名，占18%；先进模范人物代表79名，占19.75%；离退休老干部代表4人，占1%；解放军代表1人，占0.25%。代表中妇女72名，占18%以上；少数民族代表3名，占0.75%；年龄在45岁以下的占58.5%左右，另有列席人员128人。①

这次党代会正处于改革开放和现代化建设事业承前启后、继往开来的重要时期，是无为20世纪最后一次党的代表大会，担负着认真总结上次党的代表大会以来执行党的路线、方针、政策的经验，制定跨世纪的发展战略，确定新时期无为党的建设目标、规划和措施，并通过换届，选举产生新的县委领导集体等重要任务，对全面落实党的十五大提出的各项任务，推进“两个文明”建设，促进全县各项事业发展具有重大而深远的意义。会议听取了县委书记苏宇光所作的《高举伟大旗帜抢抓历史机遇为实现无为跨世纪宏伟目标而努力奋斗》的工作报告，县纪委书记施孝瑛所作的县纪委工作报告，县委副书记过仕伟所作的大会筹备工作报告及代表资格审查报告。会议对上述报告作出了相应的决议。

会议选举产生由31名委员和4名候补委员组成的中共无为县第十届委员会，选举出15人组成的中共无为县纪律检查委员会。苏宇光为县委书记，高德金、许锦渊、过仕伟、洪伟为县委副书记。苏宇光、高德金、许锦渊、过仕伟、洪伟、凌晨阳、邢献宝、施孝瑛（女）、赵昌柱、苏华、宋德邦11人为县委常委。施孝瑛为县纪委书记，徐启来、汪为学为县纪委副书记。

① 中共无为县委党史研究室、政协无为县文史委员会编，《中国共产党无为地方史（1921—2001）》，皖内部图书2002—027号，第461—477页。

第三节　走向新世纪的收官

1999年是人类走向21世纪的重要一年，是新中国成立50周年和澳门回归的喜庆之年，也是无为县实现跨世纪宏伟目标的关键一年。在这一年里，全县人民在县委、县政府的正确领导下，认真贯彻落实党的十五大和十五届三中、四中全会精神，全县上下振奋精神，同心同德，艰苦奋斗，紧紧抓住国家进一步扩大内需、促进经济增长的机遇，努力克服通货紧缩加剧和无为县局部地区遭受严重洪涝灾害的不利因素影响，加大投入，扩大需求，调整结构，促进增长，保持了国民经济持续稳定发展的势头，经济运行质量也有所提高，各项社会事业进一步发展。县政府制定的国民经济和社会发展主要目标得到全面实现，改革开放和现代化建设得到了新的成就。1999年，全年国内生产总值47.55亿元。在经济运行中，第一产业增加值17.06亿元，第二产业增加值16.60亿元，第三产业增加值13.89亿元。其中，第三产业是三次产业增幅最高的行业，其增加值占国内生产总值比重为29.21%，比上年提高4.7个百分点。三次产业的比重继续朝着合理的方向发展，分别由1997年的40.1∶35.4∶24.5发展为35.9∶34.9∶29.2。全年全社会劳动生产率5135元/人，按可比价格计算，比上年提高4.3%。

一、农业在抗御自然灾害中夺得较好收成

1999年尽管全县遭受特大洪涝灾害侵袭，但由于抗灾救灾工作得力，减少了灾害带来的损失。全年实现农业总产值16.87亿元，比上年增长0.1%；农民人均纯收入1900元，比上年略有下降。主要农产品产量稳中有升。粮食总产50.52万吨，比上年增长0.8%，为历史上第3个高产年。油菜总产6.37万吨，增长30.9%，是近几年最好水平。种植结构调整取得积极进展，棉花种植面积大幅下降，总产2.6万吨，下降0.6%。蔬菜播种面积25.2万亩，扩大3万亩，并基本建成无为大堤二坝至泥汊的百里白色高效蔬菜种植长廊。“三旱”农业和“三水”作物生产发展迅速，种植面积分别达11.2万亩和13万亩，扩大5.3万亩和1.8万亩，加快了丘陵山区和低洼圩区的结构调整和农民致富步伐。科技兴农力度加

大。全年共引进优质新品种近50个，对水稻、棉花、油菜组织统一供种，累计统一供种46.84万公斤。棉花统一供种率达100%，并全面实现包衣化。保护地栽培推广步伐较快，全县地膜覆盖面积达58.3万亩。加强了农机管理与服务工作，完成机耕面积59.45万亩，机收面积17万亩，创历史最高记录。养殖业继续保持良好的发展势头，全年生猪饲养量59.4万头，增长9.6%；牛饲养量5.43万头，与上年基本持平；家禽出栏2214万只，增长25%。全县养殖专业户发展到11642户。1999年畜牧业跃居全省第12位，再度荣获“全省畜牧生产先进县”称号。水产业在连续四年被评为省一等奖的基础上，1999年又有新的发展。水产品总量5.75万吨，增长4.5%。其中特种水产品产量1.21万吨，占水产品总量的21%。县水产养殖场被确定为全省良种繁育基地。林业世界银行项目和国家以工代赈项目顺利实施，全县共完成春季人工造林1.35万亩，绿色长廊工程全面启动。农业产业化进程加快。共建各类优质农产品基地153.3万亩，还建立了无为大堤四川白鹅养殖基地和幼蟹、青虾、甲鱼等一批苗种繁育基地。龙头企业逐步发展壮大。县油化厂、江坝油化厂年处理加工菜籽能力达11.5万吨，销售收入1.7亿元。以鑫马、蓝神为骨干的4家企业，年加工珍珠能力达20吨。扶贫开发工作取得了可喜进展，全年有6000人稳定脱贫。农业生产条件进一步改善，农田水利建设得到加强，1999年末全县农业机械动力42.46万千瓦，比上年增长4.8%；农用载重汽车481辆，增长12.9%；农用排灌机械66869台，增长2.3%；全年化肥施用量46002吨，增长0.4%；全年农村用电量11291万千瓦时，较上年略有下降；全县有效灌溉面积达82.76千公顷，新增0.45公顷。

二、工业生产在克服困难中回升

1999年，全县完成工业总产值55.87亿元，比上年增长2.1%。其中年销售收入500万元以上工业企业实现产值13.88亿元，增长0.2%。实现工业增加值12.0亿元，按可比价计算，增长1.5%。新力公司、新业公司、齿轮厂、华康食品有限公司、面粉厂等骨干企业利润总额较上年有所上升。结构调整已见成效。无为纺织控股（集团）公司组建成功，提高了纺织行业的集中度；新力药业上市基本成功，对于有效募集资金、放大现有资本功能发挥重大作用，为全县工业整体脱困注入了新的生机与活力。企业技术进步有了新的进展。省、地重点项目——新力复合膜袋装输液项目获中国农业银行总行和德国政府贷款。传感器厂开发的智能辊缝测量仪通过了省级鉴定，产品深受用户好评。困难企业改革与发展步伐有所加快。电器总厂、通用机械厂等企业通过承包、租赁等形式，部分恢复了生产，盘活了存量资产，还解决了一些职工上岗问题。工业结构调整有了一定的进展，淘汰落后生产能力取得成效。全县纺织压锭1.43万锭，关闭煤矿小井多处，技术含量高、附加值大的产品产量增长较快。原煤69535吨，比上年增长1.46倍；大米8492吨，增长1.43倍；食用植物油18773吨，增长64%；服装21.2万件，增长89.3%；化学农药562吨，增长71.3%；塑料制品720吨，增长100%；水泥17.33万吨，增长34.2%；砖3950万块，增长16.8%；电线电缆68747公里，增长2.2倍。工业经济效益逐步提高。全县国有及规模以上非国有工业企业经济效益综合指数为53.13，比上年上升1.82个百分点；工业产销率为91.6%，好于全市水平。实现销售收入13.59亿元，比上年增长0.4%，利润总额减亏820.6万元，亏损企业亏损额10054.6万元，比上年减少2.9%。交通、邮电、建筑业发展较快。1999年，全县完成货物运输量67万吨，比上年增长24%。其中：公路54.5万吨，比上年增长5%，水运12.5万吨，比上年减少7.4%。旅客运输量57.2万人，比上年增长5.1%。其中：公路44.2万人，比上年增长7.4%；水运13万人，比上年减少1.5%；货物周转量27712万吨公里，比上年增长4.6%，其中，公路19708万吨公里，比上年增长9.0%，水运8004万吨公里，比上年减少4.9%；旅客周转量10736万人公里，比上年增长7.9%，其中，公路10656万人公里，比上年增长8.4%，水运80万人公里，比上年减少31.6%。邮电通信业快速增长。全年完成邮电业务总量7306万元（不含移动电话业务量），比上年增长23.9%。其中，电信业务总量完成6629万元，增长21.9%；邮政业务总量完成677万元，增长47.2%。电话普及率继续提高，年末全县电话机总数达46603部，比上年增长36.0%，其中，市话19537部，农话27066部，分别比上年增长18.1%和52.8%，市内电话年末到达户数为17030户，农村电话年末到达户数为27066户，移动电话年末到达户数为11189户，分别比上年增长6.6%、60.1%和86.1%，电话普及率12.9部/百户，比上年增长3.1个百分点，已通电话的行政村比重达100%。建筑业生产经营发展较快。1999年，全县建筑企业实现总产值5.87亿元（四级以上企业），比上年增长7.6%，建筑施工企业房屋建筑竣工面积98.6万平方米，增长6.9%。建筑工程质量大幅度提高，合格、优良工程较多，抗灾能力增强。

三、乡镇企业持续发展

全年实现营业收入54.5亿元，增长0.9%。实缴税金1.2亿元，增长9.3%。华海、华星、江淮特种电缆厂，官镇羽绒总厂，江坝油化厂等企业入库税金均超过200万元，其中华海特种电缆厂入库税金连续两年超过500万元。全县乡镇企业在建项目399个，完成投资1.8亿元。总投资1000万元以上的绿丰农化公司生物活性肥料、华新特种印刷有限公司电脑印刷税务发票生产线、江淮电缆厂的电伴热带、环宇热工电缆厂的系列变速器等项目建成投产；新科电缆集团五类电缆和江坝油化厂日处理300吨饼粕环形拖链浸出生产线等重点项目积极准备实施。私营经济发展迅速。到1999年底，全县登记注册的城乡个体工商户共有28441户，从业人员68469人，注册资金6274万元，年营业收入8600万元，与上年相比，户数与注册资金分别增长7%和3.5%。私营企业已发展到347户，雇工7026人，注册资本1.55亿元，与上年相比，户数与注册资本分别增长36%和37%。个体私营企业在全县实际入库税金6581万元，占乡镇企业纳税总额的55%。在1998年度全省乡镇企业考评中，无为县居全省20强的第12位，华海特种电缆厂、官镇羽绒总厂、江坝油化厂被评为全省先进乡镇企业，官镇羽绒总厂被评为出口创汇大户。12家企业被推荐为省第五届明星企业。“露仙牌”酱菜被评为省名牌，“天井山牌”硅酸盐水泥、“屹江牌”特种电缆被评为省系统名牌，江淮电缆厂的硅橡胶电缆、新科集团的交联绝缘电缆被评为省系统优质产品。“江星牌”色拉油、“露仙牌”酱菜、“申濡牌”防雨布、“蓝神牌”珍珠项链以及鑫马珍珠制品获“99中国国际农博会”名牌产品称号。珍珠凉枕凉席、珍珠壁画、九龙珍珠塔投入市场后，销售形势十分火爆，产品供不应求，特别是九龙珍珠塔，被全国政协指定为国庆50周年特别纪念品，荣获金奖。产品销售国内外大中城市，并远销美国、日本和东南亚等国家和地区。另有12家企业通过了ISO9002国际质量体系认证，4家企业正在申报之中。1999年，全省乡镇企业会议在无为召开。

四、固定资产投资增势不减

1999年，全县积极落实国家扩大内需的各项政策，抓住发展机遇，加大基础设施投资力度，全年全社会固定资产投资比上年增长7.0%，其中，国有经济单位投资3.9亿元，增长8.3%。城乡集体单位投资5.0亿元，下降8.1%；城乡居民个人投资3.2亿元，增长18.5%（城乡集体和居民个人投资，因1998年基数不合理，造成1999年两项增幅不协调，实际两项均有不同程度增长）。全年房地产开发投资增长2.4%。投资结构趋势向好。在国有单位投资中，基本建设投资增长3.7%；更新改造投资增长42.2%；更新增幅高于基建38.5个百分点，扭转了一直低速增长的局面。基础设施、基础产业投资较快，全年农林牧渔业和水利建设投资比上年增长6.2%；交通运输和邮电通信业投资增长5.2%。

1999年，县委、县政府在向全县人民承诺的十件实事基本完成的基础上，又加快无为县市政建设的步伐，无城开发区开工建设面积67015平方米，建成20770平方米，大井巷开发完成拆迁。农村小城镇建设方面，建成区总面积达18平方公里，城镇人均道路面积为7.6平方米。移民建镇工作取得了可喜成绩。10个中心镇和10个中心村建设已全面启动。交通方面，军二路西段改线工程完成路基土方11万余立方米，其中襄安段2.34公里已浇油，泉塘段完成了700米混凝土路面，黄姑段完成一层灰土基础700米。杨塘河大桥主体工程竣工，投入资金170万元。供电方面，更换了严桥35千伏变压器和陡沟35千伏主变压器。通讯方面，汤沟、江坝邮政支局完成扩建改造，无城主要街道建IC卡亭60余处。水利方面，全年共投入建设资金5000多万元，实施了郭公河整治和无为大堤护坡等一批重点工程，进一步增强了农业抗灾能力。

五、商贸流通日趋活跃

1999年，市场销售平稳增长，全年实现社会消费品零售总额达149270万元，比上年增长6.0%。分城乡看，县城零售额80048万元，增长6.8%；县以下（农村）零售额69222万元，增长5.1%。从经济类型看，国有经济比上年增长9.3%，集体经济增长1.0%，私营经济增长15.9%，个体经济增长11.0%。分行业看，批发零售贸易业比上年增长5.8%，餐饮业增长3.4%，制造业下降2.8%，其他行业增长9.7%。1999年，消费信贷开始起步，全年共发放各种消费贷款3500多万元。实现社会消费品零售总额15.05亿元，增长6.9%。商务系统商业企业一举扭转了连续多年的净亏损局面，实现利润5万元，减亏58.1万元。市场建设取得新的进展。1999年以来，全县新建、改建市场12处，完成投资近1000万元，郑岗大市场、城北消费品综合市场等相继竣工开业。隆兴装饰城1999年6月动工，建设面积7000平方米，总投资500万元，2000年6月建成开业。全年城乡集市贸易额达20.56亿元，与上年基本持平。流通网点资金投入加大，商业企业生存空间得到进一步拓展，商业形象有所改观。县燃料公司、金属公司坚持走“巩固、完善、发展”之路，外购外销抢占市场，使经济效益连续数年位于全省同行业前茅。县政府和有关执法部门在繁荣市场的同时，还加大了对化肥、农药、食盐等与人民生产生活密切相关的市场检查和管理力度，严厉打击制假售假等违法犯罪行为，维护了市场的繁荣与稳定。

六、社会保障制度继续加强，改革开放步伐加快

从1998年起，县委、县政府将预算外资金总额的1%作为国有企业下岗职工基本生活保障金，还对化肥厂等4个特困企业采取财政兜底的办法，加大了企业的养老保险金和失业保险金的征缴力度，确保了下岗职工和离退休职工的生活不出问题。财政体制改革进展顺利。进一步完善了乡镇财政体制，调动了乡镇当家理财的积极性和主动性。预算外资金管理得到加强。1998年，通过集中封闭检查，共取消县直单位账户518个。纳入财政专户管理单位152个，资金1.93亿元（含教育），增长7.5倍多。粮食流通体制改革顺利推进，“三项政策、一项改

革”的落实较好，被省政府安排在全省粮改电视电话会上作了典型发言。住房制度改革工作被评为“全省房改综合先进县”。医疗保险、人事等方面的改革也都取得了预期的效果。对外开放工作获得突破性进展，1999年，全县直、间接出口供货总额达2.9亿元，增长17.9%。外商直接投资170万美元，增长70%。新增合资企业4家，总投资3345万美元，其中外商出资额1251.5万美元，这是改革开放以来无为吸引外商投资额度最大的一年，有外贸进出口自营权的企业增加到4家。二坝经济开发区完成规划和论证等前期工作，正在积极争取成为省级经济开发区；无城开发区在引进外资、提高经济外向度方面的作用也日益突出。

七、财政收入稳定增长

1999年，全县财政收入在较高基数上保持了稳定增长。全年完成财政总收入28163万元（含基金收入3048万元），比上年增长2.9%。其中：上划中央收入5791万元，比上年增长2.3%；地方收入22372.5万元，比上年增长3.1%。在地方收入中，一般预算收入19324.4万元，比上年增长5.3%。累计财政支出30314万元（含基金预算支出）。其中，县本级29048.1万元，比上年增长21.6%。金融形势运行平稳。1999年，全县金融部门进一步深化金融改革，维护金融秩序，防范金融风险，金融存、贷稳步增加，货币投放适度。1999年，全县金融机构各项存款余额240298万元，比年初增加34617万元。其中，企业存款44401万元，增加5378万元；城乡居民储蓄存款183092万元，增加28240万元。金融机构各项贷款余额304744万元，比年初增加12877万元，其中，短期贷款279125万元，增加11221万元；中长期贷款25619万元，增加1907万元。消费信贷累计货币投放637154万元，回笼总额590038万元，全县货币收支基本平衡。

八、社会各项事业全面进步

1999年，全县科技事业成果丰硕。全年共申请登记科技创新成果7项，有4项成果获得地区科技进步奖。科技兴县战略更上一层楼，教育“两基”工作顺利通过省政府复查，并获得“全国扫盲工作先进县”，幼儿、高中、职教等各类教育事业稳步发展，无为中学申报省示范高中取得突破性进展。1999年，全县各类学校523所（含幼儿园、下同），招生人数71539人，在校学生222137人。其中，普通中学77所，在校学生72571人，比上年增长5.7%；职业中学4所，在校学生991人，下降4.6%；小学422所，在校学生123303人，增长1.9%，小学学龄儿童入学率为99.9%；幼儿园19所，在园幼儿数24075人，比上年增长10.3%。成人教育和技术培训成效显著。1999年，成人中等专业学校在校学生177人，成人中小学校在校学生11000人，成人技术培训学校累计培训达300000人次。计划生育工作成效明显，全县人口出生率为12‰，计划生育率达到97.32%，有望实现在全省争创"百万人口大县一类县"、在全市争创一流水平的目标。文明城镇创建工作继续向纵深发展，城镇面貌有了明显改善，广大群众文明程度进一步提高。城乡医疗卫生条件进一步改善，农村初保工作通过了省政府验收。县防疫站受到省人事厅、省卫生厅表彰。文化部门围绕庆祝新中国成立50周年和澳门回归，开展了丰富多彩的文化活动，成功地举办了无为县第四届文化艺术节。乡村两级不良债务清理工作基本结束，并采取多种途径进行消化，成效初显。档案工作取得新的成绩，县档案馆被评为省一级档案馆，并被省档案局誉为"全省县级综合馆一面红旗"。环境保护工作得到重视，关停了一批污染严重的企业。乡镇不在编人员清理清退工作圆满结束，全县共清退不在编人员3348人，减轻了财政负担。加大了关闭非法和布局不合理煤矿以及压缩煤炭产量的工作力度，矿业秩序治理整顿工作顺利达标。

九、城乡人民生活逐步改善

城乡居民收入和生活水平稳步提高。1999年，全县职工工资总额26753万元，与上年基本持平；职工平均工资4882元，增长0.7%。全县农民人均纯收入1948元，比上年增长1.9%。全县城乡居民人均储蓄1342元，比上年增加195元，增长17.0%。城乡居民居住条件继续改善，1999年，全县城镇和工矿区私人施工住宅房屋面积36.62万平方米，农村私人施工住宅房屋面积95.61万平方米。社会福利事业健康发展。1999年，全县各类社会福利和农村敬老院床位1181张，收养1004人，乡村社会保障网络基本形成；城镇社区服务工作开始起步，公益设施日趋完善。

十、民主法制建设进一步加强

依法治县工作积极推进。各级政府自觉接受同级人大及其常委会的依法监督和政协的民主监督，主动加强与民主党派的联系，认真听取社会各方面的意见，并邀请人大代表、政协委员视察工作，参政议政。1999年县政府按时办理了人大代表建议案120件和政协委员提案135件。同时，支持了工会、共青团、妇联等群众团体发挥各自的作用。基层民主制度得到继续完善和发展，有力地保障了村民自治的各项民主权利，人民群众当家作主、管理事务的积极性得到发挥。各乡镇政府和县直各部门全面推行政务公开，一定程度上改善了干群关系。“三五”普法教育不断深入，增强了公民的法制观念和依法办事意识。强化了社会治安综合治理，“严打”和“追逃”成果显著。及时打击取缔邪教组织“法轮功”。加强了执法监察和监督工作，严格执行廉洁自律的有关规定，反腐败斗争和廉政建设取得一定成效。来信、来访得到认真处理，群众关心的一些实际问题得到解决。“双拥”活动深入持久地开展，人武部正规化建设取得突出成绩。此外，县委、县政府还圆满地完成了巢湖市第一届党代表、人大代表和政协委员的选举工作。全面完成了乡镇党委、政府的换届任务。

第四节　新世纪的开局

2000年，既逢世纪之交，又值千年更替，是人类发展史上具有标志性的一年，也是完成“九五”计划和20世纪末重要奋斗目标的最后一年，同时，还是巢湖地区撤地建市的第一年。做好2000年的经济工作，对扩大无为跨世纪的发展具有承前启后的重大意义。为此，县委于2000年2月21日至22日，召开县三干会议。在这次会议上，县委制定了2000年无为县经济建设和社会事业发展的总体规划。总的要求是：以邓小平理论和党的基本路线为指导，认真贯彻党的十五大和十五届三中、四中全会精神，以改革和发展为主线，大力实施科技带动、外向牵动和市场拉动三项发展战略，努力在推进农业产业化进程、国有企业改革、发展个体私营经济和对外开放四方面求得新突破，在经济运行质量、农民人均纯收入和财税收入三方面有新的提高，确保国民经济快速有效增长，确保社会政治稳定，以优异的成绩迈向新的世纪。根据这一指导思想，2000 年无为县经济和社会发展主要目标是：国内生产总值 51.1 亿元，增长 7.6%；工业总产值 60.5 亿元，增长 8.3%，其中年销售收入 500 万元以上企业产值 15.1 亿元，增长 8.0%；农业总产值 17.9 亿元，增长 6.1%；乡镇企业营业收入 59 亿元，增长 8.3%；社会消费品零售总额 16.25 亿元，增长 8.0%；财政一般预算收入 2.7 亿元，增长 7.6%；全社会固定资产投资 16.97 亿元，增长 12.0%；农民人均纯收入 2050 元，增长 7.9%；外贸出口总额 150 万美元，增长 3.7 倍；人口出生率控制在 15‰以下。[①]

确定上述目标，县委既考虑到与省、市经济大趋势合拍，又考虑到无为县的实际情况；既考虑到各方面的有利因素，也考虑到面临的各种困难和问题。综合多种因素，认为无为县经济发展必须保持一定的速度，尤其对于无为这样一个基础薄弱的县份来说，克服困难，解决问题，只有靠发展，发展才是解决所有问题的关键，否则，全县人民面临的困难和问题就会加剧严重。没有发展，对内产生不了凝聚力，对外将失去吸引力，不仅影响“九五”计划的全面完成，更有负于全县人民的重托。因此，县委号召全县所有党员干部振奋精神，扎实工作，以卓越的成就跨越新世纪。

2000 年，无为县在严重的旱灾和虫灾的双重压力下，全县人民在县委的领导下，团结一致，开拓奋进，加快发展，“两个文明”建设取得了显著成绩。

---

① 中共无为县委党史研究室、政协无为县文史委员会编，《中国共产党无为地方史（1921—2001）》，皖内部图书 2002—027 号，第 475 页。

一、农村经济稳步发展

全县主要农产品产量呈现“三增一减”，即水产品总产量6.02万吨，比上年增长4.5%；棉花总产3.54万吨，增长36.1%；油料总产6.7万吨，增长4.7%；粮食总产42.68万吨，下降15.5%。全县农业总产值16.7亿元，增长3.1%。2000年全县推广主要农作物优良品种面积180万亩，比上年扩大65万亩，粮、油、棉、蔬菜优质品种比例都超过70%。全县水产养殖面积达30万亩，比上年增加2.4万亩。特种水产面积已达14万亩，总产量1.41万吨，占水产品总量23.4%，是历史上所占比例最高的一年。荸荠、席草、莲藕、乳瓜、草莓、食用菌等特色经济作物效益比上年均有较大提高。畜禽业发展较快。2000年白鹅饲养量达1080万只，比1999年增加280万只。全县生猪出栏39.2万头，增长11.4%；家禽出栏2500万只，增长12.9%；禽蛋产量4.2万吨，增长15%；牛奶产量110吨，比1999年增长近13倍。2000年，全县畜牧业生产综合指标跨入了全省十强。抗旱、治虫斗争取得全面胜利。据不完全统计，全县仅棉花一项就挽回经济损失1.33亿元。农业基础设施建设进一步加强。“三秋”穿插战共完成土方300万立方米，建通江通河涵闸陡门21座。无为大堤加固46公里，拆迁房屋11万平方米。全县冬修完成土方1300万立方米，西河、郭公河及农田整治工程进展明显。全县共完成成片造林1万多亩、绿色长廊近100公里。

二、工业经济运行质量明显提高

全县规模以上工业企业全年实现销售收入15.66亿元，增长7.1%。龙头支柱企业不断壮大。县纺织总厂、新业公司3月份实现了扭亏为盈。新力药业上市工作获得成功，新力股票一直保持在每股30元以上。企业管理得到加强。2000年，全县工业经济效益综合指数为102.05%，比1999年提高48.94个百分点。全县规模以上工业企业实现利润3399万元，比1999年净增6852万元；亏损企业亏损额下降45.0%。资产重组走出了新路。通过各种方式，全县国有、集体企业共盘活闲置资产6500多万元。改革脱困取得突破。在1999年安排改革的13户企业中，注销企业2户，兼并1户，国有股权退出2户，承包、租赁2户。

三、乡镇企业长足发展

2000年，乡镇企业共实现产值51.15亿元，增长10.6%；实现营业收入49.77亿元，增长10.1%。全年共完成技改投资3.1亿元，其中固定资产投资在100万元以上的项目共61个。万达禽业公司开发的真空包装板鸭项目填补了省内空白。创名牌工作取得了显著成效，“江星”牌色拉油被省政府评为名牌产品，“虹扬”牌电缆、“争鸣”牌面条被评为省系统名牌，“鸿翔”牌硅橡胶电缆、“欣菱”牌耐高温电缆、“绿鼎”牌多元生物有机肥被评为省系统优秀产品。高沟乡高新工业区获国家农业部“全国乡镇企业示范区”称号。全县有21家企业通过ISO9002国际质量体系认证，还有9家企业正在办理申报。个体私营企业已成为全县乡镇企业主体力量。到2000年底，实现营业收入26.61亿元，实缴税金5220万元，分别占全县乡镇企业总量的53.5%和45%。

四、劳务输出拉动了农村经济的发展

2000年全县农村劳务输出达30.15万人，占全县农村劳动力总数77.8万人的39%。主要分布在京、津的华北地区10.17万人，上海7.31万人，江苏、浙江地区4.58万人，广州及珠江三角洲地区1万多人，其他省市3.3万人，本省外县、市3.26万人。这些外出人员主要从事纺织、驾驶、修理、食品加工、建筑安装、营销、承包土地以及从事饮食服务等职业。2000年，劳务总收入12.6亿元，占全县国内总产值43.69亿元的29%，占农业总产值16.74亿元的75%以上，是全县农业纯收入2.1亿元的5.9倍。这批劳动大军不仅挣了票子，还换了脑子，闯了路子，推动了乡镇企业和个私经济的发展。由劳务输出引发的“凤还巢”工程，为全县农村经济的发展带来勃勃生机。

五、商贸流通与对外经贸取得新突破

2000年实现社会消费品零售总额16.06亿元，增长7.6%。全年新建、改建各类市场12处。县燃料、金属公司经济效益继续位于全省同行业前列。全县外贸进出口总额达220.59万美元，其中出口214.75万美元，比1999年增长5倍多。全年共与国外企业（银行）达成协议35项，协议引进外资约1.22亿美元，实际到位756万美元。协议引进国内资金1.29亿元，实际到位7334万元。粮食企业改革进展明显，福渡中央直属粮库正在建设之中。棉花收购39.8万担，居全省第一位。"银洲"牌皮棉被国家供销社总社命名为名牌产品。

六、基础设施建设步伐加快

交通建设上，2000年共完成总投资1.05亿元。通江大道工程完成投资8500万元；完成了襄安至开城、太平至黄龙、六店至坝镇、黑沙洲轮渡北岸接线等油路建设，村级砂石路建设近100公里。城镇建设上，无城地区坚持走完善老城、建设新区之路，建设步伐日益加快。2000年共投入资金4000余万元，实施各类工程项目11个。人民广场、景观大桥、环城西路改造等重点工程相继开工。新区已建面积2.3平方公里，建设面积28万平方米，完成总投资1.04亿元。村镇建设发展势头良好，总体建设水平有所提高。邮电建设上，新建、扩建交换机2.7万门，新建农话网点34个。供电建设上，全面完成农网改造任务，全县共建改台区1170座，完成投资7800万元，通过了省级验收。昆山、高沟两个35千伏变电所顺利竣工，无城城区10千伏低压电网改造任务已经完成。

七、财税工作稳步推进

全县共完成一般预算收入2.60亿元，比1999年增长13.4%，高于全市增幅3.3个百分点。全县财政支出3.02亿元，收支缺口较大，但通过合理调度资金，全年基本实现了收支平衡。全县金融机构各项存款余额28.02亿元，比年初增加了4.0亿元；各项贷款余额31.12亿元，比年初增加了6496万元，其中政策性减负6290万元，减负率39.8%，人均减负93元，亩均减负85元。乡镇"零户统管"工作取得突破，共取消各类账户810个，划转各类资金1615万元。支出管理得到进一步加强。2000年共组织政府采购17次，节约资金51.6万元。

八、各项社会事业全面进步

教育改革和发展全面推进，“两基”成果继续得到巩固提高。无为中学申报省示范高中通过了省级评估验收，无为三中主体工程竣工，中小学全面实行了内部管理体制改革。计划生育工作取得新的进展，全县人口出生率控制在15.8‰以内，计划生育率达97.8%以上。卫生防病综合目标如期完成，初级卫生保健工作经省政府评审验收合格。城镇的整体形象有了明显改善，广大群众的文明程度得到进一步提高。“三五”普法通过了验收。“打黑除恶”和“网上打拐”取得显著成效，依法取缔非法组织聚会点9处，打击处理16人，收缴非法宣传品（手抄本）209份，有力地维护了社会的稳定。信访工作得到加强，特别是“维护稳定工作月”活动成效显著，跳出了省里重点管理的笼子。乡镇机关、事业单位机构改革顺利结束。此外，扶贫开发、解困再就业和养老保险等工作都取得了可喜成绩。

在肯定成绩的同时，县委也清醒地看到无为经济发展中还存在着一些问题，主要表现在“四少四低”，即规模农业少、工业支柱产业少、高科技项目少、社会民间投资少，经济结构层次低、经济外向度低、城镇化水平低、人均水平低，仍然没有摘掉国家级贫困县帽子。同时，社会生活中也存在着一些亟待解决的问题，突出的是社会保障能力不强，就业压力比较大；发展环境还不优；机关工作中还存在形式主义、官僚主义、作风不实、办事效率不高等现象。县委及时采取一些行之有效的措施，下大力气加以解决。

第五节 “十五”蓝图的绘制

2001年2月2日至5日，无为县委召开全县三级干部会议。这次会议的主题是，以中央经济工作会议、农村工作会议精神为指导，深入贯彻省委六届十二次全会和市委一届四次全委会议精神，认真总结2000年工作，研究部署“十五”期间及今后经济工作的目标任务、基本思想和主要举措。

会议认为“十五”期间是无为县加快现代化建设进程，提高综合竞争力的关键时期。“十五”时期无为县经济和社会发展的指导思想是：高举邓小平理论伟大旗帜，认真实践“三个代表”重要思想，围绕加快发展、富民强县这一主题，大力实施科教兴县、外向带动、城镇拉动、民营经济主体化和可持续发展五大战略，进而增强经济实力和综合竞争力，切实加强精神文明建设和民主法制建设，维护社会稳定，促进国民经济持续快速健康发展和社会全面进步。[①]

会议建议无为“十五”时期的主要预期目标为：国内生产总值年均增长8.5%左右；农业总产值年均增长6%左右；规模以上工业总产值年均增长7%左右；财政收入年均增长8%左右；农民人均纯收入年均增长6%左右；出口总额平均增长20%左右；人口出生率控制在14.5‰以内；精神文明和各项社会事业全面发展。

为了保障“十五”规划目标的顺利实施，县委、县政府从六个方面着力。

一、进一步解放思想，推动全县经济快速发展

“十五”时期是科学技术飞速发展时期，也是世界经济高速发展阶段。全县上下必须增强加快发展、富民强县的紧迫感，认识到“发展是解决我们面临所有问题的关键”，坚持发展是硬道理，牢固树立赶超意识。以“三个代表”重要思想为准则，敢闯、敢试、敢为人先，紧紧抓住国家加大投入、扩大内需的机遇，保持良好的精神状态，争先进位，自我加压，努力拼搏，迎头赶上，力争“十五”全县综合经济实力显著提高。

二、多方筹措资金，确保“十五”重点项目顺利实施

经济增长和规划目标的实现必须靠项目支撑，而项目的实施又需要资金作保证。“十五”期间全县计划总投资达86亿元左右，必须多渠道筹集资金，确保重点项目的实施。一是坚持不懈、不遗余力争取项目。认真学习党和国家各项政策，及时把握国家投资方向，潜心研究，精心筛选，做好项目的各项前期工作，

① 中共无为县委党史研究室、政协无为县文史委员会编，《中国共产党无为地方史（1921—2001）》，皖内部图书2002—027号，第483页。

加大跑省、跑部力度，力争更多的项目进入省和国家计划盘子，得到上级的支持。二是积极争取商业银行贷款。进一步强化信用观念，加强与商业银行的联系与沟通，促进银企关系更加融洽。认真推荐一批好的企业、好的项目给银行，树立企业良好形象，增强银行的放贷款信心，努力争取银行贷款，服务全县经济。三是广泛动员民间投资。从无为银行存款可以看出，民间资金雄厚，潜力巨大，进一步放宽政策，拓展投资领域，激发他们的投资热情，积极鼓励和引导个体经济加入“国退民进”的大潮中和各项社会主义事业建设中。四是进一步加大招商引资力度，改善投资环境，积极引进境外、县外资金来无建设。五是大力拓展证券融资。认真总结和推行新力药业股票上市的成功经验，培育资本市场融资氛围，认真抓好新科、江星、纺织服装等集团的上市工作，实现资本迅速扩张。六是利用兼并、联合、挂靠、租赁、拍卖等有效形式，盘活现有的固定资产存量。

三、继续深化改革，推进体制改革

一是继续深化国有企业和集体企业改革，进一步加快企业改制步伐，尽快建立现代企业制度，发挥市场竞争机制，大力发展个体、私营经济，积极发展股份制企业。二是加快农村各项改革进程，加快土地流转制度建立，不断完善税费制度改革，切实减轻农民负担，调动农民积极性，促进农业生产发展。三是认真抓好社会保障等各项配套政策，建立健全社会保障体系，切实减轻企业负担，实现经济发展良性循环。

四、加快人才培养，建立智力支撑体系

坚持教育优先发展，加快人才培养，实施人力资源开发战略。通过优化人才结构，强化人才竞争，改善人才待遇，促进人才资源与物质资源紧密结合。进一步深化教育制度改革，加强教师队伍建设，努力提高教学质量，全面提高人口素质。加快企业队伍建设，加强对企业经营管理者管理知识和技术知识培训，造就一批懂技术、善管理、会经营的企业家。进一步完善引进科技人才的优惠政策，努力吸引有识之士加入无为经济建设中。

五、转变政府职能，加强和改善宏观调控

继续深化政府机制改革，建立廉洁高效、运转协调、行为规范的行政管理和运行机制。减少对经济建设的直接干预，加强宏观指导、服务和监督，实现政府管理体制由管制型向监控型方向转变，科学规划经济发展，积极引导产业升级和经济布局合理化，坚持依法行政，加强政风建设，推进政府工作法制化，从严治政。推进投资体制改革，健全风险约束机制，加强对重大项目特别是国债项目的资金、质量管理和审计监督，优化投资结构，提高投资效益。

六、做好配套规划，精心组织实施

为使全县“十五”规划落到实处，所有行业、企业、部门都制定相应的行业规划、专业规划，把全县总体规划进一步分解，在做实规划的基础上按照规划要求，集中全县人力、物力和财力，认真组织实施，确保规划的目标和任务得以顺利完成。

第六节　改革开放的深入推进

一、土地承包制度的进一步完善

1978 年以后，党的十一届三中全会精神为无为经济发展注入了新的活力，农村家庭联产承包责任制的经济体制改革，在全县范围内迅速铺开，调动了广大群众的生产积极性，粮食产量得到大幅度提升，商品交易日益活跃，有力地促进了全县经济的复苏。1984 年初，县政府宣布第一轮土地承包期延长至 15 年，即延长到 1994 年底，对全县农业生产责任制的实行起到了稳定的作用。1984—1994 年间，为解决人地矛盾，各地在坚持“大稳定，小调整”的原则下，对农户承包的土地每隔三五年进行一次调整，并在土地使用制度方面作了一些改革尝试，如允许农户承包地在坚持农业用途不变的前提下进行有偿转让。一轮土地承包制度推行 15 年来，全县约有 30 万农户承包了集体土地，分户经营，自负盈亏，实行

责权利结合，调动了农户生产经营积极性，全县农业生产效益显著提高。到1994年，全县农业总产值实现118227万元，比1980年的44193万元增长了167%；种植业总产值达84966万元，比1980年的35721万元增长了137%；农民人均纯收入880元，比1980年的118元增长了645%。但是，农业生产加快发展的同时，土地承包制度的一些缺陷和矛盾也日益显现，一是由于土地调整频繁，耕地越分越碎，户均经营耕地规模越来越小，影响农民对土地长期投入的积极性，致使耕地减退，农业生产成本增加，收益降低。二是农民对土地的占有欲越来越强，土地所有权的观念日趋淡薄。三是土地流转机制难以建立，土地市场难以形成，少数地方出现“有人无地种、有地无人种”的现象。

在总结第一轮土地承包制度的基础上，无为结合上述实际情况，1994年底，县委、县政府决定开展土地第二轮承包。1995年初，县政府印发《关于在全县开展土地二轮承包工作的实施意见》，明确土地二轮承包制度改革的主要内容：强化所有权，增强农民土地集体所有观念；明确发包权，由村合作经济委员会履行发包职能，与农户签订承包合同，确定土地产权关系；稳定承包权，耕地二轮承包期自1995年1月1日起，延长30年，到2024年12月31日止；所有荒山、荒地、荒滩、荒水实行招标承包或有偿转让所有权，期限可以延长到50—70年，实行“增人不增地，减人不减地”；放活使用权，在坚持土地集体所有和不改变土地用途的前提下，经发包方同意，在承包期内允许土地使用权依法有偿转让、出租、抵押、入股、继承等，恢复土地商品的属性，让土地进入市场。是年1月，县委、县政府召开全县农村土地承包制度改革会议，土地二轮承包工作全面启动。县成立二轮土地承包制度改革领导小组，由县长任组长，分管副书记、分管副县长任副组长，成员单位有县委宣传部、县委办公室、县政府办公室、农经委等。领导小组下设办公室，调配专人办公。同时，县委、县政府还从县直有关单位抽调科级干部40多人组成工作队，分赴乡镇督查二轮土地承包工作。通过宣传发动、统一认识、制定方案、组织实施、履行手续等各阶段工作的落实，到年底，二轮土地承包工作基本结束，全县35个乡镇719个行政村与辖属30多万农户签订合同，承包耕地120万亩。

县二轮土地承包工作主要有三种类型：一是原承包格局不变，直接延长承包期（约占10%）；二是先进行小调整，后延长承包期（约占80%）；三是重新分地后再延长承包期（约占10%）。

1997年，县及各乡镇成立农业承包合同仲裁委员会。经省主管部门考试、考核，全县154人取得了仲裁委员资格，一些乡镇仲裁委开始受理农业承包合同纠纷案件。1998年，按照《关于进一步稳定和完善农村土地承包关系的通知》（中办发〔1997〕16号）文件精神和省、市统一部署，县农经委组织开展向农户发放由县政府统一印制的农村土地承包经营权证书工作。该年年底，全县有30多万农户领到了农村土地承包经营权证书。[①]

二、国有集体企业产权制度改革的不断完善

随着经济体制改革不断深入，无为国有、集体企业的深层次矛盾日渐凸显，经济效益每况愈下，生产经营日渐惨淡，进入1996年，大部分工业企业处于停产、半停产状态。同年，县委、县政府决定对全县所有制企业实行以股份制或股份合作制为内容的产权制度改革，并印发了《无为县企业产权制度改革若干问题的暂行规定》。成立了企业改制指挥部，县委书记陈士宽任政委，县长陈龙长任指挥长，下设5个工作团，县经委为工业企业工作团，负责国有、集体企业的改制。

1997年，县改制指挥部在试点的基础上开始了全面改制。4月，县改制指挥部召开了全县改制工作10万人动员大会，拉开了全县改制工作的序幕。7月，县委、县政府召开全县企业改制第二次10万人动员大会，无为通力齿轮有限公司、江坝油脂化工有限公司等五个单位作了典型发言，陈龙长作动员讲话，陈士宽就如何理解、落实会议精神作了强调，对于各地各单位明确目标、把握主攻方向有着十分重要的指导意义。到年底，工业改制工作团所属37个国有企业全部进行了股份或股份合作制改制。其中，无为制药厂改制为股份制企业，其余都为股份

① 中共无为县委党史研究室编，《崛起——无为县改革开放三十年党史专题汇编（上卷）》《转变经营体制完善土地承包》，内部资料，皖CH—2009—03号，第64页。

合作制企业。

到 2000 年 3 月，县纺织总厂、新业公司实现扭亏为盈，这是近几年来首次出现的喜人局面。该年底全县规模以上企业实现利润 3399 万元，亏损企业亏损额下降 45.0%。无为坚持“国退民进”“有所为有所不为”的方针，大力推进资产重组，优化资源配置。县齿轮厂“债转股”得到成功实施，县酒厂的固定资产租赁给一私营企业，使闲置 4 年之久的固定资产得以盘活。全县共盘活闲置资产近 5000 万元。与此同时，大力实施再就业工程。继续坚持“三三制”原则，落实国有企业下岗职工基本生活保障基金，确保下岗职工的基本生活。加大养老保险费征缴力度，确保离退休人员养老金按时足额发放。进一步完善社会保障机制，力争实现城镇养老失业保险全覆盖。

无为县制药厂利用了这次改制机会，发挥其大输液产品的优势，积极开展融资扩张活动，联合省内四家企业，捆绑申请上市，经过努力，终于 2000 年 9 月在深交所成功上市，造就了无为县“第一艘航母”。公司上市后经济实力剧增，到 2001 年底，公司总资产已达 70948 万元，是上市时总资产 4000 万元的 17.7 倍；净资产 53507 万元，实现销售收入 15921 万元，实现利税 6317 万元。

三、财税体制改革的稳健开展

从 1994 年起，为进一步理顺中央与地方的财政分配关系，国家改革地方财政包干体制，实行“分税制”财政管理体制。无为结合自身实际，按照国家“分税制”财政管理体制的精神，进一步完善乡镇财政管理体制，县对乡镇实行“划分收支，核定基数，定额上缴或定额补助，超收分成”新体制，增强乡镇自我发展的动力，调动基层乡镇增收节支的积极性。

1996 年，全县完善了一系列财政激励政策，出台了开展财政收入先进乡镇评比办法，加大了财税征管力度，财政收入有了较大幅度增长。县级财政征收 1.87 亿元，较上年实绩增收 6190 万元，增长 49.5%，实现了当年收支平衡。①

① 中共无为县委党史研究室、政协无为县文史委员会编，《中国共产党无为地方史（1921—2001）》，皖内部图书 2002—027 号，第 438 页。

在社会主义市场经济发展大潮中，为了调动企业经营者的积极性和创造性，无为在国营集体企业推行承包经营责任制和股份制改革，县财政不断投入经济发展和财源建设专项资金，大力促进市场经济发展。广大干部群众发展社会主义市场经济的意识有了进一步增强，全县工农业稳步发展，第三产业发展势头强劲，市场繁荣，财源充沛。1999 年，财政收入达到 2.81 亿元，比上年增长 2.9%。

从 2000 年开始，无为在构建公共财政体制的背景下，深入开展农村税费改革，全面启动国有、集体企事业单位改制，推进县乡财政监管方式改革，构建财政补贴农民资金社会化发放平台等。在此期间，财政改革成效显著，县财政综合保障能力有了进一步增强。[①]

四、外贸体制改革格局的不断形成

1990 年，省委、省政府作出“开发皖江，呼应浦东”的决策后，无为的招商引资力度不断加大。到 1992 年底，已有 3 家合资合作企业落户无为，总投资 520 万美元。合同外资 86.5 万美元，其中无为纺织厂与香港丰事达投资有限公司合资成立的安徽新业纺织有限公司，其投资总额为 498.4 万美元，注册资本 250 万美元，外方投资 62.5 万美元。[②]

1994 年 1 月，国务院《关于进一步深化对外贸易体制改革的决定》颁布，为了进一步加大改革开放力度，建立社会主义市场经济，要求各级政府鼓励和扶持有条件的企业积极从事对外贸易活动、进入国际市场、参与国际交流和竞争，进一步放宽企业申报进出口自营权条件。这一切为无为一些具备条件的、急于开拓多元化国际市场的企业带来了良机。同时，无为积极的招商引资活动和不断改善的投资环境与优惠政策，使许多外商、港澳台同胞携资而入，兴办中外合资、中外合作或外商独资企业，无为的对外贸易队伍不断壮大。

最先获得外经贸部批准，拥有外贸经营权的是县对外贸易总公司（与县外贸

---

① 中共无为县委党史研究室编，《崛起——无为县改革开放三十年党史专题汇编（下卷）》《深化财政体制改革提高综合经济实力》，内部资料，皖 CH—2009—03 号，第 740 页。

② 中共无为县委党史研究室编，《崛起——无为县改革开放三十年党史专题汇编（上卷）》《加快开放步伐外贸逐入佳境》，内部资料，皖 CH—2009—03 号，第 108 页。

局两块牌子，一套机构）。1993 年，县外贸局由中央直属管理划归地方管理后，无为针对企业现状，大胆进行改革，成立县对外贸易总公司，将所属股室改制为独立法人企业，按照自主经营、自负盈亏的规则运行。国家提出“大外贸”战略思想后，县委、县政府围绕这一战略调整思路强化外经贸工作职能，于 1995 年在原外贸局基础上，成立县“对外贸易经济委员会”，下辖“县经济协作办公室”“县招商局”，统一领导全县对外贸易、对外经济合作、对外招商引资、对外经济协作。

为了发挥外贸系统自身优势，尽快开展独立的外贸业务，使无为经济与国际接轨，县外贸总公司在县政府和中行无为支行的支持下，以注册资金 1200 万元人民币的基本条件，于 1995 年向外经贸部申报进出口自营权，1996 年获准，成为全县唯一一家外贸流通公司，经营除国家统一经营商品外的一切商品的进出口业务。经营出口的产品有：粮油食品、土特产品、畜产品、轻工工艺品、纺织品、机械化工、医药化工、医药保健品。其中大米、蜂蜜、草席、饲料出口量大，速冻蔬菜、甲鱼、螃蟹、珍珠享誉中国香港、日本、东南亚市场，羽绒制品畅销北欧、俄罗斯、加拿大等国。

随后，官镇羽绒总厂、江坝油脂化工总厂、县纺织总厂、露仙调味品有限公司以及无为华康食品有限公司等生产企业相继获得了进出口自营权，其中无为华康食品有限责任公司是全省民营企业中首批获权企业。①

从 1996 年县外贸总公司出口第一批货物至罗马尼亚开始，无为结束了长期出口供货的局面，首次实现自营直接出口创汇。当年结汇额为 2. 2 万美元，其后逐年增长。截至“九五”末的 1999 年，年出口总额达 33. 1 万美元，比 1996 年增长了 15 倍。出口产品主要有羽绒制品、防雨布、速冻蔬菜、酱泡菜等，出口市场为欧洲、北美、亚洲和大洋洲等 8 个国家和地区。为鼓励企业扩大对外贸易，无为在国家及省、市奖励政策的基础上，于 1999 年制定了《无为县鼓励和扶持扩大出口的暂行规定》。此后越来越多的企业加入外贸行列，积极向国际市

① 中共无为县委党史研究室编，《崛起——无为县改革开放三十年党史专题汇编（上卷）》《加快开放步伐 外贸渐入佳境》，内部资料，皖 CH—2009—03 号，第 107 页。

场挺进，他们共同运用国际、国内两个市场、两种资源来发展壮大自己，外贸出口业务大幅度增长，逐步形成了无为大外贸的格局。

五、农村税费改革的实施

改革背景。全县农村经济在20世纪80年代初保持了快速发展的良好势头，粮食产量逐年上升，农民收入稳步提高，商品经济开始起步，人民生活安定，农村社会和谐。但从80年代中期开始，在无为农村，出现了一些新的问题，乡镇机构迅速膨胀、农民负担逐年增加、粮食产量起伏不定、农民收入增长趋缓甚至下降。①

全面启动。2000年3月2日，中共中央、国务院印发《关于进行农村税费改革试点工作的通知》（中发〔2000〕7号），确定在安徽以省为单位进行农村税费改革试点。4月13日，全省经济工作经验交流会暨农村税费改革试点动员大会在芜湖市召开。中共中央政治局委员、中央书记处书记、国务院副总理温家宝到会作重要讲话。

2000年4月，安徽省制定下发《农村税费改革试点方案》。《方案》确定了农村税费改革试点的指导思想和基本原则。农村税费改革的指导思想是：按照社会主义市场经济发展和推进农村民主法制建设的要求，从根本上治理对农民的各种乱收费，切实减轻农民负担并保持长期稳定，建立规范的农村分配制度，进一步加强农村基层组织建设，巩固农村基层政权，调动和保护农民的生产积极性，促进农村社会稳定和农村经济持续健康发展。基本原则是：总体部署，统筹安排，全面推行；从轻确定农民负担水平并保持长期稳定，兼顾乡镇政府及基层组织正常运转的需要；采取简便易行的征收方式，规范税费征收行为；实行综合配套改革，积极推进乡镇机构和教育体制改革，完善乡镇财政体制，促进乡镇财政良性循环；健全农民负担监督管理机制；坚持群众路线，促进农村民主与法制建设。

根据《方案》，农村税费改革的主要内容可概括为“三个取消、一个逐步取

---

① 《安徽农村改革》，安徽文艺出版社，第16页。

消、两个调整、一项改革”。（一）取消乡统筹费。乡统筹费取消后，原由乡统筹费开支的乡村两级九年制义务教育、计划生育、优抚和民兵训练支出，由县、乡（镇）政府通过财政预算予以安排；村级道路建设资金由村民大会民主协商解决，乡级道路建设资金由政府负责安排。农村卫生医疗事业逐步实行有偿服务，政府适当补助。（二）取消农村教育集资和所有专门面向农民征收的行政事业性收费和政府性基金、集资。中小学危房改造资金，由财政预算安排。（三）取消屠宰税。停止征收在生产环节和收购环节征收的屠宰税，原来随屠宰税附征的其他收费项目也一律停征。（四）逐步取消统一规定的地方劳动积累工和义务工。全县用3年时间逐步取消统一规定的劳动积累工和义务工。“两工”取消后，村内兴办水利、修路架桥等集体生产和公益事业，实行“一事一议”，由全体村民或村民代表大会讨论决定。除遇到特大防洪、抢险、抗旱等紧急任务，经县人民政府批准可临时动用农村劳动力外，任何地方和部门不得无偿动用农村劳动力。（五）调整农业税政策。确定农业税计税土地面积。农业税计税土地面积，以农民第二轮合同承包、用于农业生产的土地为基础确定。调整农业税计税常产。农业税计税常常以1998年前五年间农作物的平均产量为依据确定，并保持长期稳定。（六）调整农业特产税政策。按农业特产税税率略高于农业税率、减少征收环节、两者不重复交叉征收的原则进行调整。对农业特产税，实行一个应税品目只在一道环节征税；对在非农业税计税耕地上从事应税农业特产品生产的，继续征收农业特产税；对在农业税计税土地上种植应在生产环节纳税的农业特产品，农业特产税与农业税，按较高的一项征收，严禁两税重复征收。（七）改革村提留征收和使用办法。村干部报酬、五保户供养、办公经费，除原由集体经营收入开支的仍继续保留外，由农民上缴村提留开支的部分，改革后交纳农业税的，采用新的农业税附加方式收取；交纳农业特产税的，采取农业特产税附加方式收取。农业税附加比例最高不超过改革后农业税的20%，农业特产税附加比例根据实际需要从严确定，并保持长期稳定。村提留属于集体资金，实行乡管村用，专户储存，专款专用。村内兴办集体生产和公益事业所需资金，筹资额每人每年最高不得超过15元，并实行村务公开，接受群众监督。

深化完善。2001年初，县委、县政府围绕“既要明显减轻农民负担，又要保证乡村正常工作和发展的必要经费，特别是保证农村义务教育经费”两大目标，完善有关配套政策，努力探索深化改革和巩固成果的新举措。2002年，无为以防止农民负担反弹为工作重点，进一步加大改革创新力度、政策落实力度和工作推进力度。2003年，根据安徽要求，全县扎实推进“农村税费改革规范年”活动。2004年3月，又按照党中央、国务院“多予、少取、放活”的方针，坚决防止在一片“减负”声中农民负担反弹的现象发生。改革中，还推进了落实乡镇党政机构改革、县乡财政管理体制改革、村级改革（调整村组规模、实行“一事一议”、化解村级债务等）、农村义务教育管理体制改革、整顿涉农收费等配套改革。

成果意义。2000年，全县组织开展了农村税费改革试点工作。税改后，无为农民负担不断减轻。2000年税改伊始，全县总减负11534万元。其中：政策性减负6500万元，非政策性减负5034万元，减负率41%，人均减负95元，亩均减负94元。在政策性减负中，改革前农业税、五统筹（即由农户在无为县上缴的五种综合性支出，其中包含在无为县内的教育费、计生费、民兵训练费、农村公路建设费和抚养费）之和9445万元，改革后的新农业税7582万元，减负1863万元，减负率20%；改革前农业特产税1234万元，改革后农业特产税200万元，减负1034万元，减负率84%；取消屠宰税减负143万元，减负率100%；改革前村提留4976万元，改革后农业税附加1516万元，减负3460万元，减负率70%。

2001年，按照省政府提出的“巩固、完善、规范、配套”的农村税费改革八字方针，无为进一步严格税改政策，切实解决农业税计税常产过高问题。全县共调减常产近5300万公斤，减轻农民负担500多万元，合理确定了农业税计税土地面积。对于农业特产税，坚持普查建档，据实征收，杜绝平摊或变相平摊现象。

2002年，对外资还贷和农业综合开发财政有偿资金一律暂停向农户征收，仅这两项减轻农民负担近2000万元。在规范村级兴办公益事业的资金筹集方面，重点加强“一事一议”项目管理，按照“量力而行，上限控制，一事一议，民主决定，使用公开”的原则，村年初拟定项目，作出计划，召开会议，履行审批备案手续。

六、温家宝来无为县调研农村税费改革情况

2001年2月17日下午到18日上午，中共中央政治局委员、中央书记处书记、国务院副总理温家宝在安徽省委书记王太华、省长许仲林的陪同下，莅临无为了解农村税费改革情况。2月17日下午3时，温家宝在石涧镇召开乡、镇干部座谈会，由他提问题，乡镇干部如实口头汇报。下午4时半，温家宝副总理一行来到天花行政村，走进胡德风老人的家里，与群众亲切攀谈，了解农村税费改革情况。晚上7时，温家宝在无为宾馆召开市县负责同志座谈会，并作了重要指示，提出“税费改革必须同发展生产、发展农村经济一道进行，减员是当前必须采纳的一项政策，但解决农村的根本问题，还是要发展农村经济。检验税改的成果有两个标准，一是农民的负担减轻了，二是生产发展了，农民增收了。”

2月18日上午9时，温家宝一行亲临河坝镇河坝行政村，召开了村干部座谈会。他详细地了解目前行政村的经济发展、基层组织建设、为农服务、村级债务、五保户生活安排等情况，并逐村逐项一一算账，对乡村工作给予肯定。临别前他一再叮嘱乡村干部要千方百计地增加农民收入，引导广大群众致富奔小康。

为了迅速落实中共中央政治局委员、中央书记处书记、国务院副总理温家宝及省、市委指导精神，县委于2001年2月18日下午，召开县委常委（扩大）会议，认真学习领会温家宝在无期间的重要指示，一致认为温家宝副总理的指示完全符合无为的实际，为无为进一步巩固税费改革成果、加快发展农村经济、增加农民收入指明了努力方向。会议还结合无为县经济发展的特点、规律，因地制宜地制定了相应的落实措施。

农村税费改革使无为“三定”征收业务更加规范。一是规范了农民纳税行为。推行“三定”征收后，广大农民通过公示、通知书，清楚地看到自家种多少地、纳多少税，什么时间、到什么地方、交多少税，以及自己的权利和义务。二是农业税纳税机关改变过去依靠基层干部催粮要款中的一些粗暴做法，严格“八到户”“十不准”，在农业税“纳税服务大厅”或“三定”征收点规范征收农业税。

农村税费改革促进了全县农村社会稳定和经济发展。税收工作一方面使广大乡村干部从催粮要款的困境中解脱出来，改善了干群关系，缓解了干群矛盾，促进农村社会稳定；另一方面调动了农民增加投入、发展生产的积极性，农民种田积极性空前高涨，有力地推动了农村经济发展。

农村税费改革推动了乡村两级财务管理不断加强。无为对乡镇实行“乡财县管”财政管理体制，对村级财务实行“村财民理乡代管”制度，采取一系列化解债务的有效措施，税改期间共化解债务1.9亿元，其中乡村债务0.58亿元，村级债务1.32亿元。

农村税费改革实现了乡村风清气正。政务公开、村务公开、财务公开得到加强，乡村干部的群众意识、廉洁意识有了增强，改变了乡村干部在群众中的形象，乡村干部得到群众的支持和拥护，基层政权的号召力和凝聚力增强，基层政权得到建设和巩固。[①]

① 中共无为县委党史研究室编，《崛起——无为县改革开放三十年党史专题汇编（下卷）》《深化财政体制改革提高综合经济实力》，内部资料，皖CH—2009—03号，第742页。

第四章　经济发展新篇章的谱写

第一节　无为特色经济的发展

一、高沟电缆集群的迅速崛起

高沟镇地处无为东南，南依长江，东临芜湖，西邻铜陵，水陆交通便利。20世纪60、70年代，受江浙经济发展的带动，高沟部分农民办起了磨具、磨料等小型加工作坊。进入20世纪80年代后，他们又开始了电加热、机电产品等多品种加工。由于技术、资金等条件的不足，这些小企业仍处于半机械化操作。

20世纪90年代初，高沟营销人员在跑市场的过程中发现电线电缆产品存在广阔的市场需求，不少业务员在推销电加热产品时，兼做起电线电缆经销业务，但是家乡没有产品，只好外购于上海、江浙等地。

1991年，定兴村沈志海租赁定兴村老村部三间砖瓦房，筹资办起了无为第一家特种电线电缆厂——安徽华海电缆厂（现安徽华海特种电缆集团），挂靠为乡镇企业。此后，高沟的其他企业主、业务员发现电缆产品附加值高、利润丰厚且市场前景广阔，便陆续转产电线电缆行业。高沟乡以业务员订单为主要营销方式的电线电缆产业从此不断壮大。

在中共十四大关于建立社会主义市场经济体制的精神指导下，县委、县政府于1993年下发了《关于加快市场经济的决定》，实行“欲取先予”的低税费等政策，推动了高沟电缆企业的发展。借着这股东风，安徽江淮电缆集团有限公司和安徽华菱电缆集团有限公司等得到了快速发展。[①]

1996年，县委、县政府下发了《关于进一步加快发展无为个体私营经济的决定》，进一步放宽发展个体、私营经济政策：不限制从业人员、不限制发展比例、不限制规模、不限制雇工人数、不限制经营方式；对“新建私营工业企业，可免征投资方向调节税，免收城市建筑配套费、免征企业所得税一年，土地使用税和土地出让金优惠50%”；决定建立无为县私营企业开发区，区内私营企业享受“三资”企业一切优惠政策，还对简化企业办照手续、营造良好的经济环境等作出了具体规定。这一文件的出台，对高沟的企业家们无疑是鼓励和支持，促进了高沟电线电缆业的发展。该年高沟乡乡办企业40家、村办企业55家、联户个体企业1024家，全年实现销售收入11.16亿元，入库税金1360万元，全乡人均收入2007元，综合实力位居全省第九位。高沟乡和定兴村被列入省“1235”工程（即新建一个规模企业、组建两大集团、新创三个省级品牌、新上五大技改项目）单位。

值得一提的是，在企业稳步发展过程中，高沟逐渐形成了一支日趋成熟的销售员队伍，他们奔波在全国各地，独具敏锐的市场嗅觉，善于发现并能及时抓住商机。与此同时，在用工分配制度上，高沟企业实行销售承包责任制，改变了销售员领固定工资的传统，成功地推行完全买卖制，按绩付酬。这种买卖制加强了企业与市场的联系，实现了产供销“零距离”，实现了利益的合理分配，造就了均等的发展机会，发挥了经济运行各个环节的积极性，为高沟工业的大发展创造了良好的条件。

1997年，无为全面开展企业产权制度改革，坚持“三个有利于”的标准，从长远着眼，算大账，算活账，把集体性质的乡镇企业通过各种形式改制为民营企业，努力实现乡镇企业的二次腾飞。1998年4月，县委、县政府又下发了《关于进一步加快发展私营经济若干问题的暂行规定》，对优化经济环境等方面都做了明确的规定，民办企业申办手续简化，土地征用、税收、配套水资源、电价、通

① 中共无为县委党史研究室编，《崛起——无为县改革开放三十年党史专题汇编（上卷）》《敢为人先开拓创新》，内部资料，皖CH—2009—03号，第297页。

信、信贷等给予优惠，此举促进了高沟乡镇企业的产权制度改革，对民营经济的快速发展起到了推动作用。自1999年起，高沟企业内部分化日益加剧，一批挂靠乡镇、村的个人企业纷纷与乡村脱钩，成为名副其实的私营企业。同时，还有一批乡镇、村办的中小企业在改制中被私人业主买断，改为私营企业，民营经济总量不断增大，质量也显著提高，效益逐步攀升。到1999年底，高沟乡共有个体私营企业357家，实现营业收入8.9亿元，入库税金3046万元，占全县乡镇企业入库税金的1/4。从业人员达1.26万人，人均年工资6200元。

经过多年的发展，高沟民营企业取得了良好的业绩，创造了显著的社会效益和经济效益，对无为县的财政收入做出了较大的贡献。省、市、县主要负责同志多次莅临高沟调研视察指导，对高沟民营企业的发展给予关注，誉称高沟民营企业为“八百里皖江的一颗璀璨的明珠”，将高沟企业灵活的经营机制、活跃的销售队伍、独特的融资方式等总括为“高沟模式”。

二、刘渡木材市场的蓬勃发展

浩浩长江在流经无为县刘渡镇时画了一个优美的弧，留下了数千米的江滩。刘渡木材市场就是利用这千米江滩，南依“黄金水道”，北靠省道军二公路，在改革开放的大潮中孕育成长。

十一届三中全会后，农村商品经济蓬勃发展，刘渡当地农民就三五成群地到江西等地购买木材盖新房，有的将多余的木料拉到附近的江滩上自由交易。1983年底，买卖木材人员逐渐增多，自发地形成了“地下”木材市场。1984年刘渡镇锐意改革，顺应民意，因势利导，放开了木材市场大门，木材交易从“地下活动”转到地面，木材经销从“围追堵截”中解放出来，逐渐形成了以购销木材为主体的木材自由贸易市场。[①]

1984年，木材市场专业贩运户从50多家增加到100多家，从业人员上千人。市场经营场地从十几亩地扩大到一百多亩地。刘渡镇党委和政府为了加快市场发

① 中共无为县委党史研究室编，《崛起——无为县改革开放三十年党史专题汇编（上卷）》《江滩上的“共和国之最”》，内部资料，皖CH—2009—03号，第310页。

展，成立了以镇政府为总负责，工商、公安、税务、航管、金融部门等参加的“刘渡木材市场联合管理委员会”（以下简称管委会）。同时，还成立了木材市场党支部、服务部和市场搬运公司，加强市场党建和政治宣传工作，管理市场日常工作事务以及搬运秩序和搬运价格的稳定工作。工商、税务上门服务，在市场内成立办公室，管理经营秩序，方便税费收缴；市场内还成立民警室，全天候负责市场治安工作，昼夜巡逻，保障市场安全。管委会的成立标志着刘渡木材市场迈入全新的发展时期。

管委会以“合理布局、设施配套、功能齐全、高效运作”为目标，统筹规划、建设和管理市场。为促进市场发展，管委会从加强市场基础设施建设开始，改善市场的经营条件。木材市场紧靠在江滩边，每遇洪水便无法经营。管委会投入资金200余万元，在江滩上围堤5公里，建排灌站2座，确保市场在汛期依然正常营业。为了改善经营户的生活条件，管委会与木材经营户合作共建住房千余间，架设电线万余米，使得市场“亮化”；铺设自来水管道，户户通水，让木商们吃上了放心水。建厕所8座、垃圾池12座，改善了卫生环境；铺设光缆安装电话20多部，开通有线电视，让木商们能及时了解相关的财经信息，方便他们与外界及时取得联系；市场内铺设砂石路5公里，车辆畅通无阻。市场周边开设30多家饭店、旅馆和商店，金融配套服务设施也及时跟进，来往木商生活方便舒适，管委会还在市场道路两边植树5000余株，市场“绿化”。至此，把一个单纯的木材市场打造成一个以木材购销与加工为主体，集饮食服务、水路运输于一体的综合性专业市场。20世纪80年代末，刘渡木材市场常年木材贮量在3万立方米以上，旺季可达5万立方米，日成交木材量为400多立方米，日成交额30余万元，年成交额达1.4亿元。1989年，刘渡木材市场被国家统计局认定为共和国最大的木材自由交易市场，入编《共和国之最》。

刘渡木材市场从建市开始，刘渡镇党委、政府就确定了“放水养鱼”的方针。县工商、税务和镇政府联合办公，改变了过去税费分头收取、环节多、手续繁的现象，对成交木材一次性核定收费标准后进行收取，方便了客商，有效地遏制了收取地皮费、青苗费、摊位费、过路费、“恭喜发财”费等歪风。

优化经营环境，提高服务质量是市场发展的要求。建立市场之初，一些木商素质不高，市场管委会不仅从政策上加以引导，还聘请专业学者来市场讲授营销策略课，融通金融部门给予资金扶持。有关职能部门也积极开展维权活动，协助成立“刘渡个体工商协会”和“木材行业协会”，主动到木材产区、销区，为木商排忧解难。优质的服务、宽松的环境，使各路木商云集刘渡木材市场，截至1995年，木商登记注册户达2000多户，10000余人。1988、1992年和1995年刘渡木材市场被国家工商总局授予“全国文明集贸市场”称号。

刘渡木材市场经营特点就是深购远销。木商们穿行于长江和林海之中，从云、贵、川、赣、湘、鄂、桂、沪、闽等十余省市，有的甚至远赴越南、缅甸境内，把一批又一批的木材运到刘渡，又从这里一批又一批销往江苏、浙江、上海等省市。可以说，哪里产木材，哪里就有刘渡木商。为扩展销售市场，他们组建销售网点，开展横向合作，填补了一个又一个销区“空白”，经销范围和规模越来越大。

为了促进刘渡木材市场兴旺发达，镇党委政府对市场开展多部门联手共建。管委会会同林业、公安等有关单位，多次深入林产区和沿江市县协调关系，打通运销渠道。县、镇及市场管委会负责同志到湖北武穴、黄石，四川洪雅，贵州从江，广西融水，湖南新晃，以及江苏、山东和本省贵池、繁昌、芜湖等数十个县（市）疏通关卡，为10多户木商处理木材积压等问题，挽回经济损失数百万元；为10多户木商打捞汛期飘散的木材，价值计20余万元；成功调处木商纠纷数百起，提供各种信息服务达千次，为很多木商解决了实际困难。

经过近二十年的培育成长，20世纪90年代末，刘渡木材市场迎来了最兴旺的发展时期，常年有20多个规格品种的木材上市。从20世纪80年代到2007年，这里共成交木材1200万立方米，成交额达144亿元，围绕市场的服务行业总产值实现32亿元，共为国家提供税费23亿元左右。

刘渡木材市场这个江滩上崛起的“共和国之最”，立足自身优势，大做木材文章，给刘渡镇第三产业和人民生活带来了变化，实现了“建一个市场、活一方经济”的富民目标。

三、羽毛羽绒产业的兴起

被誉为中国羽毛第一村的董桥村，位于无为县无城镇西郊，距县城约2公里，巢无路穿村而过，耕地面积1369亩，总户数892户，总人口3760人，其中劳动力1895人。

董桥村由于人多地少，劳动力剩余问题尤为突出。早在改革开放初期，很多村民为了生计不得已选择了外出经商的道路。他们将收购来的鹅、鸭毛集中起来，再卖给本镇的官镇羽毛厂或销往江浙一带。收购规模的不断扩大，为日后羽毛加工业在董桥的发展埋下了伏笔。

从1987年起，党和国家对私营经济出台了一系列激励政策。董桥羽毛也乘势开始了由量的积累到质的飞跃的裂变。随着国家对民营经济政策的放开和私营经济合法地位的确立，民营企业得到空前的发展，全国的羽毛羽绒制品行业也表现出强劲的发展势头，自然带动了羽毛原料市场的发展。羽毛日益紧俏，尤其是用来制造羽毛球的主要原料刀翎毛（白鹅翅膀上的大羽毛）更是紧缺。一些长期从事羽毛购销的董桥村民发现，此时走村串户的收购方式跟不上羽毛市场的需要，于是他们一改上门收购为设点收购，无城镇的很多临街商铺成了固定的羽毛收购点，这样引来无为县和周边县市的羽毛散户收购者都将收购来的羽毛集中销往这里。

与此同时，县委、县政府积极引导广大农民利用无为传统板鸭、熏鹅加工特技，向二三产业转移。董桥村一些农民沿江而下到南京、上海加工鸭鹅，或北上到天津、北京、东北，甚至把“无为熏鹅”卖到了朝鲜、俄罗斯。精明的董桥人在东北做板鸭、熏鹅的过程中发现宰杀白鹅更能赚钱，于是就与当地农民签订白鹅饲养收购合同，利用东北冷库充足、资源丰富的条件，在当地办起了白鹅宰杀加工厂。鹅的羽毛怎么处理？他们就将东北白鹅宰杀生产的羽毛和董桥羽毛收购形成了完美的对接。为了做大羽毛行业，董桥的羽毛收购大户通过无为人在全国各地“卤板鸭”“杀白条”所形成的羽毛资源，建立起了一个庞大的羽毛收购网络，全国的羽毛、羽绒大量向无城聚集。[①]

当时羽毛原料及加工的半成品的运输主要是通过邮电局邮寄。一时间全国各地打包寄回的羽毛如同流水一般涌进县邮电局，堆满了县邮电局的大小仓库，半成品又成箱成箱地运往外地。这段时间平均每年 11580 吨的羽毛收购量约占全国羽毛市场 80% 的占有率，使董桥羽毛“高山打鼓，名声在外”，一跃成为全国羽毛最主要的集散地之一。

1993 年，董桥羽毛收购大户金正雨凭借多年来从事羽毛行业的经验和敏锐的市场洞察力，发现从翎毛初加工到羽毛球半成品毛片加工，再到羽毛球制作，中间竟有 20 多元的利润空间。于是，他利用多年来贩卖羽毛积累起来的资金，在董桥办起了第一家羽毛加工企业安徽宏盛羽毛制品公司（皖港合资），开始生产羽毛制品。随后金桥、胜友等七八家羽毛加工企业相继诞生。

无为县无城镇党委、政府高度重视、关心董桥羽毛企业的发展，针对企业发展初期存在的诸多困难，多次主动邀请羽毛企业负责人到镇政府和村部座谈。对于企业发展初期融资困难的问题，政府帮助企业加强银企接触，密切银企关系，着力解决企业融资难的问题。通过评级授信，为宏盛等企业融入扶贫贷款资金 450 多万元，帮助企业做大做强。镇政府还动员企业主动走出去，了解外地羽毛企业的发展状况，虚心学习先进企业发展经验，准确把握市场动向，保持在市场大潮中有一席之地。

1997 年，无为县全面推进企业产权制度改革，无城镇党委、政府从长远出发，解放思想，大胆探索，坚持“三个有利于”的标准发展地方经济，一方面注重引导乡镇企业内部管理体制改革，逐步建立现代企业制度，完善法人治理结构，实行所有权和经营权分开，使企业管理方式由家族式管理向现代企业管理模式转变，提升企业的管理水平；另一方面坚持引资和引智并举，想方设法嫁接发达地区产业集群先进的管理理念、经营模式和合作方法，不求所有，但求所用，引进和利用管理型人才充实企业。在“引进来”同时，主动“走出去”，有计划

① 中共无为县委党史研究室编，《崛起——无为县改革开放三十年党史专题汇编（上卷）》《轻轻羽毛擎起一片蓝天》，内部资料，皖 CH—2009—03 号，第 303—304 页。

地组织企业负责人和管理人员到外地学习考察，不断提高企业管理者的文化素质和管理水平。董桥羽毛企业管理者们更新企业管理理念，企业管理方式、手段也更加丰富了。羽毛企业很快发展到羽毛加工厂 13 家，羽毛分拣厂 20 家，各种规格的羽毛制品（羽毛片、羽毛球、羽绒服装、床上用品等）应有尽有，产品销往广东、浙江、福建等沿海地区，甚至“漂洋过海”卖到了美国、韩国、日本等国家，受到了这些国家消费者的青睐。

1998 年，县委、县政府考虑到董桥羽毛企业的原料、销售两头都在外面，不利于企业的壮大，于是积极谋划并出台了大面积推广白鹅养殖政策，每年从财政上拿出 150 万元作为低息小额贷款发放给贫困户养鹅，并推广良种白鹅。同时从“科技扶贫”资金中拿出 200 多万元开展科技养鹅项目，建立了一个千万只优质白鹅养殖基地，使无为的农业藤上开出了“工业花”。从鸭鹅的养殖到加工板鸭、熏鹅到羽毛加工为一体，以相关产业为纽带的链条经济在董桥逐步形成，董桥因此也得到了“中国羽毛第一村”的美誉。

第二节　“凤还巢工程”和“科技兴县”战略的实施

一、“凤还巢工程”和“光彩工程”的实施

“凤还巢”是无为县招商引资的一大亮点工程。20 世纪 90 年代无为常年在外务工创业的人数达 40 多万人，这些外出人员主要分布在北京和“长三角”“珠三角”及环渤海等经济发达地区，他们从事的行业涉及建筑、餐饮、房地产开发、高新技术等领域，这一批人中有相当一部分完成了资本的原始积累，像深圳比亚迪公司董事长王传福、广州融捷公司董事长吕向阳、北京希玛集团董事长何邦喜就是他们当中的杰出代表。他们从当初的“打工者”发展到后来的“创业者”，一部分人开始拿着自己掌握的资金、技术、人才等资源开始寻找投资地，但是由于受到“长三角”这些地区产业政策、生产要素等方面的制约，重新拓展发展空间是大势所趋。

1996年初，县委、县政府为了加快私营经济快速发展，同时瞄准无为在外“创业者”的发展需求，大力实施“凤还巢”工程和“光彩工程”。所谓“凤还巢”工程，就是请外出务工经商且完成资本积累的民营企业家回无为办厂。“光彩工程”则是给县乡镇负责同志下达培植“凤还巢”企业的任务，作为“光彩工程”，旨在强化对个体私营经济的指导和扶持，优化对私营企业服务，从而达到组织引导投入、开发培植新的经济增长点的目的。无为县规定六大班子负责人在各自分工联系的乡镇每年培植一个“凤还巢”企业，各乡镇党政一把手和行政村党支部书记也要培植一个具有一定规模的企业，并且每年进行一次考核评比。①1997年7月18日县委、县政府在全县企业改制第二次10万人动员会上，陈士宽号召“要努力培育新的经济增长点，多方筹资，加大投入，特别是重点鼓励支持股份制和个体私营经济发展，齐心合力唱好‘凤还巢’；继续实施‘光彩工程’，各地各部门都要放开手脚，放开各项限制，促进个体私营经济的发展”②。

1998年，全县组织召开了“凤凰奖”和“光彩奖”颁奖大会，鼓励外出劳务人员回乡建厂兴业，并于4月17日出台了《关于进一步加快个体私营经济发展若干问题的暂行规定》，鼓励和支持投资者到无城工业区和乡镇规划的“凤还巢”工业园兴办企业。③在土地征用方面给予优惠。无城工业区：土地补偿费12000元／亩（含土地补偿费、安置补偿费）；耕地占用费35000元／亩；三项建设资金2820元／亩。投资者依法取得土地使用权后，可以继承、转让、申请抵押贷款。乡镇规划的“凤还巢”工业园，可比照无城工业园区制定出更加优惠的政策。受这些优惠政策的激励，个体私营经济发展出现了令人欣喜的局面。到1998年底，全县城乡个体工商户已发展到26581户，从业人员62569人，注册资金6062万元，实现年销售收入7729万元，与上年相比，户数与资金分别递增5.8%和4.1%。私营企业登记注册的有255户，雇工5355人，注册资本1.13亿元，与

① 中共无为县委党史研究室编，《崛起——无为县改革开放三十年党史专题汇编（上卷）》《大招商实现大发展》，内部资料，皖CH—2009—03号，第127页。

② 县委办文件汇编，无为市档案馆，长期档案，全宗号1号，案卷号〔923〕，第19页。

③ 县委办文件汇编，无为市档案馆，长期档案，全宗号1号，案卷号〔952〕，第24—25页。

上年相比，户数与注册资本分别递增 21% 和 33%。[①]

2000 年，全县已有 5600 多外出人员回乡创办或入股办起近千家企业，固定资产投资 1.35 亿元，安置各类从业人员 11 万多人。高沟镇王国春兄弟俩一次性投资 300 多万元，建起高荻汽渡；红庙乡周可虎等人投资 300 多万元，兴建了郑岗大市场。由劳务输出引发的“凤还巢”工程，为全县农村经济的发展带来勃勃生机。

自实施“凤还巢”工程以来，截至 2008 年，全县共引进“凤还巢”企业 687 家，共引进资金 160 多亿元，投资规模在 300 万元以上的企业有 412 家，投资超过千万元的企业有 118 家。“凤凰巢”工程成为无为招商引资工作的主体。据统计，1998 年以后，每年“凤还巢”引进的项目数占全县招商引资项目总数的 65% 以上，“凤还巢”工程成为县域经济发展的重要推动力。

二、巢湖市首个“科技先进县”的诞生

1990 年 11 月，为进一步调动广大科技工作者的积极性，推动科技工作快速发展，县委、县政府召开了全县科技大会，对 56 项科技成果进行了奖励，对 14 个科技工作先进集体和 84 名科技工作先进个人进行了表彰。会议要求全县各行各业认识科学技术是第一生产力，把科技进步放在优先发展的战略位置，促进科技和经济的紧密结合。

1996 年，县政府成立了农科教统筹领导组，制定了《无为县国民经济社会发展“九五”计划和 2010 年远景目标》，并成立县专家决策咨询小组。当年有 6 个项目被列为省级星火计划，2 个项目被列为国家星火计划，同时承担了农业部丰收计划 8 项。其中，有 2 个项目获得丰收计划 1 等奖，有 3 个项目获得了丰收计划 2 等奖。该年度，无为棉花种植面积、总产以及单产在全省都名列前茅。白茆镇成为全省技术种植状元，东乡沿江一带亩均产值达 3000 元，比传统模式增加 800 元左右，主要得益于农业实用技术的推广。

---

① 中共无为县委党史研究室、政协无为县文史委员会编，《中国共产党无为地方史（1921—2001）》，皖内部图书 2002—027 号，第 453 页。

1997 年 3 月，县成立“科技兴县”领导小组和“争创全国科技工作先进县”领导小组。8 月，县人大常委会通过《关于无为县科技发展“九五”计划和 2010 年长期规划》，县委、县政府先后作出《关于促进科技经济一体化的决定》《关于实施“科技兴县”战略的决定》《关于奖励有突出贡献科技人员的暂行规定》《关于人才引进工作的奖励规定》和《关于奖励无为县 1991—1996 年度科技成果的决定》等一系列发展科技的政策措施，将“科技兴县”作为一项战略进行推进和实施。县委、县政府主要领导亲自抓，分管领导具体抓。县委、县政府每季度听取一次工作汇报，研究解决实施中的新情况、新问题，保证“科技兴县”战略的顺利实施。为了贯彻党的十五大关于“科学技术是生产力，而且是第一生产力”的精神和“科技兴国”战略，县委、县政府高度重视科技工作。11 月，县委、县政府召开全县科技大会，陈龙长作《总结经验，拼搏进取，为争创全国科技工作先进县而努力奋斗》工作报告，号召创建高沟省级星火技术密集区，鼓励开展创建科技进步先进企业活动，要求加强科技培训和普及工作，建立起多渠道、多层次的科技资金投入体系，加强科技队伍建设，努力拼搏，实现县级经济的快速增长。到该年底，全县组织实施科技支农项目 460 项、科技兴企项目 726 项，“高精度直流位移传感器”等 8 个项目获省级科技成果奖，37 个项目获地区科技成果奖，创建全国科技先进县活动收效明显。[①]

1998 年，县委、县政府进一步加大发展科技的力度，印发《关于创建全国科技工作先进县实施意见》和《关于激励科技人员的若干政策规定》，号召各级各单位牢固树立“科学技术是第一生产力”的战略思想，把依靠科技进步、促进经济建设放在各项工作之首位，全力开展科技创新工作。通过广泛宣传发动，加之任务明确具体，措施扎实有力，全民科技创新意识有了明显提高，科技工作已由部门行为逐步转变为政府行为，进而上升为全社会自觉行动。在围绕实施“科技兴县”战略和完成科技创新各项任务过程中，无为不断建立健全科技管理、培训、服务、推广和投入体系，完善科技服务网络，以重点工程和重点项目为依

① 中共无为县委党史研究室、政协无为县文史委员会编，《中国共产党无为地方史（1921—2001）》，皖内部图书 2002—027 号，第 447 页。

托，加大科技兴农、科技兴企力度，扶持一批科技型中小企业发展，建立了省级星火技术密集区，加速了科技成果的推广应用，有效地促进了科技经济一体化。1999年3月，无为顺利通过了国家科技部组织的验收，成为巢湖市第一个“全国科技工作先进县”，[①] 科技对经济增长贡献率为44.5%。

为促进“科技兴县”战略的实施并发挥作用，县委、县政府加大了科技进步法规和政策措施的制定和落实，又相继出台了《关于激励科技人员若干政策的通知》《无为县人民政府关于科学技术进步奖励办法》以及《关于组织开展乡（镇）党政领导干部科技目标责任制考核的通知》等多项地方性规范性文件，及时地调整了科教兴县领导组，建立了县级领导干部联系高新技术产业项目制度，使无为科技兴县取得了明显成效，高新技术产业迅猛发展。1999—2000年、2001—2002年两次被国家科技部授予“全国科技进步先进县”。

第三节　连续战胜特大洪涝灾害

一、1995年抗洪抢险工作

洪汛期从6月20日开始，长江流域连续降雨、江水持续高位。6月19日至24日，无为县一般乡镇降雨量都在230毫米以上，牛埠地区高达320毫米，特别是20日晚至21日晨，在10个小时内陡降暴雨180毫米，降雨最少的无城地区也在200毫米。这样的暴雨强度仅次于1969年、1991年，这在无为历史上是少见的。由于降雨集中、雨量集中，使无为县境内所有大小河湖沟渠水位猛涨。6月29日后，长江水位猛涨，使无为大堤很多外护圩口漫破，大堤不少堤段直接迎水，外护汛情十分紧张。全县成灾面积达62万亩，灾害损失达3.5亿元，全县有三分之一乡镇一度被迫停电，工业停产。

汛情出现后，全县上下紧急动员，同心协力支援抗灾。发动上堤民工25万

① 中共无为县委党史研究室编，《崛起——无为县改革开放三十年党史专题汇编（下卷）》《让科技插上腾飞的翅膀》，内部资料，皖CH—2009—03号，第584页。

多人，抽调县直科局级干部160多名，进驻抗灾第一线，发动群众，组织抗灾工作。全县开动各种排涝电机5552台、5.95万千瓦，开动柴油机540台、1.6万马力，日夜不停排涝。

在兼顾内圩防汛、排涝的同时，无为把防汛抗灾重点移向长江沿线，坚持全面防、全面抗、全面保的方针，要求长江外护水涨堤高，人在堤在。7月1日，县防指根据汛情制定了紧急措施，加强外护防灾。长江外护堤靠近长江大堤接头处200米以内全面加固，确保外护堤靠近长江大堤处不溃口，以防洪峰顶冲长江大堤；对沿堤所有进出水口确定专人看守，备足预备土；发动了3万人加子埂、护堤、除险、日夜巡逻。

为了确保长江大堤不遭险患，无为人民顾全大局，丢卒保车，刘渡镇的官洲圩、高沟乡的小圩拐等主动放水进圩保大堤。①

二、1998年抗洪抢险工作

1998年入春以后，无为县降雨量达929.8毫米，其中6月份以后累计降雨达682.1毫米，仅6月27日不到10小时降雨130.1毫米。由于全县降雨强度大，雨量集中，境内江河水位急剧上涨。裕溪河、西河、永安河、花渡河、黄陈河、郭公河等主要河流都全面超警戒水位。长江三次洪峰，一次高过一次，一次凶过一次。这次洪水来时之早、涨势之猛、汛情之险、持续之长，实为历史所罕见。8月2日14时凤凰颈闸外水位达14.97米，超警戒水位1.77米，高于1983年最高水位0.43米，仅低于1954年最高水位0.39米；西河无城水位达11.55米。长江、内河洪涝灾害同时出现，洪涝灾害涉及全县，灾情最严重的是沿江10个乡镇。

面对洪水恶浪，全县广大干群在县委、县政府的坚强领导下，万众一心，众志成城，奋起抗洪抢险救灾。6月30日无城水位达11.55米，县六套班子和近100名科局级以上负责同志先后赶赴8个防汛指挥所，带领广大干群奋战在防洪

① 中共无为县委党史研究室编，《崛起——无为县改革开放三十年党史专题汇编（上卷）》《全民动员共抗洪魔》，内部资料，皖CH—2009—03号，第148页。

排涝第一线。全县 5000 多名县、乡村干部和 16.5 万民工日夜严防死守、顽强拼搏，排除了一个又一个险情隐患。

在长江外护圩汛情危急的紧要关头，县委、县政府重新调整作战部署，把重点转移到长江沿线，展开了保圩保堤保家园的攻坚战。长江外护圩前临长江，背靠无为大堤，与无为大堤唇齿相依。外护圩保护无为大堤长 90 多公里，是无为大堤的重要防洪屏障。外护圩有圩口 54 个，其中千亩以上圩口 16 个，防洪堤总长 223.9 公里，防洪保堤面积 197.13 平方公里，耕地面积 19.8 万亩，涉及 10 个乡镇，人口 20 万人。

7 月下旬，在二号台风来临前三天，县主要负责人坐镇黑沙洲和姚沟镇抓灾民转移安置工作，组织指挥江心洲上的孤老幼残，实施紧急转移安置，三天内转移灾民 2.1 万人，尽管洪水滔滔，灾民们都平安无恙。7 月 26 日第二次洪峰来临时，为了保护住无为大堤，县召开紧急会议，进一步发动全县人民全力以赴，确保死保外护圩口。内河 25 个乡镇支持外护圩抗洪抢险，先后捐赠编织袋 10.5 万条；县直各单位捐款 22.5 万元，县防指调拨麻袋 5.9 万条、草袋 14.7 万条、编织袋 35.2 万条、毛竹 5000 支、大麻（用于包装、捆扎）30 担及抢险木料，均及时运到防汛第一线；内河与沿江乡镇相邻的乡镇派劳力支援外护圩抢险达万人以上。7 月 31 日和 8 月 1 日，县直机关干部 400 余人连续两次参加长江外护抗洪抢险。①

在抗洪抢险最紧张的时刻，安徽省委书记卢荣景、省长回良玉、省人大常委会主任孟富林等领导，冒着高温亲临无为视察、指导、慰问奋战在抗洪第一线的广大干群，给无为人民以精神鼓舞。巢湖行署副专员罗昌平等领导一直坐镇无为指挥，对无为的防汛抗洪给予精心指导。②

为确保历史险工无为大堤惠生堤段的防洪安全，县成立惠生堤外护圩除险加固指挥部，负责惠生堤外 37 公里成圈圩堤除险加固工作，所属 3 乡镇全力以赴，

---

① 中共无为县委党史研究室编，《崛起——无为县改革开放三十年党史专题汇编（上卷）》《全民动员共抗洪魔》，内部资料，皖 CH—2009—03 号，第 150—151 页。

② 县委办文件汇编，无为市档案馆，1998 年度，长期档案，全宗号 1 案卷号〔956〕，第 107 页。

8月1日开始，上堤4万人大干2天，全面完成37公里子埂加高1米的任务。巢湖地区防汛指挥部组织了庐江、巢湖、含山、和县等县、市民工和200名武警官兵，同时参加了惠生堤圈圩加固工程施工，他们发扬不怕疲劳、连续作战的顽强作风，使一个个重大险情转危为安。在抗洪抢险过程中，县六套班子负责同志始终坚守在第一线，沿江10个乡镇的乡村干部始终坚守在险工险段。各级党组织发挥了领导核心作用，广大党员发挥先锋模范作用，一个党员就是一面旗帜，在群众中树立了光辉的形象。

经过全县上下广大干群共同顽强拼搏和多方支援，是年的防汛抗洪与历史上大水年份相比成效显著，千亩以上圩口无一溃破，小圩溃破仅1.29万亩，灾害损失3.45亿元，比1983年、1991年破圩损失减少。特别是黑沙洲1983年在凤凰颈闸外14.30米时溃破，而这年却顶住了14.97米的高水位，创造了无为长江防汛史上的奇迹。

9月，长江水位稍一回落，县委就开始实施移民建镇工程。根据省计划安排，全县第一批平垸行洪、移民建镇人数8655人，2475户。10月上旬，在土桥镇先试点建设30套安居房。下旬，全县移民建镇工程在土桥的新桥小区，姚沟的俞河、大湾新村，泥汊的渡江新村等14个小区全面开工建设。到1998年年底，一层浇顶的达1626户，竣工或基本竣工的500户。灾区连片建房工作进展顺利，全县共安排21个点、1896户，在建的1535户，一层浇顶的890户。春节期间，通过移民建镇和灾区连片建房，灾民搬进新居的有2000余户。全县灾后重建工作受到了来无为视察的国家和省、地各级领导的好评，被视为全省样板。①

---

① 中共无为县委党史研究室、政协无为县文史委员会编，《中国共产党无为地方史（1921—2001）》，皖内部图书2002—027号，第455页。

第五章　精神文明建设的稳步发展

十一届三中全会以来，党中央在一手抓经济建设的同时，一手抓精神文明建设，并通过精神文明建设促进经济和社会的和谐发展。十四届六中全会后，为落实中央《关于加强社会主义精神文明建设若干重要问题的决议》，无为县委于1996年12月13日下发《关于认真贯彻党的十四届六中全会精神的意见》，号召全县各级党组织迅速行动起来，准确把握《决议》的精神实质，以加快无为精神文明建设的步伐，促进社会的全面发展。此后，无为围绕精神文明建设开展了一系列形式多样的文明创建活动，从加强城市管理，治理脏、乱、差现象着手，逐步开展以城、镇、村、户“四级联创”为载体的创建文明县城活动，重视整体文明程度的提升和人口基本素质的提高，实现了规范管理和系统创建。

第一节　社会主义精神文明建设的丰富多彩

一、开展群众性的创建活动

为认真贯彻落实党的十四届三中全会精神，坚持“精神文明重在建设”的方针，1994年，无为以营造精神支柱、构筑精神长城为主题，实施“长城计划”和“万年青计划”，县直机关开展“公仆杯”竞赛，窗口行业开展“四职一纠”竞赛，28个乡镇开展“三优一健”活动，通过一系列的主题活动，促进广大干部职工的职业道德提升，树立“为人民服务”的精神风貌。

1995年，无为的精神文明建设呈现出积极、健康、向上的态势。在城镇以“培育文明人，创建文明城”为重点，开展文明创建活动；在农村，以“创文明，奔小康”为重点，全面开展创建“十星文明户”“五好家庭”和“遵纪守法户”活动；在“窗口”行业和乡镇企业，开展“青年文明号”创建活动。为促进全县“两个文明”建设持续健康发展，县文明委修订了《无为县文明单位（村）建设暂行管理办法》。通过一系列的评比活动，全县涌现出省、地、县级文明单位（村）356个，涌现出一大批全国、全省、全地区的劳动模范和先进个人。无为县创建文明县城连续三年被评为巢湖地区第一名。1995年3月份以后，县委先后开展“十佳青年”“十佳教师”“十佳政法干警”等评选，表彰了一大批县首届精神文明“十佳”人物，人民群众的精神风貌得到良好的塑造；8月，县委、县政府命名县烈士陵园、皖江烈士陵园、泥汊渡江革命烈士纪念塔、新四军第七师师部旧址、石涧夏洼烈士纪念碑、六洲暴动旧址、米公祠、黄金塔、泊山洞、天井山森林公园、安徽省凤凰颈排灌站等11个单位为首批“无为县爱国主义教育基地”，发扬革命传统，宣传红色历史，弘扬革命精神，引导广大群众争做文明人。①

1996年，无为上下认真学习贯彻党的十四届六中全会精神，深入开展学习张家港活动，以“培育文明人，创建文明城”为主题，以文明创建为突破口，以思想道德建设为重点，积极推进社会主义精神文明建设。建设“文明一条街”（无城南北各一条街），开展城管评“十佳”活动；围绕中国共产党成立75周年、红军长征胜利60周年等重要纪念日和迎接对香港恢复行使主权，县委宣传部门组织相关单位开展多种形式的爱党、爱国主题教育活动；举办县第三届文化艺术节，繁荣群众性文化体育活动；加强文化市场管理，坚持不懈地开展“扫黄”“打非”活动，坚决同反动邪教组织作斗争；向广大农民群众宣传科学文明的生活方式，用健康文明的新风尚占领农村思想文化阵地。在全县妇女中开展向好军嫂韩素云学习活动，无为纺织厂工人黄兆平荣获省“十佳”好军嫂光荣称号。

---

① 中共无为县委党史研究室编，《崛起——无为县改革开放三十年党史专题汇编（下卷）》《育文明人创文明城》，内部资料，皖CH—2009—03号，第497页。

为巩固和扩大精神文明建设成果，推动城乡群众性创建工作再上新台阶，1997年，县文明委积极策划启动精神文明建设“9773工程”，即1997年在全县抓乡镇、行政村、居民小区、机关、学校、院所、厂矿等7种类型，每个类型各打造3个示范点工程。继续深入开展群众性精神文明创建活动，做好“新风户”“五好家庭标兵户”和“新风村”评比。7月，县宣传教育部门以“喜迎香港回归”为主题，在广大青少年中开展“爱祖国、讲文明”爱国主义读书教育活动。为了强化社会公德、职业道德和家庭美德教育，无为制定了《居民公约》《村规民约》和行业职业道德规范，开展“青年文明号”竞赛活动。县直各部门根据自身工作特点，开展各种形式的争创活动，县公安系统开展“我为警徽添光彩”活动，教育系统开展“文明学校”“文明班组”“文明学生”评比活动，行政干部开展“公仆杯”竞赛活动，评选出“十佳公仆”。为了提升市民的整体素质，12月，无城镇党委、政府向广大市民印发了《无城居民十不准》《无城居民文明公约》，开展了市民素质教育，县电视台同时开设《精神文明之窗》栏目进行广泛宣传，为全面推进精神文明创建工作增强了活力和动力。

随着社会主义精神文明建设的逐步深入，全县人民的思想道德素质有了进一步提高，人们的精神状态发生了显著变化，涌现了见义勇为的宇亚平、毛成标和爱岗敬业的魏先礼等一批先进人物。[①]1993年至1997年，全县共创省级文明单位3个，地级文明单位16个，县级文明单位27个。

二、创建全省文明县城

为了加大精神文明建设力度，无为着力开展文明县城创建活动，以创建文明县城为龙头，以创建文明集镇为依托，城乡联动，城镇的整体形象都有了明显的改善。1996年，无为被巢湖地委作为创建文明城镇工作先进县市进行表彰。

1999年，无城地区狠抓水果摊点和大排档的规划布点和规范管理，绿化面积不断扩大，城镇垃圾努力实现袋装化。继续推动文明行业创建活动，坚持窗口行

① 中共无为县委党史研究室、政协无为县文史委员会编，《中国共产党无为地方史（1921—2001）》，皖内部图书2002—027号，第441页。

业向社会承诺制度，扩大“无假冒伪劣商品商场（店）”范围，并向农村辐射。在无城镇以外的34个乡镇中开展文明集镇创建评比活动，推进“改水、改厕、改善居住环境”试点，召开“十星级文明农户”试点座谈会，总结推广百胜乡的试点经验。为了深化思想道德教育，县组织有关部门深入乡镇开展职业道德、社会公德和家庭美德教育，组织文化科技卫生“三下乡”，使广大乡村的镇容村貌、居住环境和社会风气得到进一步美化和优化。

为把文明城镇创建工作推向高潮，2000年县委召开了全县文明城镇创建工作动员大会，围绕突破难点，创新机制，制定了《关于文明城镇创建集中整治方案》，加强摊点整治和市场整顿。县委、县政府加大硬件设施的投入，加快无城的老城改造和新区建设步伐，投入300多万元对道路等硬件设施进行修建整治，在无城四门建设了配套合理的室内菜市场；在县城开展“畅通工程”，确定西大街为“严管一条街”；组织驻城中小学生清除城市“牛皮癣”（小广告），设立“红领巾文明监督岗”；加大对脏、乱、差现象整治力度，对35个乡镇集镇和县城的管理死角进行曝光。经过整治，全县102个集贸市场基本实现管理规范、整洁卫生。

为了加强文明村、镇创建的领导，各乡镇成立了文明创建领导组和办事机构，明确单位一把手在创建中是第一责任人，此举为扎实开展文明城镇的创建提供了组织保证。县组建城管和环卫队伍，印制了《创建文明集镇实施意见》《门前五包责任书》等一系列创建制度。此后，小集镇建设围绕“四场（厂）一路”（垃圾堆放场、停车场、集贸市场、自来水厂、集镇主干道）建设步伐加快，脏、乱、差现象得到明显改善，在全县开展“十星级文明农户”评选活动中，共有7万多户参与评星、争星活动，其中获6星以上的有5万多户。加大对计划生育工作管理力度，扎实开展“婚育新风进万家”活动，引导广大群众树立科学、文明、进步的婚育观念，为创建全省文明县城打下了坚实的基础。

第二节　社会事业的发展

一、文化事业的发展

（一）文化基础设施建设力度加大

无为历史悠久，历代名人荟萃，名胜古迹甚多。从20世纪80年代开始，县委、县政府把文物古迹保护和文化基础设施建设纳入全县城乡建设总体规划，确定建设工作的目标和职责，统筹安排，分批解决，逐年实施。1990年，县文化馆新建一座三层、建筑面积405平方米的综合性文化活动大楼，改善了艺术展览、培训、会议、办公条件。

1995年，省、县共投资100万元，对省重点文物保护单位新四军第七师师部旧址进行了维修，并新建一座建筑面积达500平方米的新四军第七师师部旧址纪念馆，成为爱国主义教育基地。1997年，建成一座面积达3100平方米、900多个座位，集演出、放映、会议多功能为一体，设施先进、功能齐全的铁山影剧院。1999年，由县财政拨款14万元，完成了清代著名爱国将领、北洋水师提督丁汝昌墓的修复工程，建成墓、纪念碑、道路，并对园区进行绿化，作为爱国主义教育基地和人文旅游景点对外开放。米公祠是全省重点文物保护单位，县委、县政府从保护古代文化遗产、提高城市文化品位出发，一直高度重视米公祠的修复保护工作。2002年10月，米公祠修复一期工程正式开工，依照清嘉庆年间《无为州志》收载的“墨池图”为蓝本，对米公祠进行了较大规模的修复，建设了宝晋斋、墨池、投砚亭、聚山阁、杏花泉井等重要景点①，成为无城内文物保护与旅游景点有机结合的重要人文景区。

（二）专业文化焕发生机

1994年，县委、县政府开展全县中小学爱国主义教育影片放映工作，每年放

① 中共无为县委党史研究室编，《崛起——无为县改革开放三十年党史专题汇编（下卷）》《坚持改革创新繁荣先进文化》，内部资料，皖CH—2009—03号，第506页。

映爱教片600多场次，受教育的中、小学生达12万多人次。1998年，县政府拨专款15万元，建立图书馆计算机网络系统，建立了外借图书、工具书、地方文献等数据库，初步实现了馆藏图书、资料计算机管理。由于成绩突出，1994年、1998年、2003年，图书馆在文化部组织的三次全国公共图书馆评估定级中，连续被评估为“国家二级图书馆”，并被授予“全国文明图书馆”称号。县文化馆利用现有条件，积极开展文艺演出、美术、摄影、书画展览、舞蹈比赛、送戏下乡等活动，常年举办电子琴、绘画、书法、摄影、交谊舞培训班，为社会培养了一大批文艺骨干。1995年，县文化馆获文化部、人事部授予的“全国文化先进集体”称号。

（三）群众文化活动丰富多彩

十一届三中全会以来，无为积极倡导和扶持社会各界开展健康向上、丰富多彩的群众性文化活动，节日文化、校园文化、企业文化、军营文化等也蓬勃发展起来。1990—2001年，全县共举办艺术作品展览220余次，其中有70幅作品入选全国和省级美术作品展览，还有大量的作品在全国和省级报刊上发表或编入画册出版；全县共举办书法展览20余次，在省级以上报刊上发表80幅（件）。全县共创作并在省级以上报刊发表的，电影文学剧本6部，报告文学50多篇，小说800多篇，小品、散文、诗歌3000多篇。

自1989年9月30日，为庆祝新中国成立40周年，无为县举办首届文化艺术节以来，截至2002年全县共举办五届文化艺术节，开幕式演出、花车游行、龙灯表演、焰火晚会等精彩纷呈，每届吸引观众十几万人次。文化节的举办，营造了欢乐喜庆的良好氛围，有力地推动了无为文化事业的发展。无为一直坚持节庆和重大纪念日组织文艺演出，如元旦、五一国际劳动节、五四青年节、十一国庆节等节庆日，改革开放10周年、20周年，尤其是庆祝香港、澳门回归祖国、新中国成立50周年等大事喜事，组织安排一系列文化活动。从1997年开始，县文化部门每年都在春节前后组织一台高质量的文艺节目，与群众一起欢度春节；还在外出务工人员回家过年的日子里开展送戏下乡活动，把高水平的文艺节目送到农民群众的家门口。县文化部门还组织培训大量业余文艺爱好者，辅导社会单位、团体举办各类文艺活动，使群众文化呈现出百花齐放、蓬勃发展的良好局面。[①]

二、教育“两基”达标

为了全面提高无为的教育水平，1995年初，县委、县政府召开全县教育工作会议，提出了“科教兴县”战略，出台了县委、县政府1号文件《关于加快教育改革和发展的决定》、2号文件《关于努力增强教育投入建立人民教育基金的决定》等，正式启动了“两基”(基本普及九年制义务教育、基本扫除青壮年文盲）达标工作，成立了由县委书记任组长的县“两基”工作领导组，县政府负责人与各乡镇主要负责人签订了按期实现“两基”责任书。当年6月，召开了“全县学校建设规划工作会议”，在分析全县“两基”现状的基础上，决定结合学校布局调整，实施“百校工程”，其后出台了《关于进一步加强“两基”工作的实施意见》。无城、襄安、二坝三镇非农业人口地区“普九”顺利通过省政府验收。1995年，全县适龄儿童入学率和小学毕业生升学率基本达到100%，全县青壮年文盲率由1990年的33.1%降至5.3%。年底，“百校工程”顺利结束，为“两基”达标创造了良好的条件。

1996年是“两基”工作加压年。县委、县政府下发了1号文件《关于加大教育工作力度迎接“两基”评估验收的意见》，明确提出了1996年全县教育工作的指导思想，要求进一步认真贯彻实施《中国教育改革和发展纲要》，以1997年顺利通过省政府“两基”验收为目标，全面推进无为教育事业再上新台阶。为改善办学条件，县委、县政府又提出了实施创建240所合格学校的“240工程”。全县各乡镇积极响应，昆山乡党委、政府本着把教育“高看一格，厚爱一分”的精神，把准备建造乡办公楼的地址让于建校，把建办公楼的资金也用于在建校上，

---

① 中共无为县委党史研究室编，《崛起——无为县改革开放三十年党史专题汇编（下卷）》《坚持改革创新繁荣先进文化》，内部资料，皖CH—2009—03号，第511页。

教育“两基”取得了较好成绩。[①]4月27日，全县组织了脱盲、巩固提高班考试，近3万名学员参加了统一文化测试。1996年8月，县委、县政府召开全县教育工作会议，动员全县上下进一步深化认识，加快“两基”步伐。

1997年是“两基”工作达标年。1月1日，县委、县政府下发了1号文件《关于进一步加大工作力度确保1997年全县“两基”通过验收的意见》，提出了全面实现“两基”的目标和任务，从提高认识、强化领导、广泛宣传、加大投入、师资建设和提高普及程度等方面作了强调。县成立了县委书记任政委、县长任指挥长的“两基”指挥部。5月，省“两基”验收初检组对无为“两基”工作进行了初检。10月，省政府“两基”评估验收组对无为“两基”工作进行了考核评估。无为“两基”工作顺利通过省政府验收。[②]

1998年2月8日，县教委要求各地在巩固“两基”成果的基础上，主攻“两全”（即全面普及九年制义务教育，全面提高义务教育质量），实施“回报工程”，实现教育改革、教育管理、教育质量、素质教育四个突破，使乡镇中心小学以上学校达到教育管理规范化、办学条件标准化、教师队伍优良化三个目标。1996年到1998年，全县3年参加脱盲、巩固提高班考试的学员共计13万人次。1999年4月，省“两基”复查考核组对无为“两基”工作进行了复查考核，无为获得通过并获得“全国扫盲工作先进县”称号。

---

① 县委办文件汇编，无为市档案馆，长期，全宗号1号案卷号〔924〕，第79页。

② 中共无为县委党史研究室编，《崛起——无为县改革开放三十年党史专题汇编（下卷）》《教育的春天》，内部资料，皖CH—2009—03号，第518页。

第六章　党的建设新的伟大工程的推进

第一节　党的思想政治工作的加强和改进

一、“三讲”学习教育的开展

为了在新的历史时期进一步加强领导班子和领导干部队伍建设，继续推进党的建设新的伟大工程，无为县委根据省、巢湖市“三讲”教育工作安排，决定于2000年2月中旬至4月中旬，在县委、县人大常委会、县政府、县政协领导班子和领导干部中，以及县纪委、县委组织部、县委宣传部、县检察院、县法院、县公安局班子成员中，用整风精神，深入开展以“讲学习、讲政治、讲正气”为主要内容的党性党风教育活动。

2000年2月17日，无为县委成立了“三讲”教育活动领导小组，县委书记高德金任组长，县委副书记过仕伟任副组长。领导小组下设办公室。2月20日，县委制定了《无为县领导班子及成员“三讲”教育实施方案》，以无发〔2000〕5号文件的形式下发各参学单位。《实施方案》中明确了教育活动的指导思想：以解决党性党风方面存在的突出问题为重点，紧密联系无为改革、发展、稳定的实际，紧密联系领导干部思想和工作实际，贯彻整风精神，认真学习理论；把理论学习贯穿“三讲”教育的全过程，不断深化认识，发扬民主，深入自我剖析，开展批评与自我批评，着力抓好思想、作风和工作上的整改，进一步加强领导班子和干部队伍建设，促进无为经济和社会各项事业的全面发展。[①]2月22日，县委在铁山影剧院召开全县“三讲”教育活动动员大会，高德金在会上作了动员报告，宣布活动的全面展开。“三讲”教育活动时间安排为2个月，分四个阶段进行：用20天的时间进行思想发动、学习提高，用20天时间进行自我剖析、听取意见，集中10天时间开展交流思想、开展批评，最后10天进行整改和巩固成果。

无为县“三讲”教育活动参学对象共65名，理论学习任务是通读《反对自由主义》《整顿党的作风》等35篇文章和有关文件，其中18篇文章作为精读内容。学习采取个人自学与集中学习、组织研讨相结合的方式，集中学习时间为8天。活动分3个小组进行，县四大班子成员为一组，由高德金主持；县纪委、组织部、宣传部班子成员为一组，由县纪委书记施孝瑛主持；县法院、检察院、公安局为一组，由县委政法委书记凌晨阳主持。学习过程中坚持倡导学思结合的良好风气，每位参学对象都撰写了不少于2万字的读书笔记和一篇心得文章。省“三讲”教育活动巡视组在理论学习阶段进行了3次不定期抽查，未发现一例违反学习制度的现象。

在系统学习有关理论文章和文件的基础上，参学各领导班子和领导干部都对自身进行了认真剖析，查摆出了党性党风方面存在的突出问题，形成了剖析材料。县四大班子剖析材料形成过程中，坚持反复征求各方面意见，反复修改，确保剖析材料的高质量。所有剖析材料都在规定范围内印发，接受广大干部群众的民主评议和测评。由于理论学习阶段组织严密，学习效果好，自我剖析深刻，剖析材料质量高，民主评议中各领导班子和领导干部的群众满意度均达66.6%以上，没有需要重点帮助的领导班子和领导干部。[②]

在民主生活会上，各参学对象都本着对党对人民高度负责的态度，不怕丑、不怕痛，深刻进行了自我批评，从真心诚意帮助同志的角度出发，认真开展了相

① 县委办文件汇编，无为市档案馆，长期档案，全宗号1号案卷号〔990〕，第21页。

② 中共无为县委党史研究室编，《崛起——无为县改革开放三十年党史专题汇编（上卷）》《发扬整风精神树立浩然正气》，内部资料，皖CH—2009—03号，第347—348页。

互批评，由于准备充分、思想统一，各领导班子民主生活会质量较高，会议取得了预期效果。

在整改工作中，各参学领导班子坚持走群众路线，在深入调查研究的基础上，抓住党性党风方面存在的突出问题，分别制定了针对性和操作性很强的整改方案，在方案的制定过程中，广泛听取群众意见，反复进行修改，把群众意见大、反映强烈的突出问题作为重点问题，列入整改方案，进行重点整改；整改工作结束后，各单位均将整改结果进行了通报，及时反馈群众意见，接受群众监督。

4 月 24 日，县委、县政府针对会议多、会风差、公款招待超标、公车私用、赌博现象以及乡镇干部“走读”等方面群众反映比较集中的问题，进一步明确了有关工作纪律和制度，联合下发《关于进一步整顿机关和干部作风的若干规定》，制定了切实可行的整改办法，甚至对一些指标进行了量化，具有很强的可操作性。各单位按照《规定》认真进行整改。

为贯彻落实“三讲”教育精神，切实改进机关和干部作风，根据市委、市政府的统一部署，县委、县政府研究决定，4 月 25 日至 5 月 15 日全县领导干部集中开展“下访”和矛盾纠纷排查调处活动。各级领导干部尤其是主要负责同志都高度重视当前形势下出现的人民内部矛盾，大家从讲稳定、讲政治的高度开展此项活动，身先士卒下访，切实摸清情况，有效化解矛盾，并撰写情况报告，上报县信访办。

6 月 13 日，县委下发《关于进一步巩固和转化“三讲”教育成果的意见》，要求各单位积极巩固和转化“三讲”教育取得的成果，注重实效，狠抓各项整改措施落实，明确整改责任，完善整改方式，建立监督机制，始终不渝地以“三讲”精神促进无为党的建设、社会稳定和社会各项事业的快速、健康发展。

12 月 20 日，根据中央及省、市有关文件精神，结合无为实际，县委下发《印发〈无为县“三讲”教育“回头看”实施方案〉的通知》，开展“三讲”教育“回头看”活动。进一步加强理论学习的深入、整改方案的落实和突出问题的解决，进一步推动“三讲”教育的经常化和制度化，使讲学习、讲政治、讲正气在党内蔚然成风。

通过“三讲”教育，初步解决了党性党规党风方面存在的突出问题，班子的凝聚力和战斗力得到进一步增强，领导干部在思想上有了明显的提高，政治上有了明显的进步，作风上有了明显的改变，纪律上有了明显的加强，有力地促进了全县经济与社会各项事业的发展。①

二、“三个代表”重要思想的学习贯彻

江泽民总书记高瞻远瞩，站在时代高度提出“三个代表”重要思想，是继承马列主义、毛泽东思想、邓小平理论的又一里程碑。为深入学习贯彻落实“三个代表”重要思想，无为县委根据中央及省委、市委统一部署，在全县开展学习和实践“三个代表”重要思想的教育活动。无为县“三个代表”重要思想学习教育活动分两批进行，第一批从2001年2月8日起至6月20日止，县四大班子、90个县直单位、35个乡镇全体干部计3916人参加学习。7月至9月，县委在石涧镇开展第二批学习“三个代表”重要思想教育活动试点。11月6日，省、市“三个代表”重要思想电视电话会议后，无为立即开展第二批学习“三个代表”重要思想教育活动，共有734个村居委会、414个乡镇站所、51所医院（卫生院）和491所学校，参学单位计1690个，参学人员计10312人。在“三个代表”重要思想学习过程中，全县广大干部以“三个代表”重要思想为指导，围绕“干部受教育，群众得实惠”这个总体目标，认真读书学习，广泛听取群众意见，深刻对照检查，边学边改，边查边改，在提高基层干部整体素质，转变机关作风，推动农村经济发展，解决农村存在的突出问题，加强农村基层组织建设等方面，均取得了预期效果。

为了把“三个代表”重要思想学习活动扎实开展好，无为县委带领各级各单位理论联系实际，学用结合，边整边改，做到学习上求严、问题查摆上求深、整

① 中共无为县委党史研究室、政协无为县文史委员会编，《中国共产党无为地方史（1921—2001）》，皖内部图书2002—027号，第477页。

改效果上求实。[①]

（一）明确纪律，落实制度，在学习上求严，使思想理论水平有新的提高。严明学习纪律。努力做到“五有”和“四个不少”。“五有”即学习有计划、时间有保证、读书有笔记、交流有心得、总结有收获。“四个不少”即集中学习时间确保10天或80个学时不少，学习规定的内容确保一个不少，学习笔记、心得篇目和字数不少。为严明学习纪律，每一次集中学习学前签到、学中抽查、学后点名，对无故缺学人员进行通报批评，规定每个参学对象撰写心得笔记不得少于5000字，并定期检查、抽查。全县在职干部3916人参学，共撰写心得体会文章4756篇。落实各项制度。为确保学习质量，在学习中制定了学习考勤制度、学习笔记制度、学习成果通报制度、心得体会交流制度、学习笔记检查展评制度、辅导报告制度、调查研究制度、理论考试考核制度等。邀请有关党政负责同志和行业专家做辅导报告，配合电化教育等手段提高学习效果。全县共组织各类辅导报告626场次，放映专题录像625场次，参加人员达28103人次。学习教育活动开展以来，县乡两级共有1868人进行入户调研，共走访群众15714户。

（二）广开言路，坦诚交流，在查摆问题上求深，使干部作风有新的改进。找准思想基点。基层工作任务重、压力大、困难多。县委要求各级党员干部不仅要有坚强的党性和强烈的奉献精神，安心在第一线开展工作，而且还要有带领群众战胜困境、锐意进取的勇气，树立加快发展的信心。在此基础上，进一步增强三大意识，即公仆意识、创新意识、奉献意识。广纳逆耳良言。通过不同层面的座谈、个别走访、设立意见箱和专线电话、信访排查、问卷调查、下发征求意见表等形式，敞开胸怀纳良言，广开言路找问题。为了开好各种类型的座谈会，县委要求乡镇党政“一把手”主持，有关党员干部参加，请村干部、村民代表、老党员、外出打工户、困难户、思想隔阂户等，就农村工作特别是农民增收和干部作风等方面的问题进行专题座谈，县直部门班子成员主动上门，请服务对象提意见，找问题，帮助提出整改意见；个别走访深入基层、到群众家中，要求每人走

---

① 中共无为县委党史研究室、政协无为县文史委员会编，《中国共产党无为地方史（1921—2001）》，皖内部图书2002—027号，第486页。

访不少于10户，时间不少于3天。对于各种渠道反映出的问题，要求班子和个人都能正确对待，以诚恳的心态，真心实意地接受群众的意见和建议。敢于触及痛处。县委要求广大干部从团结的愿望出发。敢于剖析自己，敢于批评他人，敢于接受意见，在以开展批评与自我批评为主题的民主生活会上，做到“三讲三不讲”，对班子集体只讲问题不讲成绩，对他人只讲短处不讲长处，对自己只讲缺点不讲优点。特别是在开展相互批评时，做到直点其名、直指其事、直言其过，既一针见血、不留情面，又出于公心、与人为善，触动思想、触及灵魂、触及痛楚。

（三）联系实际，学用结合，在整改效果上求实，促进农民生活改善和农村经济大发展。转变作风，党群干群关系进一步融洽。学习教育活动中，把主动服务、改变作风、改善党群干群关系作为检验学习效果的重要标准。教育广大干部要放下架子，蹲下身子，从一件件看得见、摸得着的小事、实事做起，不畏难推诿，不等待观望，不好高骛远，通过实实在在的具体工作，赢得信任，树立威信，融洽感情。学习教育活动期间，尚礼镇在帮助农民试种黑皮青仁豆取得高效益的基础上，积极引导农民扩种4000亩，并与韩国客商签订“订单”，仅此一项，增收近600万元，种植户平均每户增收3000元，让农民满意。县农、林、水、渔、科委等部门组织科技人员到农村巡回辅导，开展送科技下乡活动，抽派20余名技术人员分赴4个乡镇驻村入户，帮助农民引进良种良法，开展结构调整，深受农民欢迎。同时还加强了对全县农资市场的监管和执法检查。昆山、蜀山等许多乡镇都认真组织机关干部下村入户开展税改“回头看”活动。改变作风不仅使农民得到了实惠，干部自身也受到了教育。泉塘镇党委书记陈明发说，过去我们对群众一味搞强迫服从，现在我们对群众先服务，在服务中让他们“服气”，然后启发他们自觉服从。石涧镇党委书记叶太应深有感触地说，过去我们在工作中，只怪群众“不听话”，其实有些干部在工作态度、工作方式上也“不像话”。作风的转变，产生了好的效果，身边的事例、生动的典型，使广大干部群众都受到了教育和鼓励，干群关系、党群关系进一步改善。求真务实，存在的问题及时得到解决。这次学习教育活动中，群众提出了一些迫切希望得到解决的问题。为了取信于民，讲究实效，县委进行了认真梳理，并确定重点一一加以落实。土桥镇二垄配电台区用电线路老化，电价过高，群众反映强烈，县供电部门安排 5 万多元进行改造，使电价降到了物价部门规定的标准。洪巷乡周毛村群众反映，村干部在农业税征收上加码 2 万元，并在村集体中报销了不该报销的费用。县财政局局长到该村调查处理，在查明事实后，不仅将钱款全部退出，而且向群众道歉。县卫生局针对群众反映县医院收费过高问题，立即大幅度调低四大类 26 项收费标准，全年调减金额达到 600 万—700 万元，与此同时，他们还加大了查处市场假冒伪劣变质药品的力度，集中销毁了 16 万元的过期失效药品。据不完全统计，第二批学习教育活动中全县共落实群众提出的意见 57860 条，办实事 8679 件。具体工作中，每一个问题的解决都赢得了广大群众的赞誉和感激，他们用鞭炮和欢笑表达最朴素、最真诚的情感，也深深触动了广大干部的心灵。通过“三个代表”重要思想学习教育活动的不断深入开展，群众与党和干部的心贴得更近了，感情更深了，思想也更容易沟通了。①

第二节　党的组织建设的加强

一、基层党建的全面推进

十一届三中全会以来，无为县各级党组织在县委领导下，高举建设中国特色社会主义的伟大旗帜，解放思想，实事求是，着力提高广大党员的综合素质，提高党组织的战斗力、凝聚力和创造力，夯实党的执政基础，为实现党的政治路线，推动无为县改革和发展提供了坚强的组织保障。

全县整党工作结束以后，无为县委把加强农村基层党建工作摆在了突出位置，全县党建工作尤其是农村基层组织建设取得了长足发展。②

① 中共无为县委党史研究室、政协无为县文史委员会编，《中国共产党无为地方史（1921—2001）》，皖内部图书 2002—027 号，第 490—491 页。

② 中共无为县委党史研究室编，《崛起——无为县改革开放三十年党史专题汇编（上卷）》，内部资料，皖 CH—2009—03 号，第 370 页。

（一）强化农村基层党建工作责任

1. 整顿农村后进党组织。1989 年 6 月，县委组织部印发了《关于整顿和转化农村后进党支部的意见》，对全县 21 个农村后进党支部进行整顿。经过整顿，17 个村的党组织有较大进步，其中洪巷乡双狮行政村党支部进入了先进村行列。1990 年，在对全县 33 个农村后进党支部整顿过程中，调整充实了 24 名支部成员，调整书记 18 名，当年有 2 个村进入先进村行列，27 个村有了明显变化。1996 年，全面加强农村基层组织建设，以试点的 45 个后进村为突破口，大力整顿后进村党支部。当年有 35 个村发生了明显变化，其中跨入先进行列 12 个村，转化率达 78%。

2. 探索农村基层党建工作机制。1994 年，重点开展“小康村先进党支部”创建活动。在反复调研论证的基础上，制定了全县小康村先进党支部标准。通过创建活动，基层党建水平明显提高，全县好的和比较好的村支部占 33.9%，一般的占 54.5%，后进和集体经济薄弱的占 11.6%。1995 年，有 23 个村基本达标并授予“小康村先进党支部”称号。同年，全县确定了 58 个农村基层组织建设试点村，开展了农村基层组织建设试点工作。县委、县政府成立了试点工作领导组，坚持“四统一、一督查”(统一安排、统一目标任务、统一时间步骤、统一验收标准，定期督查指导)，协调指导试点工作，并从县直机关选调了 70 名优秀年轻干部到试点村挂职任村支部副书记或村委会副主任，帮助工作。1998 年，县委在赫店镇开展以“民主选举、民主决策、民主管理、民主监督”为主要内容的村级组织建设试点，认真总结试点经验向全县推广。以此为契机，将农村基层组织建设工作纳入乡镇目标管理，按照《关于对乡镇党委书记履行农村基层组织建设直接责任人情况实行考核的意见》及《无为县农村基层组织建设考核评分细则》，年终进行考核评比，强化了乡镇党委的“龙头”作用和党委书记的直接责任人的职责。通过一系列的政策措施，农村党组织建设得到加强，乡、村两级党组织的战斗堡垒作用得到进一步发挥。157 个村被县委命名为“五个好”村党支部，2 个乡镇被巢湖地委命名为“六个好”乡镇党委，2 个村被省委评为“五个好”标兵党支部。

（二）加大党员教育宣传力度

1988年，县广播站创办“党员教育专题”栏目，每半月播放一档，对无为先进党组织和优秀党员的典型事迹进行宣传报道。同时，发挥电化教育的作用，全县基层党组织共播放党教录像111场次，播放录音259场次，受教育党员达44895人次。1991年庆祝中国共产党成立70周年活动中，在广大党员中深入开展“忆传统、作贡献，做新时期合格共产党员”征文活动和“党在我心中”歌咏比赛。1993年，为庆祝中国共产党成立72周年，县委摄制了一部反映先进典型的专题电教片《党旗颂》，发到各基层党委，组织播放。1995年，认真开展“双学”活动（即学习邓小平建设有中国特色社会主义理论和学习党章）。1996年“七一”前夕，县委组织部举办了由39个直属党委共2000名党员参加的“双学”知识竞赛，7个党委获优胜奖，3个党委获组织奖，推荐30名党员参加了地委组织部举办的“双学”知识竞赛。1999年，无为把党员冬春训和民主评议党员结合起来，广泛开展了“一名党员一面旗”和“双学”测试活动。县委组织部还不定期地对党员进行唯物论和无神论教育，有效地抵制了“法轮功”的侵袭。

（三）强化活动阵地建设

1992年，党员活动阵地建设取得突破。全县720个村支部，建有活动室580个，占总数80.4%。县委组织部从特别党费中下拨70100元给各乡镇购买电教设备，县、乡、村电化教育网络开始形成。到1996年底，有656个村建立了党员活动室，占全县714个村的92%，为支部活动的正常开展奠定了物质基础。

二、高素质干部队伍的建设

1991年，县委在县直机关和单位班子的调整充实工作中，侧重于服务经济建设主战场，把具有专业知识的年轻业务骨干选进班子，有42名同志被提拔到27个县直单位的领导班子中。1992年，全县进行撤区并乡，县委十分注重乡镇干部的年龄和知识结构，全县乡镇共配备党政一把手56名，其中提拔了年轻和有一定文化程度的干部44名。1995年，为强化班子整体功能，加快推进各级领导班子年轻化进程，把提拔进班子对象的年龄原则上控制在40岁以下，全年提拔正、副乡科级领导干部78名，其中，党政正职中年龄最小的29岁，副职中年龄最小的26岁。1999年，利用乡镇换届的有利契机，加大乡镇干部的横向交流和县直优秀女干部的提拔交流力度，调整乡镇领导班子19个，调整乡科级干部340人，其中乡镇横向交流57人、县直单位提拔交流20名。[①]

县委根据干部队伍的实际情况，不断研究与探索新形势下干部队伍建设的特点与规律，以制度建设为抓手，加大干部人事制度的改革力度，建立健全科学的监督管理工作机制，以制度激励人，以制度约束人。1990年8月，由县委组织部、纪委、人事局、监察局对全县党员干部在抗旱斗争中的表现情况进行了为期七天的考察了解，强化了突发事件中干部的使用和管理。1991年，制定了《关于改进和加强干部管理工作的意见》，细化各主管部门对干部任免前的通气、汇报和任免后的备案等手续，有效地控制了部门超职数配备干部的现象。1997年，实行领导干部试用期制，凡提拔的非选任制干部，实行一年试用期。

2000年，实行了任前公示制度和干部考核考察预告制度，制定了《关于加强和改进干部管理工作的若干规定》和《违反〈党政领导干部选拔任用工作暂行条例〉责任追究制度》《干部考核责任制度》《领导干部推荐责任追究制度》和《干部保密工作责任追究制度》等。2001年上半年科级干部调整中，对表现不好或年龄偏大的31名干部分别免职、降职、提前离岗，改变了干部能上不能下的陋习。[②]选拔任用工作进一步规范，为全面实现小康社会奠定了坚实的组织基础。

第三节　党风廉政建设和反腐败斗争的持续深入

党的十四大以后，随着经济的快速发展，纪检监察工作围绕经济强县战略，

① 中共无为县委党史研究室编，《崛起——无为县改革开放三十年党史专题汇编（上卷）》《规范选拔任用工作提高行政执政能力》，内部资料，皖CH—2009—03号，第378页。

② 中共无为县委党史研究室编，《崛起——无为县改革开放三十年党史专题汇编（上卷）》《规范选拔任用工作提高行政执政能力》，内部资料，皖CH—2009—03号，第380页。

狠抓经济环境、民生工程、重点工程建设等中心工作的督查督办，敢于同损害人民群众利益的人和事作斗争，确保县委、县政府的重大决策顺利实施，党风廉政建设和反腐败斗争为改革开放和经济建设的顺利进行发挥了重要的作用。

一、强化领导干部和国家公职人员廉洁自律

为提高领导干部和国家公职人员坚定立党为公、执政为民的理想和信念，不断强化其廉洁自律工作意识，1993 年，县纪委根据中纪委、中组部、监察部《关于党政机关县（处）级以上领导干部廉洁自律“五条规定”的实施意见》和《关于国有企业领导干部廉洁自律“四条规定”的实施和处理意见》，在全县范围内开展“双清”（清理干部职工挪借公款、清理干部利用职权用公款公费送子女上学）工作，全县共清理出干部职工欠公款 624.55 万元，当年退还公款 607.57 万元；清理公款送子女上学 80 人，金额 13.21 万元。

1994 年，制发了《对照领导干部廉洁自律规定开好专题民主生活会的通知》和《关于县（处）级以上领导干部廉洁自律问题的实施意见》，会同县委组织部分别参加乡镇和县直局以上单位专题民主生活会。针对民主生活会中暴露出的问题，协助党委（党组）制定加强廉政建设制度。同年，全县重点清理党政机关无偿占用企业资金 167 万元，党政机关小金库 5 万元，党政机关、事业单位公费违规安装住宅电话 165 部。先后对全县 209 个国营、集体企业和行政事业单位进行物价大检查，共查出违纪金额 82.4 万元，退回用户金额 24 万元，收缴金额 31 万元。

1995 年，县纪委参与县委组织部对县直 80 多个局以上单位和 35 个乡、镇领导班子的述职考评，全面掌握领导干部贯彻执行民主集中制、廉洁自律的情况。为贯彻落实省委、省政府办公厅《关于制止用公款宴请和参加高消费娱乐活动的通知》，狠抓用公款吃喝玩乐、赌博等歪风的整治，抽查县直 7 个单位和 2 个乡镇招待费支出情况，配合地区纪委、监察局对无城地区部分餐馆、舞厅进行突击检查，协助县委、县政府就五套班子的内事接待进行专题研究，帮助乡镇修订接待制度，规定招待标准，办起机关食堂，节约招待费开支。开展对预算外资金管

理的检查，共查出违纪金额294万元；对县直16个单位开展“控购”工作检查，补缴消费附加费3万余元；对不符合用公款安装的31个单位76部住宅电话进行了处理，为县财政收回预算外资金5万余元。

1996年，会同有关部门清理县直136个行政事业单位的预算外资金46.18万元。

1997年，全县上下开展机关作风整顿。108个县直单位向社会公布了服务承诺制度，修订和完善了勤政廉政规定，当年节约会议经费4万余元；公款招待费与往年同期相比减少530万多元，下降24%；停止公费使用移动电话124部，节约经费5.46万元。

1998年，县纪检部门积极贯彻落实中央《关于党政机关厉行节约制止奢侈浪费行为的若干规定》和《中国共产党党员领导干部廉洁从政若干准则（试行）》文件精神，制定了领导干部“两种通讯工具”（移动电话和住宅固定电话）的管理暂行办法，严格规范各级党政领导干部的廉政行为。清理过户住宅电话706部，收缴过户费26.8万元；清理移动电话261部，其中：按规定核配162部，上交11部，拍卖处理88部，收取拍卖、控购费9.29万元。同时，清理出120个党政事业单位收缴入库的预算外资金470万元。

1999年，为了进一步加强党风廉政建设，深入开展反腐败斗争，县委印发《无为县党风廉政建设责任考核暂行办法》，明确各乡镇党委成员、政府、人大、政协、纪委正副职，县直局以上单位正副职及其党委（党组）成员为考核对象；建立领导责任制，一把手负总责，班子成员根据分工，责任明确并具体到人；将此项工作纳入单位工作目标管理，同经济、业务工作一起部署，一起落实，一起检查，一起考核。[①] 同年开始建立干部廉政档案。到2000年，共建立214名正科级和416名副科级领导干部廉政档案。制定档案管理制度，规定副科级以上领导干部每年两次向县纪委上报廉洁自律情况，装入个人廉政档案，逐年按实际情况填报，实行动态管理。

① 县委办文件汇编，无为市档案馆，长期，全宗号1号案卷号〔969〕，第2页。

2001 年，县纪委会同宣传部组织 12 个组分赴 35 个乡镇集中清理报刊征订，清退征订款 3 万元，纠正、通报了 5 个乡镇和县直单位招待费使用不规范和招待费过大等问题，并对其单位负责人进行了廉政谈话；同年 6 月 1 日，县纪委在县工商银行四个营业点设立“581”廉政账户（“581”谐音“我不要”。旨在让少数受贿的党员干部通过上交其收受的“无法退回”或“不便退回”的现金、有价证券，促进自身廉洁自律）。6 月 19 日，“581”廉政账户收到 5 万元，成为当时全省第一笔大额缴款。

二、加大党风廉政宣传教育工作力度

自 1993 年开始，县纪委在全县征订《安徽党风》以及《党纪教育常识通俗讲话》等资料，要求各级党组织学好用好这些教材，有效地配合党纪教育。从 1996 年开始，每年开展一次党风教育月活动，订购大量的《党员干部廉洁自律必读》等反腐倡廉学习读本，分发到县直科局级以上单位。1998 年，重点组织党政领导干部学习《中国共产党纪律处分条例（试行）》等 7 个党政纪条规。组织党政机关负责人、国家公务员、基层站所负责人约 2000 人次参加了《中华人民共和国行政监察法》知识测试，39 名县处级领导干部参加全省领导干部党风廉政法律法规知识测试。几年来，先后组织党纪条规和党章知识测验 6 次，近万名党员参加了考试，检验学习成果的同时，提高了学习党纪条规的积极性。

三、切实解决损害企业和群众利益的突出问题

为保证党在农村各项政策的贯彻落实，解决好向农民打“白条子”的问题，让群众过好春节，1993 年，县纪检监察部门经过检查督促，全县兑现了农户手中“白条子”数十万元。同年，开展清理整顿行政事业单位乱收费行为，对全县 585 个收费单位、847 个收费项目的收费金额 4440.84 万元进行检查，清理出乱收费项目 101 项，占收费项目的 11.9%；乱收费金额 142.66 万元。1994 年，又对 1993 年度全县涉及 28 个乡镇 390 万元“以工代赈”工程项目款的落实情况进行检查，保证了项目经费的落实。

第四节　重点领域的专项整治

一、规范建设土地管理领域

1996 年，县监察局牵头，会同县建设、计委、工商、检察、审计等部门组成建设工程项目执法监察领导组，从 7 月起至 10 月，历经“宣传发动，调查摸底，自查自纠，重点抽查，整章建制”五个阶段，先后对全县 63 个单位的 50 万元以上和建筑面积 1000 平方米以上的 1995 年以来竣工和 1996 年在建的工程项目，以及 1994 年底以前竣工但存在严重违规和重大工程质量问题的 86 个工程项目，进行调查摸底和检查整改。通过对工程建设项目的执法监察，逐步规范了工程建设立项和扩建程序，工程建设项目招投标率明显提高，无城地区当年招投标率达 98%，乡镇达 52.3%。

1998 年，县纪委监察部门牵头开展工程建筑领域执法监察，得到了省监察厅的肯定，在省监察厅召开的全省招投标会上将无为经验进行推广。自这一年开始，每年组织开展对行政执法部门、司法部门和综合管理部门进行政风评议活动和对社会服务单位进行行风评议活动。对政风评议前三名、行风评议前二名单位以县委、县政府名义进行表彰，对政风评议后三名、行风评议后二名单位在新闻媒体上进行曝光，县纪委对其单位主要负责人进行约谈批评，限期整改。

1998—2000 年，无为县在巩固招投标成果的基础上，进一步加大执法监察力度，实行“建设工程廉政协议”制度，扩大建设工程签订“廉政协议”的范围，规定凡 50 万元以上的建筑项目必须实行公开招投标。1998 年，共签订“廉政协议”建设合同总标额 5000 多万元。1999—2000 年，与建设单位签订工程廉政合同达 362 份。2000 年，全县建设工程招投标率达 98%。

2001 年，无为县印制了《关于规范有形建筑市场意见》和《设立招投标专家库实施意见》两项规定，建立了由 26 名专业人员组成的评标专家库，随机抽调专家参与评标活动，增强了招投标工作的公正性，加强了建筑市场监督。

二、治理交通“三乱”

自1995年起，县纪委监察部门会同有关单位每年开展治理公路“三乱”（乱设卡、乱罚款、乱收费）工作。1998年4月中旬，无为县成立公路和水上两个暗访组，对全县的主要公路和水上交通要道“三乱”（乱收费、乱涨价、乱罚款）情况进行检查，对个别单位收费不规范现象进行纠正。县政府将检查情况通报了全县。2000年，全县共撤除违规收费站点5处。11月上旬经市考核组验收，全县省、县、乡级公路620公里，长江、内河航道360公里的交通运输线上基本达到无“三乱”要求。

2001年初，县纠风办会同县交通部门对部分客车春运期间哄抬票价和超载等问题进行了查处，处罚车辆经营、管理者32起，罚款1.5万元，其中2起移交公安机关处理，减少了交通事故的发生。

为巩固治理“三乱”工作成果，县政府每年组织县交通、公安、监察等部门对全县境内巢无路、通江大道、军二路等主要干道进行不定期的明察暗访，发现问题及时整治。

三、整治医药市场

1999年，根据国务院及省纠正医药购销中不正之风工作电视电话会议精神，县成立了纠风工作领导组，设立了医药监督管理办公室，并结合无为县实际制定了工作计划，有组织、有领导地开展医药市场整治。

2000年11月3日，县卫生局印发了《关于进一步纠正医药购销中不正之风的通知》，11月16日，县政府办公室印发了《关于建立无为县纠正医药购销中不正之风联席会议制度》的通知，为扎实做好这项工作提供了制度保证。县药监办依据《药品管理法》及《国家药品监督管理办法》的有关规定，制定了《无为县药品监督管理办法》，当年对12个从事药品非法买卖及销售假劣药品的单位和个人进行了处罚，罚款金额达1.6万元；依法取缔2个无证照从事药品批发的经营点，没收了价值4万余元的“三无”和过期药品，净化了药品市场。

2001年，县卫生部门成立了药品采购和医药收支分离的议事机构，建立了医药公开核算、分别管理制度，落实了医院药品收入“收支两条线”管理规定。各医院纷纷转变观念，改以药养医为以技养医、以质养医，改善了医德医风。县人民医院当年对药品、医疗器械集中招标采购，成交额448万元，节约资金153万元，总节约率达30%。

四、优化政务环境

1997年，为认真贯彻中央减轻企业负担文件精神，制止向企业乱收费、乱罚款、乱摊派行为，从当年5月开始，县纪委会同物价、审计等部门，对全县202个企业收缴费情况进行了摸底、核实。对涉及企业的收费、集资和摊派等逐一审核，取消了县建委、土地、公安、供电等9个部门的20项收费，降低了3项收费标准，停止了6项收费，使全县国有企业每年减轻负担约120万元。对各乡镇和县直215个行政事业性收费项目进行年审，共查出自立收费项目15项计46万元，超标准收费12项计5033元。对江坝轧花厂等4家企业予以挂牌保护，对无为纺织厂等10家企业试行行政事业性收费登记卡制度。1998年，对7家企业进行挂牌保护。

1999年，建立和完善了企业收费登记卡制度，有效地维护了企业的合法权益。同时当年，全县抽调307人组成87个检查组，对1003个乡镇行政事业单位开展财务“零户管理”的清查。全县共精减会计919人，取消911个账号，划转资金1800万元，减轻了财政压力和负担。

2000年，为进一步减轻企业负担，改善经济环境，县成立了由县纪委、监察局、外经贸委、计委、经贸委、工商局、乡企局及公、检、法等部门组成的外来投资者和私营企业投诉受理中心，对外公布投诉受理举报电话，受理企业举报、投诉相关事宜；并严格投诉受理中心值班、登记、受理、接待、责任追究等六项制度。当年4月对10多家个私企业税费负担情况进行检查。11月，对44家国有企业、股份制企业、乡镇企业进行检查调研，处理违规收费4起。

自2000年11月20日起，无为县利用一个月时间开展经济环境集中整治活动。县纪委、监察局会同县组织、宣传等部门开展社会问卷调查，广泛征集来自基层和社会各个层面的意见。此次活动共发放问卷调查表2000份，其中1000份由农民、个体私营企业主、工人、干部等20个县直经济主管部门问卷调查，另1000份由被问卷的20个部门组织个体私营企业主、工人、机关干部互相问卷调查。问卷中对反映的“三乱”“三难（门难进、脸难看、事难办）”和“吃拿卡要”现象，以及办事效率低、服务态度较差、执法不严等问题进行梳理，并将梳理意见反馈给有关单位，要求各单位限期整改；同时对一些经调查核实的典型问题进行了公开处理。

2001年4月11日，无为县行政服务中心正式挂牌运行，推动行政审批机制改革，创新服务方式，提升服务效能。县行政服务中心运行办公后，为了做到高效、便民，县纪委对窗口单位的审批收费项目进行清理，减少审批环节276道，压缩承诺办理时间达1460个工作日。当年，无为县在认真开展减轻企业负担工作中采取一系列措施的基础上，对企业不合理的负担采取一刀切的办法，予以彻底清理。省政府评定无为县为企业减负优等县。

第五节　“九五”计划的顺利完成

“九五”期间，在县委、县政府的正确领导下，无为按照党的十五大和十五届三中、四中全会精神，抓住机遇，解放思想，努力拼搏，克服了因国内外发展环境变化所带来的种种困难，胜利地完成了“九五”计划目标。这五年是无为历史上经济发展最快、综合实力增强最显著、城乡面貌变化最大、人民生活改善最明显的时期之一，为“十五”和新世纪全县经济和各项社会事业的发展，奠定了良好的基础。

一、经济总量登上新台阶

2000年，全县国内生产总值达43.69亿元，按可比价计算，比1995年增长50.3%，年均递增8.5%；财政收入达2.60亿元，比1995年增长114.6%，年均递增 16.5%（由于农业税的改革，统计口径不同，增长速度偏高）；全社会工业总产值（不变价）44.47 亿元，比 1995 年增长 41.0%，年均递增 7.1%；农业总产值（不变价）16.74 亿元，比 1995 年增长 27.2%，年均递增 4.9%。为适应不断加快的市场化进程，无为逐步走上了优化经济结构促进经济增长的道路。经济结构进一步优化，一、二、三产业增加值占 GDP 的比重由 1995 年的 52.4∶28.9∶18.7 调整到 2000 年的 38.9∶29.2∶31.9，工业化程度有所提高；在农业内部，畜牧水产养殖业迅速发展，到 2000 年，农、林、牧、渔四业产值的比重由 1995 年的 69.5∶2.0∶13.4∶15.1 调整到 47.4∶4.3∶24.1∶24.2。

二、重点项目建设成效显著

“九五”期间，无为基础设施建设成效显著，城乡面貌发生了变化。特别是自 1998 年以后，无为抓住国家扩大内需、实行积极的财政货币政策的机遇，努力争取了一批重点骨干项目，有力地拉动了全县经济的增长。全县共争取各类项目建设资金 8.1 亿元。重点项目完成投资 43.75 亿元，144 个项目竣工，新增固定资产 37.46 亿元。基础设施建设力度加大。交通上，改造了巢无路、新建了通江大道骨架公路，完成县乡油路 157 公里、砂石路 490 公里，全县公路总里程 1400 公里，公路密度达 58 公里 / 百平方公里，其中油路及水泥路达到 448 公里。实现了乡乡通油路，90% 行政村通砂石路，基本实现陆路运输网络化；水利设施建设再上新台阶，共建站 89 个，装机容量增加 1.5 万千瓦。涵闸陡门 58 个，旱涝保收面积得到扩大，农业经济效益进一步提高；邮电通信事业发展迅速，“九五”末，全县程控交换机容量达 100800 门，农话达 49842 门，市话达 26300 门，提前实现了“两化一覆盖”（即交换程控化、传输数据化，移动信号无缝覆盖）和行政村村村通电话目标；城镇建设迅猛发展，老城改造和新区建设同步进行，通过金河小区、西苑山庄、北圃小区、南大街、西大街开发，无城新区初具规模，老城市貌再换新容，城区总面积比 1995 年扩大近一倍，35 个乡镇集镇建设更是热浪迭起。全县城镇规模进一步扩大，环境进一步美化，城市化水平进一步提高。全县城乡供水率、绿化率、人均居住面积均在全市五县区中居领先地位；电力建设步伐加快，兴建了220千伏变电所一座，35千伏变电所两座，110千伏、35千伏线路网架基本形成。特别是全县农电网改造，改善了全县的供电状况。工业技改和农业开发项目顺利实施。工业上，新力药业技改扩建工程、江坝油化厂技改工程、官镇羽绒厂技改扩建工程、华海特种电缆、新科集团电缆生产线、露仙调味品厂和宏望公司蔬菜加工生产线等项目相继投产；江坝油化厂的混合油精炼获省“三高”项目，新科集团智能数据传输电缆项目列入国家高新技术项目计划。农业上，重点实施了稻改棉工程、白茆大棚蔬菜示范片项目、河蟹养殖项目、世界银行贷款农业综合开发项目等。社会事业和三产项目建设得到加强。利用世界银行贷款改建中小学240所。修建了无为中学逸夫教学楼工程、无为县中医院门诊大楼、东方大市场工程、无为新宾馆一期工程等。信息产业全面启动，政府上网工程和信息入乡工程进展顺利。上述基础设施及重点骨干工程项目的实施，有力地促进了全县经济的发展。

三、城乡居民生活质量明显提高

“九五”期间，全县上下坚持以改善人民生活为发展生产的根本宗旨，人民生活水平和质量不断提高。2000年，全县职工年均工资5461元，人均储蓄由1995年的679元增加到1610元，增长137.1%。农民人均纯收入1960元，比1995年净增764元。随着房改政策的实施和经济适用住房的开发，城镇居民住房状况得到了明显改善。乡村也因移民建镇工程的开展和集中连片建房政策的扶持，提高了农民居住水平。消费品市场繁荣活跃，居民消费结构层次明显提高。社会消费品零售总额达16.06亿元，较1995年增长116.4%。耐用消费品拥有量和服务消费大幅度增长。消费需求由量的扩张向质的提高转变，传统消费品由供不应求转变为普遍过剩。消费引导生产格局的形成，有力地推动了生产结构的不断升级。

四、各项改革进展顺利

1997年，全县开展了大规模的企业改制工作，95%以上企业实行了股份制、股份合作制和私营化。纺织集团受国有资产管理委员会委托，成立了纺织控股公司，率先在全县开展了国有资产的营运管理试点。尤其是新力药业公司通过资产重组，成功上市，共筹集资金 4.5 亿元。全县普遍建立了国有企业下岗职工最低生活保障线，减轻了企业的社会负担，使其轻装上阵。农村税费改革取得初步成果，农民负担减轻，农村社会稳定。随着基础设施进一步改善，引进外资优惠政策的进一步完善，招商引资工作成效显著，特别是 2000 年招商引资工作取得了突破，全县累计签约项目 48 个，其中合同项目 21 个，协议项目 12 个，意向性项目 15 个。分别是内联项目 23 个，协议引进资金 2.98 亿元；外引项目 25 个，协议引进资金 8.46 亿元。全年实际利用外资 756 万美元，内联引进资金 7334 万元，外贸出口总额 214 万美元。

五、社会事业全面发展

教育“两基”目标顺利通过验收，九年制义务教育成果进一步巩固。普通高中和职业教育得到加强，全县现有职业中学 5 所，培养了一大批适用人才。“科技兴县”工作成效显著，1999 年顺利成为全国科技先进县，科技进步对经济增长的贡献率为 44.5%。2003 年 5 月，无为被省科技厅命名为“安徽省特种电缆高新技术产业基地”，高沟镇建成为省级星火技术密集区和省级民营科技园，姚沟镇建成为市级民营科技园。全县共拥有 9 家省级高新技术企业，15 个省级高新技术产品，21 家省级民营科技企业，均位于巢湖市第一。同时人口、卫生、文化、广播电视、环境保护和精神文明建设均取得可喜成绩，为无为“十五”时期和新世纪经济社会快速发展打下了坚实的基础。

第六节 “十五”计划的顺利开篇

2001 年，无为县委面对多重考验，沉着应战、科学决策，统筹兼顾、把握主动，全县经济呈现出生机，社会政治生活稳定。全年实现国内生产总值 46.07 亿元，比 2000 年增长 6.5%。

一、农村经济有新的发展

2001 年，全县以结构调整、产业化经营为抓手，调整思路，加大力度，促进了农村经济持续稳定发展。一是农业结构调整步伐加快。按照“调粮、扩经、强副、增优”的思路，全县粮食面积 94 万亩，较上年调减 14 万亩，蔬菜瓜果、优质棉油等经济作物 165 万亩，增加 15 万亩。粮经比例由上年 1∶1.5 调整到 1∶1.7。畜禽和水产养殖势头强劲。全年生猪饲养量 56.1 万头，家禽饲养量 1860 万只，较上年分别增长 8.9% 和 4.8%。全县渔业放养面积达 31 万亩，其中名特优新水产品养殖面积达 14 万亩，呈现由东乡向西乡发展的趋势。全年水产品产量 6.1 万吨，较上年增长 1.3%。林业开发取得进展，完成年度造林 9060 亩、林带植树 31 公里、农田林网 6.1 万亩。此外，还试点种植了 1080 亩桑苗，取得了成功，为农民增收探索了新路。二是农业开发增势强劲。以资本、技术的密集化投入为特点的农业开发成为农村经济新的增长点。2001 年，共有 60 多名县外大户来无为县投资养殖河蟹、珍珠、畜禽等，总投资 5000 多万元。其中，山东省蒙阴县 12 个农民来无为县承包山场 1200 多亩。三是龙头企业的辐射作用增强。全县拥有龙头企业 16 家，其中市级 6 家、省级 1 家。全年龙头企业利润增长 8.9%，企业创汇增长 12.8%，带动农户数增长 65.6%，带动基地面积增长 7.2%，订单面积近 60 万亩。全县有 6 个较大的农副产品专业市场，年交易额近 3 亿元，辐射全国 10 余个省市。

二、工业经济有新的提高

2001 年，随着结构调整、产业升级和体制转换的加快，工业经济开始出现了以机制灵活、素质提高为特征的新一轮增长。一是总量增大。全年实现工业总产值 48.5 亿元（不变价），较上年增长 9.1%，总量列巢湖市全市第 1 位。其中，规模以上工业企业实现产值 16.8 亿元，增长 10.2%。新力药业成功上市后，新力药业无为分厂产品供不应求，特别是输液车间改造项目成功投产后，生产规模得到扩大，全年累计实现产值3.87亿元，比上年增长57.1%。二是运行质量提高。全县73户规模以上企业中盈利企业52户，盈利额7687.7万元，比上年增长128.8%。工业经济效益综合指数为103.1，同比上升1.05个百分点。三是改革步伐加快。县通用机械厂、酒厂、冷冻厂及县内四家水泥厂都分别把闲置资产租赁给民营企业经营，以引进增量，激活存量。对土地资源有较高开发价值的通用机械厂采取“退二进三”的办法，引进外商开发，置换出资金，用于职工的安置。

三、乡镇企业有新的突破

2001年，无为县乡镇企业紧紧抓住国家宏观政策和西部大开发机遇，大力推进科技、体制、机制的创新，保持着强劲的发展势头。一是总量、质量同步提高。全年乡镇企业完成总产值54亿元，较上年增长8.04%。实现企业增加值16.98亿元，增长8.08%。实现营业收入53.27亿元，增长8.8%。年营业收入500万元以上的50家，规模工业企业实现利润1.07亿元，比上年增长8.2%。二是规模企业支撑作用突出。50家规模企业仅占全县乡镇企业数的0.55%，而其实现的营业收入占乡镇企业的25.1%，入库税金占乡镇企业的42.2%。华星、江淮、华海等企业集团营业收入均接近或超过1亿元，其中华星、江淮、华海的入库税金均突破700万元。三是个私经济增势强劲。全县个私企业累计实现营业收入27.7亿元，比上年增长14.9%，实现增加值9.3亿元，增长6.7%，实现入库税金6901万元，增长27.8%，均高于乡镇企业的平均增幅。四是技改资金重点投向高新产业。全年乡镇企业新建、技改项目298个，其中固定资产投入在100万元以上的重点项目86个，到年底竣工投产的项目62个，在建的24个，累计完成投资额2.4亿元。在这些项目中，以大专院校和科研院所提供的科技成果转化项目为主，其中五洲集团的无碳复写显色剂、无为化工总厂的柠檬酸脂、华菱电缆厂的承荷探测电缆等项目填补了国内空白。

四、社会各项事业有新的进步

2001年，在经济快速发展的同时，社会事业也取得了长足的进步。科技工作开展了农业新品种示范推广、科技培训、科技联姻、高新技术企业的申报及立项等一系列活动，进一步贴近经济、服务经济、融入经济。教育改革稳步推进。控制流生、治理乱收费等工作取得明显进展，“两基”成果得到了巩固。学校内部管理体制改革不断深化，素质教育全面推进，教学质量得到提高。无为中学跻身省示范高中行列，无为三中和实验初中开始招生。无为县广泛开展了“婚育新风进万家”活动，并被评为全省“婚育新风进万家”活动先进集体。全年人口出生率 9.12‰，计划生育率 97.36%，较好地实现了人口控制目标，并由二类县升为一类县。卫生工作在改革创新中求发展。组建了以县医院为主体、12 所乡镇卫生院加盟的医疗集团，实现了资源共享。开展了等级卫生院创建活动。药品收支两条线管理等各项改革逐步深化。防疫工作也取得了新的突破，2001 年无为县被卫生部授予“全国消灭脊髓灰质炎先进集体”，并被省委、省政府命名为“省级文明单位”。文化事业不断繁荣。新建的 3 个乡镇文化站投入使用。广播电视事业发展较快，节目质量不断提高。统计质量有所提高，“五普”工作受到国家表彰。国防教育和民兵工作得到加强。社会治安综合治理等取得阶段性成果。扶贫和救灾工作扎实有效，监察、党史、外事、侨务、地方志、地震、民族宗教、妇女儿童、残疾人等工作都有了长足进步，档案工作第七次受到安徽省人事厅、省档案局表彰。

第三编

科学发展和推进中国特色社会主义事业

（2002—2012）

跨入新世纪，中国进入全面建设小康社会、加快推进社会主义现代化的发展新阶段。2002 年 11 月召开的党的十六大高举邓小平理论伟大旗帜，全面贯彻“三个代表”重要思想，制定了全面建设小康社会的宏伟纲领。党的十六大以后，中共无为县委通过推进重点领域、关键环节的改革和大力加强宏观调控，保持了全县经济平稳快速发展。经过全县各方面共同努力，宏观调控取得明显成效，经济运行中的一些突出矛盾得到缓解，社会经济保持了增长较快、结构趋优、效益提高的良好态势。2007 年 10 月党的十七大作出在全党深入开展学习实践科学发展观活动的部署，中共无为县委紧紧围绕党员干部受教育、科学发展上水平、人民群众得实惠的总要求，牢牢把握坚持解放思想、突出实践特色、贯彻群众路线的原则，解决突出问题，创新体制机制，促进科学发展，实现了全县人民生活从总体小康、奔向全面小康的历史性跨越。

第一章　党的十六大精神的学习贯彻和全面建设小康社会的起步

第一节　党的十六大精神的学习宣传和全面建设小康社会的开局

中国共产党第十六次全国代表大会于2002年11月8日至14日在北京举行。党的十六大，是中国共产党在新世纪召开的第一次全国代表大会，也是在我国进入全面建设小康社会、加快推进社会主义现代化的新的发展阶段召开的一次十分重要的代表大会。大会的主题是：高举邓小平理论伟大旗帜，全面贯彻“三个代表”重要思想，继往开来，与时俱进，全面建设小康社会，加快推进社会主义现代化，为开创中国特色社会主义事业新局面而奋斗。江泽民代表第十五届中央委员会作《全面建设小康社会，开创中国特色社会主义事业新局面》的报告。大会通过了《全面建设小康社会，开创中国特色社会主义事业新局面》报告的决议和关于中央纪律检查委员会工作报告的决议。选出新一届中央委员会和中央纪律检查委员会。通过关于《中国共产党章程（修正案）》的决议。此次大会把“三个代表”重要思想和马克思列宁主义、毛泽东思想、邓小平理论一道确立为中国共产党的指导思想，是一个历史性贡献，具有划时代的意义。

2002年11月28日，为在无为县迅速兴起学习宣传贯彻党的十六大精神的热潮，把全县广大党员和人民群众的思想和行动统一到党的十六大精神上来，凝聚全县人民的力量，投入到“加快发展、富民强县”的实践中去，根据上级部署，结合无为实际，县委就学习宣传贯彻党的十六大精神作出通知和要求。2003年3月，根据中央及省委、巢湖市委的部署安排，县委成立了集中开展“三个代表”

重要思想和党的十六大精神学习教育活动领导组，由县委主要负责同志任组长。下发了相关学习教育活动方案，为确保全县教育活动的顺利进行，县委决定，县六大班子党员领导干部每人联系一个乡镇，并成立35个指导组，派驻各乡镇进行督查指导。在全县学习教育活动中，县委决定，分三个阶段推进。一是学习培训阶段。对乡镇党政主要负责同志等开展集中培训，学习内容包括党的十六大报告、《中国共产党章程》、胡锦涛同志在西柏坡学习考察时的讲话精神等。二是对照检查阶段。通过召开座谈会、民情恳谈会，开展入户访户活动，广泛征求意见，认真听取群众对干部作风、发展经济、加快农业和农村经济结构调整的步伐及“三个代表”重要思想学习教育活动整改措施落实情况的意见建议。对照党的十六大精神找差距，对照全面建设小康社会的目标找差距，对照群众所盼、所需、所急找差距。三是整改提高阶段。对群众的意见建议分门别类进行集中梳理，逐项制定整改措施，明确整改责任人和时限，做到“敏感问题抓紧改，现实问题突出改，社会问题综合改，长远问题分步改”。各级党组织召开一次民主生活会，联系实际，坚持正面教育、自我教育为主，认真开展批评和自我批评，切实理清发展思路，提高为民服务水平。

2003 年，是学习宣传贯彻党的十六大精神的开局之年，也是无为县全面建设小康社会的起步之年。县委坚持牢牢把握全面建设小康社会这一主题，把发展作为第一要务，以工业化为核心，以改革为动力，以结构调整为主线，大力发展资源经济、园区经济、民营经济和劳务经济，着力抓好招商引资、企业改制、经营城镇、优化环境和社会稳定工作，全县经济社会各项事业发展取得一定成效。在巢湖市经济运行评比中，无为县夺得四项大奖：综合奖和招商引资两个一等奖，社会治安综合治理和文明城镇创建两个二等奖，先进乡镇第一、第二名都被无为县夺得，企业贡献奖无为县 6 家企业榜上有名，无为县在巢湖全市获奖分量最重、比例最高。2003 年，无为县实现国内生产总值 52.59 亿元，同比增长 10.2%，高于 2002 年 2.7 个百分点；全年完成财政收入 3.27 亿元，增长 10.1%，高于 2002 年 2.9 个百分点；固定资产投资 26.82 亿元，增长 22.7%；社会消费品零售总额 21.09 亿元，增长 11.0%；外贸出口 550.7 万美元，增长 28.3%；新增贷款4.54亿元，增长26%；农民人均纯收入2356元，增长7.3%。其中国内生产总值、全社会固定资产投资、社会消费品零售总额、规模以上工业产值、外贸出口五项指标的增速，均创1999年以来新高。高沟镇、无城镇进入全省乡镇企业百强乡镇前7强，高沟镇定兴村、新沟村、龙庵村、赵桥村、健全村和无城镇董桥村等6个村进入全省乡镇企业百强村行列。

在学习宣传党的十六大精神和全面建设小康社会的开局之年，无为全县上下站在全面建设小康社会的全新起点上，高举邓小平理论伟大旗帜，全面贯彻“三个代表”重要思想，努力开创了经济社会发展和党的建设新的局面。

第二节　中国共产党无为县第十一次代表大会

中国共产党无为县第十一次代表大会，于2003年1月10日至11日在无城召开，历时两天。大会应到代表405名，实到代表400名。按照大会议程，中共无为县第十一届委员会委员、候补委员和县纪律检查委员会委员候选人建议名单，由十届县委常委会向大会主席团提出，经大会主席团审议后，提交各代表团酝酿讨论，大会主席团汇总各代表团意见后，确定候选人名单，直接采取候选人数多于应选人数的差额比例，提交大会选举。选举出十一届县委委员32名（含挂职1名），候补委员4名。2003年1月12日分别召开了十一届县委第一次全体会议和县纪律检查委员会第一次全体会议，差额选举出十一届县委常委、县纪委常委，等额选举出县委书记、副书记和县纪委书记、副书记。高德金为县委书记，宋德邦、许少春（挂职）、袁之应、潘淑琴（女）等为县委副书记。选举出15人组成的中共无为县纪律检查委员会，其中袁之应为县纪委书记。

大会认为，过去的五年，全县人民在县委的领导下，坚持以邓小平理论和“三个代表”重要思想为指导，抢抓机遇发展，迎着挑战奋进，为“九五”画上了圆满句号。2000年，全县国内生产总值达43.69亿元，比1995年增长50.3%，年均递增8.5%，县域经济呈快速发展态势。

大会指出，成绩和变化增强了无为开拓前进的信心，但发展中也遇到不少问题，工作中还存在一些不足，主要是，经济发展结构性矛盾依然突出，优势产业发展不平衡，大企业、大项目不多，农业产业化程度不高，支撑经济快速发展的基础还不稳固；区域发展不平衡，部分乡镇经济基础较为薄弱，城乡统筹发展任务繁重；城镇规划建设水平相对滞后，管理工作亟待加强；社会事业欠账较多，就业再就业和社会保障压力较大，少数弱势群体生活比较困难。这些问题必须高度重视，并继续采取得力措施认真加以解决。

大会号召，全县上下要在县委的团结带领下，以邓小平理论和“三个代表”重要思想为指导，全面贯彻党的十六大精神，以工业化为核心，以招商引资为突破口，重点实施“沿江开发、工业强县、外向带动、城镇辐射、项目拉动”五大战略，全面推进农业大县向工业强县、人口大县向经济强县的跨越，努力实现综合经济实力在全省领先。

第二章　科学发展观的全面落实

第一节　经济社会科学发展的推动

一、乡镇行政区划调整和村级规模的调整

（一）乡镇行政区划调整

1986年5月，省民政厅发文同意追认乡改镇，无为县的严桥、开城、牛埠、土桥、石涧、汤沟、姚沟7个乡改设与乡同名的7个镇，原行政区划、隶属关系不变。

1988年10月，巢湖行署地名办发文，同意将无为县虹桥区更名为泥汊区。

1989年6月，巢湖行署民政局发文，同意无为县设立水楼乡，乡人民政府驻水家楼。

1992年2月，在原10个区、3个直属镇、61个乡、13个乡级镇、709个行政村的基础上，全县撤区并乡，对行政区划进行了调整。区划调整后，全县设立28个乡镇，即二坝镇、雍南乡、汤沟镇、河坝乡、陡沟镇、长坝乡、太平乡、仓头镇、石涧镇、红庙乡、严桥镇、六店乡、开城镇、赫店乡、泉塘乡、蜀山镇、鹤毛乡、土桥镇、牛埠镇、洪巷乡、刘渡镇、襄安镇、十里墩乡、姚沟镇、泥汊镇、白茆镇、黑沙洲乡、无城镇。

1994年8月，撤销河坝乡，设立河坝镇。

1995年12月，增设三汊河乡、凤凰桥乡、尚礼乡、建国乡、百胜乡、昆山

乡、高沟乡，全县下辖35个乡镇，其中17个镇、18个乡。

1996年3月，撤销长坝乡，设立福渡镇。

1997年4月，撤销泉塘乡，设立泉塘镇。

1999年2月，撤销赫店乡、尚礼乡、百胜乡，分别设立赫店镇、尚礼镇、百胜镇。当年3月，撤销雍南乡，设立雍南镇。

2001年8月，撤销高沟乡，设立高沟镇。

2002年11月，撤销红庙乡，设立红庙镇。

2004年4月，撤销雍南镇，并入二坝镇；撤销河坝镇，并入凤凰桥乡和福渡镇；撤销建国乡，并入泉塘镇；撤销尚礼镇，并入六店乡和严桥镇。全县下辖31个乡镇，即二坝镇、三汊河乡、汤沟镇、凤凰桥乡、白茆镇、黑沙洲乡、陡沟镇、福渡镇、泥汊镇、高沟镇、刘渡镇、姚沟镇、泉塘镇、洪巷乡、土桥镇、牛埠镇、昆山乡、鹤毛乡、蜀山镇、百胜镇、六店乡、开城镇、严桥镇、红庙镇、石涧镇、太平乡、仓头镇、赫店镇、襄安镇、十里墩乡、无城镇。

2005年12月，将原31个乡镇调整为23个乡镇。撤销仓头镇、三汊河乡、凤凰桥乡、黑沙洲乡、太平乡、百胜镇、土桥镇、六店乡，调整无城镇、汤沟镇、陡沟镇、白茆镇、石涧镇、蜀山镇、牛埠镇、开城镇、严桥镇的行政区域。将仓头镇整建制并入无城镇，镇政府驻无城。将三汊河乡整建制并入汤沟镇，镇政府驻汤沟。将凤凰桥乡整建制并入陡沟镇，镇政府驻陡沟。将黑沙洲乡整建制并入白茆镇，镇政府驻小江坝。将太平乡整建制并入石涧镇，镇政府驻石涧埠。将百胜镇整建制并入蜀山镇，镇政府驻蜀山。将土桥镇整建制并入牛埠镇，镇政府驻牛埠。将六店乡的六店居委会和竹山、独山、南闸、西都、保胜、石山、六峰、新胜、河山、孙桥、六店、瓜棚、毛公、高王14个村委会并入开城镇，镇政府驻开城桥。将六店乡的尚礼居委会和大泉、湖塘、沿河、赵魏、象山、福泉、坳口7个村委会并入严桥镇，镇政府驻严家桥。保留二坝镇、襄安镇、高沟镇、姚沟镇、红庙镇、赫店镇、泉塘镇、福渡镇、刘渡镇、泥汊镇、昆山乡、洪巷乡、十里墩乡、鹤毛乡等14个乡镇。

截至2012年底，全县辖19个镇、4个乡。

（二）村级规模调整工作

1992年以来，无为分别于2002年和2006年进行了两次村级规模调整。

村级规模调整工作按照建设社会主义新农村的要求，以选优配强村级带头人为重点，不断深化农村综合改革，调整工作考虑群众意见、历史沿革、经济流向、道路交通、农业生产水系、区域面积等方面的实际情况，要求调整后的村级规模一般在5000人左右，丘陵地区村人口在4000人左右，山区村人口在3000人左右。同时妥善处置并村中的债权债务问题，原则上不把整村拆分，就近实施整建制合并。在并村过程中，自始至终贯彻依法推进原则，各乡镇村级规模调整方案由乡镇人民政府提出，按《中华人民共和国村民委员会组织法》的规定表决通过后，报县政府审批。整个工作分四个阶段进行，即制定预案阶段、宣传发动阶段、组织实施阶段、检查验收阶段。

调整村级规模涉及面广、工作量大、矛盾多、难度大，县委、县政府向各乡镇派驻工作指导组进行督查指导，同时明确乡镇党委书记、乡镇长为第一责任人，对工作不力、敷衍塞责，甚至“明并暗不并”的追究有关负责人的责任。为严肃村级规模调整期间的各项纪律，县纪委、监察局提出了严格遵守政治纪律、严格遵守工作纪律、严格遵守财经纪律、严格遵守廉政规定的要求，确保并村到位。2002年3月，全县由原来的709个村调整为603个村，共减少106个村，减少村干部617人。

2006年4月，全县由原来的603个村（居）委会调整为321个村（居）委员会，实际减少282个村（居）委会。通过调整，村“两委”干部人数由3447人减至2186人，其中固定补助干部总数由2684人减至1868人，减幅分别为36%和30%。为做好退职村干部的思想工作，全县各乡镇采取多种形式，在政治上、经济上、生活上关心退职村干部，使他们安心、舒心。从两次调整情况看，无为村级规模调整工作较为平稳，基本做到了“人心不散、社会不乱、工作不断、发展不慢”，为无为农村经济发展和社会稳定奠定了良好的基础。

二、农村税费改革的完善

2003年起，全县取消了统一规定的劳动积累工和义务工，全面实施《安徽省村内兴办集体公益事业筹资筹劳条例》，涉及农民出资出工的筹资筹劳工作逐步趋于完善。

2004年，无为在全面取消农业税附加的基础上，将农业税税率再下调2.2个百分点，使农业税实际税率降到4.8%。全县农业税5137万元。“一事一议”筹资1490万元，两项合计6627万元，人均54.1元。负担总额较上年同比减少4056万元，人均减少33.1元，较税改前负担减少10661万元，减负率达67.5%，人均减负87.1元。

三、农村基本经营制度的健全

2001年中共中央《关于做好农户承包地使用权流转工作的通知》和2002年全国人大常委会通过的《中华人民共和国农村土地承包法》出台，全县各地结合实际，开展土地经营权流转管理工作。

2002年，无为在陡沟镇刘泗村进行了农村土地流转试点，创建了“陡沟镇刘泗村土地托管服务所”，服务所本着依法、自愿、有偿的原则，帮助农户托管土地经营权，原承包户承包权不变。2003年，该服务所共和农户签订土地托管合同98份，托管土地近500亩。截至2003年，全县土地流转面积约12.5万亩，从流转形式看，以户间流转居多，主要包括转包、转让、委托代耕等。

2007年下半年，根据农业部、国土资源部、监察部、民政部、国务院纠风办、国家信访局和中央农村工作领导小组办公室等七部委联合下发的《关于开展全国农村土地突出问题专项治理的通知》（农经发〔2007〕14号）精神，无为在全县范围内开展了农村土地突出问题专项治理工作，共检查出耕地承包合同书和农村土地经营权证未发或遗失、损毁的有近10万份，2008年春全部进行了补发、换发，该项工作顺利通过省、市检查验收，无为农村土地第二轮承包工作越来越规范和完善。

四、贾庆林来无为县调研“三农”工作

2004年12月19日，中共中央政治局常委、全国政协主席贾庆林在安徽省委书记郭金龙、省长王金山、省政协主席方兆祥、巢湖市委书记夏望平等陪同下，深入无为安徽新亚特电缆集团、超飞乳业有限公司等企业和石涧镇等镇进行调研。调研中，他走进农户家中、养殖基地、蔬菜大棚，与广大农民和基层干部促膝交谈，详细了解农民群众生产生活情况。①

贾庆林说，“三农”问题是我们全部工作的重中之重，任何时候都不能放松。要加强农业综合生产能力建设，促进粮食稳定增产和农民持续增收。要稳定、完善和强化扶持农业发展的政策，对已经实行的政策和给农民的实惠不能变、不能减，还要逐步加大支农力度，让农民真正得到实实在在的好处。要切实推动农村富余劳动力有序转移，搞好技能培训，努力改善就业环境。要做好扶贫工作，着力改善贫困群众生产生活条件，建立健全城乡低收入困难群众救助体系，帮助困难群众解决实际问题。

贾庆林强调，要按照中央决策和部署，加大改革力度，毫不动摇地巩固和发展公有制经济，毫不动摇地鼓励、支持和引导非公有制经济发展。要深化国有企业改革，推进企业的体制、技术和管理创新，不断增强企业的活力和竞争力。要转变经济增长方式，大力节约资源，发展循环经济，着力提高经济增长的质量和效益。

第二节　农业现代化的加快

一、发展农村社会化服务

深化粮食流通体制改革，注重市场导向。2001年8月，国务院出台了《关于进一步深化粮食流通体制改革的意见》（国发〔2001〕8号），主要精神是“放开

① 《人民日报》，“贾庆林强调认真学习贯彻中央经济工作会议精神”，2004年12月22日。

销区，保护产区，省长负责，加强调控”，省政府出台了《关于扩大粮食补贴方式改革试点的通知》(皖发〔2003〕9 号)，决定 2002 年在天长等县试点，2003 年 6 月 1 日起全省全面放开粮食购销市场，实现粮食购销市场化和市场主体多元化，其核心内容是“两放开，一调整”(即放开粮食收购价格，不再按保护价收购农民余粮，实行随行就市收购。放开粮食购销市场，支持和鼓励各类粮食购销企业参与粮食收购和经营。将原来按保护价收购农民余粮给农民的间接补贴，调整改为直接补贴给农民)。

2004 年，国务院决定完全放开粮食市场，全面放开粮食收购市场和收购价格后，实行粮食市场主体多元化，粮食购销价格由市场自主调节，一般情况下，政府不对粮食价格进行干预和调节，当市场粮价出现较大范围波动时，由政府进行调控，使价格波动维持在一定范围内。为确保国家粮食安全和保护粮农的利益，采取了两项措施，一是建立和完善国家粮食储备体系，增强粮食宏观调控能力。无为范围内由中储粮巢湖直属库福渡储备库储存中央储备粮，由无为国家粮食储备库储存省级储备粮。2007 年，无为建立了县级储备粮。二是国家在粮食主产区出台粮食最低价收购政策，当市场粮价低于粮食最低收购价格时，由中央储备粮总公司和有关地方储备粮管理公司，委托国有粮食购销企业在规定的时间内按照最低收购价格组织收购。2005 年，无为启动早、中晚籼稻最低收购价预案，累计收购最低价籼稻 6.9 万吨；2006 年，启动小麦和早、中、晚籼稻最低收购价预案，全年收购最低价粮食 10.6 万吨；2007 年，启动小麦最低收购价预案，收购小麦 3.5 万吨。这些措施为保护农民种粮利益，发挥国有粮食企业主渠道作用，增强国家宏观调控能力起到了四两拨千斤的作用。

深化供销系统改革，注重服务“三农”为本。从 1996—2003 年，随着社会主义市场经济的深入发展，供销合作社原有的计划经济体制、机制已无法适应形势发展的要求，1995 年 2 月，中发〔1995〕5 号文件《中共中央、国务院关于深化供销合作社改革的决定》，此后国家相继进行了棉花流通体制和农资商品流通体制改革，放开经营，实行市场调节。这一时期无为供销系统的改革主要有两项任务。

一是落实棉花和农资商品流通体制改革，放开棉花和农资商品市场。为贯彻落实国务院关于“逐步建立起在国家宏观调控下，以市场调节为主要手段，内外贸相互连接、高效畅通的棉花流通体制”和取消农资商品专营的精神，无为于1996年起相继放开了农资商品市场和棉花市场。

2002年，县供销合作社根据国务院国函〔2001〕136号和财政部财建〔2002〕255号文件精神，重点对全系统棉花企业自1993年至1998年8月底，因执行国家统一购销政策经营棉花形成的财务挂账，进行核定和报批工作。经省财政厅等单位复核，全系统共新增政策性财务挂账计16033万元，对其本金部分计14107万元先停息挂账五年。

二是对系统内企业进行产权制度改革，重新激活企业活力。根据县政府的统一部署，从1996年下半年起，县供销合作社系统内企业开展了产权制度改革，一是对规模较大的县农资公司、二纺厂、二坝巾被厂等企业，实行以县供销合作社控股的股份制改革；二是对规模偏小、负担较重的茶叶废品公司、工业品公司和土产公司等企业，实行股份合作制改革。通过产权制度改革，各类企业共吸收1469名职工入股，募集股金362.80万元。

2004年以后，改革又形成了两个新的方面。

一是对系统内企业进行改制。在新的经济形势下，供销合作社系统企业必须适应社会主义市场经济发展要求，建立现代企业制度。针对无为棉花企业较多，棉花市场竞争压力大，现有企业生存困难的实际情况，县供销合作社首先从棉花企业改制入手，采取“一企一策”，成熟一个，改制一个，改制工作从2004年正式展开，截至2008年5月底，棉麻公司等11家企业基本完成改制任务，共分流安置各类职工2930人。为配合搞好企业改制，防止社有资产流失，县供销合作社注册成立了濡兴资产经营管理有限公司，负责改制企业的资产变现，保证了企业改制的顺利进行。

二是根据中央关于“供销合作社必须坚持为农服务的宗旨，必须坚持集体所有制性质和合作制原则，扎根农村，服务‘三农’，办成农民的合作经济组织”的要求和全国供销合作总社提出的“四项改造”(即以参与农业产业化经营改造基层社，以实行产权多元化改造社有企业，以实现社企分开、开放办社改造联合社，以发展现代经营方式改造经营网络）要求，对县、基层两级供销合作社组织进行改革改造，并通过大力实施“新网工程”（全称“新农村现代流通服务网络工程”。旨在大力发展农业生产资料现代经济服务网络；农副产品市场购销网络；再生资源回收利用网络）建设，积极参与社会主义新农村建设。

2006年10月，全国人大常委会制定颁布了《中华人民共和国农民专业合作社法》，为供销合作社服务“三农”提供了有力的抓手和广阔的平台，省人民政府《关于进一步加快供销合作社改革发展服务社会主义新农村建设的意见》（皖政〔2008〕38号）为供销合作社系统加快改革发展、更好地服务“三农”提供了强有力的政策支持。随着无为“新网工程”建设不断加快，县供销合作社成立了新纪元商贸有限责任公司，并通过参股、控股等形式扶持了一批新网企业。在县委、县政府领导下的供销合作社形成了扎根农村、联结城乡的独特优势，在服务社会主义新农村建设中发挥作用。

二、推进农业产业化

发展优质农产品，推进农产品加工，成就农业产业化大县。20世纪90年代后期，我国争取加入世界贸易组织，国内农业生产水平不断提高，农产品市场供应充裕，人民生活水平日益提高，农产品品质日益成为广大消费者普遍关注的热点。只有发展优质、安全农产品生产才能促进农业增效、农民增收，才能保证农业的可持续发展。为此，无为着重发展农业优质化、标准化和产业化，建立了优质农产品标准化生产基地，认证了一批安全农产品，做大做强一批农业产业化龙头企业。

一是发展粮油优质化。1996年以后，全县重点发展“一优两高”农业，即以优质高产品种推广为重点，发展优质、高产、高效农业。2000—2002年，全县以实施粮油产业化工程为抓手，大力推广优质水稻和优质“双低”（低芥酸、低硫苷）油菜，3年间，共推广优质水稻207万亩，占水稻生产面积的90%以上；推广双低油菜132.8万亩，占油菜生产面积的85%以上，粮油优质率大幅提高。为了抓好粮油优质化工程，县农业部门重点开展示范区建设和营销服务体系建设。3年间，共建立水稻示范基地131万亩，油菜示范基地57.2万亩，建立了9个万亩优质水稻高产示范片和4个万亩优质油菜示范片，示范片按“统一规划、统一品种、统一连片、统一订单、统一领导、统一技术”的“六统一”要求进行建设，实现了水稻平均单产较非示范区增产10%、油菜增产20%的目标；3年间，组织了永安米业、江坝油化厂等企业与农民签订订单110多万亩，其中水稻订单53.1万亩，油菜订单57.2万亩，从事农产品营销的人员达1000多人，全县基本形成了上下联挂、产销衔接的优质农产品营销服务体系。

二是发展农业标准化。2002年，无为被省农委列入全省17个农业标准化生产综合示范县。全县以此为契机，以农业投入品监控为重点，开展标准化生产示范基地建设；以六大主导产业为重点，开展安全农产品认证；以安全农产品产地和市场检测为重点，确保农产品质量。是年，县委、县政府出台了《关于大力发展农业标准化生产的决定》文件，全县围绕粮、棉、油、蔬菜、畜禽、水产等六大主导产业，着力实施“标准化生产、标准化加工、品牌化销售”三大工程，不断推进农业标准化生产。无为成立了以县委书记为政委、县长为组长的全县发展农业标准化生产领导小组，并成立了以四大班子领导为负责人的六大主导农业产业项目工作组；农业部门根据有标采标、无标制标的原则，引进了国标、行业标准、安徽省地方标准21项，共制定标准化生产技术标准33项，并向全县发布。至2007年，全县共建立了农业标准化生产示范基地80万亩，其中水稻30万亩，蔬菜10万亩，棉花10万亩，油菜20万亩，水产品10万亩；农业产业化龙头企业认证了“无公害农产品”15个，其中“绿色食品”7个；全县建立了县农产品质量安全检测中心、中心菜市场、隆兴超市等农产品销售市场以及二坝、白茆等生产基地农残检测点，农产品质量安全检测网络初步建成，启动了市场、基地、企业多层次的农产品质量安全检测。

三是推进农业产业化进程。1996年以来，无为围绕粮、棉、油、蔬菜、畜禽、水产六大主导产业，突出安全、优质农产品生产，建立标准化“订单”生产基地，加大农业产业化扶持力度，组织开展“千企连千村共建新农村行动”和

“农产品进超市工程”，培育农业产业化龙头企业，加强农民专业合作经济组织建设，农业产业化进程不断加快。截至2007年，全县共有省级农业产业化重点龙头企业5家，市级21家，县级32家，省市级重点龙头企业数量居省、市前列；龙头企业从业人员5404人，企业带动农户近10万户，占全县农村总户数的三分之一，户均年增收1000多元；县级以上龙头企业实现销售收入135590万元，实现利税10826万元，出口创汇771万美元；全县共注册农民专业合作组织14家，其中，在民政部门注册6家，在工商部门注册8家；共有20个产品获省名牌农产品，名牌农产品数量居省、市首位；有13个农产品获得全国“无公害农产品”认证，认证基地面积达5万亩；露仙、绿生园等公司还通过了美国危害分析与关键控制点（HACCP）、日本TBS质量跟踪管理体系、ISO9000系列质量管理体系等认证。2007年，全县共落实优质优价收购订单70多万亩，其中水稻25万亩、棉花10万亩、油菜10万亩、蔬菜5万亩、荸荠2.5万亩、席草3万亩、饲草3万亩、水产品基地5万亩。2007年9月，县政府成立了“无为县农业产业化工作领导小组”，出台了《关于全面推进农业产业化经营的实施意见》，研究设立“扶持发展农业产业化专项资金”并结合“质量兴县”战略，通过以奖代补的形式，加大对名牌农产品企业的扶持。

三、创建小康村活动

跨入新世纪前后，无为县有35个乡镇，130多万人口，其中农村人口约110万，居巢湖地区四县一市之首。农民逐渐富裕，农宅建设发展迅速，年均建房100万平方米。由于缺乏引导，建设中存在一些亟待解决的问题：农村居民点散而小，占地较大，基础设施配套较难，环境卫生条件差，建筑功能不合理，这些问题不加以解决，必将影响农村经济的进一步发展。为此，按照农村建设“拆零并散，相对集聚”的原则，根据合理的耕作半径，进行科学合理的规划，建设农民新村。

小康中心村建设，有利于提高广大农民的居住质量、生活质量和环境质量，加快实现小康步伐；有利于培育农村新的经济增长点，促进农村经济的快速发展；有利于节约耕地和保护耕地，按户均节约50平方米计算，100个中心村可节约土地100公顷；有利于加快农村城镇化和城乡一体化进程；有利于密切党和政府同广大农民的联系，促进农村“两个文明”建设。①

为了研究制定全县创建小康中心村方案，县委、县农委组织赴巢湖市灯塔、兆明和西圣村以及和县共义村进行了调研了解。在前期调研的基础上，开始全面实施农村小康村中心村“112”工程，即用3年时间，投资10亿元，建设100个设施配套的小康中心村，使2万户农民喜迁新居。根据方案，全县在100个小康中心村每个村新建100户左右的住宅，形成200户以上的规模。

小康村活动的开展取得了一定的成果。活动中，高沟乡定兴村等18个党（总）支部被命名为先进党（总）支部，闻思宏等104名同志被命名为优秀村支书、村主任。

第三节　乡镇企业和个体私营经济的快速发展

一、乡镇企业的兴起

进入21世纪，无为着力推进招商引资，将新一轮的工业园区建设作为承接东部发达地区产业转移和促进无为民营经济发展的重要载体，把培育“块状经济”作为“工业兴县”的主要抓手。其中，高沟工业园区大力发展电线电缆，规模以上企业达35家；无城工业园区以发展医药、纺织和羽毛加工等产业为主；二坝经济开发区重点发展煤化工、造船等新兴产业。据统计，2004年，入驻二坝经济开发区、无城工业区、高沟工业园区的民营企业582家，三大园区共实现营业收入47.31亿元，上缴税金1.86亿元，实现出口交货值3.97亿元，分别占全县总量的49.72%、83.7%和68%。

2002年，无为在乡镇企业股份制改造基础上进行了第二次企业产权制度改

① 《无为县创建小康中心村方案》，县政府文件，卷宗号779卷，长期，无为市档案馆，1998年，第12—14页。

革。9月，改制工作全面启动。通过摸底上报，全县属改制范畴的乡镇村集体企业147家，其中工业企业116家，建筑房地产企业17家，商业流通企业9家，其他企业5家。至2004年，147家企业全部改制到位，其中实施整体拍卖的52家，集体股权转让的32家，资产和债务整体转让的56家，注销和倒闭的4家，“摘帽”的3家。147家改制企业中，改为个体经营的108家，股份制的38家，中外合资企业的1家。改制企业资产总量5.88亿元，总负债3.01亿元；拍卖企业通过整体出售，共收回资金1115万元，股份制改造吸纳资金3350万元，盘活存量资产6800余万元；报请债权银行同意，共减少（缩水）陈贷7400万元（包括资产管理公司），归还银行贷款3000万元，职工工资35万元，集资137万元，县乡镇财政周转金380万元。至此，乡镇集体企业全部转为民营。

2004年，县委、县政府印发了《关于加快民营经济发展的决定》，促进了无为民营经济跨越式发展，使其成为无为区域经济发展的核心增长点。全县乡镇企业达11897家，实现年营业收入95.15亿元，完成企业增加值29.83亿元，其中工业增加值18.79亿元，实现利润总额11.73亿元，入库税金2.22亿元，占全县财政收入的56%，职工获得劳动报酬8.46亿元。全县规模以上工业企业实现营业收入49.2亿元，实现增加值12亿元。全县销售收入超500万元企业有120家，超千万元企业有83家，超5000万元企业有24家，超亿元企业有16家，它们在县域经济发展中起着越来越大的支撑和牵动作用。该年，省政府公布了上年度全省发展乡镇企业先进单位和先进个人公告，在全省20个乡镇企业先进县（市、区）中，无为居第6位；全省先进乡镇企业50强中无为有9家企业入围，安徽华星电缆集团有限公司名列全省11家乡镇企业纳税大户之中，安徽鸿羽羽绒制品有限责任公司名列全省10家乡镇企业创汇大户之中。

无为民营经济不但区域特色明显，而且科技含量很高。根据2005年末统计，全县有30家企业通过IS09002质量体系认证，成为全省获得此项认证最多的县。8家企业被省科技厅批准为省级高新技术企业，11家企业获得省级民营科学技术企业称号，10家企业获得进出口自营权。在2005年公布的全省乡镇（民营）企业200强排序活动中，无为有14家企业进入200强，其中江淮集团公司以3811

万元纳税业绩进入前10强，华海、华菱进入前20强，华星、新亚特进入前50强，华能、华峰、华通、龙庵、鸿羽进入前100强。新科电缆股份有限公司被国家发改委授予2005年度“国家高新技术产业化示范工程”牌匾，从而跻身于高新技术产业的“国家队”；全省首家国内一流的电线电缆检测实验室在华菱集团公司诞生；海兴电缆公司研制的“DI”系列薄壁机车车辆用电缆填补了国内空白，主要指标达到国内领先水平；露仙公司绿色蔬菜食品项目和香枫助剂公司的乙酰柠檬酸三正丁酯项目被评为全省高技术含量、高附加值、高成长性“三高”项目。

二、个私企业的前进

（一）支持企业改制和粮食流通体制改革

1998年，根据《中华人民共和国公司法》及相关规定，县工商局对挂靠在乡镇集体企业中的非集体企业进行重新登记，对拒绝重新登记的挂靠企业予以严惩，直至吊销其营业执照。为确保无为粮食流通体制改革顺利进行，县工商局印发《关于加强无为粮食市场管理工作的通知》，积极支持粮食企业转换经营机制，实行收储业务和附营业务分开，建立现代企业制度。粮改前，全县登记注册的粮食经营户247户，通过变更登记，取消粮食经营资格12户；注销加工企业28户，确立75户收购站、点，13家粮食收储企业，23家粮食批发企业。2004年5月，县工商局在全县推行审批制改登记制工作，对企业的设立登记、注销登记实行“一审一核”，变更登记、备案事项直接核准；兴办个体工商户、个人独资企业、合伙企业不受注册资本（资金）限制，出资额由申请人自行申报，无须验资。

（二）积极引导下岗职工再就业

2002年12月，县工商局转发省工商局《关于进一步发挥工商行政管理职能作用积极支持下岗失业人员再就业的通知》，对下岗失业再就业简化行政审批手续，全面实行“一站式”高效服务，实行“首问负责制”，发挥工商部门企业登记职能作用。支持企业分离改制和破产重组；大力扶持个体私营经济发展，鼓励新办企业吸纳下岗失业人员再就业，实施低门槛准入，减少下岗失业人员再就业成本，除国家限制行业外，凭县以上劳动和社会保障部门发放的《再就业优惠证》兴办个体户的，一律免收个体工商户登记费、个体工商户管理费、集贸市场管理费、经济合同示范文本工本费。2003 年 3 月，县工商局印发《关于做好下岗失业人员从事个体经营服务管理的通知》，要求各工商所切实做好下岗失业人员从事个体经营服务管理工作。2004 年，县工商局将下岗再就业工作纳入县局目标管理，全年全系统完成城镇新增就业岗位 1900 个，下岗失业人员再就业 1050 人，“4050”（女 40 岁、男 50 岁）人员再就业 320 人。

（三）推进商标注册工作，引导企业树立品牌意识

2003 年，县工商局在全县开展“商标进万家”活动，县政府成立了相关活动领导组，分管副县长任组长，并发表专题电视讲话。9 月，县政府举办了全县“商标进万家”活动专题报告会，邀请省商标局局长程胤作专题报告，全县 35 个乡镇和县直单位以及部分骨干企业负责人共 150 余人参会，取得了很好的宣传效果。2004 年 8 月，县工商局印发《无为县工商局开展商标文化推进计划的实施方案》，利用三年左右时间力争实现商标注册申请年均达 100 件；驰名商品实现零的突破，省著名商标达到 8—10 件，商标案件年结案率达 95%。至 2007 年，全县共有商标 554 件，其中 2006、2007 两年申报注册商标 382 件，省著名商标 12 件，市知名商标 26 件，电缆行业注册商标 82 件，涉农注册商标 175 件，集体商标 4 件，旅游商标 3 件。

第四节　工业结构在调整中发展

一、国有企业产权制度的改革

自1997年全面改制以来，国有集体企业产权制度得到不断完善，但是这次改制对大多数企业来说，名义上企业成为股份制或股份合作制企业，实质上仅变换了名称而已，属“新班子，老人马”，仍然没有解决企业存在的深层次矛盾。除无为制药厂等少数几家企业在短时间内收效显著外，绝大部分企业没有止住效益下滑的势头。到2002年底，只有安徽省传感器厂、无为县医药有限公司、无为县伞厂等8家正常运转，其余企业如玻纤厂、酒厂等都相继停产或破产。

按照国务院“国退民进”的总体要求，为从根本上解决国有、集体企业历史上形成的深层次矛盾和问题，解放和发展生产力，加快推进全县经济结构战略调整，县委、县政府开展了新一轮的企业改革，决定从2003年起，用三至五年的时间，完成全县国有企业改制。这次改制以“彻底改、规范改、全面改”为方针。“彻底改”即企业产权制度与劳动用工制度同时改革，进行职工身份和企业产权“双置换”；“规范改”即通过制定一系列改革政策和操作程序，指导和规范企业改革行为；“全面改”即全县所有行业的国有企业都进行改制。为了加强领导，2003年6月成立“无为县企业改制指挥部”，由县长许少春任指挥长，宇正义、陈先进、刘正义、朱来友、徐安民、任仕平等为副指挥长，相关单位负责人为成员。

2003年，先行在无为纺织总厂和安徽省新业纺织公司进行改制。企业资产由县政府收归国有并处置，改制费用由政府承担，职工进行全员身份置换。职工分流的原则是：男50周岁或满30年工龄、女40周岁或满20年工龄进入退养，每月领取一定生活费，达龄后正常办理退休手续；对不达前者标准的职工以每工作一年补偿500元的标准结算补偿，与企业解除劳动关系。

2003年4月，成立了“无为县纺织总厂改制工作组”。抽调经贸委、劳保、总工会、妇联、公安、司法、国土、财政等单位30人，于5月1日进驻无为纺织总厂开展工作。6月12日，县经贸委向县政府上报了经纺织总厂职代会讨论通过的“无为纺织总厂总体改革方案”。8月19日，无为县政府以无政〔2003〕126号文批准无为纺织总厂依法破产，经贸委以经贸企〔2003〕148号文转发了此文。无为纺织总厂改制正式开始，也拉开了无为县企业新一轮改制的帷幕。9月18日，县政府与浙江省温州天成纺织有限公司签订《产权售让合同》，在改制没有结束之前，先以租赁的形式给浙江温州天成公司经营。《合同》规定天成公司在租赁或以后建厂用人时必须优先录用无为纺织总厂的下岗职工，第一年不得少于1000人，以后随着生产规模的扩大要相应增加。是年11月28日，经贸委以经企字〔2003〕178号文批准了无为县第二建筑公司改制。该企业由原公司主要负责人陈荣国出资收购，实行了民营化改制。年底，无为县政府将政府控股的新力药业股权出让给安徽丰原股份（集团）公司，安徽新力药业股份公司改为安徽丰原药业股份公司。

2004年2月16日，县经贸委、劳保局、总工会、信访局以经企字〔2004〕18号文件批准了安徽省新业纺织有限公司总体改革方案和职工分流安置办法。4月1日，县改制指挥部以无企改字〔2004〕1号文批准了无为县昆山煤炭有限责任公司改制方案。该公司以股权协商转让的方式转让给该公司总经理，共得股金385万元，用于分流安置职工和改制费用。5月27日，县政府以无政〔2004〕96号文批准了安徽省新业纺织有限公司依法破产，经贸委以经企字〔2004〕74号文转发。6月7日，县政府以无政〔2004〕99号、102号文分别批准了无为县皖江水泥有限公司和安徽新业纺织有限公司转让国有资产，经贸委以经企字〔2004〕86号、67号文转发至企业。无为县皖江水泥有限公司通过拍卖，由繁昌县一位个体户收购；安徽省新业纺织公司通过拍卖，由安庆人购买，随后成立安徽鑫和纺织有限公司。8月6日，经贸委以经企字〔2004〕132号文批准了安徽中博建设工程公司改制方案，由原企业负责人独资购买，改制为民营企业。年底，无为县球拍厂整体出售给无为县嘉利达羽毛有限公司，后者承担原无为县球拍厂全体职工的养老和医疗保险，生产经营用人优先使用无为县球拍厂下岗人员。

2005年，县政府原则同意无为通力齿轮有限公司和无为大江电机公司实行“政府先收贮土地，企业先改制，然后破产”的方式进行改制。

2006 年，经县改制指挥部批准，县经委系统企业无为县建筑材料陶瓷厂、无为县化肥厂、安徽省传感器厂、无为县印刷厂、无为县通用机械厂和无为县医药公司进行全面改制。无为县酒厂 1996 年破产后企业资产没有处置，职工没有分流，也一并列入改制企业。为此，县经委成立了 6 个改制指导组。后经县改制指挥部批准，县经委将所剩的无为县经贸公司和无为县粘土矿列为改制企业。至此，县经委所属国有企业全部进入了改制序列。

8 月 23 日，县改制指挥部以无企改字〔2006〕4 号文批准了无为县建陶厂企业改制方案。10 月 14 日，县政府以县长办公会会议纪要（第 17 号）形式批准了无为县化肥厂、无为县通用机械厂、无为县酒厂、无为县医药公司等 4 家经委系统国有企业改制方案及职工分流方案。同时批准了无为通力齿轮有限公司和无为县大江电机有限公司实行依法破产改制。10 月 18 日和 12 月 16 日，县改制指挥部以无企改〔2006〕10 号、13 号文分别批准了无为县医药公司和无为县通用机械厂实施改制。年底，无为县铸造厂进行了破产改制。

到 2007 年底，经委系统 16 户国有企业除安徽传感器厂因企业改制方案未获厂职工大会通过没有改制外，1 户企业上市（无为县制药厂），1 户企业由法人收购（无为县经贸公司），13 户企业均实行破产改制，共分流安置职工 8011 人，处置企业资产 4.1 亿元。

改制的配套政策及措施。改制工作中，县政府有关部门密切配合，按照上级的有关规定，针对各单位情况特别是人员安置分流等实情制定改制配套办法，使改制工作平稳有序进行。以新业纺织公司为例，粗略地描述一下企业改制中的相关政策措施。

2004 年，县经贸委、劳保局、总工会、信访局联合发文《关于同意实施“安徽省新业纺织公司总体改革方案和职工安置分流办法”的批复》（经企字〔2004〕18 号），企业改制政策主要内容有：

（一）至改制之日前，结清企业与职工个人所有债权债务，原企业所欠养老、失业保险费从企业资产变现收入中一次性缴足。

（二）离退休人员从企业资产变现中一次性提足 10 年医疗费用，按政策享受医疗保险和社会医疗救助待遇。

（三）提前退休人员享受距法定年龄不足 5 年的可办理提前退休待遇。

（四）男年满 50 周岁或工龄达 30 周年、女年满 40 周岁或工龄满 20 周年可办理内部退养，每月发给一定标准的生活费，待达到距法定退休年龄 5 年时办理退休手续。

（五）解除劳动关系人员按每工作一年发给相当于一个月工资的经济补偿金（500 元 / 月），与企业解除劳动关系后享受三年下岗和两年失业补助。

企业改革的成效。产权制度的改革，使生产力得到了解放，取得了明显的成效。一是盘活了存量资产。通过改制，将企业资产收归国有，然后采取售、租等形式进行资本运营，到 2007 年底全县仅国有企业就盘活了 4 亿多元资金。该资金不仅解决了国有企业改制中的众多问题，而且有力地促进县域经济的快速发展。二是经济结构得到了有效调整。全县落后的企业和产品全部退出了市场，优势企业和产品得到发展。无为制药厂改制前的 1996 年主导产品大输液产量只有 990 万瓶，到 2002 年增长到 6500 万瓶。到 2007 年突破 1 亿瓶，分别比 2002 年和 1996 年增长了 5.5 倍和 10 倍，产值达到 4.3 亿元，税收为 2451 万元。三是改制企业效益明显好转。国有企业改为民营企业后，到 2007 年底无一户出现亏损。安徽天成纺织公司 2005 年全面投产后，当年完成工业产值 8800 万元，实现税收 229 万元；2007 年完成工业产值 1.49 亿元，实现税收 614 万元。安徽鑫和纺织公司 2005 年完成工业产值 6300 万元，实现税收 54 万元；2007 年完成工业产值 7300 万元，实现税收 137 万元。四是促进了全县经济的高速发展。2002 年 71 户规模以上企业累计完成工业总产值 18.9 亿元，实现税收 2.8 亿元；2007 年 123 户规模以上企业累计完成工业总产值 178 亿元，实现税收 7.6 亿元，占县财政收入 11 亿元的 69.25%，在全市居第一位，在全省居第八位。五是社会保障体系进一步完善。职工社会保障得到全面落实，使过去很多困难企业拖欠养老金和医疗保险问题得到解决，维护广大企业职工的切身利益。

本轮国有企业产权制度改革基本实现了无为经济布局战略调整的目标，为新一轮县域经济快速发展奠定了坚实的基础。

二、工业园区的加快建设

（一）无为经济开发区发展概况

1. 总体情况。安徽无为经济开发区（原名巢湖市二坝经济开发区），位于无为东部二坝镇境内，濒临长江，与芜湖市隔江相望。县级开发区管委会正式成立于2003年7月。2006年2月，开发区被省人民政府批准为省级经济开发区，管委会为副处级建制，县编办核定22个事业编制。管委会内设三局一室，即经济发展局、规划建设局、财政局及办公室。2005—2006年，安徽无为经济开发区荣获“安徽省首届投资环境十佳开发区”称号。

安徽无为经济开发区具有以下六个特点，一是区位优势明显。开发区处于南京都市圈、合肥省会都市圈和皖江马（鞍山）芜（湖）铜（陵）宜（安庆）经济带的“T”型交汇处，是安徽省实施东向发展战略、承接长三角梯度转移的首选地带。二是交通便捷。距南京禄口国际机场和合肥骆岗机场均只有1小时车程，有5条高速公路、3条铁路在芜湖大桥交汇，在此可快速通往全国各地，区内拥有14条公铁路专用线。三是资源丰富。开发区紧临长江，区内长江过水面积28548平方米；区内有10公里长江深水岸线资源，可建设万吨级深水码头。开发区规划面积30平方公里。其中，安徽省煤基多联产精细化工基地规划面积11.48平方公里。开发区所处的二坝地区工业基础薄弱，自净能力强，特别适合发展重化工业。四是投资成本低廉。开发区对企业的管理、服务实行零收费。投资所需的土地费用、水电费用、劳务费用等都比较低廉。五是基础设施齐全。按照高起点、高标准的开发战略，开发区自成立至2012年，已累计完成基础设施投资2.8亿元，先后修建了外环路、中心大道西段、农场路3条道路约8公里，形成了开发区环状路网骨架；架设了10千伏供电线路12公里，建设了35千伏和110千伏变电所，架设了通往化工园区项目的供电线路；开通了2000门程控电话交换站和宽带网络；建成了5000吨/日的自来水厂；新建了开发区有线电视网；完善了4公里主干道路灯、绿化和部分下水管道等配套工程。4平方公里基本实现了“七通一平”。从2007年起，为适应上海煤化工项目建设需要，无为配套建设道路、防洪、排涝、安置房等工程。六是产业定位清晰。开发区主导产业为化工业和一般制造加工业，未来发展定位是安徽省煤化工产业基地、皖江物流中心、水乡特色的新型港区。

2. 发展阶段。安徽无为经济开发区是在一片农庄“四零基础”上建立起来的，“四零基础”即工业基础为零、经济基础为零、社会基础为零、基建设施为零。从开发区建设发展总体历程来看，可以分为筹备、起步、发展三个大的阶段。

（1）筹备阶段

这个阶段，主要是从政策层面为安徽无为经济开发区（原名巢湖市二坝经济开发区）的建立做好了各种准备。为了适应和迎接长江经济带开发开放，省委、省政府制定了“抓住机遇、开发皖江、强化自身、呼应浦东、迎接辐射、带动全省”的战略决策，给位于皖江之滨的二坝经济开发区带来了千载难逢的发展机遇。1999 年 12 月，县委、县政府从建设“巢湖市经济发展桥头堡”“对外开发开放窗口”“皖江江北区域经济发展中心”的高度出发，要求全县上下统一思想、坚定信心，以强烈的历史责任感和紧迫感，同心协力推进二坝经济开发区建设。

2000 年 3 月 8 日，为切实加强对二坝经济开发区的领导，加快开发区的建设步伐，县委、县政府研究决定，成立安徽省巢湖市二坝经济开发区领导组和筹委会，领导组和筹委会由县政府主要负责同志任组长和主任。二坝经济开发区以建设现代化滨江城市为目标，中期规划面积 12 平方公里，远期规划面积 22 平方公里。首期面积即起步区 2.5 平方公里。2000 年 4 月 12 日，为进一步优化开发区投资环境，扩大对外开放，县政府下发《关于印发巢湖市二坝经济开发区若干优惠政策试行办法》。5 月 22 日，为加速园区各项建设，县政府办下发《关于成立二坝经济开发区自来水公司的批复》，自来水公司属二坝经济开发区筹委会管理，为企业性质，实行独立核算，自负盈亏。

初创时期，开发区坚持开拓创新，负重奋进，一手抓基础设施建设，一手抓招商，努力营造良好的投资环境。2001 年 11 月，利用世界银行贷款新建了日供水 5000 吨的自来水厂，总投资 400 万元。2002 年 8 月 18 日，希玛公司康比德板和保龄球总成项目正式开工建设，总投资5000万元。

（2）起步阶段

这个阶段，无为经济开发区正式起步运转，重点抓好机构完善、基础建设和招商引资三方面工作。

完善机构，2003年7月3日，经巢湖市编委会议研究并经市委常委会会议审议，下发《关于成立巢湖市二坝经济开发区管理委员会的批复》，开发区定为副县级建制，为市政府派出机构，由无为县管理。随后，开发区管委会开始在政府有关部门抽调了一批年富力强的业务干部，组建管委会机关。至此，开发区体制建设的框架基本成形。2003年12月1日，为加快二坝经济开发区基础设施建设步伐，拓宽建设融资渠道，经县政府第8次常务会议研究，同意成立“巢湖市二坝经济开发区投资建设有限公司”，公司性质为国有独资公司，具有独立法人资格、董事长（兼总经理）由开发区管委会主任兼任。

为理顺无为县对开发区的财政分配关系，调动开发区管委会发展经济、培植财源、增收节支的积极性，促进财政经济实现良性循环，2003年12月，经县政府研究决定，从2004年起，二坝经济开发区实行分税制财政管理体制。

2005年1月14日，中国共产党巢湖市二坝经济开发区总支部委员会成立。同日，中国共产党巢湖市二坝经济开发区机关支部委员会成立。巢湖市二坝经济开发区党建工作全面启动。

2006年2月23日，省政府正式批准安徽无为经济开发区为省级开发区。开发区抓住长三角地区产业梯度转移的机遇，重点围绕煤化工产业链长的特点，引进一批与煤化工配套的高科技、高产出、高附加值的化工业和一般加工制造业，形成招商引资建设一批、签约一批、在谈一批的良好局面。为加快招商引资步伐，提高招商成效，积极采取专家招商、委托招商、代理招商、主题招商、小分队招商等举措。同时，大力实施“凤还巢”工程，抓住无为40多万外出务工人员这一招商资源，积极促成事业成功人士回报桑梓，在家乡兴业发展。截至2006年12月，开发区入驻企业达22家，引进项目18个，总投资52.15亿元，到位资金3.29亿元。其中内资项目17个，总投资52亿元，到位3.25亿元；外资项目1个，总投资200万美元，到位50万美元。其中，安徽大洋电器有限公司、巢湖市四海人造板有限公司、安徽南洋电缆有限公司、安徽希玛欧美佳装饰材料有限公司、巢湖京桥包装有限公司、无为金久五金制品有限公司、巢湖津科汽车管路有限公司等13家企业正式投产。除上述工业项目外，上海华谊集团安徽化工园区于2006年12月29日举行安徽华谊化工有限公司挂牌仪式，同日，作为化工园区物流中心重要组成部分的配套码头也进行了试桩，标志着化工园区建设正式拉开了序幕。2006年，开发区实现财政收入350万元。

（3）发展阶段

2007年以来，无为经济开发区以科学发展观为指导，以规划设计为先导，以融资投入为保障，以基础设施建设为重点，以招商引资为抓手，以煤化工项目为中心，各项工作卓有成效，呈现出又好又快的发展态势。实现工业总产值4.55亿元，同比增长32.5%；销售收入4.34亿元，同比增长32.3%；企业累计完成固定资产投资达12.8亿元。共引进招商项目17个，总投资人民币74.2亿元、美金417万元。其中续建项目6个，总投资2.1亿元，已完成投资8001万元；新引进项目11个，实际到位资金人民币6.7亿元、美元417万元。与浙江诸暨市客商郑万良合作建设浙商工业园项目，一期规划面积500亩。

作为安徽东向发展战略的前沿，无为经济开发区加快发展正面临着难得的机遇，在安徽省加快新一轮皖江开发开放的热潮中，开发区作为县级经济的重要抓手和培育新的经济增长点的主战场，越来越受到县委、县政府的高度重视和社会各界的广泛关注，开发区以党的十七大精神为指导，全面落实科学发展观，围绕“做大经济总量、做强特色产业、做优城市功能”的总体思路，进一步整合资源、突出重点、加强保障、集约开发，加快产业经济、城市功能和发展环境的转型升级，促进经济社会各项事业又好又快地发展，努力将无为经济开发区建设成为全县乃至全市一个新的经济亮点和新的增长点，成为国家级循环经济示范基地，成为皖江上一颗璀璨的明珠。

（二）高沟工业全面发展和高沟工业园区发展概况

1997 年，无为全面开展企业产权制度改革，从长远着眼，算大账，算活账，把集体乡镇企业通过各种形式改制为民营企业，努力实现乡镇企业的二次腾飞。

1998 年 4 月，县委、县政府下发了《关于进一步加快发展私营经济若干问题的暂行规定》，对民办企业申办手续简化、土地征用优惠、税收优惠、配套水资源费优惠、电价优惠、通讯优惠、信贷优惠，以及奖励政策、优化经济环境等方面都作了明确的规定，此举对民营经济的快速发展起到了促进作用。当年，高沟乡实现销售收入 5.6 亿元，入库税金 2745 万元。

随着产权制度改革的进一步深化，自 1999 年起，高沟企业内部分化日益加剧，一批挂靠乡（镇）、村的个人企业，纷纷与乡（镇）、村脱钩成为名副其实的私人企业。同时，还有一批乡（镇）、村办的中小企业在改制中被私人业主买断，也改为私营企业，使得民营经济总量增大、质量提高、效益逐步攀升。1999 年，原高沟乡共有个体私营企业 357 家，实现营业收入 8.9 亿元；入库税金 3046 万元，占全县乡镇企业入库税金的四分之一；从业人员 1.26 万人，人均年工资 6200 元。

1999 年 3 月 9 日，在高沟乡的积极努力下，高沟电器电缆行业协会成立，成员单位有 59 家企业。为了进一步搞活企业，高沟工业企业经济管理体制不断创新，逐步形成了高沟企业特有的内部管理方式，即内部买卖制、供应公开制、生产定额制、分配级差制、用人合同制、风险决策制等等，被专家们总结为“高沟模式”。

2001 年 2 月，高沟镇政府邀请安徽建筑工业学院城建专家编制完成《高沟镇工业园总体规划（2001—2010）》，工业园规划区范围为东至古城行政村界内，西至坝湾行政村界内，南至定兴行政村界内，北至高沟行政村界内，总面积 15 平方公里，规划人口为 6.5 万人。高沟工业园定位为“以合—巢—芜高速公路与长江黄金水道为依托，利用便捷的公路、铁路、水运立体对外交通网络以及芜湖市、铜陵市的辐射，以发展外向型加工业和制造业为主，协调发展行政、金融、居住等”，采用组团状结构形式，工业用地结合交通区位条件，以高新大道和无为大堤为基础，形成一个“十”字形工业长廊。

2003 年，高沟工业园区获准成立，全称为“无为综合经济开发区高沟高新工业园区”。随着高新大道的建成，民营企业陆续入园，以高新大道为依托的工业走廊迅速成形。当年，全镇实现销售收入 19.25 亿元，利税总额 3.66 亿元，入库税金 1.1 亿元。年销售收入 500 万元以上的企业有 31 家，其中 5000 万元以上的 12 家，1 亿元到 2 亿元的 2 家，2 亿元以上的 4 家；入库税金超 30 万元的 29 家，其中 500 万元以上的 6 家，1000 万元以上的 4 家。在 2003 年“全省民营企业 200 强”排序中，高沟工业园有 9 家企业榜上有名，其中有 4 家企业入围前 50 强。

2005—2007 年，高沟镇先后获得“安徽第一镇”“国家火炬计划无为特种电缆产业基地”“安徽省文明乡镇”“安徽省环境优美乡镇”等称号。5 家电缆集团进入“安徽省民营企业百强”前 20 名，3 家企业进入“全国民营企业纳税 100 强”，其中，新亚特电缆集团入选福布斯“2007 中国潜力 100 强”排行榜。

“高沟精神”是在高沟本土移民文化和重商文化的前提下发展起来的，其间经历了从走遍千山万水、说尽千言万语、想尽千方百计、吃尽千辛万苦的“四千精神”到自我改革、自担风险、自强不息、自主创新的“四自精神”，再升华为敢为人先的创新精神、锐意进取的拼搏精神、协作互助的团结精神、通江达海的开放精神的“高沟精神”。“高沟精神”是高沟工业经济发展的力量源泉，“高沟精神”将继续激励高沟乃至全县人民大步前进。

（三）无城工业园区发展概况

无城工业园位于无为县城新区西北部，始建于 1996 年。规划面积 67 平方公里，起步区 1.29 平方公里，北接巢无路，南邻军二路，西靠无开路。园区以特色电缆、纺织服装、医药用品、新型建材、农副产品和畜产品加工为支柱产业。2004 年 6 月，被列为省级以下保留园区，称“无为综合经济开发区无城工业园区管理委员会”。到 2005 年，区有企业 253 家，其中五洲集团、新力药业、新科电线电缆、天龙电器电缆、无为恒顺集团、鸿翔羽绒制品有限公司、四海实业有限公司、巢湖华康食品有限公司、宏盛羽毛制品有限公司等29家。高新技术企业3家，出口创汇企业1家，民营科技企业6家；年营业收入超千万元企业20家，超亿元企业3家。20年实现利税2.2亿元。2008年无城工业园强化征地拆迁工作，依法征地1000多亩，逐步加快园区的基础设施建设。

第五节　新农村建设和第三产业的发展

一、新农村的建设

2006年以来，无为县委、县政府继续把“三农”工作摆在重要位置，通过紧紧围绕“生产发展、生活宽裕、乡风文明、村容整洁、管理民主”的指导方针，按照“因地制宜、适度超前、注重特色、分步实施”的实施原则，采取“规划先行、示范引导、重点突破、梯次推进”的工作思路，把发展现代农业和提高农业综合生产能力作为新农村建设的重点，解放和发展农村生产力，促进农业不断增效，农民持续增收，农村经济加速发展。

一是强化基础设施建设。整合资金，切实加大对西部乡镇道路、水利、农业开发的投入，改善生产生活条件。抓住中央增加对农业和农村投入的机遇，千方百计向上争取项目和资金支持。加快交通基础设施建设，建成范团路、泥高路、昆毛路，续建塔江路、江汤路、陡黄路、襄刘路、昆砖路，加大“村村通”配套资金投入和建设力度。高度重视县乡公路养护管理，稳步实施县乡公路大修工程，完成油路大修。积极争取无铜路开工建设，协调做好北沿江高速、庐铜铁路、裕溪河复线船闸、无繁长江大桥等重大工程的前期准备。加强水利设施投入，完成圩区堤防加固、沟港整治及丘陵山区蓄水工程等兴修土方工程，新建改建排灌站及水库除险加固工程；积极实施农村饮水工程，解决饮水安全问题。继续抓好广播电视“村村通”工程建设，加快县乡有线电视联网步伐，进一步提高广播电视覆盖率。加快新农村示范点建设，每个乡镇选择2—3个有主导产业支撑的新农村建设示范点，实行县乡村联动帮扶。大力组织实施清洁田园、清洁水源、清洁家园工程，进一步改善村容村貌。

二是落实党在农村的各项政策。坚持依法、自愿、有偿的原则，积极探索土地承包经营权的流转，逐步发展适度规模经营。巩固农村税费改革成果，规范“一事一议”，确保农民负担不反弹。继续深化农村综合改革，规范乡镇为民服务代理制，提高服务水平，探索建立乡镇公益性事业“以钱养事”新机制。完善“一卡式”发放，确保各类涉农补贴资金发放到位。严格土地政策，加强土地管理，完善征地程序，妥善解决失地农民就业和生活保障问题。严格农业行政执法，加强涉农价格监管。大力发展村级集体经济，着力化解乡村债务。加强农村基层民主管理，完善村务公开、村民自治、财务管理等基础工作，促进农村经济发展和社会进步。

三是努力培育新型农民。大力开展农村适用技术培训，不断提高农民科技文化素质。实施农村劳动力转移培训“阳光工程”。做好外出务工人员的信息服务和维权保障，加快引导农民向二、三产业转移。以培育农村致富带头人、科技示范户、星级文明户和农村信用户为主要内容，着力造就一批有文化、懂技术、善经营、会管理的新型农民，提高农民增收致富本领。

自 2006 年新农村建设的六年来，截至 2012 年底，全县共投入 2 亿多元，分五批建设了 265 个新农村示范点，涉及 23862 户、人口近 10 万人。示范点累计清理垃圾 15044 吨、清理污水沟 605 条、拆除畜禽圈 925 间、拆除破旧草危房 1456 间、新改厕 11202 户、自来水新入户 15922 户、新建村内主次水泥路 824.1 公里、入户路 106 公里、架设路灯 1466 盏、新建农民休闲广场 96 个、新建农民科技文化活动室 120 个。

二、第三产业的发展

物流产业是城镇化和工业化的重要支撑。无为县依托产业和区位优势，推进二坝焦化码头、高沟电缆配送中心、无为国家粮食储备库和建材、棉花、蔬菜、席草等特色市场建设，精心打造专业物流和特色市场群。加快重点商贸流通企业培育，推进“万村千乡”市场工程，建设乡、村农家店。健康有序发展房地产业，引导发展社区服务、物业管理、文化娱乐、教育培训、医疗保健等公共服务，满足人民群众多层次的物质文化需求。积极发展法律、劳务等中介服务业，加快金融保险、交通运输、信息产业的发展。继续为骨干出口企业做好跟踪服务工作，壮大进出口经营主体，扩大羽毛羽绒、纺织品、农副产品等优势产品出口规模，积极支持电线电缆走向国际市场。加快新产品开发，鼓励自主品牌产品出口。

截至2007年末，全县三次产业结构比例为21.2∶46.5∶32.3，其中，服务业快速发展，呈现市场化、多元化发展趋势。2007年成功举办第三届银企对接会，设立了全省首家县级金融工作办公室和高沟镇级农业支行，仅2007年全年新增贷款9亿元。引进了苏果、肯德基、世纪联华等一批国内外知名连锁企业入驻，新增“万村千乡”农家店115个，城乡消费环境得到改善。设立旅游发展专项基金，启动米公祠碑廊建设和万年台风景区、高沟工业旅游等专项规划编制，2007年全年旅游业完成投资1.5亿元，实现总收入2亿元。商贸、通讯、运输、保险等服务业持续发展，实现社会消费品零售总额37.2亿元，增长18.1%。

第三章　党的十七大精神的学习贯彻

第一节　党的十七大精神的学习宣传

中国共产党第十七次全国代表大会于2007年10月15日至21日在北京召开。大会主题是：高举中国特色社会主义伟大旗帜，以邓小平理论和“三个代表”重要思想为指导，深入贯彻落实科学发展观，继续解放思想，坚持改革开放，推动科学发展，促进社会和谐，为夺取全面建设小康社会新胜利而奋斗。胡锦涛代表第十六届中央委员会向大会作了题为《高举中国特色社会主义伟大旗帜，为夺取全面建设小康社会新胜利而奋斗》的报告。

会后，无为县委把学习宣传和全面贯彻党的十七大精神作为一个时期的首要政治任务，努力在认识上有大提高、在宣传上有大声势、在落实上有大力度，在全县迅速兴起学习宣传贯彻党的十七大精神的热潮，把思想认识高度统一到党的十七大精神上来，把智慧力量凝聚到落实党的十七大确定的各项任务上来。

2007年12月，无为县委召开全县领导干部学习党的十七大精神暨2008年农村党员干部主题教育活动培训班。会议强调，一是增强科学发展的使命感。无为经济呈现持续快速健康的发展态势，连续多年进入全省“十强县”行列，初步具备了实现又好又快发展的先决条件。但与先进发达地区相比，与省内十强县相比，与巢湖市委、市政府和全县人民的要求和期望相比，发展还存在差距。缩小无为与先进地区的差距，实现全面建设小康社会的宏伟目标，牢固树立科学发展的理念，更新观念谋发展、转变方式求发展、统筹兼顾抓发展，努力把富民强县宏伟目标推向前进。二是增强构建和谐的自觉性。无为历史上既是一个农业大县，又是一个“五小”工业（即小钢铁、小煤矿、小机械、小水泥、小化肥五种工业企业）较为发达的县，农民脱贫致富、城镇下岗职工再就业压力较大，东西乡发展不平衡，坚持以人为本，统筹城乡、区域发展。三是增强抢抓机遇的主动性。对照党的十七大《报告》提出“大力促进中部地区崛起，加大对革命老区、贫困地区发展扶持力度，在国土规划、重大项目布局等方面充分考虑支持中西部发展”政策利好，结合无为地处沿江，拥有113公里的长江岸线，紧临“长三角”，是南京、合肥经济圈和“马芜铜”经济圈的共同腹地这些地理区位和资源条件，突出优势把握机遇，以奋力赶超的精神状态，抢抓新机遇，谋求新发展，争创新优势。经过学习，全县上下加深了对党的十七大精神的理解，统一了思想认识，增强了“率先崛起、跨越发展”的使命感、自觉性和主动性。

第二节　中国共产党无为县第十二次代表大会

中国共产党无为县第十二次代表大会，于2006年6月18日至20日在无城召开，历时3天。按照大会议程，中共无为县第十二届委员会委员、候补委员和县纪律检查委员会委员候选人建议名单，由十一届县委常委会向大会主席团提出，经大会主席团审议后，提交各代表团酝酿讨论，大会主席团汇总各代表团意见后，确定候选人名单，直接采取候选人数多于应选人数的差额比例，提交大会选举。选举出十二届县委委员33名，候补委员6名。选举出17人组成的中共无为县纪律检查委员会。大会结束后，十二届县委第一次全体会议和县纪律检查委员会第一次全体会议，差额选举出十二届县委常委、县纪委常委，等额选举出县委书记、副书记和县纪委书记、副书记。周勇为县委书记，袁之应、郑翠华（女）为县委副书记。赛勤玲（女）为县纪委书记。

大会认为，过去的五年，全县人民在县委的领导下，坚持以邓小平理论和“三个代表”重要思想为指导，抢抓机遇发展，迎着挑战奋进，为“十五”计划画上了圆满句号。经济发展强势推进，稳定性和协调性明显改善。工业支撑力持续增强，新兴产业培育取得突破。农业和农村经济稳中有升，农民生产生活条件得到改善。项目建设顺利推进，发展基础进一步夯实。各项改革扎实推进，民营经济发展迅猛。招商引资取得突破，对外开放不断扩大。坚持统筹发展，和谐无为建设有序推进。党的建设深入推进，发展保障进一步加强。

大会指出，发展取得的成绩，让人感到自豪；发展存在的问题，使无为压力倍增。从发展层面看，无为经济在全省是“总量靠前、人均居中”，但与发达地区和省内宁国等地相比，还有不小差距。同时财政收支平衡压力仍然较大，城乡之间、东西乡区域之间发展不平衡，部分乡镇经济仍然十分落后，部分群众生活仍然十分困难，构建和谐社会的任务还很重。从组织层面看，少数干部发展的意识不浓、激情不足、办法不多，精神状态和工作作风还有一定的差距，缺乏开拓创新的精神和干事创业的劲头。从环境层面看，虽然近年来无为加大了环境整治力度，加大了基础设施和社会事业投入，但工作作风不实、宗旨观念不牢、大局意识不强、服务水平不高仍在一些单位不同程度存在着，软环境还有待进一步优化，硬环境建设仍然有压力。对于这些问题和不足，要分门别类，逐项提出解决的思路和办法。要知难而进，对体制性、机制性、长期性的问题，要结合实施“十一五”规划，年年有措施，年年有改善。对能够解决的问题，要采取有力措施认真加以解决。

大会号召，全县上下要在县委的团结带领下，以邓小平理论和“三个代表”重要思想为指导，全面贯彻党的十六届五中全会精神，坚持以科学发展观统领经济社会发展全局，紧紧围绕“抢抓机遇、乘势而上、奋力崛起”的总体要求，着力优化经济结构，统筹城乡协调发展，推进全民创业，突出“沿江开发、工业振兴、项目拉动、外向带动、城镇辐射”等五个重点，发展“民营经济、园区经济、劳务经济、资源经济、配套经济”等五个经济，打造“化工、特种电缆高新技术产业、船舶制造、医药及医用品、羽毛羽绒、纺织服装、新型建材、农副产品深加工”等八大基地，扎实做好改革发展各项工作，推进经济社会各项事业全面发展，为全面建设小康社会打下坚实的基础，为顺利实施“十一五”规划开好局、起好步。

第三节 “十五”计划的圆满收官

从2001年开始，全县进入第十个五年计划时期。在县委、县政府的领导下，全县上下以邓小平理论和“三个代表”重要思想为指导，紧紧围绕“加快发展、富民强县”这一主题，解放思想，深化改革，扩大开放，加快发展，国民经济和各项社会事业取得了重大成就，“十五”计划确定的主要目标均超额完成，为全面建设小康社会奠定了良好的基础。①

一、综合实力显著增强

2005年，全县实现地区生产总值78.1亿元，按可比价计算，比2000年增长61.1%，年均增长10%；人均地区生产总值5597元，较2000年增加2407元；实现财政收入5.72亿元，是2000年的2.2倍，年均递增17.1%；全社会固定资产投资较2000年增长163.6%，年均递增21.4%；规模以上工业总产值比2000年增长372.9%，年均递增36.4%；农业总产值19.72亿元，比2000年增长17.8%，年均递增3.3%。农民人均纯收入2815元，比2000年增长43.6%，年均递增7.5%；2005年末，城乡居民储蓄存款余额52.5亿元，与2000年相比，净增33.1亿元。综合经济实力连续五年进入全省十强县行列。

二、经济结构不断优化

经过“十五”期间的发展，全县三次产业结构由2000年的38.9∶29.2∶31.9调整为28.7∶39.2∶32.1，一产比重下降10.2个百分点，二产比重提高10个百分点。

---

① 《无为县国民经济和社会发展第十一个五年规划公报》，2006年。

三、基础设施逐步完善

“十五”是无为投入最多的时期，五年累计完成固定资产投资是“九五”期间的2.3倍。交通建设上，新建、改造县道320公里、乡村道路700公里。以通江大道、巢无路、军二路为标志的对外交通已经打开，新建无繁路、塔江路、银岗路，县乡村交通网络基本形成，交通条件改善。城镇建设上，无城老城改造和新区建设成效显著，城市功能日趋完善，城市面貌焕然一新，城市规模不断扩大，无城建成区面积由“九五”末的7平方公里扩大到15平方公里。以二坝、高沟、白茆、襄安镇等为中心镇的小城镇建设步伐加快，集镇布局趋于合理，功能逐步完善，城镇化水平逐年提高，到2005年城镇化水平达36.1%，城镇建成区面积达38平方公里。邮政通信上，市场垄断状况逐步打破，出现电信、铁通、联通、移动多家公司适度竞争的局面。2005年末，全县程控交换机容量达23万门，是2000年的2.1倍，固定电话用户22万户，移动电话用户11万户，五年分别净增14.4万户和8.2万户。固定电话和移动电话普及率分别达到15.7部/百人和7.9部/百人。互联网业务蓬勃发展，2005年末，全县宽带网用户发展到4500户，网络资源覆盖31个乡镇，逐步向农村延伸。供电上，改造农村配电网台区2121个，受益农户31.4万户，农村电网改造面达91.8%。投资2610万元的城网改造工程全面完工，县城供电能力不足问题得到有效解决。此外，新建110千伏输变电工程1处，35千伏输变电工程3处，完成7座变电所主变增容。

四、各项社会事业全面进步

科技事业发展取得新成就，拥有省级以上高新技术企业14家，开发出具有较强市场竞争力的高新技术产品16项。2005年，高新技术产品技工贸总收入占巢湖市70%以上，比2000年增长近3倍。高沟工业区被认定为省级高新技术产业基地。科技对农业贡献率逐年提高，新产品、新技术、新材料得到推广。

教育“两基”成果进一步巩固，顺利通过省复核验收。全县小学、初中适龄儿童入学率分别达99.99%和98.62%，残疾儿童入学率达90.19%。普通高中办学规模不断扩大，办学水平不断提高，无为中学成功晋升为省示范高中，无为一中、襄安中学被评为市示范高中，全县初中毕业生高中阶段升学率达60%，普通高中在校生由2000年的1.08万人增加到2.15万人。职业教育发展迅速，在校生人数由2000年的1022人增加到5293人。教育管理体制和办学体制改革有新突破，农村义务教育“分级办学、以县为主”的管理体制建立，民办教育规模不断扩大，民办学校10所，学校后勤社会化改革取得新成效。素质教育全面推进。教育基础设施投入不断加大，办学条件大为改善。农村中小学危房改造工程基本完成，累计消除危房31.5万平方米，其中D级危房15.8万平方米，新建校舍20.4万平方米。

农村卫生体制改革顺利完成，城乡三级医疗卫生服务网络基本健全。县疾控中心、传染病区、县医院医技楼、乡镇卫生院改造等项目顺利实施，医疗卫生条件得到有效改善。

疾病预防控制工作进一步加强，公共卫生建设经受住了“非典”的考验。2002年底，我国出现非典型肺炎疫情（因记述需要，行文中延用“非典”）。无为是劳务输入大县，“非典”期间，先后有7.2万人从北京、上海、广州等疫区返乡，疫情形势严峻、防治任务异常艰巨。根据党中央、国务院的部署，在省、市的正确领导下，全县上下团结一致，万众一心，众志成城，抗击非典。2003年4月22日，迅速成立了无为县非典型肺炎预防控制工作领导组。4月26日，在境内设置了10个留验点（包括城区4个车站、5个重点乡镇以及巢无路口等），实行24小时值守。5月22日，省委书记王太华赴无为、和县调研指导非典、防汛、经济等工作，对无为“非典”防治工作给予充分肯定。①经过连续几个月的奋战，全县未发生一例“非典”病例和疑似“非典”病例，取得了抗击“非典”的重大胜利。在抗击“非典”的伟大斗争中，2003年8月21日，无为县委被安徽省委、省政府表彰为全省抗击非典先进集体，②2003年11月11日，县委、县政府表彰了太平乡政府、无为县卫生局、无为县公安局交警大队、陡沟镇铜城村民

① 无为市档案馆，《王太华同志在无为、和县检查工作时的讲话》，2003年。

② 无为市档案馆，安徽省委、省政府《关于表彰抗击非典先进集体和先进个人的决定》皖〔2003〕175号，2003年。

委员会、十里墩乡卫生院等40个抗击“非典”先进集体和张华、吕晓华、黄义发、花显明、丁少美等57名抗击“非典”先进个人。

文化、体育等事业蓬勃发展。群众文化生活丰富多彩，节庆文艺演出好戏连台。米公祠修复工程基本竣工，乡镇文化站所设施进一步完善。广播电视事业较快发展，节目质量大幅度提高，全县有线电视用户已达5.1万户，较2000年增加2.9万户。村村通广播电视工程正式启动，到2005年底，50户以上已通电的自然村基本实现村村通广播电视。计划生育工作成效显著，2005年末全县总人口139.5万，人口出生率、自然增长率分别控制在10.94‰和4.9‰以内。社会保险事业得到了长足发展，参加养老、失业、医疗保险的人数分别为27756人、39612人和30096人。脱贫致富步伐加快，农村贫困人口由2000年的30.4万人下降到17.3万人。2004年至2006年，无为县连续三年获全省扶贫开发工作先进县，每年获奖金100万元。2006年，无为县扶贫办荣获全省唯一的全国扶贫系统先进集体。

第四章　新芜湖的融入和新征程的迈步

第一节　中国共产党无为县第十三次代表大会

中国共产党无为县第十三次代表大会，于2011年6月18日至20日在无城召开，历时三天。按照大会议程，中共无为县第十三届委员会委员、候补委员和县纪律检查委员会委员候选人建议名单，由十二届县委常委会向大会主席团提出，经大会主席团审议后，提交各代表团酝酿讨论，大会主席团汇总各代表团意见后，确定候选人名单，直接采取候选人数多于应选人数的差额比例，提交大会选举。经巢湖市委批准，选举出十三届县委委员33名，候补委员6名。选举出17人组成的中共无为县纪律检查委员会。

大会肯定十二届县委的工作，赞成对县第十二次党代会以来工作的回顾和总结。大会认为，县第十二次党代会以来的五年，是无为经济社会发展质量最好、发展速度最快的五年，是城乡面貌改善最大、人民群众受益最多的五年，是“三个文明”（即物质文明、精神文明、政治文明）共同进步、党的建设全面加强的五年。五年来，县委在市委的坚强领导下，团结带领全县广大党员干部群众，攻坚克难、锐意进取，在科学发展、加速跨越的道路上迈出了坚实的步伐，全面超额完成了县第十二次党代会确定的各项目标任务。

大会指出，未来五年是无为发展方式转变的攻坚期、城乡一体化推进的加速期、全面小康社会建设的关键期，更是大有作为的战略机遇期和黄金发展期。报告提出的奋斗目标和各项任务，符合当前发展形势和无为实际，是积极可行的。

大会要求，今后五年必须坚持以邓小平理论和“三个代表”重要思想为指导，深入贯彻落实科学发展观，按照市委“加快转型负重赶超，加速发展争先进位”的要求，牢牢把握皖江城市带承接产业转移示范区建设的历史性机遇，以科学发展、加速跨越、富民强县为主线，以总量全省争第一、综合中部进十强、冲刺全国百强县为目标，以保障和改善民生为根本，深入实施“554211”发展计划（即实施“五大战略”：双轮驱动战略、沿江突破战略、结构调整战略、创新推动战略、统筹发展战略，做强“五大经济”：园区经济、城镇经济、港桥经济、现代服务业经济、现代农业经济，建设“四大基地”：国家级煤基多联产精细化工循环经济示范基地、国内最大的特种电缆产业基地、全国内河知名的船舶制造基地、面向长三角的优质农产品供应基地，建设“两座滨江新城”：建设二坝、高沟两座滨江新城，提升“一座中心城市功能”：提升无城中心城市功能，建设“一个区域物流园区”：将二坝建设成为皖江两岸连南贯北、承东启西的区域物流园区），切实加强党的建设，努力把无为建设成为经济富裕、社会和谐、人民幸福的美好家园，为建设更高水平的惠及全县人民的小康社会奠定坚实基础。

大会强调，实现跨越发展的宏伟目标，关键在党，根本在人。全县各级党组织要以改革创新的精神，全面加强和改进党的建设，增强凝聚力，强化执行力，提升竞争力，不断提高党的建设科学化水平。要解放思想、开拓创新，加强党的思想政治建设；要提升能力、凝聚合力，加强领导班子和人才队伍建设；要强基固本、发挥作用，加强基层党组织建设；要践行宗旨、狠抓落实，加强干部作风建设；要标本兼治、综合治理，加强党风廉政建设，为实现无为经济社会加速跨越发展提供坚强的组织保障。

大会号召，全县广大党员干部要以邓小平理论、“三个代表”重要思想为指导，深入贯彻落实科学发展观，在中共巢湖市委的正确领导下，进一步增强紧迫感和责任感，全面动员和团结带领全县广大党员干部群众，立足新起点，实现新跨越，为加快建设富裕、和谐、幸福无为而努力奋斗！

第二节　2011 年无为县行政区划调整

2011 年 8 月 22 日，安徽省正式宣布撤销地级巢湖市，并对原地级巢湖市所辖的一区四县行政区划进行相应调整，根据国务院的批复，无为县划归芜湖市管辖。①

县委、县政府把行政区划调整工作作为一项政治任务和头等大事来抓。具体包括以下四个方面。

一、统一干群思想，广泛凝聚共识

观念的接轨是推进融入发展的先导，只有思想的深度融入，才能确保融入得更快、更好、更稳。为此，无为坚持把解放思想、转变观念作为区划调整工作的主线，贯穿始终。一是立即贯彻部署。县委、县政府从政治高度、发展大局和群众的根本利益出发，把行政区划调整工作作为一项政治任务和头等大事来抓。省、芜湖市领导干部大会召开以后，无为立即召开了县委常委会、四大班子负责人会议、县委常委会（扩大）会议、区划调整工作领导小组会、老干部情况通报会，传达了省、芜湖市会议精神，安排部署行政区划调整有关工作。迅速成立了行政区划调整工作领导小组及国土区划、人事编制、财经及公用事业等 9 个专项工作组，主动深入与芜湖市开展对接，在对接中统一思想，形成共识。各乡镇、各单位召开了村、社区和机关干部全体会议，通过广泛深入的宣传和细致的思想工作，将全县广大干部群众思想统一到中央及省委、省政府的重大决策和芜湖市委、市政府的部署要求上来，在全县形成了主动、快速融入新芜湖的良好氛围，确保了区划调整工作平稳、有序。二是全面对接落实。2011 年 8 月 24 日、25 日第一次芜湖市集体调研和对接后，县委、县政府及时召开县委常委会、县政府常务会和 9 个专项工作组会议，对市委、市政府的工作部署和对接要求进行了认真梳理，逐项研究分解，明确时间任务，由县负责人逐一牵头抓落实。全县各级各

① 国函〔2011〕84 号《国务院关于同意安徽省撤销地级巢湖市及部分行政区划调整的批复》。

部门按照“有效衔接、无缝对接”的要求，由县级分管领导牵头，采取登门对接、请进来对接等灵活方式，主动加强与芜湖市直部门的汇报对接，提高对接工作的广度和深度。9月13日市领导第二次集体调研后，县委、县政府于次日上午召开相关重点工作任务安排布置会，按照市领导两次来无集体调研时的工作要求和讲话精神，梳理出21项重点工作，并进行了任务分解，明确了牵头领导、责任单位、协助单位和工作时限，要求所有工作都要快速行动，按照时间节点积极推进落实，确保无为快速融入全市发展大局。三是开展讨论活动。面对新形势，县委、县政府审时度势，组织开展了“融入新芜湖，推进新发展”等思想解放大讨论活动，重点围绕芜湖市委、市政府“跨江联动、拥江发展”“整体提升江南、加快建设江北”战略给无为带来的机遇和挑战深入开展讨论；围绕“无为更快、芜湖更强”的要求，无为在思想观念、目标定位、工作作风上的差距开展讨论；围绕全市兄弟县区日新月异的发展形势，无为立足新起点，着眼新发展深入开展讨论，进一步统一各级思想、理清发展思路。四是推进挂职交流。根据芜湖市委统一部署，安排干部“双向交流”挂职。芜湖市委安排了19名优秀市直干部来无为挂职指导工作，无为选派了三批次共113人到36个市直相关单位进行了挂职锻炼，实现了思想、工作、作风、情感等全方位的深度融合。

二、坚持规划引领，做好规划衔接

区划调整后，县委把做好规划对接工作作为事关全局的大事、要事来抓，摆在优先位置，突出做好经济社会发展规划、城市总体规划、土地利用规划、产业布局规划修编工作，推进“四规合一”。一是认真修编“十二五”发展规划。融入新芜湖后，无为区位优势更加明显，发展空间更加广阔，迎来了新机遇、新挑战，面临着新形势和新任务。为此，县委根据有针对性、可操作性和前后衔接的原则，对“十二五”总体规划纲要和已出台的各专项规划进行修编，重点对“十二五”发展目标、发展思路、主要任务等进行调整完善。二是调整优化产业布局规划。牢固树立“全市一盘棋”的思想，自觉把无为发展置于芜湖市的大格局中来谋划和定位。经过深入对接，根据芜湖市委、市政府意见，对无为产业发展方向和布局作出调整，重点培育壮大新型化工、电线电缆、农产品加工三大主导产业，着力提升船舶制造、汽车零部件、纺织服装、羽毛羽绒、医药及医用品五大传统产业，培育壮大高端装备制造、新材料、电子信息等战略性新兴产业，大力发展现代物流、旅游、金融等现代服务业。将十里墩等乡镇工业集中区与省级经济开发区整合，规划建设无城城东工业园、石涧新材料高新技术产业园，明确其他乡镇不再发展工业集中区。三是修改完善城市规划。修编的《无为县城市总体规划（2010—2020）》因区划调整，未能完成报批程序。区划调整后，无为及时组织专家对融入新芜湖后的无为城市发展机遇和挑战进行专题研究，进一步明确城市的性质和发展方向。由于芜湖市总体规划也要进行修编，县委、县政府一直在跟踪对接。芜湖市总规批准后，无为结合市域体系规划对无为的定位和要求，进一步优化调整无为城市总体规划修编成果。同时，为确保乡镇总体规划与《无为县城市总体规划》修编成果的衔接，安排开展各个乡镇总体规划修编工作。四是加快修编土地利用规划。与经济社会发展规划、城市总体规划、产业布局规划调整相适应，对土地利用规划进行修编。《无为县土地利用总体规划》和《无为县无城镇土地利用总体规划》已获省政府批准，其余22个乡镇《土地利用总体规划》已通过市专家评审。

三、完善体制机制，促进工作落实

区划调整后，为确保芜湖市委、市政府决策部署能够全面快速贯彻落实到位，一方面，按照市直单位设置情况，无为及时对县直相关机构进行了调整，在机构设置上与芜湖市实现全面衔接，推进工作无缝对接。如：撤销了县房产局，将其工作职能划归县住建局；将原隶属于县住建局的规划局单列成立正科级建制的县规划局，具体负责全县的规划编制和管理；新成立了正科级建制的县重点工程管理局和宜居公司，全面承担政府投资城建工程项目建设和保障性住房融资和建设管理。另一方面，借鉴学习市里工作方式方法，对原有相关工作机制进行了调整和完善。一是完善议事决策机制。依据芜湖市产业布局规划要求，出台了《关于加强新建产业投资项目布局管理工作的意见》，对重大项目进行布局审查，坚决杜绝投资强度、环境保护、节能降耗不达标的项目入驻；成立了县政府投资项目管理委员会，制定了《无为县政府投资项目管理办法》，对政府投资资金的适用范围、决算审计、责任追究等方面做出了详细规定；出台了《关于进一步加强长江岸线及陆域资源开发利用管理的实施办法》，成立了长江岸线及陆域资源开发利用管理领导小组，明确了岸线使用和审查的具体程序和原则，规范岸线开发利用行为，严格涉岸项目的准入。二是强化督办调度机制。实行县级领导帮扶推进机制，对所联系的重大项目、重点企业定期进行督查调度；由县负责人带队，按月对全县经济运行及主要经济指标完成情况进行调度；出台了县委、县政府督查工作办法，对市、县安排部署的重点工作进行跟踪督查，限时办结，推进工作落实。三是调整考核奖惩机制。对无为原先考核体系进行重大调整，建立了新的目标管理考核机制，以具体指标考核干部，以工作实绩论英雄。对全县各单位重点工作任务进行细化量化，严格考核，年终兑现奖惩；按照市“六库合一”的标准要求，出台了《县直单位及乡镇开发区招商引资目标管理考核办法》，对由县级领导牵头与县直单位捆绑组成的县直招商组，实行县级领导与成员单位同奖同罚，同时将全县单位人员福利待遇与招商引资挂钩，根据完成情况年终进行奖惩。此外，还出台了《无为县乡镇城区和窗口行业文明创建工作考核暂行办法》《无为重点乡镇预防和查处违法建设考核办法》等一系列具体工作考核办法，发挥考核的指挥棒作用，以考核检验工作，以考核推进工作，确保全县各项工作有序高效落实。

四、落实惠民政策，切实保障民生

把抓好政策衔接作为融入新芜湖的重要组成部分，精心组织，认真实施，将芜湖市委、市政府各项利民、惠民政策落到实处。一是完善体系。认真研究芜湖市委、市政府各项政策，并结合无为实际研究了一系列新政策、新举措，进一步完善了政策体系。制定出台了《大力推进创业富民工作的实施意见》及相关配套政策，从技术、资金、人才和土地等方面支持创业主体，激发全民创业潜能；制定出台了《推进城乡居民收入倍增规划的实施意见》及相关配套文件，量化分解目标，细化工作举措，有效增加群众收入；先后启动实施了公立医院改革、对60岁以上老人发放高龄津贴、困难群众临时生活救助、中小学免收作业本费、临时工参保等各项工作，有序拓展惠民政策覆盖面。二是扩面提标。积极向全市看齐，拓宽筹资渠道，强化财政保障，对民计民生实行扩面提标，进一步提升社会保障能力。按照芜湖市内兄弟县标准，分类调高了全县公务员及事业单位人员津补贴；全面提高了独生子女保健费、二女结扎户家庭一次性奖励等计生奖扶标准，计生特别扶助对象扶助金实现翻番；大幅提高了城乡低保、农村五保供养、医疗救助、失业金发放等社会救助标准。据统计，区划调整后，县财政用于各类民计民生扩面提标的资金年新增2亿多元。

第三节　思想解放大讨论活动的开展和新芜湖的融入

2012年，是全面深度融入新芜湖、加速推进无为跨越发展的关键一年。为着力强化全县上下的融入意识，引导广大干部群众进一步解放思想、转变作风，真抓实干、加快发展，无为县委、县政府决定，从2012年3月到12月，在全县开展“融入新芜湖、推进新发展”思想解放大讨论活动。

这次思想解放大讨论活动坚持以科学发展观为指导，深入学习贯彻党的十七届五中、六中全会，中央及省经济工作会议、芜湖市委九届三次全体（扩大）会议精神，以“科学发展、加速跨越、富民强县”为主题，按照芜湖市委、市政府“跨江联动、拥江发展”和“无为更快、芜湖更强”的要求，组织全县广大干部群众深入学习、广泛讨论，瞄准先进、找准差距，拉高标杆、创新突破。

在开展这次大讨论活动的过程中，全县上下紧紧围绕“四个怎么看、六个怎么办”为重点内容组织学习、开展讨论，统一思想、提高认识，即芜湖市委、市政府“跨江联动、拥江发展”和“整体提升江南、加快建设江北”的战略给无为带来了新的机遇和挑战，我们怎么看；区划调整后，无为要从观念、作风、工作等方面全面融入新芜湖，我们怎么看；围绕“无为更快、芜湖更强”的要求，在思想观念、目标定位、工作作风上还存在哪些差距，我们怎么看；对照芜湖市委、县委关于机关作风建设的要求，本地本部门及个人在服务质量、作风效能以及发展环境等方面的差距和主要表现是什么，我们怎么看。面对芜湖全市兄弟县区日新月异的发展形势，立足新起点，着眼新发展，我们怎么办；围绕加快传统产业转型升级、新兴产业培育壮大，我们怎么办；围绕突破当前经济社会发展过程中存在的土地、融资、环保、用工等瓶颈制约，我们怎么办；围绕做大做强物流、文化创意、旅游等现代服务业，在思想观念上有哪些差距，工作上有哪些不足，我们怎么办；围绕落实中央一号文件精神，大力发展现代农业，加快推进农业产业化、城乡一体化，我们怎么办；围绕推进社会管理创新和“基层组织建设年”活动，提高社会管理和党建科学化水平，我们怎么办。

这次思想解放大讨论活动，共分三个阶段进行。一是学习讨论阶段。2012 年 3 月至 5 月，县委组织了外出考察学习，分类组织相关乡镇、部门负责人赴芜湖三县四区、浙江、湖北等地学习兄弟地区和发达地区的先进经验。开展了集中学习，集中学习芜湖市委、市政府主要领导在无为调研讲话精神等。邀请了专家讲课，结合干部学习论坛，邀请省、市领导和专家、学者就沿江发展、产业转型升级、现代服务业发展、上市融资等课题举行专题讲座。进行了研讨交流，通过召开座谈会、交流会、撰写学习体会文章、到市挂职等多种形式，广泛开展各种讨论交流活动。二是查找差距阶段。2012 年 6 月至 10 月，县委组织深入基层调研。结合“五级书记带头大走访”和创先争优活动，深入基层、深入企业，广泛征求群众意见。召开了专题领导班子会议和民主生活会，认真查找班子和个人与芜湖市直部门、兄弟县区在思想观念、工作标准、作风效能、体制机制上存在的根本差距和薄弱环节，努力做到“五查五看”，一查对县委、县政府决策部署的认识到位了没有，看是否真正树立起科学发展、跨越发展的危机感、责任感和紧迫感。二查全面融入的意识增强了没有，看能否在对接融入的过程中发现机遇、用好机遇。三查对自身所处位置和优势的把握清楚了没有，看能否把这些优势尽快转化为比较优势、竞争优势、发展优势。四查工作作风转变和能力素质提升了没有，看能否适应新形势的需要和县委、县政府及人民群众的要求。五查争先进位的思想树立了没有，看是否做到了树一流标杆、做一流工作、创一流业绩。三是总结提高阶段。2012 年 11 月至 12 月，县委针对查找出来的问题与差距，归纳梳理，逐条分析，制定相应的整改方案和具体改进措施，认真总结各地各部门大讨论活动开展情况，建立健全长效机制，以大发展的丰硕成果检验大讨论的活动成效，实现两不误、两促进。

自省委、省政府宣布行政区划调整以来，无为县按照“有效衔接、无缝对接、等高对接”的要求，大力推进观念、规划、政策、产业、项目、要素“六个融入”，努力做好区划调整各项工作，通过开展思想解放大讨论活动，在较短的时间内，顺利实现了平稳过渡，经济社会实现了新发展。2012 年，全县实现地区生产总值 330 亿元，增长 14.5%；财政收入 24 亿元，增长 18%；固定资产投资 201.5 亿元，增长 23%；全部工业销售收入 645 亿元，增长 16%；社会消费品零售总额 85.7 亿元，增长 16%。

2012 年，针对融入“新芜湖”后，产业结构不优、发展速度不快的现状，无为县坚持调结构、促转型，以调优、调高、调新、调强为导向，积极实施特色产业升级、新兴产业培育、农业产业化跨越“三大计划”，在转变发展方式上迈出新步伐。全年电缆产业完成产值 345 亿元，增长 32.2%；新上双钱轮胎、智能电网等新兴产业项目 9 个、总投资 171 亿元；实现农业总产值 80.7 亿元、产业化龙头企业销售收入 75 亿元，分别增长 7% 和 47%。在产业转型升级的带动下，全年规模以上企业新增 25 家、达到 203 家，产值超 10 亿元企业 10 家、增加 4 家，纳税超千万元企业 30 家、增加 5 家。

2012 年，面对园区、项目建设与芜湖全市发展的现实差距，无为县奋起直追，坚持强载体、抓项目，以“示范区建设突破年”和“招商引资强抓年”为抓手，切实做到以大平台承接大项目、以大项目促进大投入、以大投入推动大发展。全年共争取中央和省项目资金 1.5 亿元；58 个省“861”项目完成投资 68 亿元；到位内资 130 亿元，利用外资 9277 万美元；完成无为经济开发区、高沟经济开发区、无城园区基础设施建设投入 6 亿元。

2012 年，针对全县发展存在城乡和区域发展不平衡、不协调的问题，无为县坚持大建设、优环境，强力推进“城市建设推进年”和农村美好家园创建，进一步统筹城乡发展。全年共拆迁30.4万平方米，新建保障房7.7万平方米、安置房24.4万平方米，完成城建总投入60亿元，城镇化率达44.5%，成功连创“全省文明县城”；抓好22个省级示范村、30个重点危房改造村建设和“两点五线”集镇、村庄环境综合整治，大力实施“联圩并圩、复耕增地”和7个万亩圩口堤防达标工程，全年水利兴修投入4.58亿元，完成土方1200万立方米，竣工了通江大道改造、石黄路续建等工程，农业农村的基础设施条件得到新改善。

2012年，针对现代服务业发展相对滞后于芜湖全市发展大局，无为县坚持打基础、激活力，在第三产业发展上提升新形象。创新发展金融业，专门制定奖励政策，出台了财政性资金存款与金融机构新增贷款挂钩的办法；强力推进旅游业，全年接待游客12.1万人次，实现旅游收入1.27亿元，分别较2011年增长21%、27%；积极提升商贸业，成功引进了合肥蓝鼎集团商贸综合体项目、宏图三胞，全年实现限上消费品零售总额13亿元，增长40%。

2012年，无为县始终牢记民生连着民心、民心凝聚民力，坚持惠民生、筑和谐，着力提高全县人民的幸福指数。大力实施了创业富民，全年33项民生工程年投入资金9.4亿元，农民人均纯收入6447元，增长11%。统筹抓好教育、科技、文化、卫生等社会事业发展，连续第二年获省教育工作督导考核优秀等次，申报全省“教育强县”；成功连创“全国科技进步先进县”；启动实施城乡居民养老保险试点，加快推进基层医药卫生体制和公立医院改革，全面实行药品零差率销售；谋划了县图书馆、文化馆、老年活动中心等一批“文化旅游突破”工程，组织开展了“唱红歌、颂党恩”等系列庆祝建党90周年活动。坚持以群众工作统揽信访工作，落实安全生产责任制，切实维护了社会和谐稳定。

第五章　和谐无为的建设

第一节　经济结构调整的加快和产业结构的优化升级

一、农村经济稳步发展

高标准大力度推进“三农”发展。党的十七大以来，2008—2012年，无为县按照“三化同步”的要求，坚持以工业理念抓农业。

一是大力发展现代农业。实施农业振兴计划，按照“提升优质粮棉、扩大高效‘两菜’、做强特色水产、发展生态畜牧、推进产业升级”的总体思路，加快推进农业产业结构调整。大力开展粮、棉、油高产创建活动，争创国家级粮食生产先进县。继续推进水产跨越工程，着力提升生态养殖、增效养殖水平。强力实施畜牧业升级计划，重点发展沿山、沿堤畜禽生态养殖，不断提升规模化养殖水平。大力推进农业标准化生产，组建农产品质量安全检测中心，加强农产品质量安全监管，逐步实行畜禽、水产和蔬菜产品送检制度，开展农产品市场准入试点。强化县校合作，大力推进白茆综合性农业示范区建设，争创省级现代农业示范区。加大政策扶持力度，加快农业产业化龙头企业发展。引导农民专业合作社规范化建设。加大高品质棉花及螃蟹、珍珠等优势特色农产品宣传推介力度，进一步扩大无为特色农业影响。大力发展劳务经济，拓宽农民增收渠道。

二是加强基础设施建设。按照“贯穿东西、畅通南北、连接周边、循环县内”的要求，加强农村路桥建设，不断完善农村交通网络。认真做好京福高铁、商合杭铁路、庐铜铁路、铜巢高速、芜湖长江二桥等重点工程建设的地方性工作，加快推进裕溪河大桥建设。实施通江大道改造工程。改建凤土路（鹤毛段）、新陡路、三汤路等县乡道路。加大水利基础设施建设力度，争取永安河后续及西河、花渡河、郭公河、黄陈河等中小河流治理项目列入国家投资计划，完成永安河中小河流治理一期工程，全面建成上下九连圩防洪达标工程并发挥效益，加快涵闸斗门改造步伐，加大崩江治理力度。加快500千伏福渡输变电等重大电力项目建设，加大农村低压电网改造力度。进一步落实扩权强镇各项政策，加快试点镇发展步伐。用足用好革命老区、国家扶贫开发重点县等扶持政策，整合各类涉农资金，加强西部贫困地区基础设施建设。

三是不断深化农村各项改革。认真开展农村集体土地确权登记和发证工作，规范农村土地使用制度。推进土地有序流转，促进规模经营。认真开展农村生活垃圾集中处理，逐步建立覆盖城乡的环境卫生管理长效机制。积极开展农村公路养护体制改革，建立农村公路“建、管、养”的长效机制。巩固林业产权制度改革成果，激活林业经济发展的内在活力。深化农村综合配套改革，做好村委会换届选举工作。完善县乡财政管理体制，逐步健全公共财政转移支付制度，扩大公共财政向农村覆盖。深化农技推广体系改革，不断提高为农服务水平。实行有区别的扶持政策，逐年增加对西部薄弱地区的基础设施投入，逐年减少项目配套资金比例，促进区域协调发展。

二、工业经济运行质量提高

加快转型升级，努力提升工业化水平。党的十七大以后，无为县按照“扩规模、调结构、上水平”的总体要求，深入实施工业强县战略，坚持走可持续发展的新型工业化道路。

一是培育领军企业，增强工业发展拉动力。全力支持华谊煤化工、双钱轮胎、超白光伏玻璃、同人科技等大企业加快发展，发挥其领军作用，推动无为工业上台阶、上水平。进一步完善扶持政策，在项目申报、土地供应、融资贷款、支持上市等方面加大力度，重点支持一批成长性好、税收贡献大的骨干企业做大做强。大力支持企业自主创新，增强企业核心竞争力，实施重点技术创新项目，新建省级工程技术研究中心或重点实验室。引导鑫源达、新科电缆、森海高新、国电电缆等有条件、有意愿的企业建立健全现代企业制度，加快上市步伐，争取早日在资本市场实现突破。

二是推进转型升级，提升产业发展竞争力。电线电缆产业，进一步落实扶持政策，支持华菱、新江淮、太平洋、华联、新华、天龙等重点骨干企业加大研发投入，引进先进技术装备，新上超高压等一批“高、新、特”项目。羽毛羽绒产业，加快东隆羽绒二期、万利达羽绒、文翔羽绒等项目建设，积极引进国内外羽毛羽绒品牌企业，促进产业集聚发展。纺织服装产业，鼓励天成、鑫和等现有企业加大技改投入，扩大生产规模；依托棉花资源优势，积极承接产业组团式转移。农副产品深加工产业，重点依托益海嘉里、永安米业、光明粮油、中颐水产、四海食品、露仙酱菜等农业产业化龙头企业，大力发展粮、油、水产、蔬菜深加工，提高农产品附加值。在加快特色主导产业转型升级的同时，利用岸线资源、产业基础等优势，积极发展新材料、新能源、港口物流、汽车零部件等新兴产业。严格落实节能减排目标责任制，关闭一批工艺落后、污染严重、资源浪费的高耗能企业。编制完成《全县矿产资源总体规划》，强力推进矿山整治和生态修复。

三是开拓国际市场，提高经济发展外向度。发挥进出口孵化促进中心作用，加大进出口企业孵化力度，增强进出口企业参与国际市场竞争的能力。积极帮助企业办理产品国际认证，组织企业参加各类国际性会展。鼓励支持优势企业到国（境）外设立区域营销机构、建立生产加工基地。通过组织培训、定向培养、工贸结合和举办专场外贸人才对接会等形式，培养和引进专业的外贸人才。加强企业出口品牌建设，重点鼓励电线电缆企业加大出口。

三、乡镇企业长足发展

第二次企业产权制度改革，给无为的乡镇工业企业注入了活力，2012 年，华菱集团全年纳税超 1.2 亿元，新亚特集团、太平洋集团均突破 8000 万元。财政收入超千万元乡镇达 19 个，其中超亿元乡镇 5 个。

透视全县乡镇企业的发展，启示有五点。

一是企业发展要有一个稳定的开放政策和宽松的发展环境。改革开放30多年来，无为县委、县政府按照乡镇企业发展的总体思路，密切结合本地实际，动员社会各方面支持促进乡镇企业大发展，一共下发了20多个文件，为乡镇企业鸣锣开道、保驾护航，在全县上下形成了一种对乡镇企业高看一眼、尽力扶持的和谐局面。

二是企业发展要有正确的发展思路。几十年来，县委、县政府分类指导，逐步实施“三线二点拓展”战略：东南沿江一带，以高新沟乡镇企业示范区为轴心，连接姚沟、泥汊、白茆、二坝经济开发区，形成沿江工业走廊；西北、西南的无巢、严凤、金牛公路一线，以太平、响山、百胜三个水泥厂以及昆山煤矿为龙头，大力发展建材业、资源性工业和相关配套工业；军二路和通江大道沿线的乡镇，因地制宜，朝高效农业、养殖业、果蔬、种植业及农副产品加工业方向发展，并开发泊山洞旅游资源；无城和二坝镇注重发挥区位优势和基础设施优势，加快经济开发区建设和环境优化，千方百计招商引资，提高经济外向度，带动和辐射周边乡镇经济发展。无为人民走出了一条“多轮驱动，多轨运行，城乡一体，贸工农结合，工、商、运、建、服五业并举”的路子。

三是企业发展要有一批勇于开拓的企业家群体。无为众多明星企业的建立，源于有一批勇于开拓的企业家群体。在社会主义市场经济大潮中，他们勇立潮头，逐渐成长为懂经营善管理的企业家。1989年至2012年，无为乡镇企业系统先进模范人物层出不穷，获得省级和国家级奖励的乡镇（民营）企业家有28人。杭兴长、汪开发、张明昌、何邦喜荣获全国劳动模范，杨能玉、何邦喜、徐顶峰当选全国人大代表，张益仓、杨能玉、邓立翠（女）荣获安徽省劳动模范，张明昌、何邦喜、张益仓、王文、徐顶峰、胡万平、汪凤平、叶太祥、朱启发、王辅斌当选安徽省人大代表，沈志海、曹中年、巫后臻荣获安徽省和部级企业家称号，曹中年荣获安徽省政府特殊津贴。仅2003年，全省乡镇企业评选的52位先进个人中，无为就有10位企业家榜上有名。

四是企业发展要有一种依靠科技进步、增强发展后劲的意识。市场经济是科学经济，若要企业做大做强，就必须按市场经济规律去办事，依靠科技进步支撑以保持企业的成长性。全县乡镇企业在几十年中，共引进工程师、高级工程师、高级技工、专家等科技人员6000余人；在乡镇企业就业的各类大、中专毕业生有11000余人，共为他们评定各种中高级职称计5000人。他们在无为乡镇企业中发挥了聪明和才智，为无为乡镇企业的发展和进步做出了杰出的贡献。

五是企业发展要有一套灵活的经营机制。全县乡镇企业与时俱进，根据自己所从事的行业要求，建立健全现代企业制度。电缆之乡的高沟镇各个厂家都建立了一套灵活的经营机制，如销售买卖制、供应公开制、生产定额制、分配级差制、投入多元制、决策自主制等。

四、农村经济不断增长

人力资源生财源，劳务大县变强县。2012年，全县总人口约140万，其中农业人口124.53万，占总人口的89.4%；耕地面积133万亩，人均耕地0.96亩。

由于无为地少人多，劳动力资源丰富，受传统徽商文化的熏陶，历来就有青壮年劳动力外出务工经商的传统。另外，无为是革命老区，新四军第七师师部所在地，新中国成立后大批老战士、老领导进城工作，一批无为人被带进大、中城市当起保姆或被介绍务工。

改革开放以后，无为农村实行家庭联产承包责任制，劳动生产率提高，大批劳动力得以从土地的束缚中解放出来；加之我国工业化、城市化的水平不断提高，为大批农村剩余劳动力进城务工创造了条件。县委、县政府抓住历史机遇，积极引导农民打工潮，大力组织农村富余劳动力向外地输送，面向市场寻找出路；引导扶持多向分流，有效地促进了无为农村剩余劳动力的输出，增加了农民收入。“东西南北中，都有无为人在打工”，无为打工队伍在全省乃至全国都有着重要的影响。

1999年，经省劳动厅和北京市、上海市劳动局批准，无为成为上述两市劳务基地县，同时被劳动部确定为劳务输出监控点。根据监控要求，县劳动服务就业局在泥汊镇光明行政村、尚礼镇古楼行政村设置监控点，对监控点村的总人口、劳动力资源、劳务输出等情况进行了全面调查。该年，全县发放《外出人员就业登记卡》1615份。据统计，该年全县外出劳动力23.74万人。2001年，县劳动服务就业局建立输出与可输出劳动力资料库，资料显示全年外出劳动力达30.15万人。2002年10月，县劳动服务就业局、扶贫办联合组织扶贫劳务输出培训，首批32名学员输送至北京进行家政服务就业，实现了输出人员零门槛培训就业。全年外出劳动力31.54万人。2003年9月17日，县劳动就业局举办大型劳务现场招聘会，邀请了12个省内外用工单位参加，提供就业岗位1400个，当场达成劳务输出协议426人。2003年外出劳动力32.2万人，劳务纯收入13.2亿元，年人均收入4099元。2004年，全县劳动力转移就业33.39万人，其中北京9.4万人、上海9.21万人、广东0.88万人、江苏3.52万人、浙江2.1万人、西部省区1.47万人、其他省区2.83万人、本省其他县市3.98万人，主要从事建筑安装、食品加工、家政服务、种植、养殖和经商等行业。是年，县劳动就业局大力实施农村劳动力转移培训"阳光工程"，开办各类培训班7期，培训农民工632人，转移就业605人，培训就业率达96%。2005年，为促进转移就业、自主创业，县扶贫办开展帮助青壮年贫困农民实现转移就业的"雨露计划"。县劳动保障局先后确定了10家定点培训机构专门对农民工进行技能培训，培训专业有缝纫、计算机操作、汽车修理等34个。

2006年8月，县编委印发通知，[①] 全县23个乡镇成立了就业和社会保障事务所，确定为财政全额供给事业单位，各乡镇确定一名副职分管该项工作，乡镇社会事务管理办公室主任兼任乡镇就业和社会保障事务所所长，每个乡镇选配2名中专以上文化程度，40周岁以下的专职工作人员，负责本乡镇外出务工人员的登记、统计和管理工作。9月，在县劳动保障局的统一布置下，各乡镇就业和社会保障事务所对辖区内的劳动力转移情况开展摸底调查，登记造册，建立档案，做好劳动力转移的跟踪服务工作。截至2012年底，全县在外务工经商人员达42万人，占全县农村人口的30%，其中外出劳动力34万人，占农村劳动力总数的

① 《关于设立乡镇就业和社会保障事务所的通知》，无为市档案馆，卷宗号无为县人事局永久2006—1186，无编字〔2006〕13号文件。

45%，比上年同期增加1.4万人，增长4%。当年劳务输出人员创造的纯收入达18.7亿元，是全县财政收入的3倍，占农民人均收入的58%。

当初，以脱贫为目的的劳务输出，已成为无为农民增收致富的重要途径。无为大规模的劳务输出加快了经济发展，增强了县域经济实力。外出劳务人员不仅每年能带回20多亿元的收入，更重要的是一批当年的打工仔，积极回乡创业，发展个体私营企业，推动了无为经济的新一轮发展。仅统计2007年，无为工业产值比1991年增长了10倍多，一举跃入了全省十强县的行列，吸纳了农村剩余劳动力18万人，全县农村劳动力实现了就地转移。乡镇企业和个体私营企业逐步向小城镇聚集，又加快了农村城镇化建设的进程。城镇化和工业化水平的提高，促进了全县经济结构的优化和经济总量的快速发展。

第二节　重点工程建设加快

经济发展，项目为王。进入21世纪后，国家采取积极的财政政策，以发行长期国债等方式加大投入启动内需。县委、县政府迅速作出反应，结合无为实际，提出了跨世纪发展的主要任务，要求以加快推进项目建设为突破口，促进全县经济社会的发展。2000年，无为重点项目建设再次加速。重点项目建设规模不断扩大，2012年，新开工项目38个，15个超亿元项目建成投产。总投资12亿元的磊达水泥项目完成投资3亿元。总投资5亿元的太平洋稀土铝合金电缆项目完成投资2.8亿元，一期工程投产。总投资5亿元的天龙光纤光缆项目完成投资2亿元，一期工程竣工投产。总投资5.5亿元的国电汽车线束项目完成投资1.5亿元。总投资5亿元的建材大市场一期投入运营，二期主体工程建成。总投资4亿元的安德利购物中心全面开工。长江螃蟹大市场、中颐水产等十大农业重点项目总体进展顺利。

2012年，全县经济依托重点项目建设，实现了结构战略优化和主导产业升级，工业化进程不断加快。丰原药业亿瓶生产线、无为船舶制造项目、上海亚兰德集团新型电池储能材料生产基地等一批超亿元项目相继开工建设；华菱电缆公司通过技改扩大规模，成为全县首家纳税超亿元民营企业；新科集团智能数据传输六类电缆、龙庵电缆公司年产600吨／钛及钛合金无缝管生产线、华海特种电缆有限公司船用电缆生产线等一批高新技术项目的建设，促使企业迸发活力，加速成长。

2012年，基础设施重点项目建设拉开城市大发展框架，城市建设登上新台阶，基础承载和竞争能力显著增强。巢无路改建工程、高新大道、银屏—朱岗路、塔江路等基础设施项目加紧推进，城乡道路不断延伸；无城金塔路、凤河路、新力大道、滨湖路、东二环路等一批城市主干道先后建成，26条县乡道路总里程443.78公里竣工投运；投资8814万元的县农网二期工程完成改造扩建，无城供水长江水源工程、无城污水处理厂建设等一批重点工程顺利完成，管道天然气工程积极推进，进一步改善了城镇居民生活条件；无城环城景区、人民广场、麻石街广场、农文化广场等项目的建成，城市品位提升；至2012年底，城区建设面积扩大到17.8平方公里，都市花园、锦绣苑小区、府苑小区等居民住宅区陆续建成，让全县人民享受到城市建设发展带来的丰硕成果。2012年，无为县国土资源局获全省征地管理工作先进单位荣誉称号。

2012年，农业、水利设施不断完善，社会事业全面发展。贫困地区林业发展项目、利用世界银行贷款加强灌溉农业二期项目、优质油基项目、现代农业科技示范园、特色农业示范县项目、农村供水与环境卫生等农水项目建成，进一步强化了产业发展基础。县医院住院楼和传染病区项目、疾病预防控制中心项目、中小学危房改造、无为中学教学楼工程、华星学校项目、无为三中、滨湖小学、青少年活动中心、检察院技侦用房项目、治安拘留所、法院审判庭、福渡国家粮食储备库等项目相继建成，推进全县各项社会事业全面发展。

重点项目建设的成就，凝聚着县委、县政府带领全县人民艰苦奋斗的汗水。多年来，县委、县政府始终坚持把投资拉动作为县域经济发展的一项主战略，从规划，到立项，到筹措资金和施工建设都紧抓不放，推动了重点项目的建设和效益的发挥。

一、抓规划编制

为促进项目顺利建设和产业健康发展，改革开放30多年来，县政府投入近千万元资金编制各类规划，从宏观上、全局上把握投资方向，实现规划带项目、引资金、促发展的目标。一是围绕工业发展编制了沿江工业带建设和电线电缆、纺织服装、羽毛羽绒等八大主导产业规划。二是围绕基础设施编制了县域城镇体系、化工园区、船舶工业园和交通、防洪等专项规划。三是围绕资源开发编制了长江岸线资源开发利用、旅游发展等专题规划。2011年编制的《无为县“十二五”重大项目建设规划》中，每年对重大项目重新筛选和论证一次，实行动态管理，不断充实项目储备库。通过编制规划和项目储备，明确投资方向和重点，增强投资工作的计划性和针对性。

二、抓投资扩大

（一）加大招商引资工作力度。无为县委、县政府积极围绕全县八大主导产业，实行“大兵团”和“小分队”招商相结合的方式，到上海、浙江等地开展专题招商活动，2005年县委、县政府专门在广州、上海、南京、福州、宁波等地设置5个驻外招商办事处开展驻外招商。大力实施“凤还巢”工程，对外出人员返乡创业视同招商引资企业同等对待，成效明显。县委、县政府还通过引入市场机制委托招商，成功建立了浙商工业园等。同时，县委、县政府紧盯重大招商项目不放，建立重大项目引进领导协调机制，对资金投入大、产业链长、带动能力强的项目，由县负责人牵头，相关单位参与，主动跟踪服务，切实提高招商成功率。上海华谊集团安徽煤化工项目从2003年开始洽谈，县委、县政府始终紧抓在手，在省、市大力支持下，历经五年时间，终于2007年正式开工建设，该项目一期投资高达53亿元。

（二）加强企业科技创新和改造。县委、县政府对企业科技创新、改造实行奖励和专利资助制度，对电线电缆企业增资扩模实行补贴制度，鼓励企业加强与省内外高校、科研院所的联系与合作，引进科研成果，上新项目，扩大规模。2012年，全县高新技术企业达44家、新增10家。新增省部级科技项目和新产品

30余项，23家企业获省质量奖，2家企业获市政府质量奖。丰原药业建成全县首个国家级企业技术中心，省级、市级企业技术中心分别达17家、3家，省级工程技术中心达5家、新增1家。成功举办中国（芜湖）电线电缆博览会行业发展高层论坛，获准创建全国特种电缆产业知名品牌示范区，国家特种电线电缆产品质量监督检验中心主体工程竣工。

（三）积极争取项目和资金。县委、县政府认真研究分析国债和各类资金投向，围绕“三农”、生态环境、重大基础设施和社会事业等经济社会发展的重点领域和薄弱环节，编制申报一批重大项目，争取获得更多的国债和补助资金。同时，强化间接利用外资工作，扩大国际金融组织和外国政府贷款使用规模，不断加强对教育、文化、卫生等社会公益事业的建设投资。

三、抓平台搭建

加强与金融部门的协调和沟通。2007年，无为在全省率先成立了县金融工作办公室，通过金融形势分析会、项目融资协调会、银企合作促进活动等多种形式，搭建政银企沟通合作平台。自2005年起，连续七年召开了银企对接会，累计签约贷款超百亿元，其中80%得到落实。县制定出台了《无为县金融机构加大信贷投入支持经济发展考核奖励暂行办法》，将新增贷款作为一项重要指标纳入金融机构年度工作目标进行考核，对先进单位在全县通报表彰，并给予一定的物质奖励。

四、抓项目管理

建立项目考核制度。每年初，县政府将全县重点项目分解到各乡镇和有关部门，确定牵头责任单位；每月召开一次工作例会进行调度，年中召开分类项目推进会，年底对项目年度目标完成及项目建设管理情况进行考评。县政府严格按照固定资产投资程序进行建设监管，坚持项目法人制、招标投标制、工程合同制、施工监理制等。制定印发了政府投资管理办法，设立资金专户，专款专用。对重大建设项目，县政府要求项目承担单位必须委托有资质的咨询设计单位进行调研论证，所有项目建议书、可行性研究报告和初步设计文件，必须达到国家规定要求的工作深度。

五、抓环境服务

落实项目工作责任制。对省“861”及市重点项目，由县四大班子负责人牵头成立专门班子进行协调和推动。为投资者实行一站式服务，积极推行一审一核、告知承诺、并联审批三项制度，加大清理行政审批和收费项目力度，为投资者减负松绑。

第三节　文明县城的打造

2002年以来，党中央在一手抓经济建设的同时，一手抓精神文明建设，并通过精神文明建设促进经济和社会的和谐发展。无为围绕精神文明建设开展了一系列形式多样的文明创建活动，从加强城市管理，治理脏、乱、差现象着手，逐步开展以城、镇、村、户“四级联创”为载体的创建文明县城活动，重视整体文明程度的提升和人口基本素质的提高，实现了规模管理和系统创建。经过多年的不懈努力，无为的市容市貌得到了明显的改观，广大市民的文明程度有了提高，涌现出一大批先进单位和个人。2003、2004年连续两次荣获“全省文明创建工作先进县”称号，2007年无为被省政府授予“文明县城”荣誉称号。2012年，金克勇、孔小藤入选中国好人榜。

2003年，按照省“八百里皖江文明长廊”创建宏大工程规划，无为精神文明建设围绕“三大创建、两大建设”（文明创建、村镇创建、行业创建，思想道德建设和诚信建设）不动摇，文明创建活动蓬勃发展，城乡文明程度明显提高，首次荣获“全省文明创建工作先进县”称号。

2005年，文明村镇创建工作有了新的突破，高沟镇被中央文明委评为全国创建文明村镇工作先进村镇。

2007年，无为精神文明建设工作以宣传“社会主义荣辱观”为主要内容，广泛深入开展公民思想道德建设。高标准实施城市亮化工程，城区共安装路灯1500多盏，装灯率和亮灯率均达100%。年底，无为被省政府授予“安徽省文明县城”荣誉称号。

2012年，无为以社会主义核心价值体系建设为根本，以学雷锋志愿服务活动为载体，加强公民思想道德建设，深化精神文明创建活动。扎实开展“树无为形象促科学发展”思想解放大讨论活动，着力展示全县干群的新风貌，树立无为发展的新形象。做好“我推荐、我评议身边好人”活动，挖掘、选树身边“最美人物”“最感动事迹”，用身边的人和事教育身边的人。切实加强未成年人思想道德建设，加快推进乡村学校少年宫建设。突出城乡文明创建活动。组织开展了县第十五届文明单位、第十四届文明村、第四届文明社区评比表彰活动。

第四节　平安无为的建设

根据中央及省、市的部署和要求，无为高度重视平安建设工作。2005年11月3日，县召开建设“‘平安无为’，促进社会和谐稳定动员大会”，出台了《关于建设“平安无为”促进社会和谐稳定的实施意见》，动员部署“平安无为”创建活动。

为深化平安建设，无为不断完善治安防控体系建设，深入开展基层平安创建活动，同时在各行业深入开展“平安校园”“平安医院”“平安工程”“平安大道”“平安金融单位”等基层行业创建活动。无为已基本建立以公安机关为骨干，以群防群治为基础，纵向到底、横向到边的防控组织网络；基本形成覆盖全县，全时空、多层次，集打击、防范、控制一体化的工作格局；基本形成以公安民警巡逻为龙头，以村和社区专业巡逻为骨干，以单位内部值班巡逻为基础，以自然村和村民组“推磨转圈、杂工平衡”开展夜间巡逻为主体的治安巡逻工作体制，提高了整体防控能力。县公安局“3111”（城市报警与监控系统建设）工程自

2006 年建设以来，已逐步形成规模化，在无城的主要路口、公共复杂场所、重点单位等建设视频监控点 100 多个，同时在金融单位建设联网报警系统 20 个，基本解决了城区的技防问题，加强了对社会面的控制。

2007 年 1 月，无城派出所控制室投入使用，全城 100 多全球眼探头对城区实施电子监控，派出所派专人负责 24 小时监控，及时破获了一批现行案件。无城城区社区义务治安巡逻自 2006 年 12 月正式启动以来，9 支社区义务巡逻队夜间不间断地对无城城区进行巡逻，巡逻经费分别列入县、镇两级财政预算，保证了这项工作常年、稳定、有序开展。同时，各派出所和各警种不断加大警力布控密度和治安巡逻频率，110、122、119 三台联动，并建设了一套 350 兆无线集群系统，将手持台、车载台和基地台全部配备和安装到位，提高了工作效率。

2012 年，无为坚持“严打”方针，全年共立各类刑事案件 3344 起，侦破 880 起，连续七年实现命案全破目标。加强重点地区和治安混乱地区的集中整治，改造、新建各乡镇的治安监控系统，进一步完善了社会治安防控体系。加强和创新实有人口和特殊人群服务管理体系建设。县检察院被评为全国维护妇女权益先进集体。加强和规范综治基层基础建设，泥汊镇创建“五星村民组”经验被人民网、新华网、省《政法信息》登载，县徽银村镇银行、丰原药业无为分厂被评为市首批“平安企业”。加大对见义勇为人员的奖励和宣传力度，卢秀芳、汪国霞二人荣获省第九届见义勇为二等奖。

第五节　依法治县的推动

2000 年，根据司法部杭州会议统一部署和皖司通〔2000〕64 号《关于在全省乡镇街道（社区）建立司法调解中心的通知》精神，当年 9 月 15 日县“两办”发文，要求在年底前全县普遍建立乡镇、街道（社区）司法调解中心，并提出司法调解中心在党委、政府领导下开展工作，并对党委、政府负责，明确了司法调解工作的任务和责任。自 1982 年至 2008 年，全县各级人民调解组织共调解各类民间纠纷 191860 件，其中，防止了民间纠纷引起自杀事件 216 件，防止了民间纠纷转化为刑事案件 1085 件，制止了群众械斗 882 起。

2001 年，县委、人大常委会、政府、政协四大班子组织 8 个检查组对 35 个乡镇、97 个单位的“三五”普法工作进行了检查验收，有力地促进了全县普法工作的开展。无为被巢湖市委、市政府授予“先进集体”称号。2003 年底，为加强基层政权建设，中央决定在全国所有乡镇成立司法所，作为县司法局派出机构和司法行政工作最基层单位。2004 年 6 月，经县委常委会会议和县编制委员会会议研究，在全县 30 个乡镇设立司法所（黑沙洲暂不设）。

2005 年，国家发改委下达的无为二坝、赫店、无城 3 个司法所办公用房国债项目启动，标志着无为司法所规范化建设的开始。2005 年 5 月，县委印发了《关于做好全县 2001—2005 年依法治县和法制宣传教育总结验收工作的通知》，县委宣传部、县司法局对全县“四五”普法工作进行了验收和总结，同时命名、表彰了首批“民主法治示范村”。同年，县司法局所辖国办律师事务所——安徽濡须律师事务所进行了脱钩改制，为律师事务工作赋予了生机和活力。

2006 年初，中共中央、国务院转发了《中宣部、司法部关于在公民中开展法制宣传教育的第五个五年规划的通知》，无为“五五”普法工作开始启动。与此同时，县委印发了《无为县“十一五”期间依法治县工作意见》，明确提出了推进民主法治建设，保障人民依法行使民主权利，全面推进依法行政，建设法治政府。

无为县扎实推进刑释解教人员回归管理各项基础工作。安置帮教工作开始新的进展。一是县成立安置帮教工作领导组，截至 2008 年，全县 23 个乡镇均以司法所为依托，成立了安置帮教站，村（居）民委员会成立帮教小组，建立健全了工作网络。二是做好刑释解教人接茬工作，及时登记造册，逐级通知司法所、做好衔接和帮扶工作，尽力减少脱管失控现象。全县有近 2000 名“两劳”人员回归社会，重新犯罪率不超过 4%、低于全省控制线，为维护全县社会稳定发挥了重要作用。

根据司法部要求，司法行政机关承担“两劳”回归人员管理职能。2007 年

10月，根据市委、市政府部署，无为社区矫正工作开始启动。社区矫正是全面落实科学发展观，探索中国特色社会主义刑罚执行制度，促进社会治安良性循环的重要举措，有利于合理配置行政资源，提高罪犯改造质量，它为加快县域经济又好又快发展创造了良好的社会环境。[①]

2012年，无为全面实施“六五”普法规划，努力培育社会主义法治文化，弘扬社会主义法治精神。结合典型案例，大力加强对各级领导干部的法治培训，推动领导干部带头学法用法，牢固树立社会主义法治理念。推进法治乡镇、法治行业、民主法治示范村（社区）等创建活动，引导人民群众自觉将法律作为指导和规范自身行为的基本准则，以理性合法方式表达利益诉求、解决矛盾纠纷、维护合法权益。

20多年的普法宣传教育，初步实现了由提高全县公民法律意识向提高全民法律素质的转变，提高了全县人民特别是各级领导干部的法律素质。广大公务员由注重依靠行政手段到学会运用法律手段的转变，切实提高了全社会法治化管理水平，加速了依法治县进程，保障了全县稳定，促进了全县经济的持续、快速、健康发展，为推进全县“三个文明”建设作出了积极的贡献。

第六节　创新开放的构建

优化出口产品结构，全县对外贸易步入快车道。加入世界贸易组织以后，我国在更大范围、更深层次融入了世界经济，对外开放进入了一个新的发展阶段。无为紧跟形势发展，加大对外开放力度，努力扩大对外贸易，外向型经济迈上了一个新的台阶。

2012年，[②]无为实现进出口总额1.2亿美元，其中出口4983万美元，增长

① 中共无为县委党史研究室编，《崛起——无为县改革开放三十年党史专题汇编（上卷）》，内部资料，皖CH—2009—03号，第442页。

② 《2012年无为县政府工作报告》。

38.8%，比2000年增长23倍多，创历史新高。全县在建内资项目410个，到位资金170亿元，形成固定资产投资150亿元，增长20%。新签约亿元以上项目86个，总投资346亿元，其中，超10亿元项目6个，超5亿元项目15个。同时，国际市场不断拓展，出口产品延伸到化工、机电、棉纺、板材等多个领域，出口产品结构进一步优化，由“两低”（低附加值、低科技含量）向“两高”（高附加值、高科技含量）逐步转变。

对外贸易不断发展的同时，利用外资工作也取得了全面丰收。“十五”以来，全县累计利用外资11882万美元，其中直接投资8757万美元。利用外资总额由2000年的756万美元，增长到2012年的1.21亿美元，增长15倍。林德气体成为无为第4家境外世界500强企业投资项目。大量外资的注入，加强了无为“走出去”开拓国际市场的能力，促进全县对外贸易步入快速发展的新阶段。

纵观改革开放30多年来无为外贸发展的成绩，主要是无为县委、县政府高度重视，各外贸进出口企业积极开拓国际市场的结果。各外贸企业为了开拓国际市场，不断提高产品档次，努力适应国际市场需求；注重培养外贸专业人才，捕信息、抓商机；在国际贸易中恪守信誉，把维护客户的利益当成自己的利益看待，从而赢得与客户长期合作的机会。安徽鸿羽羽绒制品公司就是成功的典型范例，该公司通过不懈地努力，成为无为出口创汇的骨干企业，为无为的对外贸易发展作出了贡献。

“十二五”期间，无为继续坚持以邓小平理论、“三个代表”重要思想为指导，认真落实科学发展观，努力形成一批具有国际竞争力的出口生产基地和自主品牌，使机电产品、高新技术产品、纺织品、优质农产品的出口比重明显提高。

第七节　社会保障的提升

养老保险的社会发展。2000年以后，无为逐步扩大养老金社会化发放面，全县5608名退休人员实行了养老金社会化发放，发放面达91%。同时，首次把私营企业和个体工商户作为参保扩面对象。

2001 年底，全县国有、集体企业参保 165 户，参保职工 22149 人，参保率 100%，本年度养老金社会化发放面也达到了 100%。同时，县劳保部门对全县离退休及享受遗属补助人员进行了一次全面的核查，有效地堵塞了社保资金冒领漏洞。

2003 年，县社会保险所及时认真组织填报《退休人员社会化管理信息表》，为全县参保企业退休人员建立数据库，全部实行微机管理，并下发了企业退休人员社会化管理服务文件资料汇编和《联系卡》，首先将 8890 名退休人员实行了社会化管理，实现面达 80%；随后，无城 9 个社区近 4000 名退休人员的档案全部移交。与此同时，利用各社区现有的条件，积极协助社区在退休人员当中成立了兴趣小组和互助组织、老年活动中心，切实改善老年人的晚年生活。

2005 年，为落实社会保险补贴政策，积极促进下岗失业人员通过灵活就业等形式实现再就业，无为对符合条件的 256 名下岗失业人员发放了社会保险补贴 53760 元。

2012 年，全县全年共筹集资金 14.4 亿元，大力实施了 35 项民生工程，让发展的成果更多地惠及广大人民群众。城乡居民低保标准进一步提高，实现“应保尽保”。城乡居民养老保险制度全面实施，参保人数达 79 万人。

失业保险的发展。2000 年 9 月，省政府发布《安徽省失业保险规定》（省政府令第 126 号），确定失业保险金的标准为统筹地区最低工资标准的 60%，但应高于当地城市居民最低生活保障标准。将定额医疗补助标准由每人每月 5 元提高至每人每月 10 元，同时对住院治疗的医疗补助金的发放设了上限。单位招用的农民合同制工人连续工作满一年，本单位已缴纳失业保险费，劳动合同期满未续订或者提前解除劳动合同的，由失业保险经办机构根据其工作年限，每满一年发给 1 个月生活补助金，最多不超过 12 个月，生活补助金的标准为统筹地区失业人员失业保险标准的 70%，由失业保险经办机构一次性发给。失业人员在领取失业保险金期间接受职业培训、职业介绍补贴所需资金，由失业保险经办机构按照不超过当年实际征收失业保险费总额的 12% 从失业保险基金中列支。

自2001年1月起，无为失业人员享受失业保险金标准提高为144元/月，医疗门诊费为10元/月。2001年5月，医疗门诊费由原10元/月提高到13元/月。

2012年，无为完成农民工技能培训2973人、新型农民培训4683人。新增城镇就业8400人，城镇登记失业率控制在3.9%。

医疗保险制度实施。2000年7月，无为开始实施城镇职工医疗保险制度，县成立城镇职工医疗保险基金管理中心，副科级建制，编制10人，内设参保工伤管理股、基金管理股、医疗审核管理股、公费管理股和办公室，隶属县劳动和社会保障局。管理中心主要负责各用人单位及其职工参加医疗、工伤和生育保险、灵活就业人员医疗保险、城镇居民医疗保险以及离休干部公费医疗管理等相关业务。9月，县政府出台了《关于印发无为县城镇职工医疗保险制度改革实施细则（试行）的通知》（无政〔2000〕160号）和《关于印发无为县城镇职工医疗保险医疗费用结算暂行规定》（无政办〔2000〕81号）等10个医改配套规定，召开了全县城镇职工医疗保险制度改革动员大会和医疗保险定点医疗机构培训会。10月1日起全县实施医疗保险改革。到当年底，全县城镇职工医疗保险参保单位95家，参保人数15000人。

2001年6月，在全省医疗保险工作会议上，无为医保中心作为全省唯一一家县级医疗保险先进典型单位作了经验介绍。当年，全县城镇职工医疗保险参保单位达188家，参保人数17911人。

2002年11月，县政府出台《关于调整完善无为县城镇职工医疗保险政策的通知》（无政〔2002〕195号），对无为医保政策进行了大幅度的调整，规定：对转往省外住院治疗的参保职工由原先个人支付总医药费的30%，下调为10%；对住院治疗和慢性病门诊使用的乙类药品和特检特治原先个人支付费用的30%进入统筹，下调为先支付费用的10%进入统筹；对每年按时足额缴纳社会救助基金的参保单位，其参保职工按规定进入社会救助基金报销时，个人承担的比例由30%下调为15%。同时，对参保职工住院和部分慢性病门诊发生的医药费进入统筹报销时的个人负担部分，由社会救助基金给予20%的补助等。当年，全县城镇职工医疗保险参保单位增加到204家，参保人数19876人。

无为医保制度不断完善。2003 年，为加强改制企业职工的基本医疗，保障全县国有企业改制工作的稳步推进，2003 年 6 月，县政府出台《关于改制企业参加基本医疗保险的通知》（无政办〔2003〕80 号），规定改制企业一律实行封闭运行、单列账户、单独核算、单独管理的办法，既保障了改制企业职工的基本医疗，又减少了全县医保基金的风险。当年底，改制企业参保人数 3920 人。同时，医保中心为 240 名企业军转干部办理了医疗保险手续。当年全县城镇职工医疗保险参保单位 244 家，参保人数 26000 余人。为从根本上保障离休人员的基本医疗，尽可能控制离休人员医药费的不合理开支和浪费，建立鼓励节约医药费的激励机制，县政府出台了《县直党政机关财政全额供给事业单位离休干部医药费统筹管理实施办法》（无政办〔2003〕58 号）和《关于对县直企业、差补和自收自支事业单位及乡镇离休干部医药费实行统筹管理的通知》（无政办〔2003〕118 号），规定自 2003 年 7 月 1 日起对县直党政机关财政全额供给事业单位离休干部实施医药费统筹管理，医药费增长过快的势头得到缓解，财政支出减少，同比 2003 年上半年支出减少了 1/3。

2006 年 6 月，县劳动保障局出台了《关于调整医疗保险统筹基金最高支付限额等有关规定的通知》（劳社秘〔2006〕122 号），调整了统筹基金和社会医疗救助金最高支付限额，将医疗保险统筹基金和社会救助金年度最高支付限额分别从 2.2 万元和 6 万元分别调整为 3.5 万元和 8 万元。同时，参照外地的经验，通过详细的病理调查和医疗费用测算，出台了《关于进一步加强医保慢性病管理工作的通知》（劳社秘〔2006〕145 号），从 7 月 1 日起，针对不同慢性病种用药的需求，实行医保慢性病年度最高支付限额管理，有效地控制了慢性病医疗费的不合理支出。该年，全县医疗保险参保单位 370 家，参保人数 32102 人。

2007 年，无为县建立农村新型合作医疗制度，覆盖群众 100.4 万人，补偿参合农民医药费 4755.5 万元。健全城乡医疗救助制度，救助困难群众 1737 人、发放救助金 307.8 万元。2008 年，无为开展被征地农民养老保险，全县参保人数达 3 万人。2009 年，无为县城镇居民医疗保险参保 9.9 万人，新农合参合率达 95%，城乡医疗保障范围日益扩大。2010 年，无为县新农合参合率达 96%，无为县荣获

“全省新型农村合作医疗先进县”称号。2011年，无为县城镇居民医疗保险参保率达98.8%，新农合参合率达99.1%。2012年，无为县城镇居民医疗保险参保率达98.8%，新农合参合率达99.1%。

其他保险的实施。无为工伤保险于2005年7月1日正式启动，县劳动保障局针对无为实际情况制定了工伤保险参保方案，要求所有企业单位按规定限期参保，并对重点单位上门宣传政策，现场研究解决具体问题。当年底，全县参加工伤保险企业77户，参保职工4844人，其中一类企业22户，1258人；二类企业17户，2248人；三类企业38户，1338人。当年对9名工伤职工进行了及时赔付。经过几年的发展，截至2012年6月，无为县工伤保险参保人数达22582人。

2006年11月1日无为启动生育保险。县医保中心从9月初开始，组织人员到多家医疗机构调阅住院病案，对生育保险所涉及的各项费用进行认真测算，制定出结算标准。同时，为让广大参保对象了解和熟悉这项政策，医保中心发放宣传资料给各参保单位，举办定点医疗机构生育保险培训班，从而确保生育保险于当年11月1日顺利启动运行，并于年底超额完成巢湖市局下达的1000人参保扩面任务。截至2012年6月，无为县生育保险参保人数38117人，完成2012年全年目标任务25000人的152%。

随着社会保障工作的深入开展，无为各项保险覆盖面不断扩大，这些保险的实施，维护了广大职工和群众的合法权益，分担了用人单位的风险，减少了职工和用人单位的矛盾，解决了群众“看病难、看病贵”问题，为无为经济发展营造了和谐稳定的社会环境。

第六章　党的建设科学化水平的提高

第一节　党的执政能力建设和先进性建设的加强

一、保持共产党员先进性教育的开展

（一）开展保持共产党员先进性教育活动的背景

根据党的十六大和十六届四中全会精神，为进一步加强党的执政能力建设，全面推进党的建设新的伟大工程，确保党始终走在时代前列，更好地肩负起历史使命，中央决定，从 2005 年 1 月开始，用一年半左右的时间，在全党开展以实践“三个代表”重要思想为主要内容的保持共产党员先进性教育活动。中央及省、巢湖市委于 2004 年 11 月 7 日、2005 年 1 月 21 日和 2005 年 2 月 1 日先后制发了《中共中央关于在全党开展以实践“三个代表”重要思想为主要内容的保持共产党员先进性教育活动的意见》《中共安徽省委关于开展以实践“三个代表”重要思想为主要内容的保持共产党员先进性教育活动的实施意见》和《中共巢湖市委关于开展以实践“三个代表”重要思想为主要内容的保持共产党员先进性教育活动的实施意见》等文件，就如何开展好保持共产党员先进性教育活动作出了具体的部署。

（二）无为保持共产党员先进性教育活动的推进

2005 年 2 月 16 日，县委成立了由县委书记周勇为组长，县委副书记郑翠华、

王学恒，县委常委、县委办公室主任朱来友，县委常委、组织部长程习龙为副组长的保持共产党员先进性教育活动领导小组，全面加强对全县先进性教育活动的组织领导。领导组下设办公室，由县委常委、组织部部长程习龙兼任办公室主任。1月27日，从县纪委、县委办、政府办、组织部、宣传部等18个单位抽调优秀年轻干部进入领导小组办公室。2月6日下午，县委召开常委会会议，专题研究了全县保持共产党员先进性教育活动的筹备工作，建立了党员领导干部联系点，制定了《中共无为县委关于开展以实践“三个代表”重要思想为主要内容的保持共产党员先进性教育活动的实施意见》，对全县开展保持共产党员先进性教育活动作出详细的部署。

全县先进性教育活动从2005年1月开始，分三批进行，每批半年左右时间，到2006年6月基本结束。第一批在县直党政机关和部分企事业单位中进行，从2005年1月开始到2005年6月基本结束。包括县级党政机关，人大、政协机关，法院、检察院和人民团体机关，县委、县政府直属事业单位，以及由上述机关管理的部分企事业单位和党的组织关系在无为的中央及省、市属驻无单位。第二批在城市基层和乡镇机关中进行，从2005年7月开始到2005年12月基本结束。包括街道社区和社会团体、社会中介组织，中等专业学校、城市中小学校，未参加第一批集中教育活动的企事业单位，乡镇机关及一些直属单位、县派驻乡镇的基层单位。第三批在农村和部分县党政机关中进行，从2006年1月开始到2006年6月基本结束。包括村，党组织关系在乡镇、村的企事业单位，农村中小学校等，以及承担先进性教育活动的组织和指导工作的部分县党政机关。

2005年2月20日，全县第一批保持共产党员先进性教育活动动员大会在无城镇政府一楼会议室召开，县四大班子主要负责人出席会议，巢湖市督导组组长张宗琴参加了会议。周勇在动员大会作动员讲话。2月21日，巢湖市委书记夏望平来无为检查先进性教育活动开展情况，并召开了部分党员座谈会，听取对如何搞好先进性教育活动的建议和意见。2月27日，安徽省委常委、省委政法委书记孙金龙来无为联系点，作保持共产党员先进性教育专题报告。6月14日，全县第二批先进性教育活动试点工作会议召开，确定百胜镇为第二批先进性教育活动试点单位。10月17日，在泉塘镇召开第三批先进性教育活动试点工作座谈会，确定泉塘镇中垄村为第三批先进性教育试点村。

在学习形式方面，无为针对不同对象，采取不同措施，重点建立“六学”制度，即对机关、事业单位党员实行“领导带学”，对企业党员实行“专人领学”，对离退休及年老体弱行动不便的党员实行“上门讲学”，对文化程度低、学习有困难的党员实行“结对帮学”，对外出务工的流动党员实行“邮件寄学”，对学习效果进行“测试考学”。

在整个教育活动中，全县3批5万多名参学党员，组织开展了2110多项主题实践活动，走访联系群众3万多户，为群众办实事3334件，全县新申请入党人数达2316人，新发展党员412人，活动达到了增强学习、推动农村工作的双重效果。

二、学习实践科学发展观活动的开展

新中国成立以来，特别是经过改革开放的不懈努力，我国取得了举世瞩目的发展成就，从生产力到生产关系、从经济基础到上层建筑都发生了意义深远的重大变化，但仍处于并将长期处于社会主义初级阶段的基本国情没有变，人民日益增长的物质文化需要同落后的社会生产力之间的矛盾这一社会主要矛盾没有变。必须始终保持清醒头脑，立足社会主义初级阶段这个最大实际，科学分析我国全面参与经济全球化的新机遇新挑战，全面认识工业化、信息化、城镇化、市场化、国际化深入发展的新形势新任务，深刻把握我国发展面临的新课题新矛盾，更加自觉地走科学发展道路，奋力开拓中国特色社会主义更为广阔的发展前景。科学发展观，是党中央基于这样的认识向全国人民提出的关于经济社会发展的指导方针，是对邓小平理论和“三个代表”重要思想的继承和发展。科学发展观第一要素是发展，核心是以人为本，基本要求是全面协调可持续，根本方法是统筹兼顾。

2003年10月，十六届三中全会召开以后，无为理论武装工作重点是学习宣传“坚持以人为本，树立全面、协调、可持续的发展观，促进经济社会和人的全面发展”的科学发展观。全县通过办班辅导、理论骨干巡回宣讲、中心组学习等形式，对科学发展观理论进行学习辅导。为了加深广大干部对科学发展观的理解，县委还专门邀请有一定理论功底的有关领导和学者做科学发展观的专题辅导，巢湖市委党校校长、教授江观伙在县委中心组理论学习（扩大）会上作了题为“从哲学视角认知科学发展观”讲座。县委中心组成员在实际工作中注重运用科学的理论来思考解答经济社会发展问题。2005 年，周勇的《坚持科学发展谋求奋力崛起》《以县域经济为载体推进社会主义新农村建设》调研报告中，都阐述了无为作为县域经济体应当沿着科学发展的路径去科学推进的观点。

在统一思想的基础上，县委提出了“以结构调整为主线，以民营经济为主体，以招商引资为突破口”的科学发展思路，推动了科学发展观的理念渐渐融入无为经济社会发展决策中。2007 年 5 月 11 日，县委印发了无发〔2007〕4 号文件《关于开展落实科学发展观大讨论活动的实施意见》，把学习宣传和深入贯彻科学发展观与无为思想教育和经济社会的建设紧密联合起来，推动全县经济建设、政治建设、文化建设和社会建设的协调发展。

2007 年 5 月，县委在全县党政机关开展了科学发展观“大讨论”活动。活动中，县委主要负责人率先垂范，撰写了题为《落实科学发展观实现无为奋力崛起》的理论文章。各级党组织主要负责人积极完成了“五个一”，即一篇理论文章、一份心得体会、一本读书笔记、一堂党课和一份调研报告。县委组织了 2 次专题学习，举办了 5 期干部学习论坛，邀请了省、市级专家领导结合无为实际宣讲科学发展观。全县各单位认真组织学习《科学发展观学习读本》《关于构建社会主义和谐社会若干重大问题的决定》等一批必读篇目。广大党员干部撰写大量心得体会，优秀理论文章、调研报告 200 余篇，部分优秀论文在省、巢湖市报刊上发表。此外，县委先后组织了产业发展、工业集中区建设等专题调研，各乡镇、县直各单位利用简报、标语、新闻媒体，宣传贯彻落实科学发展观。全县共编发各类简报 100 余期，县电台、电视台、网站播放活动报道 54 篇，市级以上平面媒体发稿 80 余篇。

从 2007 年 12 月到 2008 年 2 月底，无为在乡村两级开展了“践行科学发展观、建设美好新家园”为主题的“小学教”活动。各级党员领导干部到联系点指导和上党课857次，全县乡镇、村开展“践行科学发展观”大讨论活动3684次，参加大讨论的党员干部约6万人次，宣传报道各类先进典型人和事120余人次。各基层党组织以农村主题教育活动为契机，推动全县基层党组织建设。全县重点培育了2个“双培双带”示范乡镇、20个示范基地，培养、带动了近8000人参加“双培双带”活动。

2007年9月以后，全县以文化活动为手段，弘扬主旋律，将科学发展观融入其中，突出体现了时代要求，共举办“和风华章”大型歌舞晚会等文艺演出23场，放映主题电影46场，科学发展观主题画展等各项展览7场，送春联400余幅。县第七届文化艺术节紧紧围绕“唱和谐颂歌、展无为魅力”这一主题，历经1个多月，群众参与达10万余人次，为提高广大群众生活质量，推动全县落实科学发展观和精神文明建设产生了重要的作用。

根据安徽省、巢湖市的统一部署，无为县从2009年3月开始，分两批开展了深入学习实践科学发展观活动，县级领导班子和78个县直部门、23个乡镇共1344个参学单位、2529个基层党组织、56122名党员参加。活动中，县乡村三级认真贯彻落实省委、市委的要求，把学习实践科学发展观活动作为首要政治任务和重大工作责任，作为积极应对金融危机、破解发展难题、加快跨越发展的强大动力，作为强化基层、巩固基础的难得契机，按照“党员干部受教育、科学发展上水平、人民群众得实惠”的总体要求，围绕“全面推动科学发展，全力争做崛起先锋”的活动主题，基本实现了提高思想认识、解决突出问题、创新体制机制、促进科学发展、强化基层组织的目标。

主题活动进一步加深对科学发展观的理解，形成了推动无为科学发展的共识。千方百计破解发展难题，找准了实现无为科学发展的突破口，解决了一批人民群众反映强烈的突出问题，截至2010年3月，第二批、第三批参学单位共整改落实问题2026个。坚持立足当前、着眼长远，健全完善了保障无为科学发展的工作机制，县委、县政府重点围绕推进产业优化升级、切实减轻企业负担和加强党政干部考核、评价、问责等10个方面建立长效机制。县直各单位、各乡镇重点围绕产业发展、园区建设、民生保障等方面制定促进科学发展的体制机制，截至2010年3月，共废除制度219个，修订517个，新建313个，为科学发展观的贯彻落实提供了政策环境和制度保障。

三、新时期的党建工作

随着改革开放的不断深入，党建工作也面临了众多新问题和新任务。县委解放思想、勇于创新，在流动党员管理、非公党建、社区党建、农村基层党建等方面进行了大胆探索和创新。2008年，全县开展了规范县直单位党委、党组的设置。这一时期，蜀山镇新安村党支部书记王坤友荣获“全国优秀共产党员”并当选为党的十八大代表、高沟镇党委荣获“全国创先争优先进基层党组织”、开城镇羊山村党总支荣获“全国先进基层党组织”。县委党史研究室2005年、2008—2010年连续被省委党史研究室表彰为“全省党史系统先进集体”。

（一）以组织和制度创新，进一步加强村级组织建设

以“三级联创”（争创“五个好”村党组织、“五个好”乡镇党委和农村基层组织建设先进县）为总抓手，继续推进农村基层组织建设，开展村级资金、账务“双代管”和“村务公开”，建立健全村干部“三位一体”激励保障机制，推进村级管理规范化。

1. 指导开展村级组织换届选举。2002年，根据行政区划调整，全县由原来的710个村调整为603个村，共减少107个村。县委组织部指导各乡镇认真做好村级规模调整和村“两委”换届选举工作。2005年，又一次顺利完成了村“两委”换届工作，全县村书记、主任“一人兼”共有88人，占比例14.81%；“两委”交叉任职1024人，占比例26.16%；村干部职数比上届减少731人。全县共有29个村进行了直选试点，并全面获得成功。及时对50名以上党员的村党组织进行了组织设置调整，共调整设立村党总支320个。2006年，全县村级规模又一次进行大范围调整，村（社区）由原来的603个撤并为321个，共配备“两委”班子成员2257人，比并村前减少1100人，全县321个村级党组织中设置党总支301

个。其中：村党总支244个、社区总支57个。抓好农村党员主题教育。2011年，紧扣“用党旗引领建设新农村、让农民过上美好新生活”主题，按照“高标准、严要求、出经验、创特色”的要求，组织讲师团在全县分片开展宣讲，不断提升农村党员干部的政策理论水平和群众工作能力。

2. 推进村级规范化管理。2002年，进一步深入开展农村基层组织建设“三级联创”活动，推进农村整体工作上台阶。按动态管理方法，全县共摸排出120个示范村、75个后进村。对于后进村根据各村特点，一村一策，因村施治，开展典型带动和重点整顿。2003年，县委印发了《关于加强村级组织规范化管理的意见》《关于进一步规范村级财务管理的实施意见》和《关于在村党组织书记中选拔县聘用干部的实施意见》等配套文件，促进了农村经济发展和社会稳定。2007年，为健全村干部激励机制，出台了《关于加强村级干部队伍建设的意见》，明确在规范村干部配备的前提下，建立村干部待遇正常增长机制，进一步调动了广大村干部的积极性。

在村干部激励上，2012年初，县财政每年拿出近1000万元，全面提高村干部待遇。村主职报酬由每月650元调整到最高1300元，其他干部由每月600元调整到最高1200元。全县村干部报酬增长了近1倍，达到了农村人均收入的1.5倍，并建立了工作报酬正常增长机制。

（二）创新活动载体，拓展党员发挥作用的渠道

全县先后开展了“双培双带”先锋工程（把党员培养成致富能手、把致富能手培养成党员，带头致富、带领群众致富），为党员发挥先锋模范作用构建平台。2003年，县委印制了《关于在农村实施“双培双带”先锋工程的意见》和《无为县2003—2007年“双培双带”先锋工程实施规划》。2005年，县委在陡沟镇、泉塘镇和严桥镇认真开展以“建立岗位、明确责任、争当先锋”为主要内容的农村无职党员“建岗争先”试点活动，结合各村的实际，对无职党员合理设置岗位，明确具体职责，促进他们在发展农村经济、增加农民收入、稳定农村社会等方面争当先锋，用实际行动践行“三个代表”重要思想。2006年，县委在泉塘镇召

开了农村无职党员“建岗争先”活动现场会，在总结3个试点乡镇工作经验和成功做法的基础上，全面推开农村无职党员“建岗争先”工作，积极发挥农村党员在管理村级事务、促进经济发展中的作用。到当年底，全县有4500多名农村无职党员参加了“建岗争先”活动。2007年，全面推进党组织和党员承诺制，全县312个村（社区）党组织共承诺事项1012条，到当年底落实973条；全县36600名农村党员参加了承诺活动，承诺事项39178条，到当年底落实37506条。

2010年，全县创先争优活动启动以后，无为县紧紧围绕“四句话”目标，以“创建基层坚强堡垒，争当无为跨越先锋”为主题，强基础、树典型、重统筹，为加快经济发展和打造富裕和谐幸福无为提供坚强的组织保证，力争组织创先进、党员争优秀、群众得实惠。

一是拉高标杆，注重典型选树。王坤友同志是沈浩式的好党员、好支书，是全省、全国重大典型。围绕“学习王坤友，深入推进创先争优”，县委组织开展了32项系列活动。同时，分领域、分行业，由下而上，选树了20名可亲、可敬、可学、可比的党员群众身边典型。2011年“七一”期间，开展了“双百”表彰，通过网络、电视等媒体广泛进行学习、宣传，用身边的事教育身边的人，有效形成了“学先进、赶先进、当先进”的氛围。为把先进典型的崇高精神转化为推动基层党组织和党员创先争优的内在动力，全面推行一诺双评，建立了“上评下议”工作机制，推动了活动成效的显现。

二是创新载体，注重服务群众。围绕“打造群众满意工程”设置工作载体，深化创先争优活动内涵。开展了“双百双千”城乡基层党组织结对共建活动，结对单位共帮助培养村级后备干部1126人，建立党员致富能手培养对象1024名。2011年实现312个村、社区结对共建工作全覆盖。组织开展党员干部“三进三访”下基层活动（进农村、进社区、进企业，访农户、访居民、访员工），结合开展“五级书记带头大走访”，县乡村三级干部共走访群众6543户、企业427家，梳理问题1767个、解决问题1496个。在窗口单位和服务行业开展了“三树三争”活动（树形象，争创优质服务之窗；树新貌，争创规范服务之窗；树典型，争创示范服务之窗），增强服务意识、转变服务方式、提升服务水平。截至

2011年底，全县各窗口单位和服务行业通过发放调查问卷、召开座谈会、走访服务对象、网上征集等方式，收集群众意见建议1200余条。制定整改措施779件，累计清理和健全服务制度328项。对9名“群众满意股长”进行了提拔重用，对3名“群众最不满意股长”免去现职。

三是分类管理，注重夯实基础。围绕“强组织、增活力，创先争优迎十八大，开创无为跨越发展新局面”主题，召开了县、乡、村三级党组织和党员干部近千人参加的基层组织建设年动员大会，确定了“四个步骤”“五个格局”“八大工程”“三大举措”的工作重点。针对基层党组织的实际情况，研究制定了《关于推进基层党组织建设分类管理的意见》等基层党建“1+6”文件（基层党组织分类管理文件和农村、机关、非公企业、流动党员党组织、新社会组织、城市社区等6个党建工作文件）。通过分类推进，全面提升基层党建工作水平。确定2011年为基层党建“典型示范年”。分别在6种类型的基层党组织中创建100个示范点，通过建立“百点示范”工作机制，形成一批有特色、有新意、有影响的基层党建工作品牌。创先争优活动开展后，全县涌现出泉塘镇镇内党组织结对共建、泥汊镇五星级村民组创建、严桥镇村属支部小型化建设、二坝镇村级规范化建设、石涧镇信息化建设等一批有特色、有新意、有影响的基层党建工作亮点。

四是统筹推进，注重活动实效。在科学发展上争先锋。通过引导基层党组织履职尽责创先进、广大党员立足岗位争优秀，有力地推动了全县经济社会发展和民生工作改善，解决了一大批群众普遍关心的上学、就医、住房、出行等热点难点问题。在服务中心上创先进。围绕“示范区建设突破年”“城市建设推进年”和“招商引资强抓年”活动，大力开展“我该怎么干讨论、我在第一线行动、我是服务员活动”，引导广大党员干部面向一线，破解工作难题，推动工作落实。围绕县乡村三级党组织换届工作，开展严守换届纪律承诺。组织百名干部下基层，对全县312个村“两委”班子及负责人满意度开展民意调查活动，进一步提高村干部服务群众的积极性。围绕活动推进，县委做到组织机构、人员配备、办公场所、工作职责、工作经费“五落实”，建立了县乡党员领导干部和领导小组成员活动联系点224个，形成了书记抓、抓书记的格局。中央、省创先争优活动简报刊登无为县做法9篇，县编发简报295期。在省、市有关会议上作交流发言3次，按省创先争优活动办公室的要求，2012年2月份同步制定了《关于加强党支部组织制度建设的意见》。

深化城乡基层党组织结对共建。2011年，在市直98个单位与无为98个村党组织结成共建对子的基础上，继续扩大城乡基层党组织结对共建活动范围，采取"1+2"模式，组织107个县直单位城市基层党组织与114个村（社区）党组织结成共建对子，围绕"组织建设互动、科学发展互促、人才培养互补、脱贫解困互联"，积极探索创新共建工作新举措，不断丰富结对共建活动内容，实现城乡基层党组织结对共建全覆盖。2012年，无为深入开展乡村党组织"一镇一品""一村一品"创建活动，打造了一批水平高、叫得响的党建品牌项目。

（三）探索非公有制经济组织、社区党建以及流动党员管理新方法

1. 非公党建方面。2006年，在非公有制经济组织的党建工作中，按照"有党员企业抓组建，空白企业抓发展，有党组织的企业抓规范"的思路，全县非公企业共建立总支4个，独立党支部101个，占应建数的98.9%，"两新"组织（新经济组织和新社会组织）党员人数发展壮大到4734名。2007年，无为把党建工作与非公经济发展有机结合起来，以促进民营经济迅猛发展为重点，努力实现非公企业党组织组建工作"全覆盖"。全县在非公企业中建立党组织131个，其中党委1个、党总支7个、独立党支部123个，做到应建尽建，实现了"双覆盖"。由于这项工作措施得力，成效明显，当年4月，省委组织部举办的全省规模以上非公有制企业党建工作推进会在无为召开。为了扎实推进非公企业党建上规模，无为坚持党员领导干部联系非公企业党建工作制度，2009年县级23名党员领导干部分别联系23家规模以上非公企业，加强对企业的指导和督查。采取联合组建、挂靠组建等办法，在非公企业中建立了党委1个、党总支4个，独立党支部219个，联合支部3个，管理党员1679名；实现了126家规模以上企业党组织全覆盖，636家非公企业中党组织组建率达36.2%。无为经济开发区、高沟、无城工业园区分别建成了120平方米、160平方米和100平方米的党员服务中心。

2009年共举办非公企业党组织负责人、党务工作者、党建指导员培训班71期、培训1069人次。

2012年，无为在非公有制企业、社会组织中集中开展党建工作“123”强基工程。采取领导包建、指导员帮建、重点区域（领域）统建、查找党员促建等形式，组建非公企业党组织349个，单独建立党组织281个，联合建立党组织68个，组建率达到97.75%。

2. 社区党建方面。2002年，无为进一步健全社区组织，全县共设立了46个社区居委会。2007年，强化措施，深入开展“社区党建工作规范化建设年”活动，在全面摸底的基础上，制定了《社区设置规划和社区工作用房规划》。同年，为便于社区管理，将无城原有的9个城市社区增设至11个。调整后的11个城市社区党组织书记、居委会主任按副科级配备。同时，公开选拔了11名优秀年轻干部到城市社区任党组织书记，招考23名社区工作人员，使社区专职干部队伍和党建工作得到了充实和加强。为扎实推进城市社区党建上水平，2009年采取无城镇财政投入一部分；县政府对每个社区按标准建好办公用房经验收合格后，给予以奖代补补助资金20万元；无偿划拨土地；社区内开发商按其开发建筑面积的千分之三，无偿提供办公用房或缴纳代建资金等四项措施，扎实推进城市社区办公用房。到当年12月底，全县11个城市社区全部完成建设任务，并按照每名社区党员50元的标准，将社区党组织活动经费纳入县级财政预算；县镇各配套5万元资金解决社区办公经费不足的问题。

3. 流动党员管理方面。为加强流动党员的管理，2001年，无为印发了《关于加强流动党员和全县离岗职工党员管理的办法》。2002年，在外出返乡党员中开展“六个一”活动，即召开一次联谊会或座谈会、参加一次组织活动、交纳一次党费、为家乡建设出一个“金点子”、帮扶一户贫困户、做一件实事。进一步加强对流动党员的教育管理，使党员做到离乡不离党。2006年，无为在流动党员相对集中的上海、北京、宁波等地建立了18个驻外党支部，20多个党小组。依托县政府和乡镇驻外招商办事处，在上海、福建等地建立了9个驻外联络站，并在南京、广州和温州等地建立了6个流动党员管理站。2007年，加大了驻外党组织的组建力度，当年新建65个。全县共建驻外党组织84个，完成计划组建数的101%。采取实地发放、集中发放、邮件寄发、亲友托带等办法，全县“流动党员活动证”做到应发尽发，有效地加强了流动党员的管理。扎实推进流动党员教育管理上台阶。2009年共组建流动党员党组织32个，截至该年12月底，全县在上海、北京、宁波等地共建立驻外党组织182个，占建制村（社区）总数的56.3%，其中党委2个、党总支5个，党支部175个，共管理流动党员1500余人。2010年，为加强在外流动党员管理服务，县委组织部与县司法局合作，于11月份在北京、上海等流动党员较多的地方设立了流动党员法律援助工作站，出台了《无为县驻外流动党员法律援助工作站管理办法》，进一步加强对无为流动党员的服务，切实保障流动党员的合法权益。2010年底，无为在上海、北京等地建立流动党员党组织186个，并与流入地党组织建立联系对接制度，签订共管协议书，不断完善流动党员“一人一卡”“一月一问”“一年一会”的联系常态机制。

（四）进一步加强党教阵地建设

2004年，为进一步加强村级组织活动阵地建设，要求全县村级党组织阵地按照“两室”（村部办公室和党员活动室）、“四有”（有规范的村级组织牌子、有健全的村级组织制度、有必备的办公和活动设施、有合格的村务公开栏）的基本标准，推进“村部规范化建设”工程。当年重点帮助52个无村部的村新建组织活动阵地。2005年，采取县党费补助一点、县扶贫资金扶持一点、县直有关部门和乡镇支持一点、村级自筹一点的“四个一点”办法，解决部分村部建设资金；对一些村部较好、各项工作比较先进的村，采取以奖代补的办法帮助完善配套设施，使其锦上添花，发挥示范作用。全县共为84个村统一购置了彩电、DVD等电教设备。2006年，无为根据并村后村级规模扩大的实际，按照村级活动场所90平方米的建筑标准，再增加投资近100万元，把建筑面积提高到120平方米。2006年底，全县村级活动场所在建19个，建成了5个。到2007年底，全县总投资近800万元，建筑面积达13000多平方米的72个新建村级组织活动场所全部竣工投入使用，推进了党教工作的开展。

扎实推进党员电化教育。2010年，从县直涉农部门抽调业务骨干5名，组成县远程教育教学宣讲团，深入乡镇、村，利用远程教育开展系列培训，将教学课堂搬到镇村和种养示范区，面对面地与农民进行“现场教学”，指导党员群众提高农业生产水平。全年举办棉花、水产、白鹅等培训活动18场，受训党员群众2000余人。开展主题为“学习宣传贯彻党的十七届四中全会精神”的电教专题播放周活动，共有2000多名农村党员干部接受了党员电化教育。利用远程教育网络组织全县党员干部收看学习沈浩同志的先进事迹，全县远教站点组织专题学习600多场次，参学党员干部达25000多人，广大党员干部受到了强烈的心灵震撼和深刻的思想教育。

2012年，无为按照《无为县远程教育站点管理办法》和《全县远程教育站点规范化建设意见》规定，进一步推进远教站点的规范化建设，培育出一批市、县示范站点、优秀站点管理员和学用标兵。

（五）选派年轻干部下乡充实基层组织力量

从2003年起到2007年，全县共选派180名机关干部分三批到村任职，加强村级组织建设，推进无为的新农村建设。2003年，认真抓好第一批选派干部下基层“关键年”“突破年”工作，对6名工作实绩突出、群众公认的选派干部上挂乡镇党委委员。2004年，全县开展了第二批选派工作，省、市、县共选派了92名机关干部到村任职。2006年，进行了第三批选派工作，共选派50名干部到新农村建设示范村、落后村和乡镇任职，使年轻干部既得到了锻炼的机会，又加强了基层党组织的建设，为推动新农村建设和促进县域经济的快速发展注入了生机和活力。

2010年，县委组织部积极协调有关涉农部门，指导和帮助“难点村”党员和群众拓宽思路，选准致富路子。采取政策上优惠、技术上帮助、资金上扶持等措施，盘活“难点村”集体闲置资产。以第四批选派工作为契机，帮助选派村选准发展集体经济的项目，发挥好5万元专项资金的“酵母”作用，同时，结合开展城乡基层党组织结对共建、选派单位和帮扶单位扶持等工作，在资金、项目上向

“难点村”倾斜，引导投入更多社会资金，发展壮大村集体经济。2011 年选调了 31 名年轻干部分别到乡镇、村进行挂职锻炼，增强了村级组织的领导力量。

四、党的十八大代表、全国优秀共产党员王坤友

王坤友（1948.11—2012.08.21），男，1965 年 10 月参加工作，1971 年 7 月加入中国共产党。中国共产党第十八次全国代表大会代表，全国优秀共产党员，安徽省无为县坤友特种水产养殖协会原会长，坤友特种水产养殖专业合作社原董事长，曾先后担任蜀山镇黄姑乡原新安村党支部书记、泊山洞管理处主任，蜀山镇原建成村党支部书记等职务。

（一）三度受命：“组织的希望就是命令”

四十六年如一日，从 1965 年参加工作，王坤友就一直奋战在农村基层，默默耕耘，被村民称为“永不松套老黄牛”。多年来，王坤友坚定、乐观，对党有执着的信仰，把服从组织安排作为自己的“天职”。

1992 年冬天，蜀山镇黄姑乡采石工人在泊山意外发现了一个天然溶洞，镇政府研究后决定开发，找到王坤友担任泊山洞管委会主任。“当时山上荒草丛生，啥也没有，我不是不知道难，但我觉得组织找到你，就是信任你”王坤友说。在泊山洞，他带领 9 名工作人员，吃住在山上，顶着寒风凿隧道、清淤泥、炸山石。仅 6 个月的时间，他们就打通了原本需要两年开发的深达 800 米的主体工程。为省钱，王坤友和其他同志们外出采购时只住十几元一天的大通铺。泊山洞风景区开业 3 年就收回了成本，并每年纳税近 50 万元。2001 年，泊山洞开发成为国家 3A 级旅游景区。

泊山洞开发取得成功时，蜀山镇党委又找到王坤友，让他到建成村去当村支书。王坤友说，“我是一名共产党员，组织的希望就是命令。”当时正值农历正月十六，不顾朋友和家人的反对，王坤友背起铺盖来到了建成村，当时的建成村是蜀山镇典型的“后进村”，村“两委”就剩 1 名会计留守，一摊子债务不说，多年的农业税收不上来，由于村里经济落后、账目不清，导致干群间不信任。刚到

任，他的铺盖就被一名村民扔出了村部。但他毫不气馁，经过四处奔走，他把建成村的10年“糊涂账”全部理清，当年化解债务30多万元，村里老百姓的心也逐渐安定下来。同时，他带头修路、挖塘、通渠，把200多亩抛荒地整治成良田，村容村貌焕然一新。接着，王坤友又挨家挨户跑，了解情况，交心谈心，很快打开了工作局面。

就在建成村工作步入正轨的时候，2003年，王坤友老家所在的新安村村务工作排名全镇倒数第三，出现困难，镇党委思来想去，再次找上了他，希望他能再接下这个摊子。时年55岁的王坤友二话没说，背上铺盖又来到了新安村。在新安村，王坤友吃住都在办公室，与村“两委”一帮人想法子、搞建设，他有一句“名言”：围绕发展想点子，没有干不好的事。他带领干部群众，将单一的种水稻转变为农业种植和水产养殖并举的多元产业结构。2007年，加固加高村里2.1公里防洪险段；2008年，疏浚300米的内河淤泥、推广沼气；2009年，各村民组全部修通砂石路……2011年，新安村人均收入从五年前的3700元增加到7500元，“困难村”逐渐走上了富裕路。

（二）“三汤”书记：“老百姓的满意，是我最大的满足”

“做人为政，比豆腐汤还清；对待自己，比黄连汤还苦；对老百姓，比人参汤还补”，这就是村民眼中的王坤友。

王坤友有一个习惯，宿舍相隔办公室不到10米，为的是村民随叫随到。2006年，新安村村民程克俭夫妇因故去世，留下了一双子女。“乖乖，以后我就是你们的爷爷”，王坤友主动为孩子们申请了低保，还到学校为孩子们争取减免了学费，孩子的衣服、被子他都给“包了”，每年逢年过节都要看看孩子们。

2009年夏天，为了帮助村民建设沼气池，王坤友想办法从外地运来8车猪粪。虽然没有让村民出钱，但是有村民嫌脏怕臭，不愿意建沼气池。“这是好事，是为了大伙儿方便省钱啊”，王坤友一边做村民工作，一边带着村干部把猪粪挑到了各家的沼气池。正当他带领村干部将猪粪送往沼气池时，同事发现他脸色很不正常，“黑得发紫”。8月19日，一纸“癌症晚期”的诊断书摆在了王坤友的面前，然而他对陪着来检查的村委会主任张君长说："你们回去吧，把村里的工作干好，我就放心了……"病魔并没有摧毁王坤友的意志，手术后病情初步稳定，他就回到岗位上继续工作。

（三）鞠躬尽瘁："不能坚持到北京去参加十八大，是这辈子最大的遗憾"

2011年，由于身体和年龄的原因，王坤友离开村党总支书记岗位，离开岗位后，他并没有离村养老，而是牵头带领6名党员成立了无为县坤友特种水产养殖协会，注册了"符家沟"牌商标。"村里的水产养殖刚起步，技术、品牌、销售渠道还不成熟，抗风险能力弱"，王坤友担忧地想。

没有办公场所，他把自家房子腾出来一半；养殖户缺乏资金，他积极利用国家政策争取贷款；需要技术培训，多方邀请专家前来授课。合作社成立短短一年时间，协会就发展壮大到18个专业合作社，会员102人，2011年总养殖面积2046亩，盈利120万元。而做这些事，王坤友没有任何个人利益，一位村民说："他跑项目、跑资金的路费都是自己出，我们想请吃顿饭他都谢绝。"7月下旬，王坤友的病情有恶化趋势，去上海做了食道支架手术。因10月份将上市的这一季黄鳝养殖"正需要用钱"，他不顾身体虚弱，回来第二天就带着养殖户到县里申请贷款。被他的精神感染，银行不仅批了贷款，又现场新增了6户30万元贴息贷款。

2011年，王坤友荣获"全国优秀共产党员"并当选为党的十八大代表。2012年8月21日，64岁的王坤友又一次住进医院，但这次因病医治无效，他走完了人生最后一程，再也没能回到村民中间。他的儿子王平说："临终前，他说不能坚持到北京去参加十八大，是这辈子最大的遗憾。"

"沥血卌春为党克己奉公，受命三任为民鞠躬尽瘁"，在王坤友的灵车驶出村庄的时刻，四里八乡赶来的数百名群众，默默地簇拥着自己的老书记，一直送出了很远很远。王坤友曾说，焦裕禄就是他的青春偶像，他一直梦想着有一天能成为焦裕禄式的好干部。这一天，他用行动践行了 名共产党员的理想。

五、开城镇羊山村党总支荣获“全国先进基层党组织”称号

羊山村地处开城镇偏北，全村总面积5.6平方公里，人口4768人，耕地面积6015亩，山场面积1800亩，辖33个村民组；村党总支辖3个党支部，党员136名。多年来，村党总支以创建“五个好”党组织为目标，把发展当作第一要务，千方百计发展壮大村集体经济，截至2010年，全村拥有集体资产300多万元，村集体年纯收入20多万元。2011年7月1日，被中共中央组织部授予“全国先进基层党组织”称号。

（一）强组织建队伍，提高党组织凝聚力

羊山村虽地理位置偏，资源条件差，但村“两委”没有因此停滞不前，而是自增压力，苦练内功，不断增强发展本领。一是抓学习促素质增强。坚持每日例会制度，每天早晨在村部召开“两委”干部碰头会，汇报各自工作开展情况，并相互交流经验，取长补短，会前开展读书、看报、看电视等自学活动。二是抓作风促效能提高。村干部坚持分工包片责任制，实行工资与绩效挂钩，严格抓兑现；村公益事业出工，大多数任务由村“两委”干部义务劳动完成，既节省村级开支，又树立了村干部形象。三是抓制度促程序规范。村“两委”严格按章办事，凡是村集体重大事项和决策，都是在尊重民意基础上形成集体意见后再实施；村“两委”干部到镇上开会、报送材料、外出联系工作都是乘车去，从不打的、住宾馆，从不乱花钱、图享受。四是抓形象促带动作用。日常工作中村“两委”以身作则，苦事、难事带头干、抢着干，矛盾问题迎着上、顶着上，从而提高了威信，得到了群众的拥护，在每年的村干部述职评议中，村“两委”都高票通过。

（二）发展经济保增长，推动产业结构调整

村党总支立足村情做文章，因地制宜挖潜力，走活了发展经济五步棋。第一步兴建集贸市场，搞活流通。开发羊山头，兴建67间门面房，对外出租，每年为村创收5万多元。第二步合理流转土地，对外发包。依照土地承包法等有关政

策规定，通过与原承包户协商，对闲置的土地经营权进行流转变更，并通过调整集中成片，由村合作经济组织重新对外发包，推动农业规模化生产。第三步实施退耕还林，生态兴村。村党总支紧抓国家优惠政策，提议实施退耕还林，并将此建议提交村民代表会议通过，由村集体买断农户500亩岗地经营权，栽种经济林。几年来，共栽种桑树120亩，套种药材100亩，栽种香椿9000棵、雷竹6000棵、意杨12700棵、杉树8000棵，开辟苗圃125亩。每年村集体增收13万多元。第四步发展水产养殖，多种经营。开挖山塘，改造低洼田，开辟精养鱼塘42口，既解决山岗耕地农业人畜用水困难，还通过对外发包鱼塘，村集体年增收3.5万元。第五步坚持工业强村，多元发展。在发展种养业同时，村党总支更加注重工业发展来增强后劲，通过内引外联，吸引有识之士来村投资兴办实业。该村拥有棉制品、羽毛、自来水、农机服务等公司，在退耕还林基础上成功探索出“山地栽桑养蚕、种草养牛养羊、林间养鸡养兔、生态养猪养鱼”的立体生态种养模式，有效推动产业结构的调整。

（三）改善民生促和谐，创建新型农村典范

村党总支投资近140万元修建了连通所有村民组的水泥路，新建桥涵三座；投资15万元改造了电网，增加变压器容量，保证群众正常照明；投资240万元新建自来水厂，惠及11所小学、8家企业；开挖当家塘42口，疏渠1800米，绿化道路2000多米；投资12万元新建一个1850平方米的村级卫生室，改善了村民就医条件；投资10多万元兴建一座占地1000多平方米的农民文化活动中心和农民文化科技学校，图书室藏书万册；建成百米文化长廊，还有一座容纳千人的多功能影剧院，使村民在劳动之余有一个休闲娱乐的场所，丰富了群众文化生活。另外，村还投资10万元新建一座五保之家，集中供养五保老人32人；动员社会捐款、村集体支持，争取上级扶持，帮助8户困难户改造危房，积极和村周边企业联系帮助22个残疾人员解决了就业。

在新农村建设上，羊山村党总支始终坚持一个原则，就是因地制宜，创新特色。从2006年以来，陆续建设六个新农村示范点，每个点都各有特色。特别是

投资38万元新建的骆祠示范点，在规划上既注重了路、渠、塘、树一体和休闲场所、人行道合理利用，更注重村内道路设计，使村内道路既有循环路，还有纵横路，最具特色的是村庄环境绿化与庭院绿化得到了统一。新农村示范点大宇村完成村内规划，进入实施阶段。几年来，共投资180多万元，修建水泥路1.1万米，整修村内塘口9口，改厕320座，绿化草坪3500平方米，安装健身器材8套、路灯18盏，修建垃圾池36座，栽植行道树1.8万棵，复垦土地100多亩。由于新农村建设给群众带来了实实在在的好处，得到群众好评，也吸引了其他市县来参观考察，新农村建设成了羊山村走向外界的一张响亮的名片。在羊山，广泛流传一套顺口溜：羊山人不是吹，走路脚不沾灰；羊山人不算能，新农村建设率先行。

村党总支先后被县委授予先进基层党组织、“五个好”村党支部，被市委授予先进基层党组织，被省委授予学习“三个代表”重要思想学习教育活动先进集体、先进基层党组织、“五个好”村党组织标兵，被国家五部委联合授予“全国绿色小康村”荣誉称号。

六、高沟镇党委获授“全国创先争优先进基层党组织”称号

安徽省高沟镇党委下辖各类党组织102个。其中：二级党委1个、党总支部12个、党支部89个。党员1901人。创先争优活动开展以来，高沟镇党委以科学发展观为统领，以经济建设为中心，以“夯实基层筑堡垒，跨越腾飞争先锋”为主题，促发展、惠民生、构和谐、强组织，努力打造群众满意工程。2011年全镇工农业总产值达254亿元，财政收入7.5亿元，全社会固定资产投资29亿元。经济总量和增长速度都位居全省前列，被誉为安徽省第一镇，是“国家经济发达镇行政管理体制改革试点镇”。先后被命名为“全国特种电缆生产基地”“全国文明村镇”“全国环境优美镇”“安徽省新型工业产业化示范基地”“安徽省村镇建设十佳镇”“安徽省文明乡镇”，荣获全国人民满意的公务员集体、安徽省人才工作先进单位等称号。2012年6月，高沟镇党委被中共中央组织部和中共安徽省委组织部分别授予“全国创先争优先进基层党组织”“全省创先争优先进基层党组织”

称号。

（一）转型突破，推动科学发展

围绕滨江新城建设，组织全镇党员干部围绕征地、拆迁、文明创建、服务群众等重点工作开展目标承诺，全镇各级党组织和广大党员干部共承诺事项2100余件。围绕电线电缆转型升级，邀请了中国科学院院士卢强和中国工程院院士雷清泉对企业家进行培训，为电线电缆产业转型升级问诊把脉、献计献策，组织党员干部入企开展大走访活动，帮助企业内挖潜力、外拓市场，广泛收集企业家意见。在走访活动中，共帮助企业解决建设、融资、矛盾等实际问题30多个，产业核心竞争力明显提升，已有省级企业技术中心9家、高新技术企业24家，省名牌产品22个。大力实施“凤还巢”工程，在流动党员中开展“为家乡发展建功立业”活动，从他们当中择优聘任为驻外招商办主任，激发流动党员为家乡引商热情，积极向镇党委、政府提供项目信息。近年来，广大流动党员共为家乡引进项目160个，总投资达58亿元。

（二）统筹发展，促进社会和谐

发挥农村党员贴近群众的优势，通过党员干部的宣传和示范带动，引导群众投入到新农村建设中。两年来，镇村两级党员开展新农村政策宣讲活动8场次，建设新农村示范点10个，新建中心村1个，建设标准化农住房42套；投入4.8亿元，初步建成总长51公里，以高新大道为轴线的“三纵三横”路网格局；投资2400万元改建排灌站4座，完成堤防加固工程6公里，疏浚沟渠2.6万米。积极开展党员志愿活动，采取党员自愿报名、义务监督方式组建志愿服务队，对镇村道路、水利、绿化、亮化等50个重点项目的工程质量和进度进行义务监督。两年来，共组建了16个镇村党员志愿服务队，参与党员150多人，共服务道路工程20多公里、绿化2万多平方米。在大力实施城镇畅通工程、清洁工程、绿化亮化工程、村庄整治工程、文化塑造工程和灵安工程等“六大工程”建设过程中，发挥农村、社区无职党员作用，设立党员奉献岗、监督岗等岗位，76名无职党员积极上岗履职。乡村面貌焕然一新，先后被国家和省相关部门连续两届授予“全国文明村镇”“全国环境优美乡镇”和“安徽省文明村镇”荣誉称号。

（三）改善民生，服务人民群众

加大民生工程建设力度，坚持教育、卫生优先，投资1000万元，新建改建学校11所，新增校舍2000平方米，新建了镇医院住院楼，改扩建标准化管理社区、村卫生室9所，全面实施新型农村合作医疗，参合率达100%、新农保参合率达90%。整治违章违规建设，对所有小产权房在建工程全面停工，对尚未建成的小产权房项目，一律通过政府收储，实行招标、拍卖的方式进行规范，促进有序发展。有10宗地完成政府收储，2宗土地成功拍卖，其余8宗地陆续通过拍卖方式推出。加大扶贫帮困力度，出台《高沟镇困难党员群众慰问办法》，建立镇村党员干部定期走访慰问制度。两年来，共筹集各类资金300多万元，在春节、七一、国庆等重大节日期间，组织镇村110多名党员干部深入村、户，慰问困难党员群众532人，密切了党群干群关系。

（四）夯实基础，加强基层组织

强组织，筑牢战斗堡垒。开展党建示范点创建工程，通过建立联系点、下派党建指导员，加大指导和帮扶力度，积极打造华能电缆集团党总支和龙庵、新沟、隆兴等三个村级党组织等一批党建示范点，发挥典型引路作用；编印《基层党建业务手册》发放给每个基层党组织，加强对基层党务工作的指导；实施村部达标工程，针对全镇10个村部现状，因地制宜，进行了功能完善，改善了村部面貌；开展非公党建摸底和集中组建活动，建立非公企业党建台账215份，集中组建党组织14个。全镇非公企业党组织中，党委1个、党总支1个、独立党支部79个，管理党员516人，规模以上企业党组织组建率达100%。提素质，加强班子建设。选优配强村班子成员，将3名能力薄弱村支书进行调整，吸收5名退伍军人充实到村班子中；组织召开全镇村干部经验交流会，开展“老帮轻、强带弱”“1+1”结对帮扶活动；有计划地对非公企业党组织负责人、党务工作人员以及企业党建工作指导员就党的基本理论、政策法规、党建业务知识等方面开展教育培训，共举办了非公企业党组织负责人培训班两次，组织了120名规模以上非公企业党组织负责人参加培训。树典型，激发工作动力。全面开展向王坤友学习活动，大力选树党员群众身边的先进典型22个，其中李永华被授予全省优秀共产党员称号。同时，利用媒体、简报、网站等载体对他们的先进事迹进行广泛宣传，营造了“学习先进、争当先进、赶超先进”的浓厚氛围。

第二节　反腐倡廉的深入

一、加强党风廉政建设责任制工作意识

为适应形势，在不断总结党风廉政建设和反腐败斗争工作经验的基础上，确定了党风廉政建设责任制作为反腐倡廉工作的龙头。为保证责任制工作落实，2000年，省纪委、省监察厅下发《关于实施党风廉政建设责任制追究的暂行办法》，无为县乡两级迅速成立党风廉政建设责任制领导小组，对党风廉政建设和反腐败斗争主要任务进行分解。县委主要负责人和乡镇党委、县直单位主要负责人签订党风廉政建设目标管理责任书，并通过召开乡镇和县直单位党风廉政建设工作汇报会、督查指导等形式，推动全县党风廉政建设责任制工作的落实。截至2012年，先后追究了安全生产、奢侈浪费、项目建设等方面30余起责任事故的领导责任。仅2003年防治“非典”期间，就查处5起失职、渎职和不服从组织工作安排的案件，处理党员干部11名，其中2名副科级干部。

党的十六届四中全会提出坚持标本兼治、综合治理、惩防并举、注重预防的方针，抓紧建立健全与社会主义市场经济体制相适应的教育、制度、监督并重的惩治和预防腐败体系。2004年12月，省委下发《安徽省惩治和预防腐败体系建设纲要（试行）》。2005年1月，党中央出台《建立健全教育、制度、监督并重的惩治和预防腐败体系实施纲要》。为认真贯彻“两个纲要”，2005年5月，无为制定实施意见和主要任务分解表，一方面深入抓好“两个纲要”的学习、宣传，

增强党员干部尤其是领导干部变动及党风廉政建设新要求，组织全县副科实职以上领导干部重新填报《党风廉政档案登记表》，并把领导班子贯彻落实党风廉政建设责任制形成的有关材料和领导干部廉洁自律情况，按廉政档案的内容，分别建立领导班子集体卷76卷和领导干部个人卷1540卷。2006年，要求各乡镇和县直单位对所属机构负责人建立廉政档案。

2007年，县印发了《关于加强党政机关工作人员通信补贴管理工作的意见》，要求各单位严格执行通信补贴有关规定，严禁擅自扩大补贴范围、提高补贴标准，或以其他变通方式报销个人通信费。

2012年，无为坚持落实“党要管党、从严治党”要求，认真贯彻中纪委十七届七次会议精神，进一步强化了党风廉政建设责任制。

二、持续加大党风廉政宣传教育工作力度

2005年，利用县政府网络中心建立无为廉政网站。在中秋、国庆期间，向全县242名正科级以上党员领导干部发送1200余条廉政短信。在无城主街道悬挂反腐倡廉广告条幅12幅，在无城十字街等要道口制作廉政广告灯箱，县电视台在黄金时间段滚动播放反腐倡廉公益广告。组织全县党员收看陈云与党风廉政事迹纪录片等影片，增强了党员领导干部和广大党员廉洁从政的思想基础。

2006年，开展以“学习党章、遵守党的纪律”为主题的“党风廉政学习教育月”活动，组织1800名党员干部参加全国“红船杯”学党章知识竞答活动。先后向全县党员干部家庭发出1000份以“社会主义荣辱观”作为持家修身准绳的倡议书，在全县营造清廉氛围。

2007年，重点开展“作风教育月”活动，将“作风教育月”活动与机关效能建设、科学发展观大讨论活动和“机关作风建设年”活动紧密结合，采取基层推荐、严格审核的方法，推荐一名正科级领导干部作风建设先进典型上报省、市纪委，并在全县基层党组织推荐上报的基础上，遴选了5名作风优良的党员干部先进典型制作成专题片在县电视台、电台宣传。全县先后组织“知荣明辱扬正气”主题演唱活动十余场，参与和观看的党员干部数万人。在中共十七大会议期间，

组织由14个县直单位参加的廉政歌曲歌咏比赛，县四大班子全体负责人及县直单位主要负责人与党员干部一道参加了比赛，有力地提高了党风廉政建设和精神文明创建工作。

2002—2012年，县纪委向全县通报了13个单位19名党员干部的违纪行为。纪委班子成员在反腐倡廉教育以及县委党校举办的各类培训班讲课75场次；纪检部门先后购买各类宣教片210部在各单位巡回播放；选送县医院自编、自演戏剧小品《手术被患者推迟》，在巢湖地区组织的反腐倡廉文艺演出竞赛中，获创作奖和演出二等奖。

三、切实解决损害群众利益的突出问题

2002年，为全面落实企业减负有关规定，无为县政府纠风办印发了《关于开展企业负担检查的通知》，要求由县经贸局牵头，组织县乡企局、物价局、纠风办等部门，对全县企业减负情况进行全面检查，并将检查结果在全县通报，使企业减负工作真正落到实处。2004年，为纠正部门、单位乘节假日之机，巧立名目乱收费等不正之风，县政府纠风办印发了《关于严禁向企业乱收费的紧急通知》，要求县纠风办和县监察局、物价局采取明察暗访，对一些企业所反映的县直有关部门和单位在年终向企业乱收费、搞赞助以及搭车收费的行为进行核实，对有令不行、有禁不止的给予严肃处理。为进一步减轻企业负担，改善经济环境，县政府印发了《无为县投诉中心投诉受理办理暂行规定》，进一步规范受理办理投诉工作。为方便群众和企业投诉，县政府将四个投诉中心整合，迁移至行政服务中心。

2003年，无为县开展了整治和优化政务环境活动，7月下旬至10月下旬，开展对乡镇、县直各单位事权监督，并对行政性收费项目进行了清理。各乡镇和单位建立向社会公开承诺和首问负责制度，接受群众监督。2004年，为进一步优化政务环境，县政府办公室印发了《无为县行政机关工作人员效能责任追究办法（试行）》。2005年，结合贯彻落实《行政许可法》，县政府印发了《关于开展行政效能监察的通知》，以增强行政机关及工作人员依法行政的意识，转变工作作

风，规范行政行为。

在医药领域开展市场秩序整治，2003年特别是在防治“非典”期间，对全县所有药店、医疗机构和个体诊所进行了药品市场整顿和防非药品的价格检查，处罚医疗机构12家，药店2家，没收违法所得0.78万元，罚款0.22万元，退还消费者0.32万元。2004年5月，县纪检部门会同药监、卫生等部门对无城医药单位收费问题进行督查，纠正了1项收费，追缴违规收费2.1万元。同时，对药品经营情况进行了检查，查处药品购销和医疗服务中的违纪违法案件42件，涉及违纪违法金额5.5万元，取缔无证经营6家，处罚6万元，查处伪劣药品和医疗器械涉案总值4万元。

信访工作是保持党和政府同人民群众密切联系的重要工作。全县各级纪检监察机构围绕中心办信访，维护社会稳定。2005年，制发了《无为县2005—2007年纪检监察机关信访举报工作目标管理规划实施细则》，对“六项目标”“六项指标”提出具体要求，规范纪检监察信访举报工作。2002—2012年，全县纪检监察系统受理来信来访3748件次，通过接待、疏导教育和处理，密切了党和政府同人民群众的联系，保护信访人的合法权益，维护了信访秩序。

在建筑、土地、招投标领域进行规范。2003年除继续开展建筑领域执法监察外，无为县还积极开展土地市场监督工作。县政府先后于2003年5月16日印发了《无为县招标拍卖挂牌出让国有土地使用权暂行办法》、2006年11月1日印发了《关于进一步加强工程建设项目招标投标监督管理工作的意见》、2007年6月8日印发了《关于印发工业用地招标拍卖挂牌出让工作实施意见的通知》、2008年3月13日印发了《无为县经营性用地使用权招拍卖挂牌出让实施办法》等文件，分别对工程建设项目招标的范围、方式和原则，经营性用地的出让程序和要求，以及工业用地出让范围、出让计划、出让程序等都作出了详尽的规定。2002—2006年，由于严格执行了经营性土地使用权招拍挂制度，全县经营性土地使用权招标、拍卖、挂牌出让共计19宗，出让土地面积43.23万平方米，成交土地出让金1.51亿元，超出底价8396万元，增幅达75.54%，维护了建设和土地市场秩序，促进了企业间的公平竞争。2007年，无为县开展了执行工程招投标法律法规专项调研和监督检查工作，共对128个项目、中标金额计1.87亿元资金工程的招投标开展了全程监督。

为进一步规范市场经济秩序，维护公平竞争，创造良好的经济发展环境，2006年6月，县委办、政府办印发了《无为县治理商业贿赂专项工作实施方案》，成立了以县委常委、纪委书记赛勤玲任组长，县直有关单位主要负责人任成员的县治理商业贿赂领导小组，指导和协调全县治理商业贿赂工作。7月18日，县召开了县领导干部大会，各部门严格按照宣传教育、组织发动、自查自纠、重点排查、处理整改五个阶段，加强领导，认真组织实施，特别是工程建设、土地出让、产权交易、医药购销、政府采购等重点治理领域和行业，以及资源开发、市场交易等商业贿赂行为易发多发领域加大治理力度。在专项整治期间，对关系一些群众切身利益、严重破坏市场秩序和影响经济发展环境的不正当交易行为进行了及时纠正。县卫生局设立了“反商业贿赂专用账户”，医务人员收受药品、医用设备、医用器械生产、经营企业及其经销人员给予财物、回扣、提成等违法违纪所得，通过该账户上缴。整治期间共收到上缴款4.2万余元。通过专项整治，商业贿赂蔓延的势头得到有效遏制，企业经营活动中违反商业道德和市场规则的不良现象得以纠正，全县经济发展环境有了进一步改善。

2006年，针对农民负担反弹问题，多次组织人员驻点进行拉网式检查，清退农民不合理负担750万元，对14名乡、村干部给予党政纪处分。至2007年，两年共查处涉及农民负担的问题178起，减轻农民负担总额13154万元，查处涉农案件25件，49名乡、村干部分别受到了党政纪处分，维护了农民利益。

大力治理交通“三乱”，维护运输市场秩序。2007年5月，县交通局、公安局、纠风办联合印发了《关于开展治理公路“三乱”实施意见》，对治理交通“三乱”工作的人员组织、时间安排、治理范围和措施等都作了规定，使全县治理公路“三乱”工作制度化、规范化。

2011年，县纪委先后组织参与了安全生产、工程招投标、农机奖补、消防安全等工作监督检查10余次。受理各类投诉5件次，全部办结反馈。对教育收费、涉农收费、惠农资金政策落实情况强化监督检查，将督查整改情况通报全县。对违法用地进行督查，拆除复垦300多亩，受理违建举报28件，拆除9户建筑700多平方米。继续严格治理小金库，严格执行公务招待费、车辆购置运行费、水电油一般性费用等公共开支年度控制计划。2012年，下达教育收费整改通知14份，清退违规金额近11万元，清退村集体和农民不合理负担9.1万元。

2002—2012年，全县各级纪检监察机构立案1465件，给予党政纪处分1661人，其中副科级以上干部112人。通过办案，为国家挽回直接经济损失1871万元。每年都有一些案件在上级案件质量考评中被评为优质案件。

四、推进党风廉政建设责任制落实

2011年，县纪委相继制订印发《党风廉政建设责任制实施细则》《无为县2011年党风廉政建设和反腐败工作主要任务分解》，任务量化，责任明确。与全县各级党组织主要负责人层层签订《党风廉政建设目标管理责任书》，形成一级抓一级、层层抓落实的工作格局。出台《关于深化“两问两整治”活动的实施意见》、修订《无为县机关及其工作人员效能责任追究办法》，制定《关于进一步严明工作纪律加强作风建设的通知》，对请销假、工作日午间禁酒、禁止乡镇干部走读、机关工作作风建设、考勤考核、责任追究等十项制度进行了重申，对违反规定的行为制定了严格的惩戒措施。对2010年度百名股长民主评议的10名满意股长进行了表彰嘉奖，对后进股长予以免职或交流。

2012年，中共无为县委反腐败协调小组，出台《中共无为县委反腐败协调小组工作制度》，切实加强执纪执法部门在反腐败工作中的协调配合，促进反腐工作的深入开展。以“阳光村务工程”建设为抓手，深入推进农村基层党风廉政建设。按照省、芜湖市要求，全面清理和规范农村集体“三资”。建立健全“三资”管理各项制度规定，落实“三资”委托代理服务，筹建“三资”网络监管平台。

全面落实村务监督委员会和村级事务流程化管理工作，无为县各村（社区）选举产生了村务监督委员会，做到有场所、有牌子、有公章、有制度。9月份，县纪委主要负责人带队对全县乡镇“阳光村务工程”进行检查调研，确保乡镇在规定的时间完成规定的任务。

建立健全党风廉政建设宣传教育联席会议制度，着力营造反腐倡廉宣传教育的良好氛围。始终坚持把对党员领导干部特别是乡镇和县直各单位党政一把手廉洁自律、拒腐防变教育工作作为重点，切实引导党员领导干部强化宗旨意识和廉政意识。对新任62名科级领导干部进行集体廉政谈话，并首次试行廉政承诺制，凡新任职科级领导干部向党组织郑重作出书面廉政承诺。

2012年，中共无为县纪委召开了县纪律检查委员会第十三届二次全会，全面研究部署全年工作目标任务，高度重视效能建设，治理庸懒散、软浮慢。强化督查、铁腕推进。加大案件查处力度，加强案件质量管理，抓好队伍建设，全面提升纪检监察机关自身素质，提升纪检监察工作能力，为建设高效政府、服务政府、法治政府、廉洁政府保驾护航。

第三节　选人用人的强化

2002年以来，中共无为县委高举建设中国特色社会主义理论的伟大旗帜，以科学发展观为统领，解放思想，转换观念，大胆创新，按照干部队伍"革命化、年轻化、知识化、专业化"的方针，始终不渝地加强各级领导班子和领导干部队伍建设，着力提高广大干部的执政能力，打造了一支靠得住、有本事、自觉实践"三个代表"重要思想要求的高素质干部队伍，推动了无为经济社会的平稳和谐发展，为全面实现小康社会奠定了坚实的组织基础。

一、加强干部政治思想教育

政治思想教育是领导班子和领导干部队伍建设的核心和灵魂。为此，县委以高举旗帜、坚定信念、践行宗旨为根本，以提高领导水平和执政能力为主要内容，以中国特色社会主义理论体系武装头脑为重点，着力改变以前单一僵化的教条模式，不断创新教育方法，有计划地开展了特色鲜明、脉络清晰的学习教育活动，全县干部队伍的思想政治建设不断与时俱进，各级领导班了逐步建设成为坚定贯彻执行党的理论、路线、方针和政策，善于领导科学发展的坚强集体。

2003 年，开展了全县乡村干部“三个代表”重要思想和党的十六大精神集中学习教育活动，通过此次教育活动，全县广大干部明确了工作方向，增强了服务经济建设的紧迫感。2005 年始，按照上级要求，用一年半时间，分三批在全县各级党组织开展了保持共产党员先进性学习教育活动，全县参学党组织共 2667 个，参学党员约 5.67 万人。2008—2012 年，通过深入学习实践科学发展观、创先争优等活动，进一步促进了全体党员干部思想作风、工作作风的转变，提高了各级领导班子和领导干部理论水平、领导水平和解决实际问题的能力，为加快县域经济发展、提高服务效能提供了思想保证。

二、优化干部结构

跨入新世纪以来，领导干部老化和懂经济干部不多的问题异常突出，在一定程度上影响了全县经济和社会的快速发展，为此，县委十分注重培养熟悉经济工作的优秀年轻干部、女干部和党外干部，大力推进干部交流，合理配置领导资源，不断调整、充实、优化各级领导班子，从组织上形成以经济建设为中心的领导格局。

2004 年，以深化干部人事制度改革为着力点，结合乡镇区划调整，调整充实了 8 名乡镇正职，提拔交流 50 名年轻干部进入县直单位和完职中领导班子，其中提拔女干部 21 人。2007 年，以“科学规范和有效监督县委书记用人行为”试点工作为契机，规范干部选任工作，全年调整干部 118 人。2012 年，进一步推动干部人事制度改革，全年共提拔干部 117 人，交流干部 39 人，班子结构更趋合理，战斗力得到加强。

三、强化干部队伍管理

县委根据干部队伍的实际情况，不断研究与探索新形势下干部队伍建设的特点与规律，以制度建设为抓手，加大干部人事制度的改革力度，建立健全科学的监督管理工作机制，以制度激励人，以制度约束人。

2003年，县委建立健全了乡镇党政干部日常监管机制，制定印发了《关于坚决纠正乡镇干部“走读”问题的通知》。2004年，制定印发了《关于进一步加强挂职干部管理工作的意见》，明确了挂职干部选派的原则、对象、条件以及挂职干部的教育和管理，推进了干部挂职工作的制度化、规范化。2012年，先后安排4批共153名干部到市直单位挂职锻炼，有计划地抽调120多名干部参加拆迁征地、重点工程建设等工作。

第四节　统一战线的夯实

无为县是革命老区，统战工作有着深厚的历史渊源，抗战烽火中，皖江地区广大抗日志士和民主人士纷纷聚集于此，与无为结下了千丝万缕的联系。改革开放30多年来，海外侨胞、台胞与家乡联系频繁。随着民营经济的迅速发展，逐步形成了一个新的社会阶层——非公有制经济代表人士，以及党外干部队伍日趋多元化等因素，致使无为统战工作任务繁重。为团结好这些统战对象，县委几十年如一日，认真履行职责，宣传贯彻落实党的统战工作政策，推进民主党派成员和无党派人士的参政议政，督促检查民族宗教政策的贯彻落实，联系海内外社团，做好统战团体及非公有制经济代表人士工作，执行党的对台政策和工作部署，做好“三胞”（台湾同胞、港澳同胞、海外侨胞）接待工作，为无为“三引进”（资金、人才、技术）而牵线搭桥，尽心尽力，努力架构联系的桥梁，奋力建设和谐社会，推进改革开放。

围绕宣传中心，弘扬爱国主义。2005年，县委统战部与县邮政部门以纪念抗日战争及世界反法西斯战争胜利60周年和抗日名将戴安澜将军诞生100周年为主题，联合发行邮票“中流砥柱”。

注重理论调研，宣传成效显著。县委统战部历来重视统战理论调研和宣传工作。根据省委两部一办《关于大力加强统一战线宣传工作的意见的通知》精神，在巢湖市率先成立统战宣传报道小组，建立健全宣传报道网络。《安徽日报》《江淮时报》《巢湖日报》《中国统一战线》《安徽统一战线》等报刊经常报道无为统战工作动态、党外人士及非公有制经济人士风采以及统战理论调研成果。2000年《中国统一战线》刊登《无为县积极做好海外统战工作》等理论调研文章。2004年，县委统战部徐启发获中央统战部举办的“全国首次统战知识竞赛”三等奖，县委统战部许大华、黄启文被《中国统一战线》杂志社授予2003、2005年度优秀特约宣传员。至2005年，县委统战部先后5次被评为“全国统战刊物宣传工作先进单位”，连续十三年被评为“全省统战宣传工作先进单位”。2006年，县委统战部创办了《无为统战信息》。

积极招商引资，参与经济建设。无为统战团体有海外联系广、人才多的优势，每年中秋和春节，县海联会、台联会给港澳台及海外无为籍中上层人士寄发贺卡、慰问信，宣读以及介绍家乡的宣传画册和投资政策，主动为“三胞”及其亲属解决困难，以“乡情”“亲情”吸引他们向家乡投资。截至2012年底，无为“三资”企业达18家。据不完全统计，“三胞”共捐资900余万元用于无为道路、桥梁、学校等社会公益事业建设。

培养党外人士，落实“两个安排”。2007年，县委组织部、县委统战部建立党外干部联席会议制度，使无为党外人士培养选拔工作规范化、制度化。2012年，全年推荐党外省人大代表2名，省政协委员1名，市人大常委2名、代表16名，市政协常委1名、委员15名。推荐12名党外干部为市级党外后备干部。经县委研究，2名党外干部被提拔为县政府部门正职，2名党外干部被提拔为副科级总工程师，公开选拔一名党外副科级乡镇长，选派1名党外干部挂职镇长助理。

加强团体建设，联络乡土感情。成立县海外联谊会，下设办公室（设在县委统战部）。2012年，县委统战部分别赴上海、合肥、马鞍山等异地商会和县内的行业商会进行走访调研。组织部分民营企业家分别赴宁波、温州等考察学习。开展“工商联与民营经济共成长”活动，建立“工商联直通车”机制。召开台联理事会议、台胞台属座谈会及上门走访，宣传党的对台方针政策，统一台胞台属思想。2012年积极邀请台商来无为考察，全年接待台湾团组6批，中上层和工商界人士60余人次，与台商达成10余个投资意向项目。专程拜访国台办联络局，争取国台办联络局对无为经济建设的支持和重视。民盟无为县支部积极开展“烛光行动”，与边远、困难学校蜀山中学结对帮扶。每年中秋，县委统战部召开县黄埔同学会及市黄埔同学二三代联谊会成员座谈会，进行慰问活动。2001 年 5 月，县委统战部为纪念抗日民族英雄戴安澜将军牺牲 59 周年，派员与黄埔同学会老同志前往坐落在芜湖市赭山公园的戴安澜将军墓地扫墓。宗教团体方面，无为境内三大宗教（基督教、佛教、伊斯兰教）都相应成立了协会，县委统战部对班子人选严格把关。

扩大对台宣传，强化精神感召。为扩大宣传，将无为的经济社会发展情况介绍给海峡彼岸的台湾同胞，县委台办经常委托回大陆探亲的旅台同胞将无为的招商引资材料带到台湾，在《无为乡讯》（无为县旅台同乡会会刊）等报刊上登载，反映良好。旅台同胞还自筹资金印制了《江北最有发展潜力的开放县——安徽无为》的小册子，在海内外散发。对台湾朋友来电来函咨询和索要无为招商资料，县委台办及时与有关方面联系，做到件件有回复。同时，利用春节、清明节、中秋节台胞回乡探亲祭祖的机会，采取召开座谈会、上门走访等形式，做好面对面宣传工作，激发其爱祖国爱家乡的感情，加深对“和平统一、一国两制”基本方针的了解。2000 年 3 月，县委台办与团县委、县教委联合开展“祖国宝岛——台湾在我心中”宣传教育活动，还举办了“盼祖国早日统一”大型青少年签名活动，收到较好的宣传效果。

第五节　党管武装的加强

无为县人民武装部围绕地方经济建设这个中心，自觉尊重地方党委政府领导，主动向县委、县政府请示汇报工作，大力开展拥政爱民活动，积极完成县委、县政府赋予的支援地方经济建设工作任务。1985 年 12 月，县人武部被南京军区表彰为“端正党风的先进党委”。1987 年 12 月，被南京军区表彰为“先进人武部”。1998 年 10 月，被南京军区表彰为“抗洪抢险先进单位”并记集体二等功一次。自1983年至2012年，共有陈大胜等50余人次先后获省、市表彰。

2003年7月8日夜，百胜镇、六店乡相邻5个行政村突遭特大龙卷风袭击，县人武部接到灾情报告后，立即调集民兵应急分队300多人赶往灾区参加抢险救灾，巢湖军分区及驻巢部队100多名官兵前来增援，先后在废墟中搜救人员，帮助清理倒塌房屋废墟近万立方米，搭建帐篷300顶，营救转移群众986人，抢救群众财产1000余件。抗击“非典”战斗中，县人武部急政府所急、想人民所想，主动腾出占地18亩、建有3000多平方米的民兵训练基地作为县“非典”防治留验站，并保障了水、电的畅通，为防治“非典”提供了有力的物质保障。2006年5月27日，蜀山镇德和行政村发生重大山体滑坡事故，县人武部紧急启动应急预案，迅速就近调集了2个乡镇民兵应急分队107人，及时赶到现场投入抢险，与其他抢险力量一起，连续奋战四个昼夜，圆满完成了救援任务。

此外，县人武部注重大力开展全民国防教育活动。全县各级领导干部带头参加国防教育，自觉把干部队伍的国防教育纳入重要议事日程、纳入年度工作计划、纳入政治理论学习、领导班子任期岗位目标责任制中。县每年议教不少于2次。历任县委书记、县长作国防教育报告，发表国防教育讲话。县四大班子领导参加国防教育宣传咨询活动，积极观看国防教育录像带，参加习武活动和国防教育报告会、演讲会、故事会。县委党校坚持每期干部培训有国防教育课，30多年来，先后培训干部8000多人。乡镇利用业余党校对农村基层干部进行国防教育。10余万民兵国防教育与政治教育相结合。2002至2012年，全县共军训学生约20000人。县人武部利用纪念日、重大节日、重大活动开展全民国防教育，每年8月开展国防教育宣传月活动。2000年后，每年9月开展国防教育活动日活动，专题开展《中华人民共和国兵役法》《中华人民共和国国防法》《中华人民共和国国防教育法》《安徽省国防教育条例》学习宣传月活动，还利用元旦、春节、清明、五四等重要节日开展全民国防教育。在全民国防教育日，全县先后10次举办“国防知识竞赛”，9次举办“我爱国防读书讲故事”活动，8次参加上级机关举办的“国防征文”活动，4次举办“我爱国防书画摄影展”及八一报告会、英模事迹会、国防教育座谈会、对话会、作文竞赛、文艺调演活动、国防杯篮球赛、国防电影周活动、国防讲座、广播电台国防教育系列节目和“十佳”好军嫂活动，组织宣传车巡回乡镇宣传国防法规，举行爱国防尽义务签名仪式。在全县学生中大力开展军训、学习军事、增强国防观念活动。无为一中、无为师范利用各学科教材中显性国防教育内容对学生进行传输，深入挖掘各学科教材中隐性国防教育内容进行启示，发动学生自己动手制作国防教育宣传栏，开办国防之声广播，参加国防体能比赛，举办国防教育演出，开展争当二十一世纪保卫者活动。无为师范学生代表队在参加全省中专学校国防夏令营活动中一举夺得射击比赛团体第1名、国防知识竞赛团体第2名的好成绩。二坝职中、无为职中举办预备军人班，对学生进行系统国防教育，组织学生专程赴侵华日军南京大屠杀遇难同胞纪念馆，取得很好的教育效果。

无为县不断完善国防动员工作，2001年9月，县国动委重新进行调整，调整后的县国防动员委员会在县委、县政府、县人武部统一领导下开展工作，平时是全县国防动员工作的议事协调机构，战时是组织指挥全县国防动员工作的主管职权机构。以作战目标任务为牵引，以提高平战转换能力、快速动员能力、持续保障能力和综合防护能力为重点，紧贴无为实际，狠抓关键，努力在提高县国防动员建设效能上下功夫、见实效。国防动员委员会领导人由县委、县政府主要负责人任第一主任、主任，县委、县政府分管负责人和县人武部负责人任副主任，有关部门负责人为成员。全县各乡镇也分别成立国防动员委员会。

2012年，无为坚持军民融合式发展，巩固全省双拥模范县创建成果，军政军民团结的大好局面得到加强。

附　录

改革开放和社会主义现代化建设新时期无为县大事记
（1978—2012）

1978 年

9 月 23 日 省委第一书记万里到无为调研指导工作。

10 月 无为县委组织开展“实践是检验真理的唯一标准”的学习讨论。

11 月 18 日 省重点大型引江工程——无为县凤凰颈引江灌巢工程竣工，缓解了巢湖周围 8 县 1 市工农业生产和人民生活用水紧张的矛盾。

12 月 24 日 无为县委召开会议，集体学习了十一届三中全会公报，决定尽快把工作重点转移到社会主义现代化建设上来。随后全县召开三级干部会议，传达学习十一届三中全会精神。

12 月 28 日 巢湖地委决定成立中共凤凰颈引江工程指挥部党组。

1979 年

年初 根据中央及省委的指示精神，结合无为实际，县委印发了《关于加强和完善农业生产责任制的意见》。

2 月 安徽省大型抗旱排涝水利工程——无为县凤凰颈电力排灌站破土动工。

5 月 29—30 日 省委第一书记万里到无为调研指导工作。

是月 无为县原属蛟矶公社的二坝设立二坝县直属镇。

下半年 无为县委恢复了党员轮训制度，当年轮训党员12824名，占党员总数32.5%。在全县开展了党的组织生活纪律大检查。

8月30日 无为县委召开四届十六次全委会（扩大）会议，研究部署落实“调整、改革、整顿、提高”方针的措施，随后制定下发《关于1979年至1981年农业生产调整的意见》《关于无为县地方工业企业贯彻“新八字方针”的意见》《关于无为县三年调整期间进一步搞好财贸工作的意见》。

10月 无为县开始有步骤地统筹安排过去几年下乡插队知识青年，通过发展集体生产和服务事业，进一步安置待业青年。

12月14日 省委第一书记万里到无为调研指导工作。

是年 无为县粮食总产9.6亿斤，居全省第一。

是年 无为县对全县科技人员进行摸底普查，摸清科技队伍的基本状况。

至年底 无为县共受理新老案件10126件，结案8205件，基本完成平反冤假错案的工作任务。

是年 无为县法院为被错误处理的肖春波平反，宣告肖春波无罪。肖春波是无为县三溪公社人，因不满“文化大革命”错误做法，于1970年11月化名赵驱邪，先后多次写信，表示对“文化大革命”不满，被判处死刑；1972年4月1日，肖春波在无为县体育场被处决。

1980年

年初 无为县的一批中青年妇女或通过介绍，或相互联络，相继到北京、上海等地的原新四军第七师老领导、老同志家中当保姆，开启了大规模劳动力输出的先河，形成了独特的“无为保姆”现象。

12月 无为县委先后召开医务界、科技界、文艺界、体育界、教育界知识分子和民主党派座谈会，座谈落实知识分子政策和发挥知识分子作用情况。

是年 无为县召开科学技术大会，奖励在科技进步活动中做出突出贡献的组织和个人。

1981 年

3 月 11—13 日 国家粮食部长赵辛初、副部长季铭到无为县检查农业生产情况。

5 月 5—7 日 中央组织部副部长李步新到无为县检查工作。

9 月 7 日 无为县召开县直机关党员干部会议，传达党的十一届六中全会文件精神。

12 月 28—31 日 中国共产党无为县第五次代表大会在无城召开。

是月 无为县第八届人民代表大会第一次会议召开。决定撤销无为县革命委员会，设立无为县人民政府，选举产生“文化大革命”后第一届县政府领导班子。

是年 无为县科学技术协会第一次代表大会召开，县委发出《关于贯彻科技发展方针的几点意见》。

是年 无为县委、县政府把开展“五讲四美三热爱”活动作为精神文明建设的重要工作来抓，在全县开展第一个“全民文明礼貌月”活动。

是年 无为全县开展知识分子技术职称复查整改工作，使知识分子的作用日渐凸显。

是年 无为县工业总产值在全省各县中率先突破 1 亿元大关。

1982 年

1 月 4 日 无为县政府召开教育工作会议，贯彻全省学校政治工作会议精神。

5 月 无为县委下发《关于打击经济领域内违法犯罪活动有关问题的紧急通

知》，在全县开展经济案件的侦查工作。县委成立打击经济领域严重犯罪活动领导小组。查结经济案件 14 件，其中刑事处罚 8 件，判刑 6 人，受党纪、政纪处分 12 人，追缴赃款 12.2 万多元。

9 月 24—29 日 无为县委召开全委会（扩大）会议，传达学习贯彻党的十二大精神，促进“三个好转”早日实现。

是年 无为县委决定对全县知识分子工作进行全面检查和评估。主要检查知识分子政治上政策落实情况以及工作、生活方面存在的问题。

是年 无为县文化馆拆舍征地，新建 350 平方米仿古式多功能活动大厅。

是年 无为县委、县政府成立“五讲四美三热爱”活动专项领导小组，决定由共青团、妇联和总工会牵头，具体负责推动。

是年 无为县在北京、上海、合肥等地从事家庭保姆工作的妇女达 2 万人。

是年 无为全县开展调整农村经济结构，在坚持发展粮食生产的前提下，大力发展多种经营。

是年 无为县被确定为全省 13 个供销社体制改革的试点县。

1983 年

3 月 无为县委召开全县“狠抓企业整顿，加快改革步伐，努力开创经济工作新局面”大会，决定进一步开展工业企业整顿工作。

3—5 月 无为全县开始进行乡、镇改制工作，原 10 个区、3 个镇、72 个人民公社改为 10 个区公所、3 个镇政府、72 个乡政府。至此，农村人民公社制度不复存在。

4 月 20 日 无为县召开第八届人民代表大会第二次会议。

是年夏 遭遇新中国成立以来第二个大水年份，汛期之早、水势之猛、持续时间之长为无为历史上所罕见。县委领导全县广大党员干部群众与洪水进行顽强拼搏，虽溃破 194 个圩口，成灾 90 多万亩，但保证了合芜铁路、公路交通正常运转。

6 月 14—16 日 无为县委召开三级干部会议暨全县农村思想政治工作会议。县委决定，在 1983 年至 1984 年春，广泛深入开展建设文明村活动。

8 月 无为县掀起“严打”斗争。

10 月 23 日 无为县撤销工交办公室，成立经济委员会（其中手工业管理局撤销设立手工业合作社联合社），所属企业有纺织厂、无为化肥厂、无为制药厂等 13 家国有企业和无为胶木厂、无为农具厂等 170 家集体企业。

11 月 16 日 无为县召开全县职工思想政治工作会议。

是年 无为县委三干会上提出清除精神污染 6 条措施。

是年 无为全县普遍实行了“以户经营、自负量产”的家庭联产承包责任制。

是年 无为县第一座商品房在芝山落成。该宿舍楼建筑面积 1761.31 平方米，造价 184389.35 元，104.69 元 / 平方米。

1984 年

1 月 18 日 经巢湖地委、行署《关于无为县党政机关机构改革方案的通知》（巢办〔1984〕3 号）批准，无为县开始实施县级党政机构改革。此次机构改革历时 4 个月，县委按照干部队伍“革命化、年轻化、知识化、专业化”的要求，安排一批老同志退居二三线，将 260 多名德才兼备的年轻干部充实到各级领导岗位上来。

是月 中共无为县委纪律检查委员会升格为中共无为县纪律检查委员会，成为独立的党的纪检机关。

4 月 10 日 巢湖地委、军分区党委转发无为县委、县人武部党委《关于襄安区专职武装干部奖惩试点情况的报告》，要求将试点经验 4 月份在无为县面上推开，7 月底全县普及。

5 月 县人大常委会进行第九届换届选举、县政协进行第六届换届选举工作。

8 月 6 日 中国共产党无为县第六次代表大会在无城召开。

9 月 无为全县发放了《土地承包使用证》，以法律形式确定了农民对土地的使用权和经营权。

10 月 17 日 皖江抗日根据地公安史征集协作会在无为县召开。

11 月 15—17 日 巢湖地委、行署在无为县召开全区利用外资、引进技术工作会议。

12 月 10 日 无为县委召开全县三级干部会议。

1985 年

1 月 中共无为县委决定在全县开展整党，分 4 批进行，到 1987 年 7 月结束，1828 个党组织、4 万名党员参加，党员重新登记。

4 月 6 日 中央新闻电影制片厂摄制组到无为县黑沙洲拍摄“巢湖农客 13 号”新闻片，该船系陆成首等 13 户农民联合经营的，专营黑沙洲至芜湖航线，是安徽省最大的个体客船。

6 月 19—20 日 省顾委主任袁振到无为县考察乡镇企业生产和贫困地区群众生产生活情况。

8 月 28 日 省委和省政府作出对无为等 22 县进行经济体制综合改革的决定，这是加快发展县级经济，使县一级分期分批富裕起来的一个重要步骤。

8 月 30 日 中共党员、著名“擂鼓诗人”田间先生因病在北京逝世。11 月 5 日，遵照先生遗嘱，在诗人故乡羊山乡羊山村举行骨灰撒放仪式。

9 月初 无为县抗战老复员军人、烈属黄绍才被选赴京参加纪念抗日战争胜利四十周年活动。

9 月 3 日 无为各界代表 50 多人，在严桥区皖江烈士陵园举行抗日战争和世界反法西斯战争胜利 40 周年纪念活动。

9月10日 无为县委、县政府召开庆祝第一个教师节大会，表彰了58名优秀教师。

10月24—26日 巢湖地区在无为县召开“宗教为四化服务经验交流会”。

是月 无为县委、县政府召开教育工作会议，贯彻落实国家《关于教育体制改革的决定》，出台无为县《关于教育体制改革的若干规定》。

11月5日 国家农牧渔业部副部长孟宪德和省水产局负责人来地区检查渔业生产情况，观看了无为县三官殿水产养殖场和周闸乡河蚌育珠。

11月26日 官镇乡与上海市长宁区申达贸易公司合资兴办的年设计能力1000万元产值的官镇羽绒厂举行投产典礼。是年，无为县乡镇企业总产值突破1亿元大关。

是月 无为全县第一个五年普法工作正式启动。

12月10日 无为县委、县政府举行“无为县各界人民隆重纪念吕惠生烈士殉难四十周年大会”。

是月 无为县三汊河乡广播站长韦其杰荣获国家广电部授予的全国广播电视系统优秀工作者称号。

是年 无为县工业企业开始第一轮改革，主要内容是改革经营管理体制。

是年 无为县进行工资制度改革，是新中国成立后的无为第二次重大工资改革。

是年 无为全县粮食收购取消统购，改为合同订购。

1986年

1月 全省宣传工作会议在无为召开。

3月12日 巢湖地委转发无为县委、县政府《一九八六年农村工作要点》，认为无为县委、县政府对于1986年农村工作的部署，指导思想正确，工作重点突出，具体措施得力，值得各县市借鉴。

5月29日 曾在皖江抗日根据地战斗过的革命先辈李步新、张铚秀、周新武、张伟烈、马长炎、何志远、陆学斌、张世杰、林岩、孙以瑾（女）、舒文、张世荣、刘芳（女）、陈力生、马惠芳、史迈、金忠、赵亚、丁亚华、卢前玉、张恺帆、谭布真、张铎回到无为，瞻仰皖江革命根据地烈士陵园，敬献花圈并题词“学习先烈革命精神，奋发余勇贡献四化”。

是月 无为县委、县政府出台《关于全县经济体制综合改革的试行方案》。

6月14日 无为县人武部改为地方建制。

9月23日 无为县台胞台属联谊会在无城成立。

10月 无为县公布第一批县级重点文物保护单位9处，分别是：六洲暴动旧址（现代）、白鹤观商周遗址（商周）、双泉寺（唐代）、丁汝昌墓（清代）、田间墓（现代）、皖江革命根据地烈士纪念塔（现代）、县革命烈士纪念碑（现代）。

是年 无为县图书馆由政府拨款建成465平方米三层徽式仿古楼，名曰“劝学楼”。

是年 无为县委、县政府批准兴建电视转播台。

1987年

1月3日 无为电视台正式开通7频道。

1月22日 无为黄姑乡农民徐宁、徐江保兄弟勇救芜湖县落江乘客。这天，芜湖县一条机动载客船在鲁港江面翻船，58名乘客全部落水，经过这里的无为县黄姑乡船民徐宁、徐江保兄弟不顾个人安危，奋力救起24人，并及时将事故报告有关部门。5月初，芜湖市副市长周访贤带领该市公安、交通、航运部门负责人一行10人，专程到黄姑乡向徐宁、徐江保兄弟赠送奖品、奖金，以表彰他们奋勇抢救芜湖县翻船落水群众的高尚行为。

4月13日 无为县二坝立交桥竣工通车。为安徽省内第一座曲线型公跨铁立交桥。全长230.26米。

是月 无为全县实行乡镇农技干部聘任制，考试录用农技员150名。

是月 日本国维生素株式会一行2人在省有关部门陪同下，专程到无为县制药厂考察。

是月 无为全县建立劳动合同制工人养老保险制度。

5月26日 全国政协常委、水电部副部长刘向三在省地水利部门负责人陪同下视察无为大堤。

6月6日 中国共产党无为县第七次代表大会在无城召开。

7月11—12日 代省长卢荣景、省人大常委会副主任康志杰来巢湖检查无为大堤防汛工作。卢荣景先后详细察看了1954年无为大堤缺口的安定街、三官殿、龙塘湾、惠生堤等处险工要段，以及凤凰颈大站施工现场和水家楼电站。

是月 无为县江坝油脂厂建成投产。该厂是全省首家乡镇办厂，是江坝乡与江苏省南通国营农场合资联办，总投资129万元，产值可达600万元，生产的食用植物油可达国家二级标准。

8月 中央书记处农村政研室、中国农村发展研究中心一行2人，到无为县就粮食生产进行调查。

9月8日 已故国民党高级将领徐庭瑶长子、美籍华人、企业家徐先涛回故乡无为县探亲。

10月3日 省五套班子和省有关部门负责人视察无为的“凤凰颈水利枢纽工程”，慰问了奋战在工地上的干部和民工。

是年 无为县人大常委会进行第十届换届选举、县政协进行第七届换届选举工作。

是年 无为县改革干部制度，共聘任干部815人。

1988年

5月12日 “安徽省无为县驻北京板鸭开发公司”开业。该公司是无为县城关镇板鸭加工人员在北京创办的。据不完全统计，无为县有4800户、近2万人，外出加工和经营板鸭，遍及全国各地。

5月13日 无为县台胞返乡探亲人数增多，从1987年11月到1988年5月上旬，已有64名台胞回乡探亲。

是月 无为全县颁发居民身份证。

6月25日 无为县试验罗非鱼越冬保种和繁殖推广获得成功。

是月 成立“无为县法律服务所”，无为县乡镇法律服务工作开始启动，良好的法制环境逐步形成。

7月25日 巢湖地委转发无为县《关于组织视察法律法规实施情况的意见》。

8月18日 国家文物局拨款25万元维修无为县黄金塔。

9月 无为县委开展了轰轰烈烈的生产力标准大讨论活动。

10月4日 无为县档案馆向社会开放历史档案，包括民国档案、革命历史档案以及新中国成立后形成的期满30年的机关档案。

10月22日 无为县检察院被评为全国检察系统先进集体。

是月 卢荣景一行10人视察了无为县部分区乡。

是月 无为县虹桥区更名泥汊区。

11月 严桥镇西河整治的东关段在施工时，挖出一枚1943年日军轰炸东关时所留未爆炸弹。

是年 无为县被列为全省18个经济体制综合改革县之一。

1989年

2月1日 无为电视台开通1频道。

4月 百胜乡农民李金秋在乌龙山采石时，发现一块基本完整的鱼龙化石，体长718毫米，经中国科学院古脊椎与古人类研究所专家鉴定，为中生代三叠纪时期鱼龙化石，距今约二亿五六千万年，乃国内罕见。

5月 地处红庙镇徐岗的新四军第七师师部旧址，被列为全省重点文物保护单位。

6月3日 无为县建国四十周年教育事业成果电视录像工作圆满结束。

是月 无为县在汤沟区设水楼乡。至此全县为10个区、3个县直属镇、13个区属镇、61个乡。

7月 无为县委召开全县党建工作会议，讨论和研究加强党的建设的任务。

8月 无为县被评为“全国水利建设先进县”称号。

9月14日 巢湖地委、行署转发无为县委、县政府《关于保持廉洁和进一步搞活经济的若干意见》，巢湖地委、行署认为，无为县从经济工作的具体特点出发，将廉政建设与搞活经济统一起来，其做法值得借鉴。

9月30日 无为县举办首届文化艺术节，庆祝新中国成立40周年。

是月 无为县对全县文化市场进行清理整顿，文明创建成果得到巩固。

10月1日起 开始办理无为县范围内的涉外公证业务。

11月 无为县召开工商联第五届代表大会，恢复了中断20多年的工商联组织。

12月22日 无为县积极探索，努力开展华侨华人工作。无为县在国外的华侨、华人和港澳同胞有300多户、1300人，分布在14个国家和地区，其中75%集中在美国、中国香港。1985年以来，共接待回乡的华侨华人和港澳同胞47批、66人次。近10年来，全县侨汇总收入已达115万元，华侨华人和港澳同胞与祖国和家乡的联系不断发展。

是年 成立无为县中医医院，在原无城狮子口医院基础上兴建中医院门诊楼，建筑面积350平方米，挂牌开业，并创建“合格县中医院”。

是年 刘渡木材市场被国家统计局认定为中国最大的木材自由交易市场，入编《共和国之最》。

是年 无为县开展第一批民主评议党员工作。

是年 白茆区公所因科技扶贫工作突出，被国家民政部评为“全国扶贫先进单位”。

1990年

4月 在无城召开“无为县各界人民纪念胡竺冰烈士逝世50周年大会”。

6月30日 无为县检察干部宇正福出席全国检察系统“双先”表彰大会，被最高人民检察院授予一级奖章。

7月13日 无为电视台开办了无为人自己的节目《无为新闻》。

7月17—20日 中国共产党无为县第八次代表大会在无城召开。

7月30—31日 应安徽省友协的邀请，以法国芒什省农业专家戴罗杰为团长的法国芒什省友好访华团一行6人，参观访问了无为县农科所、县农业技术推广中心、县水产局大荒田水产养殖场等地。

10月20日 无为县与江苏省江都县结为友好县。

11月 无为县委、县政府召开全县科技大会，对56项科技成果进行奖励，对14个科技工作先进集体和84名科技工作先进个人进行表彰。

是年 无为县抽调180多名干部，深入乡镇、农村开展“双基”试点，加强农村基层政权建设和基础设施建设。

是年 省委、省政府对无为县第一个五年普法工作进行总结验收，无为县被评为“普法先进集体”。

是年 无为县进行县乡党组织换届选举，换届改选总支、支部1258个，占总数的92.5%。其中，村党支部692个，改选690个；乡镇党委77个，换届73个。

1991年

2月22日 中共无为县委召开全县四级干部会议。

4月 无为县春训党员3.5万名，举办各类培训班246期。

4月起 无为县连续遭受四次特大暴雨袭击，汛情之猛，灾害之重，系一百五十年一遇。县委、县政府领导全县广大党员干部群众日夜奋战，顽强拼搏，保住了26个五千亩以上的大圩和部分中小圩口，保住了境内华东电网等国家重点设施，保住了粮、油、棉、盐等国家重点专储物资安全。灾后，县委、县政府组织狠抓生产救灾工作，保障人民生活安居乐业。

5月7日　皖江抗日根据地及新四军第七师成立70周年纪念大会在无城大江剧场举行。

8月　无为县获得“全国水利建设先进县”称号。

11月　无为籍自动控制和电力系统动态学专家卢强当选中国科学院学部委员（后改称为中国科学院院士）。

是年　高沟乡定兴村沈志海租赁定兴村老村部三间砖瓦房，筹资开办无为县第一家特种电线电缆厂——安徽华海电缆厂（现安徽华海特种电缆集团），挂靠为乡镇企业。“高沟现象”由此拉开序幕。

是年　无为县从县、区、乡三级机构选派79名干部到重灾村和后进村挂职。

是年　无为县开展党员社会主义教育试点，试点工作首先在赫店镇开展。

是年　无为县推行持证生育政策，无为县被列为省计划生育重点管理县。

是年　无为县被列入“全国优质棉基地县”。

是年　无为县开始实施第二个五年普法规划。

1992年

2月　无为县在原10个区、3个直属镇、61个乡、13个乡级镇、709个行政村的基础上，撤区并乡，调整后共设立28个乡镇。

4月1日　无为县粮食购销同价，全县粮油供销计划在城乡全面取消，停止粮油流通，粮油实行随行就市销售。

是月　全县各乡镇党的纪律检查委员会相继组建，党风廉政和反腐败工作网络全面覆盖。是月，县委陆续在县直党委等5个县直单位组建纪委，向21个单位派驻纪检组。

5月4日 无为县与北京市昌平县结为友好县。

5月27日 全省水田耕作机械化技术现场会在无为长坝乡王祠建制村召开，沿江30多个县政府负责同志参加会议。

7月 无为县被国务院革命老区贫困地区工作领导小组批准增列为省定贫困县。

是年 无为县粮食、棉花、油料和水产品产量均跨入全国“百强县”行列，水利建设被评为全国先进县。

是年 无为县乡镇企业实现销售收入7.72亿元，比上年增长48.9%；实现利税1.01亿元，增长69.2%。

是年 无为全县工业企业实行厂长（经理）任期管理责任制，同时对企业内部实行劳动、人事、分配三项制度改革。

是年 无为县党员活动阵地建设取得突破，全县720个行政村村支部新建党员活动室580个，占总数80.4%。

1993年

3月20—22日 中国共产党无为县第九次代表大会在无城召开。同时，无为县人大常委会进行第十二届、县政协进行第九届换届选举工作。

5月17日 无为县人大常委会通过了关于《无为县普及九年制义务教育规划的决议》。

6月18日 无为县委、县政府印发《关于加快市场建设的决定》。

10月14日 无为县蜀山镇幸福村一聋哑村民在蜀山镇下泊山采石时，偶然发现泊山洞。

12月12日 为纪念毛泽东诞辰100周年，无为县举办第二届文化艺术节，历时20天。

是年 无城镇董桥羽毛收购大户金正雨，在董桥开办无为县第一家羽毛加工企业——安徽宏盛羽毛制品公司（皖港合资），开始生产羽毛制品。随后，金桥、胜友等多家羽毛加工企业相继诞生。

是年 无为县工业生产保持良好增长势头，全年完成社会工业总产值15.9亿元，比上年增长47.8%。

1994年

4月4日 无为县委、县政府召开千人动员报告大会，号召学习江浙经验，振兴无为经济。

5月 无为县被国务院革命老区贫困地区工作领导小组确定为国定贫困县。

6月18日 无为县与江苏省句容县结为友好县。

6月26日 无为县台联织布厂在无城镇成立。该厂是无为县首家台胞子女自筹资金自主经营的集体所有制企业。

是月 无为县第一家合伙制律师事务所——无为县商贸律师事务所成立。

9月 无为县被确定为全国政协办公厅定点帮扶县。

年底 无为县委成立整党工作指导委员会，建立党风责任制，初步形成党风建设的局面。

是年 无为县结合自身实际，按照国家“分税制”财政管理体制精神，完善乡镇财政管理体制。

是年 无为县推进干部制度改革，落实县直机关设置非领导职务、县管干部套改及乡镇（县直机关）党委委员享受副科级待遇等改革措施。

是年 无为县委、县政府印发《关于进一步抓紧抓好计划生育工作的决定》，对计划生育工作位居后六位的乡镇亮“黄牌”警告，实行计划生育工作“一票否决”。

1995 年

年初 印发《关于在全县开展土地二轮承包工作实施意见》。耕地二轮承包期延长 30 年，自 1995 年 1 月 1 日至 2024 年 12 月 31 日。

3 月 无为县鹤毛乡万年台村被全国绿化委评为“全国绿化造林千佳村”。

是月 无为县首届精神文明“十佳”人物和精神文明 10 名先进个人评选揭晓。

4 月 1 日 《中华人民共和国劳动法》颁布实施，随后全县所有企业推行全员劳动合同制。

11 月 12 日 中共巢湖地委和行署在无城召开纪念吕惠生烈士牺牲 50 周年纪念大会，在县烈士陵园举行吕惠生烈士墓碑揭碑仪式，省、地、县党政负责人及干部群众 1000 余人参加大会。是日，惠生小学正式建成。

12 月 27 日 无为县与福建省福清市结成友好市县。

是月 增设三汊河乡、凤凰桥乡、尚礼乡、建国乡、百胜乡、昆山乡、高沟乡，全县下辖 35 个乡镇，其中 17 个镇、18 个乡。

是年 无为县实行流动党员活动证制度。

是年 国家农业部将无为县列为全国农民负担监测百县之一。

是年 无为县再次遭受历史上罕见的洪涝灾害，县委、县政府领导全县广大党员干部群众，不仅迅速医治了自然灾害造成的创伤，还一鼓作气把无为推上了发展的快车道，顺利完成了“八五”计划各项任务。

是年 无为刘渡木材市场连续第三年被国家工商总局授予“全国文明集贸市场”称号。

是年 省、县共投资 100 万元，新建建筑面积 500 平方米的新四军第七师师部旧址纪念馆，成为爱国主义教育基地。

年底 无为县提前两年完成省政府提出的消灭无电村任务，村通电率 100%。

1996年

1月1日　无为县举办第三届文化艺术节，活动持续65天。

1月22日　无为县委召开九届五次全委会（扩大）会议，确定“稳农、强工、活商、富民、富县”的经济发展战略。

年初　无为县委、县政府瞄准无为在外“创业者”的发展需求，大力实施“凤还巢”工程和“光彩工程”，鼓励外出务工经商、完成资本积累的民营企业家回无投资办企业。

是年　无为县完善了一系列财政激励政策，开展财政收入先进乡镇评比，县级财政征收1.87亿元，较上年实绩增收6190万元，增长49.5%，实现了当年收支平衡。

是年　无为县外贸总公司出口第一批货物至罗马尼亚，结束了长期出口供货的局面，首次实现自营直接出口创汇。当年结汇额2.2万美元。

是年　原新四军老战士及其后人，在新四军第七师师部旧址捐资修建三水涧希望小学。

是年　无为县县乡机构改革全面展开，完成39个党政工作部门、8个部门管理机构和县委、县政府10个直属事业单位的“三定”方案。全县35个乡镇中，建制镇为一类乡镇，建制乡为二类乡镇。

是年　《无为县国家公务员制度实施方案》出台，县直机关中除公勤人员外，国家工作人员按先机关后乡镇的步骤过渡实施。同年，举行了首届无为县级机关国家公务员招录考试。

是年　无为县被列为全省水稻生产机械化试验示范县。

1997年

1月1日　无为县委、县政府下发1号文件《关于进一步加大工作力度确保

1997 年全县“两基”通过验收的意见》。10 月，教育“两基”工作顺利通过省政府验收，达到“两基”国标。

3 月 无为县成立“科技兴县”领导组和“争创全国科技工作先进县”领导组。

8 月 无为县人大常委会通过《关于无为县科技发展“九五”计划和 2010 年长期规划》，县委、县政府先后出台《关于促进科技经济一体化的决定》《关于实施“科技兴县”战略的决定》《关于奖励有突出贡献科技人员的暂行规定》《关于人才引进工作的奖励规定》《关于奖励无为县 1991—1996 年度科技成果的决定》等一系列发展科技政策措施。

10 月 第一座 1000 吨级高装梁板式码头竣工使用，结束了无为江岸无正规码头的历史。

12 月 无为县物价检查所被国家计划委员会授予“全国物价工作先进集体”，无为县审计局被国家审计署授予“全国审计机关先进集体”。

是年 无为县制定《无为县无城地区规划建设管理办法》。

1998 年

1 月 无为县委召开全县三级干部会议，持续深入学习贯彻党的十五大精神。

是年春 无为全县降雨 929.8 毫米，其中 6 月份以后累计降雨达 682.1 毫米。全县长江、内河洪涝灾害同时出现，灾情最严重的是沿江 10 个乡镇。县委、县政府带领全县党员干部群众奋战在防洪排涝第一线，顶住了 14.97 米的高水位，取得抗洪救灾的胜利。

7 月 全县实施城镇居民最低生活保障制度，低保标准为月人均 130 元。

9 月 18 日 无为县在红庙乡举行新四军老战士捐建的三水涧希望小学落成典礼。

是月 长江水位稍有回落，县委、县政府即开始实施移民建镇工程。

10 月 全国政协副主席陈锦华在安徽省政协主席卢荣景陪同下到无为开展扶贫调研，并了解通江大道等情况。

是月 县委、县政府实施平垸行洪移民建镇工程，先后 4 批，对长江外护圩 6331 户、2.37 万人进行搬迁。中央国债资金投入 1 亿元。

12 月 16—17 日 中国共产党无为县第十次代表大会在无城召开。

是年 无为县组织召开了“凤凰奖”和“光彩奖”颁奖大会，表彰奖励外出劳务人员回乡兴业先进代表，并出台《关于加快个体私营经济发展若干问题的暂行规定》。

是年 无为县完善乡镇国家公务员制度。

是年 无为县公安局首获“全国优秀公安局”称号，在抗洪抢险斗争中被公安部记一等功。

是年 无为县自 1992 年实施世界银行贷款血吸虫病控制项目，基本实现了血吸虫病防控目标。

是年 无为县棉花种植面积首次突破 50 万亩（3.33 万公顷），各类经济作物面积 9.78 万公顷，其中蔬菜面积 1.56 万公顷，亩均效益达 2000 元，畜牧生产综合指标居全省第 16 位，畜牧业产值占农业总产值比例首次达 24.5%，成为农民增收的重要来源。

是年 无为县 30 万农户领到农村土地承包经营权证书。

是年 全县粮食收购实行按保护价敞开收购政策。

1999 年

4 月 无为县获得“全国扫盲工作先进县”称号。

9 月 29 日 为庆祝新中国 50 华诞，迎接澳门回归，无为县举办第四届文化艺术节，历时 24 天。

10 月 无为县 50 家个体私营企业发起的“下岗职工再就业”工程正式启动。

12 月 27 日 无为籍建筑学家戴复东（戴安澜之子）当选中国工程院院士。

年底 高沟乡共有个体私营企业 357 家，实现营业收入 8.9 亿元，入库税金 3046 万元，占全县乡镇企业入库税金的四分之一。从业人员 1.26 万人，人均年工资 6200 元。

是年 县委书记苏宇光等到全国政协汇报工作，受到全国政协副主席万国权的亲切接见。

是年 安徽省委副书记、副省长汪洋到无为泥汊调研。

是年 经省劳动厅和北京市、上海市劳动局批准，无为县成为上述两市劳务基地县，同时被国家劳动部确定为劳务输出监控点。

是年 无为县财政拨款 14 万元，完成清代著名爱国将领、北洋水师提督丁汝昌墓的修复工程，建成墓冢、纪念碑、道路，并对园区进行绿化，成为爱国主义教育基地和人文旅游景点。

是年 无为县 789 个建制村，有 685 个村委会、村党支部实施换届选举。

是年 无为县委开始建立干部廉政档案。

是年 无为县档案馆被评为省一级档案馆，并被省档案局誉为“全省县级综合馆一面红旗”。

2000 年

1 月 11 日 安徽省乡镇企业工作暨“1235”工程现场会在无为召开，向全省介绍“高沟现象”，推广高沟经验。

3 月 10 日下午 中共中央政治局常委、中央书记处书记、中华人民共和国副主席胡锦涛参加九届全国人大三次会议安徽代表团审议。会间，与全国人大代表、无为官镇羽绒总厂厂长杨能玉等亲切交谈。

4 月 根据上级统一部署，无为县全面实施农村税费改革。

是月 无为县新四军历史研究会成立。

是月　无为县在全省率先开展“打黑除恶”专项斗争，打掉部分乡镇“车匪路霸”“地痞村霸”等犯罪团伙8个，抓获犯罪嫌疑人68人。

7月　无为县开始实施城镇职工医疗保险制度，成立无为县城镇职工医疗保险基金管理中心。

9月6日　无为县与新疆维吾尔自治区鄯善县结为友好县。

是年　无为县有5600多外出人员回乡创办或入股办企业，其中产值千万元以上的工业企业14家，固定资产投资1.35亿元，安置各类从业人员1万多人。

是年　无为县逐步扩大养老金社会化发放面，对全县5608名退休人员实行了养老金社会化发放，发放面达91%。同时，首次把私营企业和个体工商户作为参保扩面对象。

是年　无为县在全省县域经济综合考评中位居第9位，首次进入省十强县。

是年　全县党员干部开展“讲学习、讲政治、讲正气”的“三讲”学习教育活动。

2001年

2月5日上午　无为县三级干部会议在无城铁山影剧院召开。

2月17—18日　中共中央政治局委员、中央书记处书记、国务院副总理温家宝在安徽省委书记王太华、省长许仲林陪同下，来无为了解农村税费改革情况。17日下午，温家宝在石涧镇召开乡镇干部座谈会听取乡镇干部汇报。走进村民胡德风老人家里与群众攀谈，了解农村税费改革情况。18日上午，温家宝一行亲临河坝镇河坝行政村，召开村干部座谈会，一再叮嘱乡村干部要千方百计地增加农民收入，引导广大群众致富奔小康。

4月8日　县委书记高德金组织部分乡镇及县直有关部门负责人40余人赴皖西，就山区开发、小城镇建设、引进外资等方面进行考察。

4月27日　无为县各界在无城召开“新四军第七师成立60周年纪念大会”。

4 月 28 日 无为县委、县政府在北京市举行无为籍在京人士座谈会。中共中央纪律检查委员会原副书记陈作霖应邀出席座谈会。

5 月 23 日 中共中央总书记、国家主席、中央军委主席江泽民在合肥稻香楼宾馆北苑会议室主持召开党的作风建设工作座谈会，无为县石涧镇党委书记叶太应等参加座谈会。

6 月 29 日 无为县委在铁山影剧院召开纪念中国共产党成立 80 周年大会，会上表彰了 40 个先进党组织、92 名优秀党员及 41 名优秀党务工作者和 10 名优秀组工干部。

8 月 13 日 即将竣工的无城西大街通往无为三中的通河大桥冠名确定。经无为县政府常务会议研究，在征集的 100 多个桥名中最后选定“状元桥”。

10 月 19 日 巢湖市行政服务中心现场会在无为县召开。

是年 无为县委、人大常委会、政府、政协四大班子组织 8 个检查组，对 35 个乡镇、97 个单位的“三五”普法工作进行了检查验收。当年，无为县被巢湖市委、市政府授予“普法先进集体”称号。

是年 无为电视台拍摄《走南闯北无为人》电视片 16 集，开创县级电视台拍摄大型人物系列电视片之先河。

是年 无为县在全省县域经济综合考评中位居第 7 位。

2002 年

1 月 19 日 第一届上海无为籍同乡联谊会在上海市新苑宾馆召开。出席会议的无为籍同乡有同济大学教授戴复东、上海电影制片厂著名作曲家吕其明等 100 多位在沪无为籍各界人士。

5 月 20 日 无为县召开吕惠生烈士诞辰 100 周年纪念大会，安徽省委副书记、省纪委书记杨多良到会讲话。吕惠生子女及亲属吕其明夫妇、吕学文、杨景宇和部分新四军第七师老战士及社会各界人士千余人参加大会。

5月28日 县政协召开纪念戴安澜将军殉国60周年座谈会。

6月6日 南京军区司令员梁光烈上将、副司令员董万瑞中将一行先后视察了凤凰颈排灌站、无为大堤五四龙塘堤段。

7月26日 《中国共产党无为地方史》首发式在无为宾馆会议室举行。

9月7—8日 中共中央委员、国务院扶贫开发领导小组副组长胡富国、国务院扶贫办副主任高鸿宾一行考察了无为县的扶贫开发工作。

是月 无为县各界人士在无城召开皖江区党委、皖江行署、皖江参议会成立60周年纪念大会。

10月 无为县米公祠修复一期工程开工，依照清嘉庆年间《无为州志》收载的“墨池图”为蓝本，建设了宝晋斋、墨池、投砚亭、聚山阁、杏花泉井等重要景点，成为无为县文物保护与旅游景点有机结合的重要人文景区。

11月8日 无为县赫店镇党委书记任蕊玲（女）作为全省乡镇干部在京参加党的十六大。

11月9日 为庆祝党的十六大召开，无为县第五届文化艺术节开幕，活动历时20天。

12月4日 省级高沟民营科技园授牌仪式在无为高沟镇举行。

是年 无为县在陡沟镇刘泗村进行农村土地流转试点，创建了“陡沟镇刘泗村土地托管服务所”，帮助农户托管土地经营权，原承包户承包权不变。

是年 无为县被省农委列为全省17个农业标准化生产综合示范县之一。

是年 无为县机构改革基本结束，党政群机构由40个减少为35个，县委、县政府直属事业单位由14个减少为9个，党政群机关行政编制由702名减少为527名，县委、县政府直属事业单位编制由279名减少为230名。妥善安置135名分流人员。

是年 无为县在全省经济综合考评中位居第5位。

2003 年

1 月 10—11 日 中国共产党无为县第十一次代表大会在无城召开。大会应到代表 405 名，实到代表 400 名。

4 月 16 日 无为县政府撤销无城镇 5 个管理区建制，在新老城区新设 9 个社区居委会，7 月 1 日新的社区挂牌运行。

4 月 19 日 无为县委、县政府召开紧急会议，传达省、市会议精神，部署全县非典型肺炎（简称“非典”）预防控制工作。

5 月 20 日 高沟镇被省科技厅认定为安徽省特种电缆高新技术产业基地。

是月 无为县被评为全国“双低”优质油菜生产大县。

6 月 24 日 深圳比亚迪公司董事长王传福向家乡捐资 30 万元修路。王传福是无城镇老屋村（2009 年并村，现为凌井村）人，20 世纪 90 年代初下海经商，2002 年《福布斯》中国大陆富豪排行榜列 41 位。比亚迪汽车成为继吉利公司后国内第 2 家民营轿车生产企业。

7 月 3 日 巢湖市委批复同意成立巢湖市二坝经济开发区管理委员会，开发区定为副县级建制，为市政府派出机构，由无为县管理。

8 月 1 日 无为全县企业改制全面铺开，需要改制的各类企业共 218 家。

10 月 30—31 日 全国政协党组副书记、副主席王忠禹在省政协主席方兆祥、副主席秦德文等陪同下，率全国政协扶贫考察团到无为视察扶贫开发工作。

是年 无为县获“全省文明城镇工作先进县”称号。

是年 无为县在全省县域经济综合考评中位居第 8 位。

是年 无为县被省授予“发展乡镇企业先进县”称号。

是年 无为县被列入全省农村义务教育管理体制改革试点县。

2004年

1月1日　无为县取消农业税附加，减轻农民负担1502万元；农业税率由7%下调到4.8%，下降2.2百分点，减少农业税正税2360.6万元。

2月6—15日　无为县经贸考察团一行12人赴中国台湾地区进行经贸考察。

4月　无为全县35个乡镇调整为22个镇，9个乡，撤销雍南镇、河坝镇、尚礼镇和建国乡。

7月12日　“华西之路——吴仁宝同志报告会”在无为县铁山影剧院举行，江苏华西村党委书记吴仁宝作报告。

7月23日　民政部区划地名司来无为进行县改市工作专题调研。无为县二坝、石涧、高沟、白茆四个镇成为扩权强镇试点镇。

9月26日—11月5日　举办无为县第六届文化艺术节。

11月21日　无为县政协在铁山影剧院召开戴安澜将军诞辰100周年纪念大会，市、县领导及戴安澜将军子女和亲属出席。

12月19日　中共中央政治局常委、全国政协主席贾庆林在安徽省委书记郭金龙、省长王金山等陪同下，来到无为县调研，深入新亚特电缆集团、超飞乳业有限公司等企业和石涧镇农户家中，与农民和基层干部促膝交谈，详细了解农民群众生产生活情况。

是年　国务院决定完全放开粮食市场，实行粮食市场主体多元化。无为县范围内建有中储粮巢湖直属库福渡储备库储存中央储备粮、国家粮食储备库储存省级储备粮，建立了无为县储备粮库。

是年　无为县城镇建成区面积为38平方公里，建成区人口47.8万人，城镇化水平达34.2%，供水普及率98%，人均居住面积增长18.3%，人均公共绿地面积3.4平方米。

是年　无为县建筑劳务产值达6.8亿元，从业人员达十余万人，仅上海、北京等地注册建筑劳务人员就有3.4万人。

是年　无为县在全省县域经济综合考评中位列第10位。

是年 无城镇、二坝镇被国家六部委列入1887个全国重点镇（全省91个）。

2005年

1月25日 无为县水产局被国家渔政渔港管理局评为“2002—2004年度长江禁渔期管理先进集体”。

是月 全县“保持共产党员先进性教育”活动开始，分三批进行，至2006年6月结束。

1—11月 无为县财政收入突破5亿元，总量和增幅在巢湖市均居首位。

5月3日 1981年只身赴宁打工的无为县农民胡小平荣获江苏省第二届“青春创业十大风云人物”奖。

5月4日 无为县高沟镇被评为“全国千强镇”，位居安徽8个全国千强镇之首。

5月30日 无为县政府成立驻上海、南京、广州、温州、福州招商办事处。

7月1日 无为县赫店健民武校运动员郑倩倩荣获2005年全国青少年武术散打锦标赛女子散打56公斤级金牌。

7月21日 据省农行消息，宁国、繁昌、肥西、无为、天长、桐城、霍山、萧县、太和、岳西10个县（市），已被确定为金融服务“三农”安徽行动计划重点支持县（市）。

9月 全县首批农村贫困户安居工程启动，在30个试点村中实施200户危房改造。

是月 撤销“中共无为县直属机关委员会”，设立“中共无为县直属机关工作委员会”，作为县委派出机构。

10月 高沟镇获批“全国创建文明村镇工作先进村镇”荣誉称号。

11月3日 无为县委、县政府召开建设“平安无为”，促进社会和谐稳定动员大会，出台《关于建设“平安无为”促进社会和谐稳定的实施意见》。

12 月 6 日 调整乡镇行政区划，无为县乡镇由原来的 31 个调整为 23 个。

12 月 18 日 据国家统计局最新发布的统计资料显示，2004 年安徽省有 6 个县名列全国棉花生产百强县之列，其中无为县以全国第 15 位、全省第 1 位名列其中。同时，全省有 15 个县进入全国油料生产百强县，无为县位列全国第 52 位。

12 月 27 日 上海华谊集团安徽化工园区奠基仪式在二坝开发区举行。

是月 无为县专利总量达 95 项。全年新增国家专利 12 项。其中：发明专利 1 项，实用新型专利 8 项，外观设计专利 3 项。

是年 县委统战部与县邮政部门联合发行主题邮票“中流砥柱”，以纪念抗日战争及世界反法西斯战争胜利 60 周年和抗日名将戴安澜将军诞生 100 周年。

是年 无为县在全省县域经济综合考评中位居第 3 位，连续 6 年位居省“十强县”。

2006 年

2 月 23 日 省政府正式批准无为经济开发区为省级开发区。

3 月 中共中央政治局委员、国务院副总理回良玉到无为调研农村综合改革工作。

4 月 20 日 深圳比亚迪股份有限公司董事长王传福向无为县政府捐赠 10 辆 F3 轿车。

4 月 24 日 据省加快县域经济发展领导小组办公室公布，2005 年全省县域经济发展综合指数位居前 10 位的依次为：当涂县、宁国市、无为县、凤台县、芜湖县、广德县、肥西县、肥东县、天长市和南陵县。动态指数位居前 10 位的依次为：无为县、长丰县、广德县、芜湖县、当涂县、郎溪县、凤台县、肥东县、枞阳县和肥西县。

5 月 16 日 省政府召开新闻发布会，公布 2005 年度全省县（市）经济运行评价考核结果：当涂县、宁国市、无为县、凤台县、芜湖县、广德县、肥西县、肥东县、天长市、南陵县依次位居十强。

5 月 28 日 无为县蜀山镇安泰砂石有限公司于 5 月 27 日下午 4 时发生一起重大山体滑坡事故，7 人被埋，截至 28 日凌晨零时许，救出 5 人，其中 4 人死亡。

6 月 18—20 日 中国共产党无为县第十二次代表大会在无城召开。

10 月 17—18 日 中共中央委员、中国人民解放军军事科学院原政委温宗仁上将到无为县视察。

12 月 7 日 第六届全国县域经济百强县（市）、中部县域经济百强县（市）、西部县域经济百强县（市）等名单相继揭晓。安徽省此次进入中部百强县的 10 个县（市）分别是：宁国市、凤台县、肥西县、肥东县、无为县、当涂县、芜湖县、繁昌县、桐城市、天长市。

12 月 29 日 安徽华谊化工有限公司挂牌仪式举行，标志着化工园区建设正式拉开序幕。

是年 无为中学成功晋升省示范高中，无为一中、襄安中学被授予市示范高中。

是年 全县新农村建设拉开序幕。

2007 年

1 月 10 日 据省农委消息，经过专家评审，安徽省 7 个单位被农业部授予国家级水产健康养殖示范区（场、县）称号，分别是天长市高邮湖特种水产养殖有限公司养殖场，枞阳县白荡湖水产养殖有限公司养殖场，无为县泉塘镇河蟹养殖基地，肥东县长临渔场，马鞍山当涂县河蟹养殖示范区（场）；贵池区为农业部养殖水域滩涂规划示范县；宣州区河蟹养殖为农业部水产养殖病害预防示范区。

是月 无为县无城派出所控制室投入使用，全城 100 多个全球眼探头对城区实施电子监控，派出所派专人负责24小时监控，及时破获一批现行案件。

5月12日 历时5个多月的安徽首届投资环境十佳县（市）区暨十佳开发区推介活动在合肥落下帷幕。当涂县、无为县、霍山县、南陵县、肥东县、肥西县、五河县、怀宁县、和县和宣州区获得投资环境“十佳县（市）区”称号；当涂开发区、阜阳开发区、池州开发区、宁国开发区、霍山开发区、无为开发区、阜阳工业园区、凤台工业开发区、宣州工业园区、南陵开发区分别获得投资“十佳开发区”称号；繁昌县因其县域经济具有特色，获得“投资环境最具潜力县”称号。

5月15日 省加快县域经济发展领导小组办公室和省经济运行考核办公室发布了2006年全省县域经济考核评价情况，宁国、凤台、肥西、繁昌、当涂、天长、芜湖、无为、肥东和广德等10个市县，被评为2006年全省综合十强县。

是日 据省政府新闻发布会公布，为推进制度创新，减少管理层次，提高行政效能，创造县域经济发展的良好环境，安徽省将在宁国市、桐城市、无为县、霍山县、歙县、来安县、怀远县、涡阳县、界首市、砀山县、广德县、岳西县开展扩权试点，这些县将直接享有省辖市的经济社会管理权限，其《实施意见》5月8日已提交省长办公会审议通过。

5月26日 据省发改委公布，2006年全省县域生产总值2860.9亿元，增长14%。33个县生产总值增速超过全省平均水平，其中长丰县和铜陵县分别增长21.5%和20.4%。8个县生产总值超过70亿元，最高的无为县为98.3亿元。全年无为县GDP将超过100亿元，成为安徽省第一家“百亿元县”。

是月 无为县委在全县党政机关开展了科学发展观大讨论活动，推动全县政治、经济、文化、社会建设协调发展。

9月29日 围绕“唱和谐颂歌、展无为魅力”主题，无为县举办第七届文化艺术节，历时1个多月。

年底 无为县经委系统16户国有企业除安徽传感器厂因改制方案未获厂职工大会通过没有改制外，1户企业上市（无为县制药厂），1户企业由法人收购（无为县经贸公司），13户企业均实行破产改制，共分流安置职工8011人，处置企业资产 4.1 亿元。

是年 无为县人民武装部自筹资金 50 余万元，建成一体化指挥部。安徽省军区转发了无为县人武部抓正规化建设的经验做法，《国防报》《人民日报》等报刊做了宣传报道。

是年 全省非公企业党建工作现场会在无为召开。

2008 年

2 月 沪皖合作项目、无为县“一号工程”——安徽华谊煤基多联产精细化工循环经济示范基地主体工程正式开工建设，美国普莱克斯公司等配套企业纷纷落户，完成投资 10 多亿元。

是月 无为县有 3 家企业跻身“中国私营企业纳税百强”排行榜，2 家企业入选“全国企业集团竞争力 500 强”。高沟镇、无城镇、姚沟镇分别荣获巢湖市经济运行“十强”乡镇第一、第八、第九位。

4 月 无为县财政投入 1600 万元实行以奖代补，开工建设大型排涝泵站更新改造、小水库除险加固、农村安全饮水等一大批骨干工程。

5 月 12 日 汶川大地震发生，灾情发生后，无为人民心系灾区，踊跃捐款捐物达 1300 万元。

是月 无为县成功举办巢湖旅游节“乡村休闲在无为”活动。

是月 无为县出现手足口病疫情。县委、县政府及时有效做好预防救治工作。

是月 中国邮政储蓄银行无为县支行成立，金融服务体系进一步完善，无为县被评为第三批“中国金融生态县”。

6 月 无为县农村各类土地流转达 23.1 万亩，完成 43 万亩集体林地外业勘界和 30 万亩确权发证。

是月 无为县城市防洪排涝工程进展顺利，一期工程完成土方 70 万立方米。

9月27日 白茆镇天然洲突发剧烈崩江，县委、县政府迅速反应，果断处置，紧急转移安置群众71户223人，保证了灾区人民生产生活安定。

10月 县委、县政府及时出台22条措施，县财政安排6000多万元，帮助企业克服困难，确保全县经济保持平稳较快发展。

11月8日 全国人大常委会副委员长华建敏一行到无为县视察经济社会发展和农民工返乡创业情况，安徽省人大常委会副主任任海深等陪同。

年底 无为县新增县级文物保护单位30个，“无为剔墨纱灯”列入安徽省第一批非物质文化遗产。

是年 全县规范县直机关党委、党组设置。

2009年

2月12日 无为县第十五届人民代表大会第三次会议在无城召开。

是月 无为县八大工业产业总体回暖，产业结构、产品结构和营销结构出现可喜变化。全县有5家企业跻身“中国机械工业500强”，4家企业入选“安徽百强企业”，新增高新企业2家，高新技术产品8个。

3月 无为县高沟镇、姚沟镇、无城镇、泥汊镇进入全市经济发展“十强乡镇”分别位列第一、五、八、九位。

是月 无为县农业产业化步伐加快，龙头企业实现销售收入36亿元、利税2.8亿元。泉塘螃蟹、渡江宴鱼蟹养殖基地被授予“农业部健康养殖示范区”。

6月11日 省委、省政府召开全省加快推进县域经济发展电视电话会议，表彰2008年度全省科学发展先进县，全面推开扩大县级经济社会管理权限，部署实施扩权强镇试点工作。会上，肥西县、繁昌县、无为县高沟镇、天长市秦栏镇作交流发言。

是月 无为县在全省率先编制皖江城市带承接产业转移示范区规划，获省发改委批准。

7月 无为县接连两年获全市县区招商引资工作奖第一名。

是月 无为县投入1300多万元，启动城市总体规划修编，完成城南新城城市设计、环城河景区规划等专项规划编制。

8月17日 据《安徽日报》消息，第九届“中国中部百强县（市）”名单公布，肥西、肥东县在中部6省497个县（市）中，分别位列第20和第28位，安徽省另外9个中国中部百强县（市），分别是当涂、凤台、无为、宁国、繁昌、天长、广德、桐城和怀宁。

是月 无为县解决了8万人饮水安全问题、农村沼气、广播电视“村村通”等民生工程建设进度加快，荣获全市民生工程组织实施工程二等奖。

9月 无为县开展国庆60周年庆祝活动，成功举办第八届文化艺术节和县直机关第二届体育运动会。

11月 无为籍有机化学家周其林当选为中国科学院院士。

2010年

1月 无为县投入10.7亿元加快推进京福高铁、裕溪河大桥等重点交通基础设施建设。

2月 无为县成立全省第二家县级进出口孵化促进中心，新增自营出口权企业40家。电缆企业直接出口步伐加快，实现自营出口645万美元，增长29.3倍。

3月 无为县农业专业合作社发展迅速，已近200家，农业产业化龙头企业发展到63家，实现销售收入46.8亿元。

5月23日 水利部和安徽省政府共同主持召开长江无为大堤加固工程（非隐蔽工程）竣工验收会议，竣工验收委员会同意无为大堤加固工程（非隐蔽工程）通过竣工验收。

是月 无为县成功举办首届棉花产业发展论坛和长江特色水产节。

是月 无为县财政投入 1.61 亿元，实施上下九连圩防洪达标、永安河治理、大型泵站技改、小水库除险加固、崩江治理等工程。

6 月 2 日 无为县召开电线电缆产业转型升级推进大会，巢湖市委书记、市人大常委会主任陈强在会上发表讲话。

是月 无为县开城镇羊山村获“全国绿色小康村”称号。

7 月 29 日 省委书记张宝顺在巢湖市委书记陈强陪同下，赴无为考察调研羽毛羽绒产业。

9 月 28 日 省委书记张宝顺在合肥接见了全省优秀共产党员王坤友等。

是月 无为县第二届全省文明县城创建工作深入开展，共拆除违章建筑近 3 万平方米。

10 月 无为县完成农民工技能培训 4000 余人，新型农民培训 3600 多人，转移农村劳动力 18000 余人，新增城镇就业 6000 余人。

11 月 5 日 2009 年福布斯中国富豪榜发布，比亚迪董事长、无为人王传福以 396 亿元位列第一。

是月 第三次全国文物普查开展，无为鱼灯被列入国家第三批非物质文化遗产名录。

是月 无为县荣获“全国计划生育优质服务先进县”。

12 月 1 日 出台《中共无为县委关于进一步规范和完善县委工作机制的意见》。

年底 无为县荣获第四届“中国特色政府网站”提名奖。政府网站公开政务信息 1.2 万条，开办在线访谈 8 期。

是年 无为县根据上级统一部署，启动创先争优活动。

2011 年

5 月 17 日 中共无为县委印发《关于贯彻落实〈中共巢湖市委关于做好新形

势下群众工作的八项机制〉的实施意见》。

6 月 18—20 日 中国共产党无为县第十三次代表大会在无城召开。

7 月 开城镇羊山村党总支被中共中央组织部授予“全国先进基层党组织”称号。

8 月 22 日 安徽省正式宣布撤销地级巢湖市，并对原地级巢湖市所辖的一区四县行政区划进行相应调整，根据国务院批复，无为县划归芜湖市管辖。

9—12 月 在全县开展“立足新起点、抢抓新机遇、推进新发展”大讨论活动。

11 月 4 日 印发《关于印发〈无为县党的基层组织党务公开工作实施细则〉及相关配套制度的通知》。

是月 无为县高沟镇获“全国环境优美乡镇”称号。

是年 无为县档案馆获评国家二级档案馆。

是年 华菱电缆集团“欣菱”商标被评为中国驰名商标，实现无为县中国驰名商标“零突破”。

是年 无为县成功连创“全国科技进步先进县”。

是年 无为县成功连创“安徽省第二届文明县城”。

是年 无为县获得“安徽省发展非公有制经济先进县”称号，高沟经济开发区入选首批省级新型工业化产业示范基地。

是年 无为县出台《关于加快培育和发展战略性新兴产业的实施意见》，重点发展新能源、新材料、汽车零部件等新兴产业。

是年 举办 2011 无为县农产品（芜湖）专场展销会。

是年 无为县获得“全省教育强县”称号。

2012 年

3—12 月 无为县开展“融入新芜湖、推进新发展”思想解放大讨论活动。

5月下旬—12月 无为县开展“千名干部下基层”活动。

6月中旬—9月 无为县委开展“保持党的纯洁性、迎接党的十八大”主题教育实践活动，分学习教育、分析检查、整改落实三个阶段。

6月 高沟镇党委被中共中央组织部授予“全国创先争优先进基层党组织”称号。

8月21日 党的十八大代表、全国优秀共产党员、无为县蜀山镇原新安村党支部书记、泊山洞管理处原主任王坤友逝世。

9月9日 出台《中共无为县委关于建立机关联系基层干部联系群众长效机制的实施意见》。

是日 出台《中共无为县委关于创新新形势下群众工作五项机制的实施意见》。

9月15日 出台《中共无为县委无为县人民政府关于贯彻落实市委、市政府〈关于加快建设江北、推进跨江发展的意见〉的实施意见》。

9月28日 无为县第九届文化艺术节在县体育场开幕。

是月 无为县刘渡调委会主任管文生获“全国人民调解能手”称号。

是年 无为县荣获全省第三批“红色旅游县”称号。

是年 成功举办中国（芜湖）电线电缆博览会行业发展高层论坛，正式获准创建全国特种电缆产业知名品牌示范区。

是年 无为中学成为全省唯一获得2013年北大校长实名推荐资格的县级中学。

是年 华谊煤化工一期、双钱轮胎一期等重大工业项目顺利投产。

是年 无为经济开发区综合竞争力位居全省县办省级开发区首位、全省省级开发区（全部）第13位。

是年 新启动无为经济开发区城东工业园5平方公里起步区建设。

是年 无为县荣获2012年度全省招投标市场规范化管理工作先进单位称号。

是年 无为县坚持“严打”方针，全年共立各类刑事案件3344起，侦破880起，连续七年实现命案全破目标。

是年 无为县全面实施“六五”普法规划。

是年 无为县实现进出口总额1.2亿美元，其中出口4983万美元，增长38.8%，比2000年增长23倍多，创历史新高。

是年 无为县新增城镇就业8400人，城镇登记失业率控制在3.9%。

中共无为县委领导机构及成员概览

（1978.12—2012.11）[①]

中共十一届三中全会至无为县第五次党代会前中国共产党无为县委员会

（1978.12—1981.12）

第一书记　谢永康（1980.03—1981.12）
书　　记　傅昌堂（1978.12—1981.12）
第一副书记　黄　璜（1978.12—1980.03）
副书记　汤永涛（1978.12—1981.12）
　　　　王植才（1979.03—1981.06）
　　　　储长忠（1979.08—1981.12）
　　　　郏达民（1979.08—1981.12）
　　　　洪家国（1981.11—1981.12）
常　　委　丁少奇（1978.12—1979.03）
　　　　郏达民（1978.12—1979.08）
　　　　储长忠（1978.12—1979.08）

① 鉴于时间跨度较大，仅以任职、离职时间为序。

吴天柱（1978.12—1981.12）

胡周启（1978.12—1981.12）

王　文（1978.12—1981.12）

钱之水（1978.12—1981.12）

李信佐（1979.05—1981.06）

陈大胜（1979.05—1981.12）

刘国凡（1979.12—1981.12）

中国共产党无为县第五届委员会（1981.12—1984.8）

第一书记　谢永康（1981.12—1983.09）

书　　记　傅昌堂（1981.12—1983.09）

　　　　　蔡　林（1983.09—1984.08）

副 书 记　刘国凡（1981.12—1984.01）

　　　　　洪家国（1981.12—1984.08）

　　　　　莫儒棠（1983.02—1984.08）

　　　　　周光全[①]（1984.01—1984.08）

顾　　问　缪克政（1984.01—1984.08）

常　　委　钱之水（1981.12—1983.06）

　　　　　缪克政（1981.12—1984.01）

　　　　　陈效忠（1981.12—1984.01）

　　　　　黄元馀（1981.12—1984.01）

　　　　　陈大胜（1981.12—1984.01）

① 因涉嫌受贿2008年10月10日被立案侦查，同年10月30日被执行逮捕。

周光全（1981.12—1984.01）
李志好（1981.12—1984.08）
丁少奇（1982.05—1984.01）
吴天柱（1982.05—1984.01）
俞纯水（1984.01—1984.08）
李长春（1984.01—1984.08）
袁乃平（1984.01—1984.08）
胡桂芳（女，1984.01—1984.08）
陈士宽（1984.01—1984.08）

中国共产党无为县第六届委员会
（1984.08—1987.06）

书　　记　蔡　林（1984.08—1987.06）
副 书 记　莫儒堂（1984.08—1986.04）
　　　　　周光全（1984.08—1987.02）
　　　　　洪家国（1984.08—1987.05）
　　　　　刘纯洁（巢湖地区下派挂职，1984.12—1985.09）
　　　　　喻　晓（1985.11—1987.06）
　　　　　徐业培（1987.02—1987.06）
　　　　　耿仁水（1987.03—1987.06）
顾　　问　缪克政（1984.08—1987.06）
常　　委　袁乃平（1984.08—1985.06）
　　　　　俞纯水（1984.08—1986.06）
　　　　　陈士宽（1984.08—1987.05）
　　　　　李志好（1984.08—1987.06）

李长春（1984.08—1987.06）

胡桂芳（女，1984.08—1987.06）

何启俭（1985.06—1987.06）

张志钧（1986.06—1987.06）

朱先央（1986.07—1987.06）

中国共产党无为县第七届委员会（1987.06—1990.07）

书　　记　蔡　林（1987.06—1990.01）

徐业培（1990.01—1990.07）

副 书 记　耿仁水（1987.06—1988.07）

徐业培（1987.06—1990.01）

喻　晓（1987.06—1990.07）

罗诗贵（1987.06—1990.07）

张国泰（1988.08—1990.07）

张丕盛（1990.03—1990.07）

常　　委　李志好（1987.06—1990.07）

张志钧（1987.06—1990.07）

李长春（1987.06—1990.07）

何启俭（1987.06—1990.07）

胡桂芳（女，1987.06—1990.07）

朱先央（1987.06—1990.07）

中国共产党无为县第八届委员会
（1990.07—1993.03）

书　　记　徐业培（1990.07—1992.10）
　　　　　喻　晓（1992.10—1993.03）
副 书 记　喻　晓（1990.07—1992.10）
　　　　　张国泰（1990.07—1993.03）
　　　　　张丕盛（1990.07—1993.03）
　　　　　陈士宽（1992.10—1993.03）
常　　委　罗诗贵（1990.07—1992.10）
　　　　　张志钧（1990.07—1993.03）
　　　　　何启俭（1990.07—1993.03）
　　　　　胡桂芳（女，1990.07—1993.03）
　　　　　朱先央（1990.07—1993.03）
　　　　　董光枝（1990.07—1993.03）
　　　　　凌晨阳（1990.07—1993.03）
　　　　　许锦渊（1992.12—1993.03）

中国共产党无为县第九届委员会
（1993.03—1998.12）

书　　记　喻　晓（1993.03—1995.01）
　　　　　陈士宽（1995.01—1998.10）
　　　　　苏宇光（1998.10—1998.12）
副 书 记　张丕盛（1993.03—1993.11）
　　　　　张国泰（1993.03—1994.03）

陈士宽（1993.03—1995.01）

张志钧（1993.11—1998.06）

李长春（1994.01—1998.01）

李清贤（全国政协下派挂职，1995.02—1996.05）

陈龙长（1995.02—1997.11）

洪　伟（巢湖地区下派挂职，1995.11—1998.01）

（1998.01—1998.12）

原典群（全国政协下派挂职，1996.04—1997.01）

唐功祖（省下派挂职，1997.04—1998.03）

高德金（1997.11—1998.12）

许锦渊（1998.01—1998.12）

过仕伟（1998.01—1998.12）

常　　委　董光枝（1993.03—1996.04）

鲍　华（1993.03—1997.04）

赵成霞（女，1993.03—1998.01）

张志钧（1993.03—1998.06）

凌晨阳（1993.03—1998.12）

许锦渊（1993.03—1998.12）

曹德钧（1993.11—1995.02）

邢献宝（1994.05—1998.12）

朱登海（1996.05—1998.12）

过仕伟（1997.01—1998.01）

施孝瑛（女，1998.01—1998.12）

赵昌柱（1998.01—1998.12）

中国共产党无为县第十届委员会
（1998.12—2003.01）

书　　记　苏宇光（1998.12—2000.02）
　　　　　高德金（2000.02—2003.01）
副 书 记　洪　伟（1998.12—1999.06）
　　　　　高德金（1998.12—2000.02）
　　　　　过仕伟（1998.12—2001.12）
　　　　　许锦渊（1998.12—2003.01）
　　　　　汪成美（巢湖地区下派挂职，1999.04—2001.04）
　　　　　陈学东（1999.06—2000.10）
　　　　　李胜荣（2000.02—2002.12）
　　　　　邢献宝（2002.01—2003.01）
　　　　　宋德邦（2002.05—2003.01）
　　　　　许少春（地级巢湖市下派挂职，2002.05—2003.01）
　　　　　吴晓天（2002.12—2003.01）
　　　　　袁之应（2002.12—2003.01）
常　　委　凌晨阳（1998.12—2003.01）
　　　　　邢献宝（1998.12—2002.01）
　　　　　施孝瑛（女，1998.12—2003.01）
　　　　　赵昌柱（1998.12—2003.01）
　　　　　苏　华（1998.12—2003.01）
　　　　　宋德邦（1998.12—2002.05）
　　　　　王学恒（2002.12—2003.01）

中国共产党无为县第十一届委员会
（2003.01—2006.06）

书　　记　高德金（2003.01—2003.05）

　　　　　吴晓天（2003.10—2005.02）

　　　　　周　勇（2005.02—2006.06）

副 书 记　吴晓天（2003.01—2003.10）

　　　　　宋德邦（2003.01—2004.02）

　　　　　潘淑琴（女，2003.01—2004.03）

　　　　　许少春（2003.01—2005.02）

　　　　　袁之应（2003.01—2006.06）

　　　　　蔡敦琪（省下派挂职，2004.03—2006.01）

　　　　　郑翠华（女，2004.03—2006.06）

　　　　　王学恒（2004.03—2006.06）

　　　　　谷业华（2005.06—2006.06）

常　　委　王学恒（2003.01—2004.03）

　　　　　苏　华（2003.01—2004.04）

　　　　　陈恩龙（2003.01—2005.06）

　　　　　宇正义（2003.01—2006.06）

　　　　　赛勤玲（女，2003.01—2006.06）

　　　　　朱来友（2003.01—2006.06）

　　　　　程习龙（2004.06—2006.06）

　　　　　陈昌贵（2004.04—2006.06）

　　　　　陈先进（2005.08—2006.06）

中国共产党无为县第十二届委员会
（2006.06—2011.06）

书　　记　周　勇（2006.06—2010.01）

林绪文[1]（2010.04—2011.06）

副 书 记　袁之应（2006.06—2007.11）

郑翠华（女，2006.06—2009.02）

林绪文（2007.11—2010.04）

朱来友（2009.07—2009.12）

张祖武（2010.04—2011.06）

袁发林（2010.06—2011.06）

常　　委　陈昌贵（2006.06—2007.05）

郑诗海（2006.06—2007.09）

程习龙（2006.06—2009.07）

宇正义（2006.06—2009.12）

朱来友（2006.06—2009.12）

赛勤玲（女，2006.06—2011.05）

王先进（2006.06—2011.06）

吴文斌（2006.06—2011.06）

赵建立（2007.05—2009.07）

张受海（2008.12—2010.06）

顾　晖（2009.07—2011.06）

方永东（2009.08—2011.06）

郑　刚（2009.12—2011.06）

李达志（2010.06—2011.06）

---

① 因严重职务违法，并涉嫌受贿犯罪，2024 年 5 月被开除党籍并移送检察机关立案审查。

中国共产党无为县第十三届委员会
（2011.06—2016.06）

书　　记　林绪文（2011.06—2015.08）
　　　　　奚南山（2015.08—2016.06）
副 书 记　张祖武（2011.06—2015.02）
　　　　　袁发林（2011.06—2016.06）
　　　　　吴秀丽（女，2016.05—2016.06）
常　　委　李达志（2011.06—2011.12）
　　　　　吴文斌（2011.06—2011.12）
　　　　　顾　晖（2011.06—2012.06）
　　　　　方永东（2011.06—2013.06）
　　　　　郑　刚（2011.06—2016.05）
　　　　　吴秀丽（女，2011.06—2016.05）
　　　　　靳立刚（2011.06—2016.05）
　　　　　王先进（2011.06—2016.05）
　　　　　陶光晓（2011.12—2016.05）
　　　　　郝世同（2012.06—2013.08）
　　　　　韩　东（省下派挂职，2012.06—2014.09）
　　　　　绪　君（2013.08—2016.06）
　　　　　靳大鸣（2014.09—2016.06）
　　　　　鲁先贵（2014.12—2016.06）
　　　　　管国双（省下派挂职，2015.10—2016.06）
　　　　　唐　诚（2016.05—2016.06）
　　　　　曹多斌（2016.05—2016.06）
　　　　　董　剑（2016.05—2016.06）
　　　　　魏　超（2016.05—2016.06）

后　记

经中共无为市委批准，由中共无为市委党史和地方志研究室（无为市档案馆）组织编写的《中国共产党无为市历史》第三卷（1978—2012）（以下简称《无为党史三卷》），历经三年，数易其稿，正式付梓出版。

《无为党史三卷》严格遵循中共中央《关于若干历史问题的决议》《关于建国以来党的若干历史问题的决议》《中共中央关于党的百年奋斗重大成就和历史经验的决议》精神，以十一届三中全会以来党的历次重要会议和中共中央主要领导同志有关重点论述为依据，坚持辩证唯物主义和历史唯物主义的基本观点，客观反映了1978至2012年，无为县在中国共产党的领导下，推进各项改革、唱响春天故事、实现全新变化的生动历史。

全书分为3编18章43.9万字，所用资料主要来源和参考《芜湖通史（江北部分）》《中国共产党无为地方史（1921—2001）》《崛起——无为县改革开放三十年党史专题汇编（上、下卷）》《无为县志》，无为市档案馆1978年至2012年的馆藏资料，无为市直有关单位提供的内部资料、基础性材料等。本书第一编第一章至第四章由王敏林撰写，第一编第五章至第二编第一章由叶悟松撰写，第二编第二章至第六章由丁以龙撰写，第三编由伍骁撰写，附录大事记由李紫煦整理提供，附录领导机构及成员概览由王敏林整理提供。2024年11月，本书初稿形成后，我们先后征求了各镇党委、市直各单位党委（党组）、离退休老同志、市四大班子成员的意见和建议，并报送芜湖市委史志研究部门进行了审读。2024年11月26日，芜湖市委党史和地方志研究室出具了审读意见。无为市委党史和地方志研究室及时将多轮修改后的《无为党史三卷》送至中国文史出版社。

《无为党史三卷》的编写出版工作自始至终得到中共无为市委、无为市人民政府和省委党史研究院、芜湖市委史志室的高度重视和大力支持。特别是在图片征集编纂中，安徽日报社、省委党史研究院、安徽省凤凰颈排灌站管理处和无为中学及朱先央、陈秀春、刘宏为、马作宽等提供了许多珍贵的老照片，再现了无为历史上一些重要大事的真实场景。无为市委组织部认真细致核对了有关领导机构及成员沿革情况。邢献宝、宇正义、耿业宽、耿松林、张勇、童毅之、童有兵等同志以及一些老领导、老专家、老党员、老干部、老同志热心参与，建言献策。在此，对于所有给予本书编写、策划、指导、帮助的单位和个人，我们均表示衷心的感谢！

由于编者的学识、水平及所掌握的资料有限，书中不当、不周之处在所难免，恳请读者批评指正。